高等学校"十四五"系列教材

# 房地产估价

宋宏 郭斌 主编
来雨 副主编
杜强 主审

中国建筑工业出版社

**图书在版编目（CIP）数据**

房地产估价 / 宋宏，郭斌主编；来雨副主编 .
北京：中国建筑工业出版社，2024.12. ——（高等学校
"十四五"系列教材）. —— ISBN 978-7-112-30628-2

Ⅰ. F293.35

中国国家版本馆 CIP 数据核字第 2024A2N842 号

本书紧密结合全国房地产估价师执业资格考试大纲的要求，系统地介绍了房地产估价的基本概念、基本原则、基本原理以及程序，不仅包括经济学基础理论，还涵盖了房地产估价的基本方法，并配有各种具体实例，便于老师教学。本书可作为工程管理、房地产、工程造价等大学本科学生和研究生学习、研究房地产估价的教材，也适合参加房地产估价师考试的业内人士以及房地产业从业人员阅读，还可作为对房地产估价感兴趣人士的参考用书。

为了更好地支持相应课程教学，我们向采用本书作为教材的教师提供教学课件，有需要的可与出版社联系，邮箱：jckj@cabp.com.cn，电话：（010）58337285，建工书院 http://edu.cabplink.com。

责任编辑：张　晶　冯之倩
责任校对：赵　力

高等学校"十四五"系列教材

**房地产估价**

宋　宏　郭　斌　主　编
　　　　来　雨　副主编
　　　　杜　强　主　审

\*

中国建筑工业出版社出版、发行（北京海淀三里河路 9 号）
各地新华书店、建筑书店经销
北京雅盈中佳图文设计公司制版
廊坊市金虹宇印务有限公司印刷

\*

开本：787 毫米 ×1092 毫米　1/16　印张：18³/₄　字数：405 千字
2024 年 11 月第一版　2024 年 11 月第一次印刷
定价：**49.00 元**（赠教师课件）
ISBN 978-7-112-30628-2
　　（43808）

# 前　言

房地产业是中国国民经济的支柱产业，是稳就业、保民生的重要抓手。经过近 30 年的高速发展，房地产业在我国形成巨额资产，这些资产为人民安居乐业提供了坚实的基础。随着房地产业发展速度企稳，既有房地产资产以各种不同的方式、形态更为积极地参与到国民经济发展，房地产估价行业也愈发活跃起来。在这个发展过程中，需要更多高素质的专业房地产估价人员，因此强化房地产估价的教育较以往更为迫切，本书正是顺应这一需求而编写的。

本书紧密结合全国房地产估价师执业资格考试大纲的要求，力求理论联系实际，较为全面地介绍了房地产估价的基本概念、基本原则、基本原理以及程序和方法，使学习者能打下一个良好的理论基础，并对房地产估价实践有所了解和把握。本书可以作为房地产专业、管理类专业本科学生的教材，也可作为研究生的学习参考用书。

本书由宋宏、郭斌主编，负责全书的大纲设计、总纂定稿；来雨担任本书副主编，协助主编做了大量相关工作。各章执笔编写者分别为：第 1 章 ~ 第 6 章，宋宏；第 7 章 ~ 第 9 章，来雨；第 10 章，廖阳；第 11 章、第 12 章，郭斌。本书在编写过程中参考了许多文献资料，在此谨向有关作者致以衷心感谢。同时，杨智杰、邹正宏、秦嫣做了大量基础工作，在此表示感谢。本书由长安大学杜强教授主审，在此特别感谢。本书在编写过程中力求准确，但由于水平所限，不足之处在所难免，敬请广大读者不吝批评指正。

编　者

2024 年 3 月

# 目 录

# 第1章　房地产估价概述

## 【本章要点及学习目标】

1. 掌握房地产估价的基本概念和重要性。
2. 熟悉房地产估价的主要要素及其作用。
3. 运用所学知识进行基础的房地产估价分析。

## 1.1　房地产估价的概念

房地产作为人类经济活动中的生产要素、生活必需品，其价值巨大、耐久性强，是家庭财产、企业资产和社会财富的重要组成，是个人和经济组织进行交易、投资、资产配置的重要对象，是国家财政税收的重要来源。房地产估价全称为房地产价格评估，可以简单地理解为估测房地产的价格或价值，由于房地产单价高、总价大，直接关系到人们的重大经济利益，其估价结果应该是科学、准确、客观、可信的。房地产价值评估活动需要具备必要的专业知识的估价人员才能作出。同时，由于房地产具有不可移动性、独一无二性等特点，导致房地产市场通常被认为是典型的不完全市场，其市场信息不对称，不会自动形成容易识别的适当价格。现实中还有许多阻碍房地产价格合理形成的因素，在其价格判断中要求有专门的知识和经验，需要专业房地产估价人员提供市场信息，进行替代市场的估价，因此，房地产估价必须由专业人员作出。房地产估价有助于建立合理的房地产市场秩序，促进房地产公平交易，将房地产价格导向正常化。目前房地产估价已经发展成为一种经济鉴证行为、一种专门的职业、一个行业。

### 1.1.1　房地产估价的含义

房地产估价是房地产估价机构接受他人委托，选派房地产估价师，以特定房地产为估价对象，根据特定的估价目的，遵循公认的估价原则，按照严谨完整的估价程序，依据有关文件、标准和资料，在合理的前提假设下，运用科学的估价方法，对特定房地产在价值时点的特定价值或价格进行分析、测算和判断，并出具提供相关专业意见的估价报告的专业服务行为。房地产估价的本质内容是估价人员对估价对象进行价值评估，是对房地产客观价值的反映。

　　房地产估价既是一门科学也是一门艺术，正确的房地产价格的推测与判断必须基于一套严谨的房地产估价理论和方法，但又不能完全拘泥于有关的理论和方法，还必须依赖估价人员的经验，因为房地产价格形成的因素复杂多变，这些因素有的可以定量，但大部分都是不能定量的定性因素，其对房地产价格的影响大小不是任何人用某些公式就能够计算出的，评估时需要估价人员综合考虑房地产的特性及房地产市场所有潜在的影响因素。因此，房地产估价是估价人员在充分认识房地产市场形成房地产价格的机制和过程，以及在深入调查、了解房地产市场行情的基础上，模拟市场参与者的思维和行为，通过科学的测算和判定活动，把客观存在的房地产价值揭示出来。

### 1.1.2　概念的不同表述

　　目前在估价行业中，对房地产估价活动的称呼不尽相同，主要有"估价"和"评估"两种。房地产估价也称为房地产价格评估、房地产价值评估，经常称为房地产评估，有时称为房地产估值。我国香港和台湾地区，以及美国、英国、日本等国家，对房地产估价的称呼和定义不尽相同。我国香港地区通常称之为物业估值或物业估价。我国台湾地区一般称之为不动产估价，如把房地产估价师称为"不动产估价师"，并制定了《不动产估价师法》《不动产估价技术规则》，通常把不动产估价定义为"依据影响不动产价值之各种资料，判定对象不动产之经济价值，并以货币额表示之。换言之，是在社会上之一连串价格秩序中，指出估价对象不动产之价格或租金额之行为"。美国通常称之为 Real Estate Appraisal（房地产评估或房地产估价），将 Appraisal（评估或估价）定义为"The act or process of developing an opinion of value（形成价值意见的行为或过程）"。欧洲和英联邦国家通常称之为 Property Valuation（房地产估值或物业估值）。日本和韩国通常称之为不动产鉴定评价或不动产鉴定，如日本颁布的相关法律名称为《不动产鉴定评价法》，通常把不动产鉴定评价定义为"判定不动产的经济价值，并将其结果表示为货币额"；韩国颁布的相关法律名称为《不动产价格公示及鉴定评价法》。

　　一般情况下，估价和评估可以不作区分，能够交换使用。但是科学、严谨地说，"估价""评估"两者的含义是不完全相同的。相对于价值分析、测算和判断活动，估价的含义更加精准、明确、具体，就是专指对经济物品（即通常所讲的商品、资产、财产等）的价值进行评估。评估的含义很宽泛，不只限于对价值进行评估，还可以指查验某人、某物或者某项工作、活动等，以判断其表现、能力、质量、效果、影响等。虽然估价应当建立在对估价对象的质量、性能等评估的基础上，为了表述上更加精准、明确，应当把以得出价值为目标和最终结论的评估，称为价值评估或者简称估价。同理，以其他某个方面作为目标和最终结论的评估，应明确地称为相应方面的评估。只有当评估的目标和最终结论为综合性的或者目前一时难以找到恰当的用词准确表述时，可以笼统地称为评估。本书中统称为"房地产估价"。

## 1.2 房地产估价的要素

房地产估价的概念中涉及房地产估价当事人、估价对象、估价目的、影响估价对象价值的因素、价值时点、估价依据、估价假设、估价原则、估价方法、估价程序、估价的测算与判定等要素，下面对这些要素分别作出解释和说明。

### 1.2.1 估价当事人

估价当事人是指与估价活动有直接关系的组织和个人，包括房地产估价师、房地产估价机构和估价委托人。其中，房地产估价师、房地产估价机构是估价服务的提供者，是估价主体；估价委托人是估价服务的直接需求者，是估价服务的直接对象。

1. 房地产估价师

房地产业估价师也称为注册房地产估价师，简称估价师，是取得房地产估价师职业资格并经注册的评估专业人员或专业技术人员。目前，国家规定房地产估价师从事估价业务应当通过估价机构，在同一时间只能在一个估价机构从事业务；不得以个人名义承揽估价业务，应由所在的估价机构统一接受委托、提供估价服务和收取费用，确保服务质量和客户权益。这种做法旨在维护房地产估价行业的正规性和估价结果的客观性，防止因个人利益冲突而导致的评估偏差。通过严格的规范和制度，确保了房地产估价工作的准确性和公正性，为房地产市场的健康发展提供了有力保障。

2. 房地产估价机构

房地产估价机构简称估价机构，是指依法设立取得房地产估价机构资质并经有关估价行政管理部门备案，从事房地产估价活动的专业服务机构，包括住房和城乡建设主管部门监督管理的房地产估价机构，自然资源主管部门监督管理的土地估价机构。《中华人民共和国资产评估法》（2016 年 7 月 2 日第十二届全国人民代表大会常务委员会第二十一次会议通过）规定，评估机构应依法采用合伙或公司形式；合伙形式的评估机构应有 2 名以上评估师，其合伙人 2/3 以上应是具有 3 年以上从业经历且最近 3 年内未受停止从业处罚的评估师；公司形式的评估机构应有 8 名以上评估师和 2 名以上股东，其中 2/3 以上股东应是具有 3 年以上从业经历且最近 3 年内未受停止从业处罚的评估师；评估机构的合伙人或股东为 2 名的，该 2 名都应是具有 3 年以上从业经历且最近 3 年内未受停止从业处罚的评估师；设立评估机构，应向工商行政管理部门（市场监管部门）申请办理登记，自领取营业执照之日起 30 日内向有关评估行政管理部门备案。

3. 估价委托人

估价委托人简称委托人，俗称客户，是指直接向估价机构提出估价需求，与估价机构订立估价委托合同的单位或个人。委托人可能是估价对象权利人、估价利害关系人或者估价报告使用人。估价对象权利人是指估价对象的所有权人、使用权人、抵押权人等权利人；估价利害关系人是指估价结果的合理与否会直接影响其利益的单位或个人，譬如在抵押贷款中，委托人可能是贷款人；估价报告使用人可能是估价对象权利人、投资者、受让人、政府及其有关部门和社会公众，如在人民法院拍卖房地产估价中，人民法院就属于委托人是报告使用人的情况。

委托人有义务向估价机构如实提供其知悉的估价所必要的情况和资料，例如估价对象的权属证明、财务会计信息，并对所提供的情况和资料的真实性、合法性和完整性负责；有义务协助估价人员搜集估价所必要的情况和资料及对估价对象进行的实地查勘等工作；不得干预估价人员和估价机构的估价行为和估价结果。

需要说明的是，对于自己拥有或拟取得的房地产，自己提出估价要求，并自己进行估价的行为，属于自有自估，不属于专业估价行为，其估价结果或估价报告对外不具有法律效力，仅供自己掌握以做到心中有数。

## 1.2.2  估价对象

估价对象（Subject Property）即估价客体，也称为被估价房地产（Property Being Appraised）、估价标的。当估价对象仅为房地产权益时，例如租赁权，可称为被估价权益，是指一个房地产估价项目中需要评估其价值的具体房地产或房地产权益。

尽管房地产的基本存在形态在理论上只有土地、建筑物、土地与建筑物的综合体（简称"房地"，具体可表述为"建筑物及其占用范围内的土地"或者"土地及其地上的建筑物"）三种，但现实中的估价对象是复杂多样的。例如，建筑物已开始建造但尚未建成、不具备使用条件的房地产，即通常所称的"在建工程"，往往成为估价对象；也有要求对正在开发建设或者计划开发建设、但尚未出现的房地产，如通常所讲的"期房"（虽然称为期房，但实际上包含其占用范围内的土地）进行估价；还可能因民事纠纷或者理赔等原因，要求对已经灭失的房地产，如已被拆除的房屋、被灾害损毁的房屋进行估价。估价对象也可能是房地产的某一局部，例如某幢房屋中的某个楼层，某幢住宅楼中的某套住房。估价对象还可能是现在状况下的房地产与过去状况下的房地产的差异部分，例如在预售商品房的情况下购买人提前装饰装修的部分，在房屋租赁的情况下承租人装饰装修的部分。另外，城市房屋拆迁估价要求对被拆迁房屋室内自行装饰装修单独处理。房地产估价中也可能含有房地产以外的、作为房地产的一种附属财产的价值，如为某一可供直接经营使用的旅馆（酒店、宾馆等）、餐馆、商场、汽车加油站、高尔夫球场等的交易提供价值参考而估价，其评估价值除了包含该旅馆、餐馆、商场、汽车加油站、高尔夫球场等的建筑物及其占用范围内的土地的价值，通常还应包含房地产以外的其他资产，如家具、电器、货架、机器设备等的价值，甚至包含特许经营权、商誉、客户基础、员工队伍等的价值，即以房地产为主的整体资产价值评估或称企业价值评估。

概括起来，房地产估价对象有土地、房屋、构筑物、在建工程、以房地产为主的整体资产、整体资产中的房地产等。估价对象的确定往往是由估价委托人依据估价目的确定。

## 1.2.3 估价目的

估价目的（Appraisal Purpose）是指一个房地产估价项目中估价结果的期望用途，或者通俗地说，是委托人将要拿未来完成的估价报告做什么用，是为了满足何种涉及房地产的经济活动或者民事行为、行政行为的需要。对于同一估价对象，不同的估价目的是需要出具不同的估价报告的，因为不同的估价目的会使同一估价对象的价值差异很大。

房地产估价项目在明确估价对象的情况下，首先应该明确的就是估价目的，估价目的确定后就决定了选取的估价方法和价值价格类型，也就是估价目的应该与价值价格类型相匹配。如以买卖为估价目的的评估，可以选择的方法包括市场法、收益法和成本法，但是估价结果更多的应该以市场法的结果为依据，而且在选择可比实例时，应选取买卖实例作为可比实例。

任何房地产估价项目都有估价目的，并且对估价的不同需要决定着估价目的的不同。

对房地产估价的需要及相应的估价目的可以作以下划分：

（1）以国有建设土地使用权出让为估价目的。国有建设土地使用权出让可分为招标出让、拍卖出让、挂牌出让和协议出让。一般是为市、县人民政府国土资源行政主管部门（即出让人）确定各种出让底价提供价格参考，也可能是为欲获取土地者确定可承受的最高价提供参考。

（2）以房地产转让或租赁为估价目的。房地产转让包括房屋所有权转让和土地使用权转让，是指房屋所有权人和土地使用权人通过买卖、互换、赠与、以房地产出资、作价入股、抵债等合法方式将其房屋所有权和土地使用权转移给他人的行为。房地产租赁包括房屋租赁、土地租赁和土地使用权出租，租赁评估可能是为评估租金（租赁价格）或租赁期间的租金调整，如承租人在征得出租人同意后将租赁权转让获得的权利金（称为租赁权价格），出租人收回租赁期未到期限的房地产时应给予承租人的补偿等。

（3）以房地产抵押为估价目的。以房地产抵押为目的的估价通常包括初次抵押估价、再次抵押估价（是指对已设定抵押的房地产再次抵押估价）、转抵押估价（是指将抵押房地产及其所担保债权转让给买受人的，对该房地产的抵押价值评估）、续贷款抵押估价（是指抵押贷款到期后继续以该房地产抵押贷款的，对该房地产的抵押价值评估）、抵押期间估价（对于抵押贷款期限比较长或者房地产市场价格变化比较大的，定期或根据需要对抵押房地产的价值进行估价，以减少抵押权人的损失）、处置抵押房地产估价（是指债务人到期不履行债务或发生当事人约定的实现抵押权的情形，为将抵押房地产折价或拍卖、变卖提供相关价值参考的评估）等。

（4）以房地产征收或征用为估价目的。房地产征收主要是所有权的改变，是国家将集体所有或个人所有的财产征为国有，不存在返还的问题，城中村改造就属于房地产征收，其估价又可以分为被征收房屋价值评估和用于产权调换房屋价值评估。房地产征用只是使用权人的改变，是国家使用集体所有或个人所有的财产，被征用的财产使用后应当返还被征用人。在以房地产征收或征用为目的的估价中，不仅需要评估房地产价值或租金，有时还应评估因征收或征用房地产造成的家具、家用电器、机器设备等动产的搬迁费、临时安置费和停产停业损失。

（5）以房地产分割为估价目的。房地产分割主要是针对分家、遗产继承、离婚等行为，因为房地产一般不能实物分割，因此一般是采取折价或拍卖、变卖的方式获得价款后进行分割，这就需要对折价或拍卖、变卖房地产的价格进行专业评估。

（6）以房地产损害赔偿为估价目的。造成房地产损害赔偿的类型多种多样，主要包括：①因修改城乡规划给房地产权利人的合法权益造成的损失；②因新建建筑物影响了相邻建筑物的日照、采光、通风、视野等造成相邻房地产价值减损的；③因使他人房地产遭受污染造成其价值减损的；④因工程施工不慎造成邻近房地产价值受损的；⑤因工程质量缺陷造成房地产价值减损或者给购房人造成损失的；⑥因未能履约使他人工程停建、缓建，给他人造成损失的；⑦因对房地产权力行使不当给房地产权利人造成损失的；⑧因异议登记不当造成房地产权利人损害的；⑨因非法批准征收、使用土地，给当事人造成损失的；⑩其他房地产损害赔偿。对于各种房地产损害需要评估被损害房地产的价值减损额和相关经济损失，为和解、调解、仲裁、诉讼等确定赔偿或补偿金额提供参考依据。

（7）我国房地产相关税种众多，总共包括10种，其中既包含专门针对房地产的税种，如房产税、城镇土地使用税、耕地占用税、土地增值税、契税，也包括具有普遍调节作用的税种，比如增值税（替代了营业税）、城市维护建设税、企业所得税、个人所得税、印花税。这些税种的征收在很大程度上依赖于对房地产价值的准确评估。特别是对于如土地增值税、契税等直接与房地产价值挂钩的税种，其征税基础直接依赖于房地产价值的评估结果。而城镇土地使用税和耕地占用税虽按照占地面积定额征收，但对土地的价值评估仍有间接影响。因此，房地产估价不仅关系到税收的公平性和合理性，也直接影响财政收入的稳定与增长。

在进行房地产税收估价时，估价师必须充分考虑到国家最新的财税政策变化，确保估价工作与当前政策保持一致。这要求估价师不仅要具备丰富的房地产知识和估价技能，还需要不断更新自己的专业知识，以适应财税政策的调整和市场环境的变化。此外，估价结果的准确性和公正性对于维护税收公平、促进房地产市场健康发展具有重要意义。

（8）以房地产保险为估价目的。这类目的主要体现在两个方面，一方面是投保时评估保险标的的实际价值，为投保人和保险人约定保险标的的保险价值和保险金额提供参考，另一方面是在保险事故发生后评估因保险事故发生造成的财产损失，为保险人确定赔偿保险金的数额提供参考。另外，在保险期间保险标的的保险价值明显减少，为采取有关补救措施而对保险标的的保险价值进行评估。

（9）以房地产争议调处或司法鉴定为估价目的。在房地产征收、强制拍卖、损害赔偿等活动中，发生的有关当事人对补偿金额、拍卖保留价、赔偿金额或为确定它们提供依据的估价结果或估价报告有异议的情况；对各种涉及房地产的违法、违纪、违规和犯罪行为，在衡量情节轻重时，不仅要考虑涉案房地产的实物量，还要考虑涉案房地产的价值量。以上都是以房地产争议调处或司法鉴定为估价目的，为争议各方当事人协商、调解、仲裁、判决等提供价值、价格参考。

（10）以房地产出资设立企业，企业对外投资、合资、合作、合并、分立、改制、资产重组、产权转让、租赁、清算等为估价目的。

（11）其他估价目的。

综上，按照估价报告使用者来划分，房地产估价目的一般可以分为估价报告自行使用、估价报告给特定第三方使用、估价报告给不特定的第三方使用三种情况。

在实际估价中，应根据具体情况对上述某些估价目的进行细分或者作进一步说明。

## 1.2.4 影响估价对象价值的因素

影响估价对象价值的因素多而复杂，这些因素对估价对象价值的影响有的可以用数学公式或模型来量化，但更多主要靠估价人员对其进行定性分析后再作出量的判断。从大的方面来讲，影响房地产价值的因素有环境、人口、经济、社会、行政、心理、国际等方面。在不同时期、不同地区，对于不同类型的房地产，各种因素引起房地产价格变动的方向、程度是不尽相同的。一般将这些因素对房地产价格的影响程度分为三类：对整个房地产市场价格都有普遍性影响的因素是一般因素；对某一区域房地产价格有决定性影响的因素为区域因素；只对某一宗具体的房地产价格有影响的因素为个别因素。有关内容详见 2.2 节。

## 1.2.5 价值时点

价值时点是指所评估的估价对象价值、价格对应的某一特定时间，通常为某个日期，用公历年、月、日来表示。由于同一估价对象在不同的时间会有不同的价值、价格，所以估价时应明确是估价对象在哪个时间的价值、价格，即要确定价值时点。价值时点可以是现在、过去、将来的某个时间，而究竟是哪个时间，不是随意确定的，应根据估价目的来确定。价值时点大多是现在，这种估价称为现时价值评估或现时性估价；价值时点是过去的估价，称为过去价值评估或回顾性估价（也称为回溯性估价、追溯性估价）；价值时点是将来的估价，称为未来价值评估或预测性估价。

不同时期、不同估价专业领域、不同国家和地区，对价值时点的表述不尽相同。例如，我国"房地产估价"专业领域过去称之为价值时点，"土地估价"专业领域目前称之为估价期日，"资产评估"专业领域目前称之为评估基准日。我国香港地区一般称之为估值日。我国台湾地区过去称之为估价期日，现在称之为价格日期。国外有 date of value（价值日期）、date of the opinion value（价值意见日期）、the effective date of the appraiser's opinions and conclusions（评估师意见和结论的生效日期）、the effective date of the appraisal

（评估生效日期）、valuation date（估值日期）等多种表达。价值时点、估价期日、评估基准日、估值日在中文字面上容易使人误解为开展估价工作的时间或估价作业时间、估价工作日。统一称之为"价值时点"不但一目了然、不易使人误解，而且更加科学准确。

### 1.2.6  估价依据

估价依据（Appraisal Basis）是指一个房地产估价项目中估价所依据的相关法律、法规、政策和标准（如国家标准、行业标准、地方标准及指导意见等），估价委托书和估价委托合同，估价委托人提供的有关情况和资料，房地产估价机构和房地产估价师掌握和搜集的有关情况和资料等。

为了使估价依据可靠，房地产估价师应要求委托人如实提供其知悉的估价所必要的估价对象的权属证明、界址、面积等情况和资料，并要求委托人声明其提供的情况和资料是真实、合法的，没有隐匿或虚报的情况；房地产估价师还应当对委托人提供的有关情况和材料进行必要的核查。

在实际估价中，选取估价依据应有针对性，主要根据估价目的和估价对象来选取。不同的估价目的和估价对象，估价依据有所不同。另外，《房地产估价规范》GB/T 50291—2015是效力最高的估价标准，但其要求是估价的底线，任何房地产估价都应达到其要求，如果没有达到，则为"不达标"。

### 1.2.7  估价假设

估价假设（Appraisal Assumptions）是指一个房地产估价项目中房地产估价师对于那些估价所必要、但不能肯定而又必须予以明确的前提条件作出的假定。估价假设应当在估价报告的"估价假设和限制条件"中予以说明或披露。估价假设的作用：一是规避估价风险，保护估价师和估价机构；二是提醒、告知估价报告使用人，保护估价报告使用人；三是得出科学合理的估价结果；四是使估价工作能够科学有序地开展下去。

估价假设也是估价结果成立的前提条件，估价分析、测算和判断是在估价假设所假定的前提条件下进行的。这些前提条件如果发生变化，估价结果就会有所不同或需调整，甚至要重新估价。

在估价中要防止出现以下三种情况：一是滥用估价假设；二是不明确估价假设；三是无针对性地列举一些与本估价项目无关的估价假设。在防止滥用估价假设方面，严禁估价师为了迎合委托人的高估或者低估要求，有意编造估价假设。对于确定性因素，一般不得进行假设；对于不确定性因素，估价师应当勤勉尽责，予以必要的专业关注，针对估价项目的具体情况，合理且有依据地作出假定。

### 1.2.8  估价原则

估价原则（Appraisal Principle）是指在房地产估价的反复实践和理论探索中，在认识房地产价值、价格形成和变动客观规律的基础上，总结、提炼出的一些简明扼要的进行房地产估价所应依据的法则或标准。估价原则可以使不同的房地产估价师对于房地产估价的基本前提具有认识上的一致性，对于同一估价对象针对同一估价目的、同一价值时点的评估价值趋于相同或近似。

房地产估价工作的性质决定了对房地产估价总的要求是独立、客观、公正，这也是房地产估价的最高行为准则。同时，在具体的房地产估价作业中应当遵守的技术性原则主要有合法原则、最高最佳使用原则、替代原则和价值时点原则。上述这些原则适用于所有的估价目的，可以称之为普适性原则或者一般原则。此外，还有仅适用于某种或某些估价目的的特殊原则，如房地产抵押估价应遵守的谨慎原则。

估价原则主要有三个方面的作用：一是使不同估价机构和估价师的估价立场和行为趋于一致；二是使不同估价机构和估价师选择的估价依据和估价前提趋于一致；三是使不同估价机构和估价师评估出的估价对象的价值价格趋于一致。

1. 独立、客观、公正原则

独立、客观、公正原则要求站在中立的立场上，实事求是、公平正直地评估出对各估价利害关系人来说均公平合理的价值、价格，即要求评估价值不仅对估价委托人，而且对其他估价利害关系人都是公平合理的。独立、客观、公正原则简要地说就是"中立性原则"，所有鉴证性估价活动都应遵循，并且是从事鉴证性估价活动应遵守的基本行为准则，或者说是鉴证性估价工作的最高原则。所谓独立，是要求估价机构（包括其股东或合伙人、实际控制人）和估价师与估价委托人及估价利害关系人没有利害关系，在估价中不应受包括委托人在内的任何组织和个人的影响，应凭自己的专业知识、实践经验和职业道德进行估价。所谓客观，是要求估价机构和估价师在估价中不带着自己的偏见、好恶和情感，应按照事物的本来面目、实事求是地进行估价。所谓公正，是要求估价机构和估价师在估价中不偏袒估价利害关系人中的任何一方，应坚持原则、公平正直地进行估价。

2. 合法原则

合法原则要求房地产估价应以估价对象的合法权益为前提。合法权益包括合法产权、合法使用权、合法处分权等方面。房地产估价之所以要遵循合法原则，是因为房地产价值实质上是房地产权益的价值。但是在估价时，估价对象的权益不是委托人或估价人员可以随意假定的，必须有其法律、法规或政策等依据。这就要求在具体的业务中不仅要依据有关法律、行政法规、最高人民法院和最高人民检察院发布的有关司法解释，还要依据估价对象所在地的有关地方性法规（民族自治地方应同时依据有关自治条例和单行条例），国务院所属部门颁发的有关部门规章和政策，估价对象所在地人民政府颁发的有关地方政府规章和政策，以及估价对象的不动产权属证书、登记簿、有关批文和合同等（如规划意见书、建设用地使用权出让招标文件、建设用地使用权出让合同、房地产转让合同、房屋租赁合同等）。因此，合法原则所说的"法"，是广义的"法"。

（1）依法判定的权利类型及归属，是指所有权、建设用地使用权、居住权、地役权、抵押权、租赁权等房地产权利及其归属，一般应以不动产权属证书、登记簿以及有关合同（如租赁权应依据租赁合同）等为依据。由于历史等方面的原因，房地产权属证书的名称、式样等多种多样，如不动产权证、房地产权证、房屋所有权证、房屋他项权证、国有土地使用证、集体土地所有证、集体土地使用证、土地他项权利证明书等。

任何产权性质的房地产都可以成为估价对象，但不能将不合法产权的房地产作为合法产权的房地产进行估价，具体来说包括：行政划拨的土地不能当作有偿出让的土地来估价；集体所有的土地不能当作国有的土地来估价；临时用地不能当作长久用地来估价；违法占地不能当作合法占地来估价；临时建筑不能当作永久建筑来估价；违法建筑不能当作合法建筑来估价；产权有争议的房地产不能当作产权无争议的房地产来估价；手续不完备的房地产不能当作手续完备的房地产来估价；部分产权的房地产不能当作完全产权的房地产来估价；共有的房地产不能当作独有的房地产来估价等。

需要说明的是，在现实中有的房地产虽然没有相应的产权权属证书，但是如其能够提供相应的证明文件，这样的房地产产权也应该认为是合法的。例如，在建工程的估价，其产权证明文件主要是看其《国有土地使用证》《建设用地规划许可证》《建设项目规划许可证》《施工许可证》等证件是否齐全，如果这几个证件齐全，应认可该在建工程的合法性；如果对20世纪80年代以前的房产进行估价，由于当时我国的项目建设程序不规范，没有上述对应的任何证件，这时就应该由产权所有人的上级主管单位开具相应的证明文件以证明其产权合法或者由规划管理部门来确认其合法性；对于新建好的商品住房的估价，由于在我国商品住房的产权证办理有一个较长的周期，如果在这一周期内，购房者需要对其所购房屋进行估价，这时就需要购房者提供购房合同和购房发票及其身份证明，以确认其产权的合法性。

（2）依法判定的利用权利，应以土地用途管制、规划建设条件等利用限制为依据。例如，某宗土地的规划用途、容积率等如果有明确规定，则对该土地进行估价就应以其使用符合这些规定为前提。所谓"规划创造土地价值"，在一定程度上反映了这个要求。具体地说，如果该土地的规划用途为居住，即使从该土地的位置和周围条件来看适合于商业用途，也应以居住用途为前提来估价，除非申请改变为商业用途并获得批准。在容积率方面，如果规定了该土地的容积率不超过2.5，除非依法提高了容积率，否则应以容积率不超过2.5为前提来估价。因此，如果以商业用途或容积率超过2.5来估价，不仅没有法律依据，而且得不到法律保障，甚至是违法的，据此评估出的较高价值、价格不能实现，也就不会得到认可。

（3）依法判定的处分权利，应以法律法规和政策或合同（如建设用地使用权出让合同）等允许的处分方式为依据。处分方式包括买卖、互换、租赁、抵押、作价出资、抵债等。法律法规和政策规定或合同约定不得以某种方式处分的房地产，不应作为以该种处分方式为估价目的的估价对象，或者委托人要求评估该种处分方式下的价值、价格的，其评估价值应为零。我国有关法律法规规定，不得抵押的房地产主要包括：①土地所有权；②耕地、宅基地、自留地（山）等集体所有的土地使用权，但法律规定可以抵押的除外；③学校、幼儿园、医院等以公益为目的的事业单位、社会团体的教育设施、医疗卫生设施和其他社会公益设施；④所有权、使用权不明或有争议的财产；⑤依法被查封、扣押、监管的财产；⑥列入文物保护的建筑物和有重要纪念意义的其他建筑物；⑦已依法列入拆迁范围的房地产；⑧空置3年以上的商品房。以上房地产不能以抵押目的来进行估价，或者说这类房地产没有抵押价值。再次抵押的房地产的价值应该扣除已担保债权后的余额部分才是其抵押价值。还有，在评估尚未竣工或者虽竣工但自竣工之日或建设工程合同约定的竣工之日起6个月内的房地产的抵押价值时，在评估出假定未设立法定优先受偿权下的价值后减去房地产估价师所知悉的法定优先受偿款这一步骤时，应首先考虑扣除拖欠建设工程价款。

需要说明的是，在判定估价对象状况时，有时并不都有法可依；有时虽有法可依，但法与法之间有冲突。因此从更广的意义上讲，合法原则是指有法律法规和政策等规定的，应依照其规定；没有法律法规和政策等规定的，应依照估价行业惯例做法；估价行业没有惯例做法的，应咨询相关专家的意见和建议；相关专家没有意见和建议或意见和建议不一致的，估价师可酌情处理。而对于有法可依但法与法之间有冲突的，一般应遵循"上位法优于下位法""特别法优于一般法""新法优于旧法"（该原则在效力相等的法有冲突时适用），以及"法律文本优于法律解释""强行法优于任意法""法不溯及既往"等原则，解决法的适用冲突问题。其中在法的效力等级方面，法律的效力高于行政法规、地方性法规、部门规章、地方政府规章；行政法规的效力高于地方性法规、部门规章、地方政府规章；地方性法规的效力高于本级和下级地方政府规章；省、自治区人民政府制定的规章的效力高于本行政区域内设区的市、自治州的人民政府制定的规章；自治条例和单行条例依法对法律、行政法规、地方性法规作变通规定的，在本自治地方适用自治条例和单行条例的规定；经济特区法规根据授权对法律、行政法规、地方性法规作变通规定的，在本经济特区适用经济特区法规的规定；部门规章之间、部门规章与地方政府规章之间具有同等效力，在各自的权限范围内施行。

3. 最高最佳使用原则

最高最佳使用原则也称最有效使用原则，或称最高最佳适用原则，是指法律上许可，技术上可能，经济上可行，经过充分合理的论证，能够使估价对象的价值达到最大化的一种最可能的使用，包括最合适的用途、规模、档次等。它基于经济学中的利润最大化原理，主要是以投资者的理性投资行为为基础而形成的基本原则。

房地产估价之所以要遵循最高最佳使用原则，是因为在现实房地产经济活动中，每个房地产拥有者都试图充分发挥其房地产的潜力，采用最高最佳的使用方式，以取得最大的经济利益。这一估价原则也是房地产利用竞争与优选的结果。最高最佳使用原则与合法原则之间的关系是：遵守合法原则，不一定符合最高最佳使用原则的全部要求；遵守最高最佳使用原则，必然遵守合法原则中对合法使用方面的要求，但不一定符合合法原则对合法产权、合法处分等方面的要求。

最高最佳使用具体包括最佳用途（或最佳用途组合）、最佳规模、最佳集约度和最佳档次。寻找估价对象最高最佳使用的方法是先尽可能地设想出各种潜在的使用方式，然后从下列四个方面依序筛选：①法律上的许可性；②技术上的可能性；③经济上的可行性；④价值是否达到最大化。

最高最佳使用原则要求评估价值应是在合法利用方式下，各种可能的利用方式下，能够使估价对象的价值达到最大的利用方式的估价结果。但是当估价对象已作了某种使用，估价时应根据最高最佳使用原则对估价前提作出下列之一的判断和选择，并应在估价报告中予以说明。

（1）保持现状前提。认为保持现状继续使用最为有利时，应以保持现状继续使用为前提估价。

（2）转换用途前提。认为转换用途予以使用最为有利时，应以转换用途后再予以使用为前提估价。

（3）装修改造前提。认为装修改造但不转换用途予以使用最为有利时，应以装修改造但不转换用途再予以使用为前提估价。

（4）重新利用前提。认为拆除现有建筑物予以利用最为有利时，应以拆除现有建筑物后再予以利用为前提估价。

（5）改变规模前提。经分析、判断，以依法改变规模（如扩大规模）再予以利用最为合理，应选择改变规模前提进行评估。

（6）上述情形的某种组合。

必须指出的是，在实际估价中，不能以其中某一种估价前提的可行就判断该种估价前提为最高最佳使用，而应当将它与其他几种可行的估价前提进行比较之后，才能作出最高最佳使用的判断与选择。

4. 替代原则

根据经济学原理，在同一市场上（同一供求范围内），相同的商品具有相同的价值（需要说明的是，经济学的规律只是在平均意义上才成立，它并不表现为准确的数量关系）。理论上来说，任何经济主体（个人、家庭、企业等）在市场上的行为，是以最小的代价（花费或成本）取得最大的效益（效用或利润）为目的。所以，任何理性的买者在购买商品时，都会选择效用最大而价格最低的。换句话说，如果有两个以上相同的商品同时存在时，则理性的买者会选择价格最低的；或者反过来，如果有两个以上价格相同的商品同时存在时，则理性的买者会选择效用最大的。卖者为了使其产品能够卖出去，也会展开价格竞争。市场上各个经济主体的这些行为导致的结果，是在效用相同的商品之间形成相同的价格，这就是替代原则。

替代原则要求房地产估价结果不得明显偏离类似房地产在同等条件下的正常价值、

价格。类似房地产（Similar Property）是指与估价对象处在同一供求圈范围内，并在用途、规模、档次、建筑结构等方面与估价对象相同或相近的房地产。同一供求圈是指与估价对象具有替代关系、价格会相互影响的适当范围。

替代原则对于具体的房地产估价的作用表现在以下几个方面：

（1）如果附近有若干相近效用的房地产具有价格，则可以依据替代原则，由这些相近效用的房地产的价格推算出估价对象的价格。实际上是寻找一些与估价对象具有一定替代性的房地产作为参照物来进行估价，然后根据它们之间的差别对价格作适当的调整修正。

（2）不能孤立地考虑估价对象的价格，而要考虑相近效用的房地产的价格牵掣。特别是作为同一个估价机构，在同一个城市、同一时期，针对同一估价目的，对不同位置、档次的房地产的估价结果应有一个合理的价格差，尤其是好的房地产的价格不能低于差的房地产的价格。

需要指出的是，替代原则是针对估价结果而言的，无论采用何种估价方法进行估价，最后都需要把估价结果放到市场中去衡量，只有当估价结果不会不合理地偏离类似房地产在同等条件下的正常价格时，估价结果才可以说是客观合理的。当把替代原则的思想用于某个参数的测算时，替代原则就转化为替代原理。替代原理在市场法、成本法、收益法、假设开发法等估价方法中都会用到。

5. 价值时点原则

价值时点原则要求房地产估价结果是在估价目的决定的某个特定时间的价值。所有的房地产估价活动都应遵循价值时点原则。

房地产市场是不断变化的，房地产的价值、价格自然也是不断变化的。在不同的时间，同一宗房地产往往会有不同的价格。因此，房地产价格具有很强的时间性，每一个价格都对应着一个具体的时间。如果失去了时间，价格也就失去了意义。这个时间既不是委托人也不是估价师可以随意设定的，而应根据估价目的来确定。

在实际估价中，通常将"估价作业期"（估价的起止年月日，即正式接受估价委托的年月日至完成估价报告的年月日）或估价人员实地勘查估价对象期间的某个日期定为价值时点，如房地产抵押价值时点，原则上为完成估价对象实地查勘之日。但价值时点并非总是在此期间，也可能因特殊需要将过去或未来的某个日期定为价值时点。因此，在估价中要特别注意估价目的、价值时点、估价对象状况和房地产市场状况四者的匹配关系，其中估价目的是龙头。明确了估价目的之后，就可以根据估价目的来确定价值时点、估价对象状况和房地产市场状况了。

不同估价目的的房地产估价，其价值时点与估价所依据的估价对象状况及房地产市场状况的关系如图 1-1 所示。

对图 1-1 中的各种情形举例说明如下：

（1）价值时点为过去的情形，大多出现在房地产纠纷案件中，特别是对估价结果有

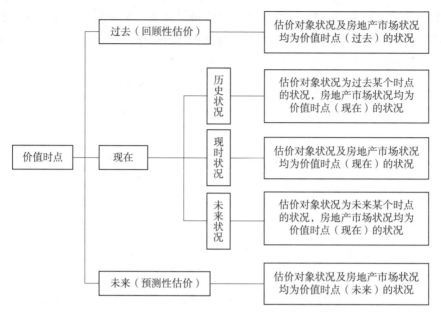

图 1-1 房地产价值时点与估价对象状况及房地产市场状况的关系

异议而引起的复核估价或估价鉴定。例如,某宗房地产被法院强制拍卖后,原产权人认为法院委托的房地产估价机构的估价结果过低,引发了该估价结果究竟是否过低的争论。此时衡量该估价结果是否过低,首先应当回到原价值时点,相应地,估价对象的产权性质、使用性质、建筑物状况以及房地产市场状况等也都要以原价值时点的状况为准。否则,就无法检验该估价结果是否合理,并且任何一个估价项目的估价结果在事后来看也都可能是错误的,因为房地产市场状况或估价对象状况可能发生了变化,而事实上可能并没有错,只是过去的估价结果不适合现在变化了的情况。

(2)价值时点为现在,估价对象为历史状况下的情形,多出现于房地产损害赔偿和保险理赔为目的的房地产估价中。如投保了火灾险的建筑物被烧毁后,确定其损失程度和损失价值,要根据其过去的状况(现在已不存在了)和损毁后的状况对比来评估。

(3)价值时点为现在,估价对象为现时状况下的情形,是估价中最常见、最大量的,包括在建工程估价。

(4)价值时点为现在,估价对象为未来状况下的情形,如评估房地产的预售或预购价格。

(5)价值时点、估价对象为未来的情形,多出现于房地产市场预测、为房地产投资分析提供价值依据的情况中,特别是预估房地产在未来建成后的价值。在假设开发法中,预计估价对象开发完成后的价值就属于这种情况。

(6)现状为在建工程的房地产,可能同时存在下列三种估价:价值时点为现在,估价对象为现时状况下的估价,即该在建工程现在的价值是多少;价值时点为现在,估价对象为未来状况下的估价,如该在建工程经过一段时间后将建成,而现在预售或预购它的价值是多少；价值时点为未来，估价对象为未来状况下的估价，如该在建工程经过一段时间后将建成，则在建成时的价值是多少。

6. 谨慎原则

谨慎原则通常是在房地产抵押价值评估时应遵循的一项原则。谨慎原则要求在存在不确定因素的情况下，房地产估价师作出估价相关判断时，应当保持必要的谨慎，充分估计抵押房地产在处置时可能受到的限制、未来可能发生的风险和损失，不高估市场价值，不低估知悉的法定优先受偿款，并在估价报告中作出必要的风险提示。

《房地产抵押估价指导意见》（建住房〔2006〕8号）第15条中，针对不同的估价方法，提出遵循谨慎原则的下列要求：

（1）在运用市场比较法估价时，不应选取成交价格明显高于市场价格的交易实例作为可比实例，并应当对可比实例进行必要的实地查勘。

（2）在运用成本法估价时，不应高估土地取得成本、开发成本、有关费税和利润，不应低估折旧。

（3）在运用收益法估价时，不应高估收入或者低估运营费用，选取的报酬率或者资本化率不应偏低。

（4）在运用假设开发法估价时，不应高估未来开发完成后的价值，不应低估开发成本、有关费税和利润。

另外，房地产估价行业组织已公布报酬率、资本化率、利润率等估价参数值的，应当优先选用；不选用的，应当在估价报告中说明理由。

7. 其他估价原则

（1）一致性原则

一致性原则是指为了同一估价目的对同一或相关估价项目所涉及的各宗同类房地产进行估价时，应采用相同的估价方法或对待方式，即"横向一致"，如同一估价项目的估价对象有两宗或两宗以上同类房地产的，对该两宗或两宗以上同类房地产应采用相同的估价方法或对待方式进行估价。对于应遵循一致性原则而确因情况特殊未采用相同的估价方法或对待方式进行估价的，应在估价报告中予以说明并陈述正当理由。在当前评估机构基础数据库相对完备的基础上开展"批量评估业务"，则是一致性原则的具体表现。

（2）一贯性原则

一贯性原则是指在不同时间为了同一估价目的对同一或同类房地产再次或多次进行估价时，应采用相同的估价方法或对待方式，即"纵向一致"，也就是现在采用的估价方法或对待方式应与过去所采用的估价方法或对待方式相同，保持估价方法或对待方式的连续性、稳定性，不得随意变更。对于应遵循一贯性原则而确因情况特殊，比如过去的估价方法选择不当、适用的条件发生了变化，相关估价标准出台或修订对估价方法选择有新要求，导致估价方法或对待方式必须变更的，应在估价报告中予以说明并陈述正当理由。

## 1.2.9 估价方法

房地产估价应当采用科学的估价方法（Appraisal Approach）进行严谨的测算，不能单纯依靠经验进行主观判断。从国内外的情况来看，房地产估价的方法很多，有的是在实践中产生的，有的是从理论上提出的。在众多的方法中，哪些是科学的，哪些是非科学的，哪些是值得认真探讨的。对于那些科学的估价方法，其理论依据是什么，其适用的估价对象和估价需要具备的条件有哪些，其计算公式的各种具体形式如何等问题，也是值得深入研究的。任何一种估价方法要称得上是科学的，必须有其科学的理论依据，并且其测算结果能够反映实际情况，否则，所测算出的结果仅是一个数字符号，无经济意义。

一宗房地产的价值通常可以从以下三个途径来求取：①近期市场上类似房地产是以什么价格进行交易的——基于明智的买者肯出的价钱不会高于其他买者最近购买类似房地产的价格，即基于类似房地产的成交价格来衡量其价值；②如果重新开发建设一宗类似房地产需要多少费用——基于明智的买者肯出的价钱不会高于重新开发建设类似房地产所必要的代价，即基于房地产的重新开发建设成本来衡量其价值；③如果将该宗房地产出租或经营预计可以获得多少收益——基于明智的买者肯出的价钱不会高于该宗房地产的未来收益的现值之和，即基于该宗房地产的未来收益来衡量其价值。由此在房地产估价上产生了三大基本方法，即市场法、成本法和收益法。此外，还有基本估价方法衍生的一些其他估价方法，如假设开发法、长期趋势法、路线价法、基准地价修正法等。

## 1.2.10 估价程序

估价程序（Appraisal Process）是指完成一个房地产估价项目所需要做的各项工作按照它们之间的内在联系排列出的先后次序。履行必要的估价程序是完成房地产估价项目的基本要求，是房地产估价报告有效的前提，也是估价机构和估价师规范估价行为、提高估价效率、防范估价风险的重要手段。通常，房地产估价的基本程序包括八个阶段。被征收房屋价值评估还需要公示初步评估结果并进行现场说明解释。

#### 1. 明确估价基本事项

房地产估价的核心是为了特定的目的，对特定的房地产或特定的房地产权益，在特定时点的价值进行测算和判定。明确估价的基本事项主要包括：①明确估价目的；②明确价值时点；③明确估价对象。在一个估价项目中，估价目的、价值时点、估价对象三者之间是具有内在联系的，其中，估价目的是龙头。估价目的可通过询问委托人运用将要完成的估价报告去满足何种需要、解决什么问题、交给谁使用或由谁认可来明确。对估价目的的明确及表述应尽量细化，避免模糊、笼统。例如，房地产抵押估价目的应表述为"为确定房地产抵押贷款额度提供参考依据而评估房地产抵押价值"。

2. 拟定估价作业方案

在明确估价基本事项的基础上，应对估价项目进行初步分析，拟定估价作业方案。估价作业方案主要应包括下列四个方面的内容：

（1）拟采用的估价技术路线和估价方法。估价技术路线是评估估价对象所应遵循的基本途径，是指导整个估价过程的技术思路。估价技术路线中包含估价方法如何具体运用。

（2）拟调查搜集的资料及其来源渠道。调查搜集估价所需资料的渠道主要有以下几个：①要求委托人提供；②在实地查勘估价对象时获取；③查阅估价机构自己的资料库；④到有关政府部门和专业机构、单位查阅；⑤询问有关知情人士；⑥查阅有关报刊、网站等媒体。

（3）预计所需的时间、人力、经费。房地产估价主要动用的是人力，随着估价对象越来越复杂，估价目的越来越多，以及对估价精度的要求越来越高，房地产估价师应当按照估价对象或估价目的进行适当的专业分工。有时根据估价项目的具体需要，还应当聘请其他领域的专家提供专业帮助，如设备工程师，将他们的专业工作成果作为估价报告附件，并在注册房地产估价师声明的"重要专业帮助"中予以说明。

（4）拟定作业步骤和作业进度。拟定作业步骤和作业进度主要是对后续要开展的各项工作以及所需要的时间、人员、经费等作出具体安排，以便控制进度及协调合作，最好附以流程图、进度表等。通常作业步骤包括签订估价协议、讨论确定技术路线、收集资料和实地查看、资料分析及市场调查研究、撰写评估报告、报告审核及修改定稿、提交报告和收取估价费用、报告总结和归档等。

3. 搜集估价所需资料

估价机构和估价人员应经常搜集估价所需资料，并进行核实、分析、整理。估价所需资料主要应包括以下四个方面的内容：

（1）对房地产价值、价格有普遍影响的资料；

（2）对估价对象所在地区的房地产价格有影响的资料；

（3）相关房地产交易、成本、收益实例资料；

（4）反映估价对象状况的资料。

4. 实地查勘估价对象

估价人员必须到估价对象现场，亲身感受估价对象的位置、周围环境、景观的优劣，查勘估价对象的外观、建筑结构、装修、设备等状况，并对事先搜集的有关估价对象的坐落、四至、面积、产权等资料进行核实，同时搜集补充估价所需的其他资料，以及对估价对象及其周围环境或临路状况进行拍照等。

完成实地查勘之后，实地查勘的估价人员、委托方、陪同实地查勘的人员和被查勘房地产的业主，应在"实地查勘记录"上签名认可，并注明查勘日期。如果因特殊原因（如房屋拆迁估价中被拆迁人拒绝），被查勘房地产的业主不同意在"实地查勘记录"上签名或不能对估价对象进行实地查勘、拍摄影像资料，则应当请除委托人和估价机构以外的无利害关系的第三人见证，并在估价报告中作出相应说明。对于估价对象已经消失的房地产，虽然不能进行完全意义上的实地查勘，但也应对估价对象的原址进行必要的调查或了解。

5. 选定估价方法计算

估价人员应当熟知、理解各种估价方法及其综合运用，结合估价对象和估价目的，正确运用估价方法进行估价。对于同一估价对象，宜选用两种以上（含两种）估价方法进行估价。如果估价对象可以同时采用多种估价方法进行估价，就应当同时采用多种估价方法进行估价，不得随意取舍。若必须取舍，应在估价报告中予以说明并陈述理由。

有条件选用市场比较法进行估价的，应以市场比较法为主要的估价方法。收益性房地产的估价，应选用收益法作为其中的一种估价方法。对于具有投资开发或再开发潜力的房地产的估价，应选用假设开发法作为其中的一种估价方法。在无市场依据或市场依据不充分而不宜采用市场比较法、收益法、假设开发法进行估价的情况下，可采用成本法作为主要的估价方法。

需要说明的是，对同一估价对象应尽量选用两种以上估价方法估价，这两种估价方法应是能够直接得出估价对象价值的方法，而不包括估价方法之间引用的情况。例如运用重置成本法评估某房地产，虽然对土地价值采用市场法估价，但对该房地产的估价只采用了成本法一种估价方法。

6. 确定估价结果

采用不同的估价方法测算的结果可能不同，在确定最终估价结果前，估价人员应比较、分析这些测算结果，当这些测算结果之间有较大差异时，应寻找导致较大差异的原因，并消除不合理的差异。需要强调的是，加之测算中的每个数字都应有其来源依据。

在采用数学方法求出一个综合结果的基础上，估价人员还应该考虑一些不可量化的价值、价格影响因素，估价人员不能拘泥于用某些计算公式得出的结果，还需要依靠自己的专业经验及对房地产市场行情的理解来把握评估价值，同时可以听取有关专业人士的意见，对该结果进行适当调整，或取整，或认定该结果，从而确定最终结果。当有调整时，应在估价报告中明确且充分地阐述调整理由。

由于估价结果对委托人十分重要，委托人通常会对估价结果有特别的期望。但由于估价工作的客观公正性质，估价师和估价机构不能在估价结果上让"客户满意"；不宜在完成估价之前与委托人或者任何其他与该估价业务有利害关系的人讨论估价结果，因为这有可能影响估价独立、客观、公正地进行；更不能在未估价之前就征求委托人对估价结果的意见，不得以迎合委托人的高估或者低估要求来争取估价业务。同时应注意，尽管要求估价结果是客观合理的，但实际上的估价结果可能带有估价师的主观因素，受估价师业务水平和职业道德的影响，并且所要求的客观合理的估价结果和实际上的估价结果又都可能与估价对象在市场上真正交易的成交价格不同。因为成交价格可能受到交易者个别情况的影响，或者由于成交日期与价值时点不同，房地产市场状况或估价对象状况发生了变化。

7. 撰写估价报告

估价报告（Appraisal Report）是估价机构履行估价委托合同、记述技术估价过程、反映估价成果的文件，是估价机构提供给委托人的"产品"，是给予委托人关于估价对象价值的正式答复，是关于估价对象价值的专业意见，也是关于估价对象价值的研究报告。一份房地产估价报告必须有至少两名注册房地产估价师签字后由房地产估价机构盖章。注册房地产估价师不得以印章代替签字。估价机构出具的估价报告一般应一式三份，其中两份交委托人，一份由本机构存档。估价报告的写作与格式具体参见 10.1 节。

8. 估价资料归档

估价资料归档的目的是建立估价资料库和估价档案，以方便以后的估价及相关工作。估价资料归档有助于估价人员和估价机构不断提高估价业务水平，有助于解决日后可能发生的估价纠纷，还有助于行政主管部门和行业组织进行有关的检查等。依据《房地产估价机构管理办法》（住房和城乡建设部令第 24 号）的规定：估价资料的保管期限从估价报告出具之日起不得少于 10 年。保管期限届满但估价所服务的行为未了的估价资料，应当保管到估价所服务的行为完结为止。对保存期满的估价档案，需要销毁的，应按照有关规定编造清册后销毁。

需要归档的资料一般应包括以下几个方面：

（1）向委托人出具的估价报告（包括附件）；

（2）与委托人签订的估价委托合同；

（3）实地查勘记录；

（4）估价项目来源和接洽情况记录；

（5）估价过程中不同意见和估价报告定稿之前的重大调整或修改意见记录；

（6）估价报告审核记录；

（7）估价人员和估价机构认为有必要保存的其他估价资料。

透过房地产估价程序，可以看到一个房地产估价项目运作的全过程，可以了解到一个房地产估价项目中各项具体工作之间的相互关系。

## 1.2.11 价值的测算与估价结果确定

1. 价值的测算

按照估价目的、估价对象、价值时点、价值类型初选估价方法，结合搜集到的估价所需资料等具体情况，确定估价方法，并运用所选定的估价方法测算估价对象的价值、价格。

一般情况下，在编制估价作业方案时，只要是理论上适用于估价对象的方法，都应作为初选的估价方法。在具体价值测算时，应根据估价对象及其所在地的房地产市场状况等客观条件，包括根据搜集到的估价所需资料的数量和质量、估价对象所在地同类房地产市场状况等具体情况，对初选但不限于初选的估价方法进行适用性分析，然后正式选定估价方法。正式选定估价方法后，运用所选定的估价方法测算估价对象的价值、价格。

### 2. 估价结果确定

估价结果一般按以下三个步骤进行：①对选用的每种估价方法的测算结果进行校核和比较分析；②把校核和比较分析后的不同估价方法的测算结果处理成一个综合测算结果；③在综合测算结果的基础上形成最终估价结果。此外，还应采用适当的表现形式把最终估价结果清晰、完整地表述出来。

（1）测算结果的校核和比较分析

在确定估价结果时，要先仔细进行下列检查，对选用的每种估价方法的测算结果进行校核，对两种或两种以上估价方法的测算结果进行比较分析，找出导致测算结果可能错误或存在差异的问题和原因。发现错误的，应予以改正；对于测算结果之间没有正当理由的差异部分，应予以消除。重点检查：估价数据输入和计算是否正确；估价基础数据是否准确；估价参数是否合理；估价公式、模式和路径是否正确并适用；估价假设和相关设定是否合理和充分；估价依据是否适用；估价原则选择和运用是否恰当；不同估价方法的估价对象财产范围是否相同；不同估价方法的估价前提是否相同；不同估价方法的适用程度是否不同；房地产市场状况是否特殊；是否有其他问题和原因。

（2）综合测算结果

对于只能选用一种估价方法的，其测算结果经校核并确认无误或改正后，可作为综合测算结果。对于选用两种或两种以上估价方法的，各种估价方法的测算结果经校核和比较分析并确认无误或改正后，在估价目的和价值类型对估价结果在不同估价方法的测算结果之间取舍无特殊要求的情况下，可根据不同估价方法的适用程度、数据可靠程度、测算结果之间差异程度等具体情况，恰当选择下列平均法之一得出综合测算结果。①简单算术平均法。当各种估价方法的测算结果之间差异不大，且无正当理由选用其他平均法的，一般选用简单算术平均法得出综合测算结果。②加权算术平均法。当选用该方法时，通常是对更加适用于估价对象、估价目的和价值类型，以及估价数据更加准确可靠、估价参数取值更有把握的估价方法的测算结果给予较大权重；反之，给予较小权重。③中位数法或众数法。对于选用三种或三种以上估价方法的，可将测算果从低到高排序，认为中位数或众数更具有代表性的，可将其作为综合测算结果。

（3）最终估价结果的确定与表述

房地产估价对房地产价值的测算是建立在估价人员对估价对象所在的房地产市场运行规律的掌握，以及对相关经济、法律、社会、自然因素的变化对估价对象房地产价值影响的判断上的。需要说明的是，估价不同于定价。估价只是提供关于估价对象价值的专业意见，仅供有关当事人决策参考，估价结果不应被认为是估价人员或估价机构对估价对象可实现价格的保证。而定价往往是当事人的行为，最终的成交价格应由当事人自己决定，当事人出于某种目的或需要，可以使其成交价格高于或低于正常价格。如果法律法规和政策对估价对象定价有规定的，确定的最终估价结果应符合相关规定。

估价结果的表现形式有多种。首先，可根据估价目的以及委托人等的需要或要求，采用下列三种形式之一：①一个具体的金额，这是目前普遍采用的形式；②一个最可能或正常合理的区间值，比如估价对象价值的正常合理区间为 620 万 ~ 650 万元，咨询性估价、投资价值评估的估价结果可以采用这种形式；③一个下限值，或一个上限值，或同时给出一个下限值和一个上限值。下限值是估价对象价值、价格一般不会低于的金额，如估价对象保守估价一般不会低于 600 万元；上限值是估价对象价值、价格一般不会高于的金额，如估价对象乐观估价一般不会高于 680 万元，或单价一般不会高于每平方米建筑面积 17600 元。某些特殊的估价目的，经与委托人沟通后，估价结果可以采用这种形式。例如，对某个估价机构的估价结果进行专家鉴定或专业技术评审，必要时可以对估价对象价值、价格给出这种形式的鉴定或评审结论。

## 1.3 中国房地产估价行业发展状况

中国的房地产估价活动扎根于一个历史悠久且源远流长的传统之中。早在上千年前，随着土地与房屋交易、征税以及租赁等经济活动的兴起，关于房地产价值及其评估的思想便已萌芽。然而，20 世纪 50 年代至 20 世纪 70 年代，随着房地产私有制的取消和房地产买卖、租赁活动的禁止，房地产估价活动也随之淡出人们的视野。1978 年改革开放的大幕拉开后，随着城镇国有土地使用权的有偿转让和房屋市场化的推进，房地产估价活动得以复兴。特别是在 21 世纪以来，随着法律法规的不断完善和市场经济体制的深化，房地产估价活动及其制度建设受到了前所未有的重视，房地产估价行业也迎来了快速发展期。

这一时期，房地产估价的准则、方法及实践经验均得到了显著的提升和创新。国家陆续出台了一系列旨在规范和指导房地产估价活动的法律法规，如《中华人民共和国土地管理法》《中华人民共和国城市房地产管理法》和《房地产估价师及估价活动管理条例》（建设部令第 151 号）等，为房地产估价工作提供了法律框架和操作指引。这些法律法规不仅明确了房地产估价的基本原则和估价师的职业标准，还规范了估价活动的流程和方法，保证了房地产估价的专业性、客观性和公正性。

伴随法规体系的完善，房地产估价行业的专业化水平显著提高。房地产估价师作为专业人才的培养和资格认证机制逐步建立，专业估价机构和协会相继成立，为房地产估价行业的健康发展奠定了坚实的基础。这些变化不仅推动了房地产市场的透明化和规范化，也为房地产投资决策提供了重要的支持，促进了房地产行业的长期健康发展。其中，房地产估价行业的快速发展，突出表现在下列几个方面。

### 1.3.1　确立房地产估价法律地位及管理规范

1994 年 7 月 5 日公布的《中华人民共和国城市房地产管理法》（以下简称《城市房地产管理法》）中规定："国家实行房地产价格评估制度"，奠定了我国房地产估价的法律地位，使得房地产估价成为国家法律制度。

2016 年颁布的《中华人民共和国资产评估法》（以下简称《资产评估法》）对包括房地产估价在内的各类资产评估的基本原则、专业人员、机构、程序、行业协会、监督管理、法律责任等作了全面规定，使各个评估专业领域有了较完整、具体的法律依据，提高了它们的法律地位，并明确了按照专业领域分别管理的体制，较好地处理了不同评估专业之间的关系。特别是《资产评估法》规定："涉及国有资产或者公共利益等事项，法律、行政法规规定需要评估的（以下称法定评估），应当依法委托评估机构评估。""评估机构及其评估专业人员依法开展业务，受法律保护。""国务院有关评估行政管理部门按照各自职责分工，对评估行业进行监督管理。"

为促进房地产估价行业规范健康发展，房地产估价行政管理部门出台了一些部门规章和规范性文件。例如，为加强对房地产估价师的管理，完善房地产估价制度和房地产估价人员资格认证制度，规范注册房地产估价师行为，维护公共利益和房地产估价市场秩序，1998 年 8 月 20 日建设部发布了《房地产估价师注册管理办法》（建设部令第 64 号），2001 年 8 月 15 日建设部发布了《关于修改〈房地产估价师注册管理办法〉的决定》（建设部令第 100 号），2006 年 12 月 25 日建设部在对该办法再次进行修改、补充、完善的基础上发布了《注册房地产估价师管理办法》（建设部令第 151 号），此后又对该办法进行了修改。

为规范房地产估价机构行为，维护房地产估价市场秩序，保障房地产估价活动当事人合法权益，1997 年 1 月 9 日建设部颁布了《关于房地产价格评估机构资格等级管理的若干规定》（建房〔1997〕12 号），2005 年 10 月 12 日建设部在对该规定进行修改、补充、完善的基础上发布了《房地产估价机构管理办法》（建设部令第 142 号），此后对该办法进行了多次修改。为进一步规范房地产估价机构资质许可行为，加强对房地产估价机构的日常监管，2006 年 12 月 7 日建设部发布了《关于加强房地产估价机构监管有关问题的通知》（建住房〔2006〕294 号）。

另外，2002 年 8 月 20 日建设部发布了《关于建立房地产企业及执（从）业人员信用档案系统的通知》（建住房函〔2002〕192 号），决定建立包括房地产估价机构、房地产估价师在内的房地产企业及执（从）业人员信用档案系统，信用档案内容包括房地产估价机构和房地产估价师的基本情况、业绩及良好行为、不良行为等，以便为各级政府部门和社会公众监督房地产企业市场行为提供依据，为社会公众查询企业和个人信用信息提供服务，为社会公众投诉房地产领域违法违纪行为提供途径。

为了规范房地产估价活动，统一房地产估价程序和方法，保证房地产估价质量，1999 年 2 月 12 日建设部、国家质量技术监督局联合发布了国家标准《房地产估价规范》

GB/T 50291—1999。2015 年 4 月 8 日，住房和城乡建设部、国家质量监督检验检疫总局联合发布了新修订的国家标准《房地产估价规范》GB/T 50291—2015。为了统一和规范房地产估价的专业术语，并有利于国内外的交流与合作，2013 年 6 月 26 日住房和城乡建设部、国家质量监督检验检疫总局联合发布了国家标准《房地产估价基本术语标准》GB/T 50899—2013。

针对不同的估价目的，房地产估价行政管理部门、行业组织还制定了若干估价指导意见等专项估价标准规范。例如，为规范房地产抵押估价行为，保证房地产抵押估价质量，维护房地产抵押当事人合法权益，防范房地产信贷风险，2006 年 1 月 13 日建设部会同中国人民银行、中国银行业监督管理委员会制定了《房地产抵押估价指导意见》（建住房〔2006〕8 号）。为规范国有土地上房屋征收评估活动，保证房屋征收评估结果客观公平，2011 年 6 月 3 日住房和城乡建设部制定了《国有土地上房屋征收评估办法》（建房〔2011〕77 号）。为规范房地产投资信托基金物业评估活动，保护投资者合法权益，满足相关信息披露需要，2015 年 9 月 10 日中国房地产估价师与房地产经纪人学会（以下简称"中房学"）印发了《房地产投资信托基金物业评估指引（试行）》（中房学〔2015〕4 号）。为规范涉执房地产处置司法评估行为，保障评估质量，维护当事人和利害关系人的合法权益，2021 年 8 月 18 日中房学印发了《涉执房地产处置司法评估指导意见（试行）》（中房学〔2021〕37 号）。

此外，为维护房屋买卖当事人合法权益，有效解决房屋质量缺陷引发的经济纠纷、规范房屋质量缺陷损失评估行为，2005 年 11 月 28 日北京市建设委员会发布了《北京市房屋质量缺陷损失评估规程》。为适应成都市农村房地产流转中价值评估的需要，规范农村房地产估价行为，2009 年 9 月 10 日成都市房产管理局发布了《成都市农村房地产估价规范（试行）》。为规范房地产司法估价行为，保证房地产司法估价质量，提高房地产司法估价公信力，2011 年 3 月 22 日四川省住房和城乡建设厅发布了《房地产司法鉴定评估指导意见（试行）》。

另外，土地估价的专门标准规范也较多，如《城镇土地估价规程》GB/T 18508—2014、《农用地估价规程》GB/T 28406—2012、《自然资源价格评估通则》TD/T 1061—2021，以及《国有建设用地使用权出让地价评估技术规范》（国土资厅发〔2018〕4 号）等。

### 1.3.2 建立了房地产估价师职业资格制度

1993 年，建设部、人事部共同建立了房地产估价师职业资格制度，经严格考核，认定了首批 140 名房地产估价师。这是中国最早建立的专业技术人员职业资格制度之一。1994 年，认定了第二批 206 名房地产估价师。1994 年颁布的《城市房地产管理法》规定"国家实行房地产价格评估人员资格认证制度"，为房地产估价师职业资格制度提供了法律依据。1995 年 3 月 22 日，建设部、人事部联合印发了《房地产估价师执业资格制度暂行规定》和《房地产估价师执业资格考试实施办法》。从 1995 年开始，房地产估价师职业资格实行全国统一考试制度，原则上每年举行一次考试。

2003年8月12日，国务院发布《关于促进房地产市场持续健康发展的通知》（国发〔2003〕18号），要求严格执行房地产估价师职业资格制度。2012年12月1日，国务院印发《服务业发展"十二五"规划》，提出加强和完善房地产估价师职业资格制度。

本着平等互利的原则，经建设部、人事部、商务部、国务院港澳事务办公室同意，2003年11月4日，中国房地产估价师学会与香港测量师学会签署了内地房地产估价师与香港测量师资格互认协议书。符合一定条件的内地房地产估价师可以通过"互认"方式取得香港测量师资格，符合一定条件的香港测量师可以通过"互认"方式取得内地房地产估价师资格。

2004年8月，根据中央人民政府与香港特别行政区政府签署的《内地与香港关于建立更紧密经贸关系的安排》（通常称CEPA），内地与香港完成了房地产估价师与产业测量师首批资格互认，香港97名产业测量师取得了内地的房地产估价师资格，内地111名房地产估价师取得了香港的产业测量师资格。这是内地与香港最早实现资格互认的职业资格，进一步加强了内地与香港在房地产估价领域的交流与合作，促进了内地与香港房地产估价行业共同发展。此后，根据双方需要，又开展了资格互认。

2017年9月12日，经国务院同意，人力资源和社会保障部首次公布了《国家职业资格目录》，房地产估价师被纳入其中，实施部门为住房和城乡建设部、国土资源部、人力资源和社会保障部，资格类别为准入类。国家按照规定的条件和程序将职业资格纳入国家职业资格目录，实行清单式管理，目录之外一律不得许可和认定职业资格，目录之内除准入类职业资格外一律不得与就业创业挂钩。准入类职业资格具有行政许可性质，依据有关法律、行政法规或国务院决定设置，并实行职业资格注册管理制度。行政许可是行政机关根据公民、法人或其他组织的申请，经依法审查，准予其从事特定活动的行为。2003年8月27日公布的《中华人民共和国行政许可法》（以下简称《行政许可法》）第81条规定："公民、法人或者其他组织未经行政许可，擅自从事依法应当取得行政许可的活动的，行政机关应当依法采取措施予以制止，并依法给予行政处罚；构成犯罪的，依法追究刑事责任。"《资产评估法》第28条规定："评估机构开展法定评估业务，应当指定至少两名相应专业类别的评估师承办，评估报告应当由至少两名承办该项业务的评估师签名并加盖评估机构印章。"因此，根据《城市房地产管理法》《行政许可法》《资产评估法》，无论出于何种估价目的、何种类型的房地产估价活动，包括公司上市、资产置换、资产处置等，只有注册房地产估价师才能够从事，不是注册房地产估价师签名并加盖房地产估价机构印章的关于房地产价格的评估报告，不具有法律效力。行政许可是指行政机关根据公民、法人或者其他组织的申请，经依法审查，准予其从事特定活动的行为。为了规范行政许可的设定和实施，保护公民、法人和其他组织的合法权益，维护公共利益和社会秩序，保障和监督行政机关有效实施行政管理。"房地产估价师执业资格注册"是《城市房地产管理法》设定的行政许可项目（即第59条规定："国家实行房地产价格评估人员资格认证制度"），依法继续实施；"房地产估价机构资质核准"是国务院决定予以保留并设定行政许可的 500 项之一（第 110 项）。此外，"房地产估价师执业资格审批"作为国务院决定予以保留并设定行政许可的 500 项之一（第 84 项）、"列入政府管理范围的专业技术人员职业资格审批"行政许可项目中的一项，也是一种行政许可。因此，无论是房地产估价师资格，还是房地产估价机构资质，都是行政许可项目。

2021 年 10 月 15 日，为落实国家职业资格制度改革要求，根据国务院领导批示精神，住房和城乡建设部、自然资源部印发了《房地产估价师职业资格制度规定》《房地产估价师职业资格考试实施办法》。这实际上是正式实施包括过去的房地产估价师和土地估价师的新的房地产估价师职业资格制度及考试。取得新的房地产估价师职业资格并经注册的，既可以依法从事房地产估价业务、签署房地产估价报告，也可以依法从事土地估价业务、签署土地估价报告。

### 1.3.3　成立房地产估价行业自律性组织

房地产估价行业自律性组织简称行业组织，是房地产估价机构和估价专业人员的自律性组织，依照法律、法规和章程实行自律管理，履行提供服务、反映诉求、规范行为、促进和谐的职能，在宣传行业积极作用、维护行业合法权益、加强行业自律管理、促进行业健康发展等方面发挥着重要作用。

为了加强房地产估价行业自律管理，1994 年 8 月经民政部批准登记，成立了中国房地产估价师学会这个全国性房地产估价行业自律性组织，2004 年 7 月更名为中国房地产估价师与房地产经纪人学会（China Institute of Real Estate Appraisers and Agents，CIREA）。中房学致力于促进我国房地产估价、经纪和租赁行业规范健康持续发展，不断提升房地产估价、经纪和租赁从业人员的专业能力和职业道德水平，目前的主要工作包括：承办房地产估价师、房地产经纪专业人员职业资格考试、注册登记和继续教育；制定并推行房地产估价、经纪和租赁执业准则和职业道德准则；建立并维护房地产估价师、房地产估价机构等从业人员和机构的信用档案；对会员的执业行为进行检查、向政府有关部门反映会员诉求，支持会员依法开展业务，维护会员合法权益；开展房地产估价、经纪和租赁研究、宣传及相关国际交流与合作；办理法律、法规和章程规定以及有关行政管理部门委托或授权的其他工作。

同时，许多省、自治区、直辖市以及城市，先后成立了地方性房地产估价行业自律性组织。

### 1.3.4　构建房地产估价理论方法体系

长期以来，国务院有关房地产估价行政管理部门、全国性房地产估价行业组织十分重视、持续推进房地产估价理论、方法及其应用的研究，地方性房地产估价行业组织、广大房地产估价机构和房地产估价师以及高等学校、科研院所的大批专家学者积极参与、努力开展相关研究，借鉴我国台湾和香港地区以及美国、英国、日本、德国等经济发达国家房地产估价的有益成果，结合中国内地房地产估价工作实际，与时俱进，守正创新，不断实践、总结、再实践、再总结，丰富和发展了房地产估价理论与方法，形成了既与国际接轨又适用于中国内地现行房地产制度政策和市场环境的一套较科学、先进、完整、成熟的估价理论与方法体系。目前，中国内地房地产估价的主要观念、理念、术语及其内涵等与国际基本一致或趋同，其中比较法、收益法、成本法是三种基本和常用的估价方法，还将早期简单的剩余法发展成内容丰富的假设开发法并使其成为主要和常用的估价方法，此外还总结、提炼出了适用于房地产批量估价的标准价调整法，适用于房地产价值损失评估的修复成本法、价差法和损失资本化法等。

### 1.3.5 形成公平竞争的房地产估价市场

1978 年改革开放后的房地产估价，起初主要服务于房地产经营管理、交易市场管理，以及防止隐价瞒租、偷漏房地产交易税费等。例如，1984 年 12 月 12 日，城乡建设环境保护部印发《经租房屋清产估价原则》，文件中指出制定该原则是"为了加强财产管理，准确反映房产的价值及其增减变动情况，给全面实行经济核算创造条件"，要求对房地产部门负责管理和经营的各种房地产及依法代管的房屋"以重置完全价值进行估价"，并"作为估价入账的依据"。1988 年 8 月 8 日，建设部、国家物价局、国家工商行政管理局联合印发《关于加强房地产交易市场管理的通知》（建房字〔1988〕170 号），要求"合理评估房地产的价值、价格，为房地产交易、抵押、仲裁、转让提供确定价值和价格的依据。"2001 年 8 月 15 日，建设部发布《城市房地产转让管理规定》（建设部令第 96 号），规定"房地产权利人转让房地产，应当如实申报成交价格，不得瞒报或者作不实的申报。房地产转让应当以申报的房地产成交价格作为缴纳税费的依据。成交价格明显低于正常市场价格的，以评估价格作为缴纳税费的依据。"

2000 年以前，由于特殊的历史原因，绝大多数房地产估价机构为挂靠在有关政府部门或其下属单位的事业单位或企业。这些估价机构实际上是有关政府部门的延伸，垄断了相应的房地产估价业务，不利于房地产估价市场的发展。为了建立、健全与社会主义市场经济相适应的中介机构管理体制和符合市场经济要求的自律性运行机制，促进中介机构独立、客观、公正执业，使其成为自主经营、自担风险、自我约束、自我发展、平等竞争的经济组织，2000 年 5 月 29 日国务院清理整顿经济鉴证类社会中介机构领导小组提出了《关于经济鉴证类社会中介机构与政府部门实行脱钩改制的意见》，要求包括房地产估价机构在内的中介机构必须与挂靠的政府部门及其下属单位在人员、财务（包括资金、实物、财产权利等）、业务、名称等方面彻底脱钩。2000 年 7 月 14 日，国务院办公厅转发了《关于经济鉴证类社会中介机构与政府部门实行脱钩改制的意见》，要求认真贯彻执行。根据这些要求，建设部大力推进房地产估价机构与政府部门脱钩，使其改制成为主要由注册房地产估价师出资设立的有限责任公司或合伙企业。脱钩改制打破了行业垄断和地区市场分割的局面，形成了公平竞争的房地产估价市场。2005年出台的《房地产估价机构管理办法》进一步规定："房地产估价机构依法从事房地产估价活动，不受行政区域、行业限制。"2016年颁布的《资产评估法》规定："委托人有权自主选择符合本法规定的评估机构，任何组织或者个人不得非法限制或者干预。""评估行政管理部门不得违反本法规定，对评估机构依法开展业务进行限制。"

随着经济社会发展，为了更好地满足人们对房地产估价的多样化需求，从估价目的、估价对象、价值类型等多个维度，对房地产估价业务不断进行深化和拓展，包括为了转让、租赁、抵押、征收、税收、司法处置、分割、损害赔偿、土地有偿使用以及企业经济行为（如资产置换、资产重组、发行债券、产权转让、改制、合并、分立、清算）等的需要，对房屋、土地、在建房地产、未来房地产、已毁损或灭失房地产、部分或局部房地产、整体资产中的房地产、以房地产为主的整体资产等财产或权利的市场价值、市场价格、投资价值、抵押价值、抵押净值、计税价值、现状价值、清算价值、残余价值等进行评估。

近年来，在估价目的方面，还从用于房屋征收补偿拓展到用于城市更新、城镇老旧小区改造和盘活存量资产，从用于房地产抵押贷款拓展到用于房地产证券化和相关资本市场，从用于房地产司法处置拓展到用于不良资产处置，从用于企业相关经济行为拓展到用于财务报告等；在估价对象方面，还从城镇房地产估价拓展到农村房地产估价，从普通房地产估价拓展到保障性住房、历史建筑、军队房地产、人防工程等特殊房地产估价；在价值类型方面，还从市场价值和价格评估拓展到市场租金评估等。

房地产估价机构和估价师在做好房地产各种价值、价格评估业务的同时，还从事房地产价值分配、提升、损失以及相关额外费用、直接经济损失评估等估价延伸业务，并积极提供房地产市场调研、可行性研究、现金流量预测与分析、保值增值等咨询顾问服务。随着房地产市场发展、经济社会发展，房地产估价的业务内容还会越来越深化，服务的领域也将越来越宽广。

## 1.3.6 积极开展对外交流与合作

中房学同国际测量师联合会（International Federation of Surveyors，FIG）、世界估价组织协会（World Association of Valuation Organisations，WAVO）、国际估价标准理事会（International Valuation Standards Council，IVSC）、国际估价官协会（International Association of Assessing Officers，IAAO）等估价相关国际组织，美国估价学会、英国皇家特许测量师学会、日本不动产鉴定士协会联合会、韩国鉴定评价协会、新加坡测量师与估价师学会、俄罗斯估价师协会、匈牙利房地产估价师与房地产经纪人协会等国外估价组织建立了紧密联系，相互往来，签署了交流合作协议，联合举办了专业研讨会等活动。

2006年10月13日，中房学加入了国际测量师联合会，成为其全权单位组织会员。国际测量师联合会成立于1878年，是联合国认可的非政府组织（NGO），是各国测量师（包括估价师）组织的联合会，设有 10 个专业委员会（Commission），房地产估价属于其中第 9 专业委员会——房地产估价与管理委员会（Valuation and the Management of Real Estate）。

2015 年 9 月 15 日，中房学加入了国际估价官协会，成为其全权单位组织会员。国际估价官协会成立于 1934 年，致力于房地产税收估价和政策研究。

目前，中国房地产估价的外部环境条件，如房地产相关制度政策、行政管理、市场运行等，既有许多特色，又有某些不够完善之处，主要表现在以下方面：①房屋和土地的所有制不同。其中住宅以私有为主，其他房屋可以私有，土地全部为公有。②土地公有制在城乡之间不同。城市市区的土地属于国家所有，农村和城市郊区的土地除由法律规定属于国家所有的以外，属于农民集体所有。③国家所有的土地（简称国有土地）和农民集体所有的土地（简称集体土地）及其上的房屋适用的法律法规和政策有所不同。例如，集体土地征收补偿和国有土地上房屋征收补偿的具体依据、原则、标准等有所不同。④市场上交易（包括出让、转让、互换）的土地权利不是土地所有权，而是土地使用权（包括建设用地使用权、宅基地使用权、土地承包经营权等），并且土地承包经营权、以出让方式取得的建设用地使用权一般有期限，法定最长期限因用途而异，最长不超过 70 年；有的土地使用权的剩余期限已很短，甚至期限已届满而未续期，且期限届满后除住宅建设用地使用权自动续期外，非住宅建设用地使用权的续期以及包括住宅建设用地使用权在内的续期费用是否缴纳或减免及其缴纳标准等规定尚不够明确。⑤许多房地产的实际状况与权属证明记载的状况不一致。如房地产的名称、地址（或坐落）、权利人名称、用途、面积等实际状况与不动产权属证书或登记簿记载的状况不一致，而原因又是多种多样的，例如：一些房地产因产权单位发生更名、分立、合并、隶属关系变更等原因造成房屋所有权人、土地使用权人与权属证书记载的不一致；因改变用途、历史上登记机构变更等原因造成实际用途与登记用途不一致（如证载用途为住宅，实际用途为商铺；证载用途为工业，实际用途为办公），还可能与规划用途、设计用途有所不同，甚至房屋证载用途与土地证载用途不一致（如土地证载用途为工业，房屋证载用途为办公）；因改扩建、毁损等原因造成实际面积与登记面积不一致（实际面积可能大于或小于证载面积）。⑥不少可以进行开发建设或按新的用途、规模等重新开发建设的房地产的规划建设条件（如规划指标）不够明确或尚未明确，且存在较大不确定性或弹性。⑦某些房地产未经登记、无权属证明，产权不清、手续不齐全或产权不完整，历史遗留问题较多、历史背景复杂，既不能判定是合法的，又未被依法认定为违法，并且它们的产权状况在合法与违法之间有很大差异。⑧一些房地产违法违规处理不及时且处理政策有较大的差异和变数。例如，对于闲置土地以及擅自改变用途、变更容积率、新建、改扩建的，何时处理及如何处理在不同时期、不同地区的政策不统一，并且存在较大不确定性。⑨房地产市场不够规范，时常受到政府的调控，未来较难预期；成交价格、租金等交易信息不够公开透明；新建商品房销售中存在地下室等的面积不计入销售面积、购买后可变相增加面积等情况；二手房交易中较普遍存在"阴阳合同"等情况，交易当事人向有关部门申报的成交价或网签成交价与真实的成交价往往不一致，甚至存在较大差异（通常明显偏低）；一些市场参与者不够理性和谨慎，成交价格难以客观真实反映市场状况和交易对象状况。

此外，不同的估价委托人对估价结果的诉求差异较大，甚至要求相反：①许多委托人对估价的需求是基于有关办事程序上的要求，只要估价报告和估价结果能够通过即可；②一些委托人对估价的需求是基于想要得到科学、准确、客观、可信的价值价格；③某些委托人试图借助独立第三方估价专业机构为达到或掩盖"低值高价"或"高值低价"等目的，要求高估或低估，甚至要求出具虚假估价报告或进行其他非法干预，比如有的委托人在委托估价时就要求评估出其希望的价值、价格，否则就不委托估价。一些委托人和相关方不诚实，不配合提供所需资料，或提供不真实、不完整、不准确或非法的信息，有时还会故意误导或错误展示估价对象。

上述外部环境条件使中国现行房地产估价既有不少特色，又有许多挑战，比如导致一些估价对象的状况尤其是产权状况十分复杂、不规范甚至很奇特，估价所必需的前提条件不够明确甚至存在很大不确定性，估价所需的市场资料不够真实可靠且获取困难，以及一些估价业务的难度和风险很大。因此，在现实估价中遇到的许多问题并不是估价技术方面的问题，也不是估价理论和方法所能有效解决的，甚至不是估价行业组织和估价行政管理部门可以解决的。但是，无论估价的外部环境条件多么不尽如人意，估价机构和估价师都应在现实状况下，依法坚守估价准则和职业道德，勤勉尽责做好估价工作，提供高质量的估价服务并稳妥利用估价假设和限制条件以及估价报告中的特别提示等，有效防范估价风险。

## 复习思考题

章节自测题

1. 什么是房地产估价？

2. 房地产估价师应遵守的职业道德体现在哪些方面？

3. 房地产估价的目的有哪些？

4. 房地产估价的原则有哪些？

5. 简述估价目的、价值时点、估价对象状况和房地产市场状况之间的联系。

6. 简述房地产估价的程序。

7. 房地产估价归档的资料有哪些？

8. 某房地产地处繁华商业区内，占地 $300m^2$，地上有 $180m^2$ 的住宅。委托人要求评估该房地产的现时交换价值。估价师经过调查了解，现在该区域商业用途土地价格为 3 万元 $/m^2$，该区域的商品房价格为 9000 元 $/m^2$，城市规划中该区域的容积率为 4。该房地产的现时价值大约是多少？请说明估价的依据和理由。

# 第2章　房地产与房地产价格

## 【本章要点及学习目标】

    1. 掌握房地产的概念及其组成部分。

    2. 熟悉房地产的种类。

    3. 了解房地产的特性。

    4. 理解房地产价格的构成与影响因素。

    5. 掌握不同类型的房地产价值和价格。

## 2.1　房地产的含义与特性

### 2.1.1　房地产的概念

房地产是指土地、建筑物及其他地上定着物，是实物、权益、区位三者的综合体。

1. 土地

对房地产估价而言，土地是指地球的陆地表面及其上下一定范围内的空间。一宗土地的范围可分为三层。

（1）地面

一宗土地的地面范围，是指该宗土地的地球表面的"边界"所围合的面积，是核定土地权利的重要依据。在现实中，这个范围由城市土地及规划管理部门在用地红线图上具体划定，并标出地块转折点的坐标，形状为封闭多边形，其面积的大小依据水平投影面积计算；在土地现场，地块转折点以钉桩、埋设混凝土界桩或界石等方式确认其边界，这样具体的土地就有了四至范围、形状及面积大小。

（2）地上空间

一宗土地的地上空间是指该宗土地地球表面的边界向上扩展到无限天空的空间。通常，地上空间的高度以飞机的飞行高度为限，但实际中，由于土地在使用过程中受到规划指标的限制，其地上空间是指地面以上一定范围内的空间，具体是由规划管理部门通过高度限制来体现的。

（3）地下空间

从理论上讲，地下空间是指从地球圆心出发，散发到地球表面的该宗土地的边界而形成的空间范围。通常，地下空间的深度以人类的能力所及为限，但在现实使用中，由于受到建筑技术和经济效益的制约，其地下空间是指地面以下一定范围的空间。

从房地产估价的角度来看，对一宗土地的认识主要包括：位置、面积、四至、形状、地形与地势、周围环境与景观、利用状况、产权状况、土地使用管制、地质条件、基础设施完备程度和土地平整程度等。其中，对土地使用管制的了解主要针对城市规划限制条件，包括用途、建筑高度、建筑密度、容积率、建筑物后退红线的距离（是指建筑控制线与道路红线或道路边界、地块边界距离）、建筑间距、绿地率（是指一定地块内各类绿地面积的总和占该地块的总面积的比率）、交通出入口方位、停车泊位、建筑体量、建筑体型、建筑色彩、地面标高等，同时还应考虑规划设计方案是否符合环境保护、消防安全、文物保护、建筑节能、卫生防疫等有关法律法规的规定。一般可以通过城市总体规划、详细规划以及相关文件来了解城市规划的限制条件，如规划要点、规划设计条件通知书、审定设计方案通知书、建设用地规划许可证和建设工程规划许可证等。

2. 建筑物

建筑物是指人工建筑而成，由建筑材料、建筑构配件和建筑设备等组成的整体物，包括房屋和构筑物。房屋是指能够遮风避雨并供人居住、工作、娱乐、储藏物品、纪念或进行其他活动的空间场所，一般由基础、墙、门、窗和屋顶等主要构件组成。构筑物是指建筑物中除了房屋以外的东西，人们一般不直接在其内部进行生产和生活活动，如烟囱、水塔、水井、道路、桥梁、隧道、水坝等。

在进行房地产估价时，对建筑物的认识主要包括以下内容：坐落、面积（建筑面积、套内建筑面积、使用面积、其他面积）、层数和高度、结构（钢结构、钢筋混凝土结构、砖混结构、砖木结构、简易结构）、设备（给水排水、卫生、燃气、照明、空调、电梯、通信、防灾等设备）、装修、公共配套设施完备程度、平面布置（平面图、户型图等）、外观、建成年月（开工日期和竣工日期）、维修、利用现状、产权状况、其他（如通风、采光、隔声、隔热、层高、物业管理、楼层、朝向等）。

3. 其他地上定着物

其他地上定着物是指与土地、建筑物不能分离，或虽然能够分离，但分离后会破坏土地、建筑物的功能或完整性的物体。如为了提高土地或建筑物的使用价值或功能而种植的树木、花草，埋设在地下的管线、设施，在地上建造的庭院、花园、假山、围墙等。在房地产估价中，估价对象的范围如果不包括属于房地产范畴的其他地上定着物的，应逐一列举说明，未作说明的，应理解为在估价对象范围内。

4. 实物、权益和区位

房地产是实物、权益和区位三者的有机结合。物质实体是权益的载体，而最终体现房地产价值的是其权益。同一物质实体，如果附着于其上的权益不同，评估出的客观合理价格或价值也会有所不同。在不同的房地产中，实物和权益对价值的影响是不同的。

（1）房地产实物

房地产实物是房地产中看得见、摸得着的部分，如建筑物的结构、设备、装修、外观，土地的形状、基础设施完备程度、平整程度等。它可以分为有形的实体、实体的质量以及组合完成的功能三个方面。

（2）房地产权益

房地产权益是房地产中无形的、不可触摸的部分，包括权利、利益和收益。房地产权益是以房地产权利为基础，依托于物质实体的权益主要有所有权、使用权、土地承包经营权、宅基地使用权、居住权、地役权、抵押权、租赁权等。

1）房地产所有权：房地产所有权是房地产所有权人对自己的房地产依法享有占有、使用、收益和处分的权利，有房屋所有权和土地所有权。我国现行的房地产所有制为：土地属于国家或集体所有，房屋可以私人所有。因此，房屋所有权有国家所有权、集体所有权和私人所有权三种，土地所有权只有国家所有权和集体所有权两种。房地产所有权可分为单独所有、共有和建筑物区分所有权。单独所有是房地产由一个组织或个人享有所有权。共有是房地产由两个以上组织或个人共同享有所有权。共有又有按份共有和共同共有。按份共有人对共有的房地产按照其份额享有所有权；共同共有人对共有的房地产共同享有所有权。建筑物区分所有权是业主对建筑物内的住宅、经营性用房等专有部分享有所有权，对专有部分以外的共有部分享有共有和共同管理的权利。

2）建设用地使用权：建设用地使用权是指建设用地使用权人依法对国家所有的土地享有占有、使用和收益的权利，有权利用该土地建造建筑物、构筑物及其附属设施。建设用地使用权可分为出让、划拨、作价出资（入股）、授权经营、租赁等方式取得的建设用地使用。建设用地使用权的本质是利用土地空间的权利，可称为空间使用权。《中华人民共和国民法典》（以下简称《民法典》）规定："建设用地使用权可以在土地的地表、地上或者地下分别设立。"

3）土地承包经营权：土地承包经营权是指土地承包经营权人依法对其承包经营的耕地、林地、草地等享有占有、使用和收益的权利，有权从事种植业、林业、畜牧业等农业生产。

4）宅基地使用权：宅基地使用权是指宅基地使用权人依法对集体所有的土地享有占有和使用的权利，有权依法利用该土地建造住宅及其附属设施。建设用地使用权、土地承包经营权和宅基地使用权都属于土地使用权。

5）居住权：居住权是指居住权人有权按照合同约定，以满足生活居住的需要，对他人的住宅享有占有、使用的用益物权。根据《民法典》，居住权无偿设立，设立居住权的住宅不得出租，但是当事人另有约定的除外；居住权不得转让、继承；居住权自登记时设立，居住权期限届满或居住权人死亡的，居住权消灭。

6）地役权：地役权是指房地产所有权人或土地使用权人按照合同约定利用他人的房地产，以提高自己的房地产效益的权利。上述房地产所有权人或土地使用权人为地役权人，他人的房地产为供役地，自己的房地产为需役地。地役权有通行地役权、排水地役权、眺望地役权等。其中通行地役权是在他人的土地上通行的权利。

7）房地产抵押权：房地产抵押权是指为担保债务的履行，债务人或第三人不转移房地产的占有，将该房地产抵押给债权人，债务人不履行到期债务或发生当事人约定的实现抵押权的情形，债权人有权就该房地产优先受偿。

8）房地产租赁权：房地产租赁权是指承租人支付租金，对他人的房地产享有使用、收益的权利。

（3）房地产区位

房地产区位是指地球上某一事物与其他事物在空间方位和距离上的关系。房地产区位不仅要考虑地理坐标位置，还应该考虑可及性、与其他地方往来的便捷性、与重要场所的距离（分为空间直线距离、交通路线距离和交通时间距离，人们越来越重视交通时间距离而不是空间直线距离）、周围环境和景观、在城市区域中的地位等。

区位是一个综合的概念，除解释为地球上某一个事物的空间几何位置外，还强调自然界的各种地理要素和人类社会经济活动之间的相互联系和相互作用在空间位置上的反映。也就是说，区位是自然地理区位、经济地理区位和交通地理区位在空间地域上有机结合的具体表现。区位差异性反映了城镇不同土地类型的使用价值和收益水平。房地产的区位可以分为位置（或坐落）、交通、环境（包括自然环境、人工环境、社会环境、景观等）和配套设施（包括基础设施和公共服务设施）。两宗实物和权益状况相同的房地产，如果区位不同，价值就会有很大的不同。

## 2.1.2 房地产的种类

### 1. 按存在形态划分的种类

房地产虽然包括土地和建筑物两大部分，但并不意味着只有土地与建筑物合成一体时才被称为房地产，单纯的土地或单纯的建筑物都属于房地产。房地产估价中，房地产存在下列三种形态：

（1）土地

土地的形态最简单的情形是一块没有建筑物的空地，在现实房地产估价中，即使土地上有建筑物，根据需要也可能只评估其中的土地价格，如为征收土地税费或者确定划拨土地使用权进入市场需要补交的土地使用权出让金的数额。对于有建筑物的土地，具体估价时，或者无视建筑物的存在，将房地产设想为无建筑物的空地，或者考虑建筑物的存在对土地价值的影响。

（2）建筑物

建筑物虽然必须建设在土地之上，但在某些特定的情况下须把它单独看待，只评估建筑物的价格，如在房地产投保火灾险时评估其保险价值，灾害发生后评估其损失，为计算建筑物折旧服务的估价等。具体评估时，或者无视土地的存在，将房地产设想为空中楼阁，或者考虑土地存在对建筑物价值的影响。

（3）房地实物

房地实物形态上的土地和建筑物合成一体，在估价时把它们作为一个整体来看待。在实际估价中，估价对象的物质实体可能既有土地也有建筑物，也可能只是它们中的某一部分，如土地、房屋、构筑物、附属设施设备、在建工程（包括停缓建工程）等。但估价对象必须包括依托于该物质实体的具体权益。

2. 按用途划分的种类

房地产按用途来划分，可以分为居住房地产和非居住房地产两大类，具体可以分为以下10类：

（1）居住房地产：是指供家庭或个人较长时期居住使用的房地产，可分为住宅和集体宿舍。住宅是指供家庭较长时期居住使用的房地产，可分为普通住宅、高档公寓和别墅。集体宿舍可分为单身职工宿舍、学生宿舍等。

（2）商业房地产：是指供出售商品使用的房地产，包括商业店铺、百货商场、购物中心、超级市场、批发市场等。

（3）办公房地产：是指供处理公事使用的房地产，即办公楼，可分为商务办公楼（又称写字楼）和行政办公楼两类。

（4）旅馆房地产：是指供旅客住宿使用的房地产，包括宾馆、饭店、酒店、度假村、旅店、招待所等。

（5）餐饮房地产：是指供顾客用餐使用的房地产，包括酒楼、美食城、餐馆、快餐店等。

（6）娱乐房地产：是指供人消遣使用的房地产，包括游乐场、娱乐城、康乐中心、俱乐部、夜总会、影剧院、高尔夫球场等。

（7）工业和仓储房地产：是指供工业生产使用或直接为工业生产服务的房地产，包括厂房、仓库等。

（8）农业房地产：是指供农业生产使用或直接为农业生产服务的房地产，包括农地、农场、林场、牧场、果园、种子库、拖拉机站、饲养牲畜用房等。

（9）特殊用途房地产：包括车站、机场、码头、医院、学校、教堂、寺庙、加油站、墓地等。

（10）综合房地产：是指具有上述两种以上（含两种）用途的房地产。

3. 按开发程度划分的种类

房地产按开发程度来划分，可以分为以下5类：

（1）生地：是指不具有城市基础设施的土地，如荒地、农地。

（2）毛地：是指具有一定城市基础设施，但尚未完成房屋拆迁补偿安置的土地。

（3）熟地：是指具有较完善的城市基础设施且土地平整（通常指"五通一平"或"七通一平"），能直接在其上进行房屋建设的土地。目前土地出让市场出让的土地都为熟地。

（4）在建工程：是指建筑物已开始建设但尚未建成，不具备使用条件的房地产。通常没有完成工程竣工验收的都视为在建工程。

（5）现房：是指已建造完成、可直接使用的建筑物及其占用范围内的土地。按照新旧程度分为新房和旧房。其中，新房按照装饰装修状况又可分为毛坯房、粗装修房和精装修房。

**4.按是否产生收益划分的种类**

房地产按是否产生收益可分为收益型房地产和非收益型房地产两大类。收益型房地产是指能直接产生租赁收益或其他经济收益的房地产，如住宅、商店、写字楼、餐馆、厂房等。非收益性房地产是指不能直接产生经济收益的房地产，如行政办公楼、教室、教堂等。判断一宗房地产是否为收益性房地产，不是看该房地产目前是否正在产生经济收益，而是看该类房地产在本质上是否具有直接产生长期稳定的经济收益的能力。

**5.按经营使用方式划分的种类**

房地产的经营使用方式主要有销售、出租、营业和自用四种。有的房地产既可以销售，也可以出租、营业，如商店、餐馆。有的房地产可以出租、销售，还可以自用，如公寓、写字楼。有的房地产主要是营业，如宾馆、影剧院。有的房地产主要是自用，如行政办公楼、学校等。

### 2.1.3　房地产的特性

房地产估价的必要性是由房地产的特性所决定的，因此，在房地产估价时必须考虑房地产的特性。房地产与其他一般商品相比而言，具有以下主要特性：

**1.位置固定性**

建筑物通常和土地一样，具有位置固定性，因此，它较易受周围环境的影响。需要说明的是，这种固定性主要是指其自然地理位置固定不变，由于对外交通、配套设施的变化，房地产的社会经济位置可能会发生变化。位置固定性这一特性决定了房地产商品只能就地开发和使用，也决定了不同地区、不同地段的房地产价格由于房地产质量、功能、周围的自然地理位置和社会经济位置的不同而不同。即使在设计图纸、建筑技术、建筑材料以及房屋设备等都相同的情况下，由于地理位置的差异，决定了交通条件和社会经济状况的不同，房地产价格也会有重大的差异。因此，要求在进行房地产估价时，必须充分考虑房地产商品所处的地理位置和周边的环境。

此外，房地产的这种特性使得在房地产市场上交换、流通的不是房地产商品的物质形态，而是各种物权的转移，进行的是一种观念上的价值流通而非物质本身的物理运动，因此房地产的买卖实际上是一种契约买卖。

**2.个别性**

个别性，即没有两宗房地产是完全相同的，体现的是一种独一无二的特点。房地产的个别性在实物形态上表现为地理位置、建筑结构、房型、层次、朝向、新旧程度以及开发建设程度的不同；在权益状态上表现为所有权、使用权、抵押权等的区别。因为在不同的规划设计下开发、建设的房地产商品，其耗费必然不同，所以不能像工业产品那样进行批量生产；不同位置的房地产，假设采用标准设计，由于地形、地质、建筑材料等方面的差别，也不可能像对工业产品那样进行统一定价；即使是在同一幢楼中，由于楼层、朝向等的差别，其价格也存在差异，目前所实施的"一房一价"制度，也是房地产个别性特征的体现；此外，土地资源的不可再生性和不可移动性也决定了不可能有相同的房地产商品的存在。

3. 长期使用性

土地具有不可毁灭性，其寿命几乎是无限的。土地上的各种建筑结构寿命较长，少则几十年，多则几百年，因而相对一般商品而言，对它们的使用具有长期性。根据我国现行的土地使用制度，公司、企业、其他组织和个人通过政府出让方式取得的建设用地使用权是有一定使用期限的。目前，建设用地使用权出让的最高年限，居住用地为70年，工业用地为50年，教育、科技、文化、卫生、体育用地为50年，商业、旅游、娱乐用地为40年，综合或其他用地为50年。其土地使用权在使用年限内可以转让、出租、抵押或者用于其他经济活动，但土地使用权期间届满，除住宅建设用地使用权自动续期外，非住宅建设用地使用权人为申请续期或虽然申请续期但依法未获批准的，建设用地使用权应由国家无偿收回。

4. 价值高昂性

无论是房地产开发投资还是房地产置业投资，所需金额往往巨大。由于土地的稀缺性，$1m^2$ 土地的价格少则数百元，多则数千元甚至数万元，而且其价格还在不断上升。对于开发商而言，土地开发费用和房屋造价也很高，一个房地产项目的开发费用少则需要几百万元，多则需要几十亿元甚至上百亿元。对于一般的置业者而言，往往需要几十万甚至几百万元才能拥有自己的房地产，这是一个人几年、几十年甚至是一生的积蓄，是人一生中几乎最大的投资。

5. 保值增值性

随着社会经济的发展和时间的推移，房地产商品呈现出一般商品所没有的特征，房地产特别是土地的价格不但不会降低，反而会随之增长，因而能在某种程度上抵消通货膨胀和其他风险的影响。造成房地产增值现象的原因可从如下四个方面进行分析：①对房地产本身进行投资改良，如装修改造、更新或添加设备、改善物业管理等；②通货膨胀；③房地产的稀缺性；④外部条件的相互影响，如交通或周围环境的改善等。其中，对房地产本身进行投资改良所引起的房地产价格上升，不是房地产的自然增值；通货膨胀所引起的房地产价格上升，不是真正的房地产增值，而是房地产保值；房地产的稀缺性和外部条件的改善所引起的房地产价格上升，是真正的房地产自然增值。

当然房地产的保值增值性是从房地产价格变化的总趋势来讲的，现实中，房地产的价格是波浪式上升的，不排除房地产出现价格下跌或贬值的可能。同时，需要说明的是，在我国土地使用是有年限限制的，虽然单位土地在某一使用年限下的价格呈现出上涨的趋势，但针对某一宗有一定使用年限限定的土地而言，随着时间的推移，从长远看其价格趋势是下降的。当其土地剩余使用年限降为零时，那么该宗土地在这一时点的使用权价格为零。

#### 6. 相互影响性

房地产的价值不仅与其本身的状况直接相关，而且与其周围房地产的状况密切相关，受其邻近房地产开发、利用的影响。一般物品的使用基本上是孤立的，而房地产的开发、利用会对其周围房地产产生影响。例如，北京中央商务区周围的房地产价值、价格要比其他区域高，这就是聚集效应的作用，许多国内国际大企业聚集于该区，从而提高了该区房地产的附加值。又如，在一个住宅小区附近修建一个公园或购物中心，可能使周边土地价值上升；但如果在其旁边兴建一座化工厂，就可能导致该住宅小区价值下降。

#### 7. 易受政策影响性

房地产涉及所有权和使用权，受政府法规和政策的影响甚大，任何国家对房地产的开发、使用和支配都有不同程度的限制，其主要受国家土地出让政策、税收政策、住宅政策、城市规划、利率、金融政策等的影响。这一特性既说明了房地产投资的风险性，也说明了政府制定长远房地产政策的重要性。

政府限制房地产一般是通过下列四种特权来实现的：①管制权，政府可以直接对房地产的使用作出限制，如通过城市规划对建筑高度、容积率、绿地率等作出规定，从而增进公众安全、健康和一般福利；②征税权，为了提供财政收入，政府可以合理地对房地产征税或提高房地产征税；③征收权，政府由于公共利用的需要，可以强制取得任何组织或个人的房地产，但需对被征收房地产的所有人给予合理补偿；④充公权，在房地产业主死亡或消失而无继承人的情况下，政府可以无偿收回房地产。

## 2.2 房地产的价格与影响因素

### 2.2.1 房地产价格的概念

房地产价格既是建筑物价格与土地价格的结合体，又是房地产开发、建设所耗费的社会必要劳动所形成的价值与土地所有权价格（对于我国来讲应该是土地使用权价格）的综合货币表现。其中，社会必要劳动所形成的价值包括土地开发过程中耗费的社会必要劳动所形成的土地价值与房屋建筑物建设中社会必要劳动所形成的房屋建筑物价值。

从房地产估价的角度理解，房地产价格是获得他人的房地产所必须付出的代价——货币额、商品或其他有价物。在现今社会，房地产价格通常用货币表示，习惯上也是用货币形式来偿付，但并不排除实物、劳务等其他形式的应用，如以房地产作价入股换取设备、技术等。

## 2.2.2　房地产价格的影响因素

房地产价格水平是众多影响因素相互作用的结果，或者说是这些因素交叉影响汇聚而成的。不同的房地产价格影响因素引起房地产价格之间变动的方向、程度是不尽相同的，这是房地产估价的难点。估价中一般将影响价值、价格的因素分为一般因素、区域因素和个别因素三个层次。

1. 一般因素

一般因素是指影响所有房地产价值、价格的一般的、普遍的、共同的因素，是对广泛地区的房地产价格水平有所影响的因素，主要包括行政因素、经济因素、市场因素、人口因素、社会因素、心理因素、国际因素、环境因素等。

（1）行政因素

影响房地产价值、价格的行政因素，是指影响房地产价格的制度、政策、法规、行政措施等方面的因素，主要有土地制度、住房制度、房地产价格政策、行政隶属变更、特殊政策、城市发展战略、国土空间规划、土地供应计划、税收政策、交通管制等。

房地产制度政策，特别是房地产所有制、使用制、交易管理制度和价格政策对房地产价格的影响最明显。例如在20世纪80年代中期以前，传统城镇住房制度下，对住房实行实物分配、低租金使用，必然造成住房价格、租金的低落；而目前，允许土地使用权出让、转让，推行住宅商品化、社会化，实行住房分配货币化，使房地产价格显现出来，反映了客观的房地产市场供求状况，同时也受到房地产供求关系的影响。

房地产价格政策是指政府对房地产价格高低和涨落的态度以及采取的干预方式或管控方式、措施等。从政府对房地产价格高低和涨落的态度来看，可将房地产价格政策分为低价政策和高价政策、抑制价格政策和刺激价格政策。低价政策一般是采取某些措施使房地产价格处于较低水平；高价政策一般是采取某些措施使房地产价格处于较高水平；抑制价格政策一般是采取某些措施来控制房地产价格上涨；刺激价格政策一般是采取某些措施来促使房地产价格上涨。

国土空间规划是对一定区域国土空间开发保护在空间和时间上作出的安排，包括总体规划、详细规划和相关专项规划。国土空间总体规划是详细规划的依据、相关专项规划的基础。国土空间规划对房地产特别是土地的价格有直接、较大的影响。例如，国土空间规划如果将某个区域列为重点发展区域，则该区域的房地产价格一般会上涨。国土空间规划所确定的建设用地规模、用途，以及容积率、密度等控制指标，高度、风貌等空间形态控制要求等，对房地产价值、价格的影响会更加直接而明显。土地供应计划是政府对行政辖区范围内国有建设用地供应数量、用途结构、空间布局和执行的具体安排。一般而言，当房地产开发用地的供应量减少时，房地产开发用地和商品房的价格会上涨，反之会下降。

对房地产价值、价格有影响的交通管制主要有严禁某一类车辆通行、实行单行道、实行步行街等。交通管制对房地产价格的影响结果如何，要看这种管制的内容和房地产的使用性质，例如，在住宅区内的道路上禁止货车通行，可减少噪声、汽车尾气污染和行人行走的不安全感，从而会提高房地产价值，但是对商业区实行单行道，会导致交通不便，影响客流，降低商业地产的价格。

房地产的税收可分为房地产开发环节的、房地产交易环节的和房地产保有环节的税收。增加开发环节的税收，会增加房地产开发建设成本，从而推动房地产价值、价格上涨。在房地产交易环节，增加卖方的税收，如土地增值税，会使房地产价格上升；增加买方的税收，如契税，会抑制房地产需求，导致房地产价格下降。对房地产保有环节课税，如房产税，实际上是减少了利用房地产的收益，因而会使房地产价格下降。房地产保有环节的税收不仅有抑制房地产需求的作用，还有减少房地产囤积从而增加房地产供给的作用。

行政隶属关系变更和特殊政策也会影响房地产价值、价格。如果将一个落后地区划归为发达地区管辖，往往会促进房地产价格上涨。同样在一些地方建立经济特区，实行特殊的政策、特殊的体制、特殊的对外开放措施，往往会提高该区域的房地产价格。

（2）经济因素

影响房地产价值、价格的经济因素主要有：经济发展状况，储蓄、消费、投资水平，财政收支以及金融状况，物价，建筑人工费，利率，居民收入，房地产投资额等。

经济发展预示着投资、生产活动的活跃，对房地产的需求增加，从而引起房地产价值、价格上涨，尤其是导致地价上涨速度很快。

利率的升降与房地产价格的涨跌呈现负相关。虽然从成本角度来看，利率升高会增加房地产开发的贷款利息，增加开发成本，从而使房地产价格上升，但是，从房地产需求角度来看，由于购买者普遍采用贷款方式付款，利率升高会增加购房者的还贷压力，抑制消费者的需求；从房地产价值是房地产未来预期收益的现值之和的角度看，房地产价值和报酬率是负相关的，而报酬率与利率正相关，所以利率上升会使报酬率上升，从而使得房地产价格下降。

一般货币政策放松会导致房地产价格上涨，货币政策收紧通常会导致房地产价格下降。另外，若房地产开发贷款会减少未来商品房供给，这会使未来房地产价格攀升，反之房地产价格下降；在个人贷款一方，严格的信贷政策会导致住房需求降低，进而会使房地产价格下降，反之上涨。

一般物价与房地产价格的互动关系比较复杂。从较长时期来看，国内外统计资料表明，房地产价格的上涨率要高于一般物价的上涨率和国民收入的增长率。

需要重点说明的是居民收入对房地产价值、价格的影响。居民收入的真正增加意味着人们生活水平的提高，其对房地产价值、价格的影响程度要看现有的收入水平及边际消费倾向大小（边际消费是指收入每增加一个单位所引起的消费变化）。如果低收入群体的收入增加，其边际消费倾向很大，其增加的收入大部分甚至全部会用于衣食等基本生活的改善，对房地产价值、价格的影响不会太大。如果中等收入群体的收入增加，其边际消费倾向也比较大，由于他们的基本生活已经有较好的基础，其所增加的收入大部分会用于增加对居住房地产的需求，促使房地产价值、价格上涨。如果高收入群体的收入增加，因为其生活的需要几乎已经得到满足，边际消费比较小，增加的收入可能更多的是用来投资，那么对房地产价值、价格影响不大，但是如果其投资主要是针对房地产市场，那么就会增加房地产的需求，引起房地产价值、价格的上涨。

在国际房地产投资中，汇率波动会影响房地产的投资收益，当预期某国的货币会升值时，就会吸引国外资金购买该国房地产，从而导致其房地产价值、价格上涨，相反，会导致其房地产价值、价格下降。

（3）市场因素

房地产也是一种商品，其价格也取决于市场因素，同样也符合价值规律的变动。当市场供需力量对比发生变化时，房地产价格也会发生变化。当房地产需求量大于供给量时，房地产价格上涨，相反就会出现下降。

（4）人口因素

影响房地产价格的人口因素主要有人口数量、人口素质、家庭规模三个方面。房地产的需求主体是人，人口数量和人口素质以及家庭规模等对房地产价格有很大的影响。随着人口数量的增长，对房地产的需求必然增加，从而促使房地产价格上涨。反映人口数量的相对指标是人口密度。人口密度从两个方面影响房地产价格：一方面，人口密度提高有可能刺激商业、服务业等产业的发展，从而提高房地产价格；另一方面，人口密度过高造成生活环境恶化，有可能降低房地产价格。此外，如果某一地区居民素质低，组成复杂，秩序欠佳，人们多不愿居住，房地产价格必然低落。在总人口不变的条件下，家庭规模的变化，会导致住宅使用面积数额的变动，进而导致居住房地产价格的变化。一般而言，随着家庭平均人口的下降，即家庭小型化，房地产价格有上涨的趋势。

（5）社会因素

影响房地产价格的社会因素主要有政治安定状况、社会治安程度、房地产投机和城市化。政治不安定则意味着社会可能动荡，会影响投资者的信心，造成房地产价值、价格低落。社会治安状况恶劣，意味着人们的生命财产缺乏保障，也会造成房地产价值、价格下降。

房地产投机是建立在对未来房地产价格预期的基础上的，其对房地产价格的影响可能会出现三种情况：当房地产价格不断攀升时，投机者会纷纷抢购，哄抬价格，造成虚假需求，促使其价格进一步上涨；当情况相反时，投机者会纷纷抛售其持有的房地产，促使房地产价格进一步下降；当市场比较低迷时，投机者认为日后房地产价格会上涨就会购置房地产，造成需求增加；当价格上涨，投机者则会抛售房地产，增加供给，从而平抑市场价格。这三种情况的出现主要是投机者对未来市场的预期与实际市场走势的偏差所造成的。

（6）心理因素

心理因素对房地产价格的影响也是一个不可忽视的因素。影响房地产价格的心理因素主要有：价格预期、购买或出售心态、欣赏趣味、时尚风气、接近名家住宅心理、讲究门牌号码心理等。

（7）国际因素

随着世界经济一体化的发展，国际因素对某一国家或某一地区房地产价格的影响日益明显。其中国际经济状况、军事冲突、政治对立以及国际竞争等影响较大。国际经济状况发展良好，一般有利于房地产价格上涨，政治对立的地区、战争地区或者受到战争威胁及影响的地区的房地产价格会下降。国与国之间为了吸引外资而展开的国际竞争比较激烈时，为吸引投资者往往会采取低价政策，从而使房地产价格低落。

（8）环境因素

环境因素是指那些对房地产价格有影响的房地产周围的物理性状因素，其中主要包括：声觉环境、大气环境、水文环境、视觉环境、卫生环境。噪声大的区域、空气污染的区域、地下水受到污染的区域、清洁卫生状况欠佳的区域的房地产价格通常会比较低。

2. 区域因素

区域因素是指房地产所在地区的自然条件与社会、经济条件。这些条件相互结合所产生的地区特性，对地区内的房地产价值、价格有决定性的影响。区域因素的影响主要表现在以下几个方面：

（1）繁华程度

区域的繁华程度是指商业的规模等级及其对土地利用的影响程度。商业的规模等级越高，房地产的使用效益越高，价格相应越高。随着到商业中心距离的增加，房地产的使用效益呈递减趋势。繁华程度可以由商业服务设施的集聚程度来表示。

商业集聚的经济效益主要源于单项交易活动的费用降低。在一个中心商业区内，通常集中了数量众多的、不同类型的商店及服务设施，商品种类繁多，服务项目齐全，信息量大，社会需求的物品几乎应有尽有，在此从事经济和社会活动，既节约时间，又节省交通费用，因此具有巨大的吸引力。由于商业集聚中心吸引的顾客多，在集聚中心的商店盈利也比分散布置的商店高得多。交易费用的降低还促成了中心商业区的形成。在中心商业区，银行、保险、证券交易、进出口贸易、房地产、高级宾馆等商业、服务业和金融业组织，彼此间的业务有密切联系，集中在一起能大大提高效率，降低交易费用。

（2）交通条件

交通条件是指区域的道路通达程度、公共交通的便捷程度以及对外交通的便利程度。通达程度把通行距离和时间作为一个整体，既要求通行距离短，以节省运费；又要求交通顺畅，减少路上的时间。反映通达程度的因素包括：道路功能、路网密度、道路密度等。区域内的交通条件还应该包括航空、航运的便利程度。交通条件良好时，房地产的使用效益较高，价格也高。

（3）基础设施

基础设施主要是指区域的生活设施和公用设施。城市的公用设施，如交通、供电、供热、供气、给水排水、通信、环保、抗灾等是城市的物质基础，其配套程度和质量直接影响生产、生活等城市功能的发挥。生活服务设施与居民正常生活和工作有密切关系，如教育、娱乐、金融、邮政、商业服务网点等，这些设施的齐备，服务等级和服务保证率，对城市的经济效益和社会效益也能产生间接影响。

3. 个别因素

个别因素是指房地产本身所具有的特点或条件，是房地产的个别特性对于个别价格的影响因素。有些个别因素主要影响土地价格，有些个别因素主要影响建筑物价格。土地的个别因素主要有：位置、地质、地貌、地势、地形、日照、通风、干湿等；房屋的个别因素主要有：外观形象、结构、类型、式样、装修、设备、质量、户型、楼层、朝向、建造年代等。

（1）位置

房地产位置优劣的形成，一是先天的自然条件，二是后天的人工影响。在实际估价中，关键是要弄清楚什么样的位置才算优，什么样的位置才算劣。房地产位置优劣的判定标准虽然因不同的用途而有所差异，但在一般情况下，凡是接近经济活动的中心、要道的通口、行人较多、交通流量较大的位置，房地产价格一般较高；反之，闭塞街巷，郊区僻野，房地产价格一般较低。具体一点来说，商业用途房地产的位置优劣，主要是看繁华程度和临街状况。居住用途房地产的位置优劣，主要是看周围环境状况、安静程度、交通便捷程度以及与市中心的远近程度。而别墅的要求则是接近大自然，环境质量优良，又可保证一定的生活私密性。工业用途房地产的位置优劣，通常需要视产业的性质而定，一般来说，位置有利于原料和产品的运输，便于废料处理及动力取得，其价格必有增高的倾向。

人们的生活和生产等活动对房地产的位置都有要求。房地产位置的优劣直接影响其所有者或使用者的生产与生活满足程度、经济收益或社会影响，因此，房地产坐落的位置不同，价格会有较大差异。尤其是城市土地，其价格的高低几乎被位置优劣所左右。

（2）地质条件

地质条件决定着土地的承载力。对于农地来说，土地的承载力基本上都能满足要求，所以一般不考虑承载力这个因素。但对于建设用地，特别是对于城市建设用地来说，地质条件对地价的影响较大，尤其在现代城市建设向高层化发展的情况下更是这样。一般情况下，地质坚实，承载力较大，有利于建筑的建造和使用，地价就高；反之，地质条件差，地价则低。但不同的建筑物，如平房、多层建筑、高层建筑，对土地承载力有不同的要求，所以承载力对地价的影响程度也有所不同。

现代建筑技术的进步在一定程度上可以克服不良地质条件所造成的承载力低、地基不稳定等问题，因此，地价与地质条件关系的实质是地质条件的好坏决定着建设费用的高低。建造同样的建筑物，地质条件好的土地，需要的基础建设费用低，其地价相对较高；相反，基础建设费用高，地价则低。这些通过假设开发法可以清楚地看出。

（3）土地面积和形状

同等位置的两块土地，由于面积大小不等，价格会有高低差异。一般来说，凡是面积过于狭小而不利于使用的土地，价格较低。但在特殊情况下也可能有例外，如面积狭小的土地因与相邻土地合并后，可能会大大提高相邻土地的利用价值，于是该土地价格可能就会被抬高。地价与土地面积大小的关系是可变的。一般来说，在城市繁华地段对面积大小的敏感度较高；而在市郊或农村则相对较低。

土地形状是否规则，对地价也有一定影响。形状规则的土地，主要是指正方形、长方形（但长宽的比例要适当）的土地。由于形状不规则的土地一般不能完全有效利用，相对于形状规则的同一区域相同面积的土地，其价格一般要低。通常为改善这类土地的利用，多采用土地调整或重划措施。土地经过调整或重划之后，利用价值提高，地价也将随之上涨，这反过来也说明了土地形状对地价的影响。

此外，建筑物外观形象如建筑式样、风格和色调等，对房地产价格也有很大的影响。建筑物外观新颖、优美，可给人以舒适的感觉，价格相对就高一些；反之，单调、呆板，很难引起人们强烈的享受欲望，甚至令人压抑、厌恶，则价格就低。

另外，建筑物的朝向、平面布置、功能、质量等因素对房地产价格均有较大的影响，此处不再一一说明。

## 2.3 房地产价值和价格的种类

房地产价值和价格的种类繁多，名称也不完全一致，不同的房地产价值和价格所起的作用不尽相同，评估时所采用的依据和考虑的因素也不尽相同，因此，进行房地产估价必须弄清楚房地产价值和价格的种类及每种房地产价值和价格的确切含义，以正确理解和把握所评估的房地产价值或价格的内涵。

### 2.3.1 房地产价值分类

1. 使用价值和交换价值

商品的使用价值是指能够满足人们某种需要的属性。如粮食能充饥，衣服能御寒。使用价值是一切商品都具有的共同属性之一。任何物品要想成为商品都必须具有可供人类使用的价值；反之，毫无使用价值的物品是不会成为商品的。

交换价值是指商品同其他商品交换的量的关系或比例，通常用货币来衡量，即交换价值表现为一定数量的货币或其他商品。人们在经济活动中一般简称的价值是指交换价值，在房地产估价中一般所说的价值也是指交换价值。

使用价值是交换价值的前提，是交换价值的物质承担者，形成社会财富的物质内容。没有使用价值就没有交换价值，但是没有交换价值不一定没有使用价值，譬如说空气。作为商品的房地产，既有使用价值也有交换价值。房地产估价所评估的是房地产的交换价值。

2. 原始价值、账面价值和市场价值

原始价值简称原值、原价，也称历史成本、原始购置成本，是一项资产在当初购置时的价格或发生的支出，包括买价、运输费、安装费、缴纳的有关税费等。账面价值又称账面净值、折余价值，是资产的原始价值减去已提折旧后的余额。市场价值是该资产于某一时间在市场上的实际价格。

原始价值是始终不变的，账面价值是随着时间的推移而减少的，而市场价值是随着时间的推移而变化的，有时高，有时低。市场价值很少等于账面价值。房地产由于具有保值增值性，虽然经过了若干年的使用，但其市场价值可能比原始价值高出很多。因此，房地产估价所评估的是房地产的市场价值。

3. 市场价值、快速变现价值、谨慎价值、清算价值和投资价值

不论何种类型的评估价值均是推测估价对象在一定条件下最可能的价格。这是一组按照价值前提或者说评估价值的本质来划分的房地产价值。

（1）市场价值

市场价值可以定义为房地产在满足下列五个条件下进行交易最可能的价格：①交易双方是自愿进行交易的；②交易双方是出于利己动机进行交易的；③交易双方是精明、谨慎行事的，并且了解交易对象、知晓市场行情；④交易双方有较充裕的时间进行交易；⑤不存在买者因特殊兴趣而给予附加出价。

城市房屋拆迁虽然是强制性的，不符合市场价值形成条件中的"交易双方是自愿进行交易的"，但因为要对被拆迁人给予合理补偿，所以，城市房屋拆迁估价应当采用市场价值标准。

（2）快速变现价值

在现实估价中，许多估价目的要求评估的是市场价值，但也有一些估价目的要求评估的不是市场价值，而是在不符合市场价值形成条件中的一个或多个条件下最可能的价格。其中，快速变现价值是指不符合市场价值形成条件中的"交易双方有较充裕的时间进行交易"下最可能的价格。由于房地产的流动性差，如果交易时间较短（如销售期短于正常或合理的销售期），则其最可能的价格较低，因此快速变现价值通常低于市场价值。

（3）谨慎价值

谨慎价值是指在存在不确定性因素的情况下遵守谨慎原则评估出的价值。谨慎价值通常低于市场价值。例如，为了防范房地产信贷风险，要求评估的房地产抵押价值为谨慎价值。

（4）清算价值

清算价值是指在非继续使用条件下的价值。它一般低于市场价值。例如，某种针对特定品牌进行了装饰装修的餐厅，当不再作为该种品牌的餐厅继续经营而出售时，装饰装修就毫无价值，而且其拆除还要发生费用，这样该种装饰装修不但不会增加该餐厅的价值，反而会减少该餐厅的价值。因此，此时清算价值会低于市场价值。但在城市房屋拆迁的情况下，虽然该餐厅也不会继续经营下去，但要假设继续经营来评估其市场价值，并据此给予拆迁补偿。

（5）投资价值

投资价值一词有两种含义：一是指值得投资，例如人们在为某个房地产项目或某项资产做销售宣传时，经常称其具有投资价值；二是指从某个特定的投资者（即某个具体的投资者）的角度来衡量的价值。这里所讲的投资价值指的是后者。因此，某一房地产的投资价值，是指某个特定的投资者（如某个具体的购买者）基于个人的需要或意愿，对该房地产所评估出的价值。与此相比，该房地产的市场价值，是指该房地产对于一个典型的投资者（市场上抽象的一般投资者，他代表了市场上大多数人的观点）的价值。即市场价值来源于市场参与者的共同价值判断，是客观的、非个人的价值；投资价值是对特定的投资者而言的，是建立在主观的、个人因素基础上的价值。在某一时点，市场价值是唯一的，而投资价值会因投资者的不同而不同。

同一房地产对于不同的投资者之所以会有不同的投资价值，是因为不同的投资者可能在开发建设成本或经营费用方面的优势不同、纳税状况不同、对未来的预期不同等因素造成的。所有这些因素都会影响投资者对该房地产未来收益能力的估计，从而影响投资者对该房地产价值的估计。如果所有的投资者都作出相同的假设，也面临相同的环境状况，则投资价值与市场价值就会相等，但实际上很少出现这种情况。

评估投资价值与评估市场价值的方法一般是相同的，不同的主要是参数取值。例如，投资价值与市场价值都可以采用收益法来评估——价值是未来净收益的现值之和，但其中选取参数的立场不同。拿折现率来说，评估市场价值所采用的折现率，应是与该房地产的风险程度相对应的社会一般报酬率（即典型的投资者所要求的报酬率）；而评估投资价值所采用的折现率，应是某个特定的投资者所要求的最低报酬率（通常称为最低期望收益率）。这个特定的投资者所要求的最低报酬率，可能高于也可能低于与该房地产的风险程度相对应的社会一般报酬率。在净收益方面，评估投资价值时通常要扣除所得税，而评估市场价值时通常不扣除所得税。另外，不同的投资者对未来净收益的估计，有的可能是乐观的，有的可能是悲观的；而评估市场价值时，要求对未来净收益的估计是客观的。

投资者评估的房地产的投资价值大于或等于该房地产的市场价值，是其投资行为（或交易）能够实现的基本条件。当投资价值大于市场价值时，说明值得投资（购买）；反之，说明不值得投资（购买）。换一个角度讲，每个房地产投资者对其拟投资（购买）

的房地产都有一个心理价位，投资价值可以看成是这个心理价位。当市场价值低于其心理价位时，投资者趋向于增加投资；反之，他们将向市场出售过去所投资的房地产。

就投资价值与市场价值相对而言，房地产估价所评估的是房地产的市场价值。但作为房地产估价师，评估房地产的投资价值为投资者决策提供参考，也是其服务的重要领域。例如，政府举行国有土地使用权招标、拍卖、挂牌出让，有意愿的购买者可能委托房地产估价机构评估其能承受的最高购买价格，例如为其确定投标报价提供参考依据，这就是一种投资价值评估。

4. 成交价格、市场价格、公开市场价值、清算价格和评估价值

（1）成交价格

成交价格简称成交价，是交易双方实际达成交易的价格。成交价格会受到市场供需关系的影响，还会因为交易者的心态、偏好、对市场的了解程度、讨价还价能力等的不同而发生变化。成交价格可能是正常的，也可能是不正常的，所以，可将成交价格区分为正常成交价格和非正常成交价格。正常成交价格是指交易双方在公开市场、信息通畅、平等自愿、诚实无欺、没有利害关系的情况下进行交易形成的价格，不受一些不良因素，如不了解市场行情、垄断、胁迫等的影响；反之，则为非正常成交价格。

（2）市场价格

市场价格是指某种房地产在市场上的一般、平均水平价格，是该类房地产大量成交价格的抽象结果。

（3）公开市场价值

公开市场价值为在公开市场上最可能形成的价格。在本书中，市场价格、市场价值、公开市场价值三者的含义基本相同，在一般情况下可以混用。

（4）清算价格

清算价格是指房地产在非公开市场条件下被迫出售或快速变现条件下所形成的价格。

（5）评估价值

评估价值又称评估价格、估计价值，简称评估值、评估价或评估额，是估价人员对房地产的客观合理价格或价值进行估算和判定的结果。

评估价值还可以根据所采用的估价方法的不同而有不同的称呼，如采用市场比较法估算得出的结果通常称为比较价值，采用成本法估算得出的结果通常称为积算价格，采用收益法估算得出的结果通常称为收益价格。

但从理论上讲，一个良好的评估价值等于正常成交价格，等于市场价格。

## 2.3.2　政府指导类房地产价格

1. 市场调节价、政府指导价和政府定价

从政府对房地产价格的管制或干预程度来划分，可将房地产价格分为市场调节价、政府指导价和政府定价。

（1）市场调节价

市场调节价是指由经营者自主制定，通过市场竞争形成的价格。对于实行市场调节价的房地产，由于经营者可以自主制定价格，所以估价应依据房地产市场的供求状况进行。

（2）政府指导价

政府指导价是指由政府价格主管部门或者其他有关部门，按照定价权限和范围规定基准价及其浮动幅度，指导经营者制定的价格。对于实行政府指导价的房地产，由于经营者应在政府指导价规定的幅度内制定价格，所以估价结果不得超出政府指导价规定的幅度。

（3）政府定价

政府定价是指由政府价格主管部门或者其他有关部门，按照定价权限和范围制定的价格。对于实行政府定价的房地产，由于经营者应执行政府定价，所以估价结果应以政府定价为准。例如在城镇住房制度改革中，出售公有住房的标准价、成本价就属于政府定价。

政府对价格的干预，还有最高限价和最低限价。最高限价是试图规定一个对房地产可以收取的最高价格；最低限价也称为最低保护价，是试图规定一个对房地产可以收取的最低价格。因此，对有最高限价的房地产，估价结果不得超过其最高限价；对有最低限价的房地产，估价结果不得低于其最低限价。

政府对价格的干预还有规定价格构成或利润率等，例如规定新建的经济适用住房出售价格实行政府指导价，按保本微利原则确定。其中，经济适用住房的成本包括征地拆迁补偿安置费、勘察设计和前期工程费、建筑安装工程费、住宅小区基础设施建设费（包含小区非营业性配套公建费）、管理费、贷款利息和税金七项因素，利润率控制在3%以下。对于这类房地产，估价也应依据这些规定进行。

2. 基准地价、标定地价和房屋重置价格

基准地价、标定地价和房屋重置价格是《城市房地产管理法》提到的三种价格，该法规定："基准地价、标定地价和各类房屋的重置价格应当定期公布。""房地产价格评估，应当遵循公正、公平、公开的原则，按照国家规定的技术标准和评估程序，以基准地价、标定地价和各类房屋的重置价格为基础，参照当地的市场价格进行评估。"

基准地价是指在城镇规划区范围内，对现状利用条件下不同级别或不同均值地域的土地，按照商业、居住、工业等用途，分别评估确定的某一估价期日上法定最高年期土地使用权区域平均价格。这是按照《城镇土地估价规程》GB/T 18508—2014对基准地价概念的界定，也可以将其简要定义为"以一个城市为对象，在该城市一定区域范围内，根据用途相似、地块相连、地价相近的原则划分地价区段，调查评估出的各地价区段在某一时点的平均水平价格"。需要说明的是，每个城镇的基准地价都有其特定的内涵，包括对应的价值时点（基准日期）、土地用途、土地使用权性质、土地使用期限、土地条件和容积率等。

标定地价，按照《城镇土地估价规程》GB/T 18508—2014 的定义，"是政府根据管理需要，评估的某一宗地在正常土地市场条件下于某一估价期日的土地使用权价格，它是该类土地在该区域的标准指导价格。"它是政府出让土地使用权时确定出让金额的依据，是清产核资中核定单位所占用地土地资产和股份制企业土地作价入股的标准；是核定土地增值税和管理地产市场的具体标准；是划拨土地使用权转让、出租、抵押时，确定补缴出让金的标准。标定地价评估可以以基准地价为依据，根据土地使用年限、地块大小、形状、容积率、微观区位等条件通过系数修正进行评估，也可按市场交易资料，采用一定方法评估宗地地价。标定地价的确定与一般宗地地价确定的基本方法相同，包括市场比较法、收益还原法、成本逼近法、剩余法和基准地价系数修订法等。标定地价是政府认定并公开的具体地块的地价，即宗地地价。在一般情况下，它不进行大面积的评估，只是根据土地使用权出让、转让、抵押、出租等市场交易活动或进行股份制企业改制时才进行评估，是确定土地使用权出让底价的参考和依据。

基准地价和标定地价都不是地产交易市场的成交地价，但都起着调控市场交易地价的作用。基准地价是标定地价评估的基础，基准地价是大面积评估的区域平均地价，标定地价则是具体到宗地或地块的地价，亦称宗地地价；基准地价以考虑宏观区域因素为主，标定地价则还考虑地价的微观区位因素，其地价更接近市场交易地价。

房屋重置价格，是采用价值时点的建筑材料和建筑技术，按价值时点的价格水平，重新建造与估价对象具有同等功能效用的全新状态的建筑物的正常价格。该价格应该包括建造它所需要的一切合理、必要的费用、税金及应获得的利润。实际估价中估价对象房屋或建筑物的价格，可以通过房屋重置价的比较修正来求取。

3. 土地价格、建筑物价格和房地价格

土地价格、建筑物价格和房地价格是一组按照房地产的存在形态来划分的价格。

（1）土地价格

土地价格简称地价，如果是一块无建筑物的空地，此价格即指该块土地的价格；如果是一块有建筑物的土地，此价格是指该宗房地产中土地部分的价格，不含建筑物的价格。

根据土地的"生熟"程度，把土地粗略地分为未开发利用及未征收补偿的生地、在现有城区内有待拆迁建筑物的毛地、已做"三通一平"或"五通一平"或"七通一平"的具备建设条件的熟地三种，由此又有生地价格、毛地价格、熟地价格之说。在我国土地出让市场中采用招标、拍卖、挂牌方式出让的土地基本上都是熟地，因此土地价格的评估基本上都是评估熟地价格。

（2）建筑物价格

建筑物价格是指建筑物部分的价格，不含建筑物所占用的土地的价格。

（3）房地价格

房地价格又称房地混合价，是指建筑物连同其占用的土地的价格，它往往等同于人们平常所说的房价。对于同一宗房地产而言，房地价格＝土地价格＋建筑物价格。

值得说明的是，上述土地价格、建筑物价格、房地价格三者的关系不是机械的，即不是指不论房地产在分割、合并的前后，还是土地、建筑物各自独立时都存在上述关系，而是指对于同一宗房地产来讲，只存在土地、建筑物和房地三种形态，因此，同一宗房地产的价值只能归属于这三种对象。

4.总价格、单位价格和楼面地价

（1）总价格

总价格是指一宗房地产的总体价格，可以是一宗土地的土地总价格，也可以是一宗建筑物的建筑物总价格，或是房与地合一的房地产整体价格。

（2）单位价格

单位价格是指分摊到单位面积的价格。通常，对土地而言，是单位地价，它是指单位土地面积的土地价格；对建筑物而言，是单位建筑物价格，它是指单位建筑面积的建筑物价格；对房地产整体而言，是单位房地产价格，它通常是指单位建筑面积的房地产价格。现在商品房销售也可以按使用面积计价，其单位房地产价格是指单位使用面积上的房地产价格。房地产的单位价格能反映房地产价格水平的高低，而房地产的总价格一般不能说明房地产价格水平的高低。

弄清单位价格应从两个方面考虑：①正确理解和把握房地产的价格和面积的内涵，参见表2-1房地产单位价格类型；②认清衡量单位即货币单位和面积单位。

房地产单位价格类型　　　　　　　　　　表2-1

| 价格类型 | 土地面积 | 建筑面积 | 建筑物使用面积 |
| --- | --- | --- | --- |
| 土地总价格 | 单位地价 | 楼面地价 | 单位使用面积地价 |
| 建筑物总价格 | 无 | 单位建筑物价格（单位建筑面积建筑物价格） | 单位使用面积建筑物价格 |
| 房地产总价格 | 无 | 单位房地产价格（单位建筑面积房地产价格） | 单位使用面积房地产价格 |

（3）楼面地价

楼面地价又称单位建筑面积地价，是平均到每单位建筑面积上的土地价格，是一种特殊的土地单价。楼面地价与土地总价的关系为：

$$楼面地价=\frac{土地总地价}{总建筑面积} \qquad (2-1)$$

容积率是反映和衡量地块开发强度的一项重要指标，容积率有包括 ±0.000 以下地下建筑面积的容积率和不包括 ±0.000 以下地下建筑面积的容积率，在城市规划中，地下建筑面积通常不计容积率。其概念公式如下：

$$容积率 = \frac{总建筑面积}{土地总面积} \qquad (2-2)$$

在一定地块内，如果建筑物的各层建筑面积均相同，则有容积率 = 建筑密度 × 建筑层数。

由楼面地价与容积率的概念公式可以得出楼面地价与容积率之间的关系：

$$楼面地价 = \frac{土地单价}{容积率} \qquad (2-3)$$

楼面地价在实际工作中有重要意义，其往往比土地单价更能反映土地价格水平的高低，因为土地的单价是针对土地而言的，而楼面地价实质上就是单位建筑面积上的土地成本，它实际上是从土地的产出效果——房屋建筑面积来考察土地价格的高低。

例如有甲、乙两块土地，甲土地的单价是 2000 元 /$m^2$，乙土地的单价是 2400 元 /$m^2$，如果两块土地的其他条件完全相同，显然，甲土地比乙土地便宜，明智的买者会购买甲土地而不会购买乙土地；但如果甲乙两块土地的容积率不同，甲土地的容积率为 4，乙土地的容积率为 6，除此之外的其他条件都相同，这时仅靠土地单价难以判断两块土地的价格高低，应根据楼面地价来比较。由于甲、乙两块土地的楼面地价分别是 500 元 /$m^2$ 和 400 元 /$m^2$，甲土地反而比乙土地贵，那么，理智的买者会购买乙土地而不会购买甲土地。

### 2.3.3 房地产权益价格

1. 所有权价格、使用权价格和其他权益的价格

所有权价格、使用权价格和其他权益的价格是一组按照所交易或评估的房地产权益来划分的价格。

（1）所有权价格

房地产的所有权价格是指市场参与者基于自愿交易认定某一房地产所有权的经济价值。所有权是一个"权利束"，它是占有权、管理权、享用权、排他权、处置权等权利的总和。房地产所有权价格还可依据其是否完全再细分。如果在所有权上设立了他项权利，那么所有权就变得不完全，其价格将会因此而降低。

（2）使用权价格

房地产的使用权价格是指交易或评估房地产使用权的价格，使用权价格应该要对照使用年限。以土地为例，我国实行的是城市土地国有化的政策，土地使用者所获得的是土地使用权，其所支付的就是土地使用权价格，法定名称为土地出让金。

（3）其他权益的价格

其他权益的价格泛指所有权价格、使用权价格以外的各种权益的价格，如租赁权价格、典权价格等。

2. 实际价格和名义价格

实际价格是指在成交日期一次付清的价格，或将不是在成交日期一次付清的价格折

现到成交日期的价格。

名义价格是指在成交日期约定，但不是在成交日期一次付清的价格。在实际交易中的付款方式主要有下列几种：

（1）要求在成交日期一次付清；

（2）如果在成交日期一次付清，则给予折扣，如优惠 5%；

（3）从成交日期起分期付清；

（4）约定在未来某个日期一次付清；

（5）以抵押贷款方式支付。

下面用一个例子来分别说明上述五种情况下实际价格与名义价格的区别。

例如，一套建筑面积 $100m^2$，每平方米建筑面积的价格为 5000 元的住房，总价为 50万元。

第一种情况：实际单价为 5000 元 $/m^2$，实际总价为 50 万元。不存在名义价格。

第二种情况：假设折扣 2%。那么实际单价为 5000×（1–2%）=4900 元 $/m^2$，实际总价为 49 万元，名义单价为 5000 元 $/m^2$，名义总价为 50 万元。

第三种情况：假设年折现率为 5%，首付 10 万元，余款在一年内分两期支付，每隔半年支付 20 万元。那么实际总价为 10+20÷（1+5%）$^{0.5}$+20÷（1+5%）=48.57 万元，实际单价为 4857 元 $/m^2$，名义单价为 5000 元 $/m^2$，名义总价为 50 万元。

第四种情况：假设年折现率为 5%，一年后一次性付清。那么实际总价为 50÷（1+5%）=47.62 万元，实际单价为 4762 元 $/m^2$，名义单价为 5000 元 $/m^2$，名义总价为 50万元。

第五种情况：假如抵押贷款方式为首付 10 万元，余款在 10 年内以抵押贷款方式支付。那么实际单价为 5000 元 $/m^2$，实际总价为 50 万元。不存在名义价格。

3. 期房价格和现房价格

期房价格是指以目前尚未建成而在将来建成的房屋（含土地）为交易标的的价格。现房价格是指以竣工验收合格的房地产为交易标的的价格。

对于房地产来说，由于买现房可以立即出租，买期房在期房成为现房期间不能享受租金收入，并由于买期房存在风险，所以，期房价格与现房价格之间的关系为：

$$期房价格＝现房价格－预计从期房达到现房期间现房出租的净收益的折现值－风险补偿 \quad (2-4)$$

在期房与现房同品质的情况下，期房价格低于现房价格。但在现实中常常出现同地段的期房价格比现房价格高的相反现象。这主要是由于两者的品质不同，如现房的户型和环境比较差，功能已相对落后。

还需要注意，期房价格是房地产期货价格（以未来状况的房地产为交易标的的价格）的一种最常见的形式；现房价格是房地产现货价格（以现状房地产为交易标的的价格）的一种最常见的形式。

4. 买卖价格、抵押价值、租赁价格、保险价值、课税价值和征收价值

买卖价格是以房地产买卖方式支付或收取的货币额、商品或其他有价物，简称买卖价。

抵押价值是以抵押方式将房地产作为债权担保时的价值。抵押价值的实质是当抵押人不履行债务，抵押权人依法以提供担保的房地产折价或者拍卖、变卖时，该房地产所能实现的客观合理价格或价值折算到设定抵押权时的价值。因此，评估拟抵押的房地产在委托估价时的公开市场价值扣除法定优先受偿的款额后的余额才是房地产的抵押价值。通常通过抵押价值乘以贷款比例确定抵押贷款的额度。为了保证抵押贷款能够安全收回，要求房地产抵押估价应包括"估价对象变现能力分析"，也就是要向估价报告使用者作"估价对象状况和房地产市场状况因时间变化对房地产抵押价值可能产生的影响""定期或者在房地产市场价格变化较快时对房地产抵押价值进行再评估"等提示。通常应当定期（如每隔一年）或不定期（如在房地产市场价格下降时）对抵押房地产的抵押价值进行重估。当发现抵押房地产的价值低于未偿还的贷款余额时，债权人应要求债务人追加抵押物或加速偿还贷款。

租赁价格常称租金，单纯租赁土地称为地租，在房地混合租赁时称为房租。我国目前的房租有市场租金（或称协议租金，是由市场供求状况决定的租金）、商品租金（是以房地价值为基础确定的租金，其构成内容包括折旧费、维修费、管理费、贷款利息、房产税、保险费、地租和利润八项）、成本租金（是按照出租房屋的经营成本确定的租金，由折旧费、维修费、管理费、贷款利息、房产税五项内容构成）、准成本租金和福利租金等。在实际中，房租还可能包含物业管理费、水费、电费、燃气费、供暖费、通信费、有线电视费等，具体应在双方的租赁协议中明确。房租有按使用面积计算的，也有按建筑面积计算的。住宅一般是按使用面积计租，非住宅一般是按建筑面积计租。

保险价值是将房地产投保时，为确定其保险金额提供参考依据而评估的价值。投保人与保险人订立房地产保险合同时，保险价值作为确定保险金额基础的保险标的的价值，也即投保人对保险标的所享有的保险利益在经济上用货币估计的价值额。评估保险价值时，估价对象的范围应视所投保的险种而定，例如投保火灾险时的保险价值，通常是指建筑物的重新购建价格和重建期间的经济损失（如租金损失），但不包含土地的价值。

课税价值是为课税的需要，由估价人员评估的结果作为计税依据的价值。目前，房产税、土地增值税、契税、增值税、企业所得税、个人所得税等税种都有可能需要评估房地产的计税价值，为税务机关核定计税依据提供参考。

征收价值是政府强制征收房地产时给予的补偿金额。征收价值也称为征收补偿价值，是为国家强制征收房地产确定补偿金额提供参考而评估的被征收房地产的价值。《国有土地上房屋征收与补偿条例》第17条规定，作出房屋征收决定的市、县级人民政府对被征收人给予的补偿包括：

（1）被征收房屋价值的补偿；

（2）因征收房屋造成的搬迁、临时安置的补偿；

（3）因征收房屋造成的停产停业损失的补偿。

市、县级人民政府应当制定补助和奖励办法，对被征收人给予补助和奖励。

对被征收房屋价值的补偿，不得低于房屋征收决定公告之日被征收房屋类似房地产的市场价格。征收价值由具有相应资质的房地产价格评估机构按照房屋征收评估办法评估确定。房地产价格评估机构由被征收人协商选定，协商不成的，通过多数决定、随机选定等方式确定。

## 2.3.4 商品房价格类型

### 1. 标价、起价、成交价和均价

标价、起价、成交价和均价是在商品房销售中出现的一组价格。

标价又称报价、表格价，是商品房出售者在其价格表上标注的不同楼层、朝向、户型的商品房的出售价格，实际上是卖方要价。目前，国家为了调控房价，房地产开发项目销售时实行的是"一房一价"制度。"一房一价"是指开发商必须"明码标价"，在售楼处张贴每套房产的价格等相关信息，包括基准价、浮动幅度、综合差价（楼层、朝向、环境等）、销售单价、总价等具体情况，公示后开发商不得擅自上调。新房的销售价格不经物价部门核准不得销售。

起价也叫起步价，是指所销售的商品房的最低价格。这个价格往往是销售楼盘中品质最差的商品房价格，房产广告中经常会说"×××元/m² 起售"，实际是以较低的起价来引起消费者的注意。所以，起价通常不能反映所销售商品房的真实价格水平。一般情况下，不带花园的多层住宅是以一楼或顶楼的销售价为起价；高层物业则以最低层的销售价为起价。

成交价是商品房买卖双方的实际交易价格。商品房买卖合同中写明的价格一般就是这个价格。我国实行房地产成交价申报制度。《城市房地产管理法》第 35 条规定："房地产权利人转让房地产，应当向县级以上地方人民政府规定的部门如实申报成交价，不得瞒报或者作不实的申报。"

均价是指将各单位的销售价格相加之后的和数除以单位建筑面积的和数，即得出每平方米的均价。均价可以以一幢楼或一个楼盘为计算基数，也可以以一个城市或一个区域甚至整个国家在一定时期销售的房地产面积为计算基数。均价一般不是销售价，但也有例外，如某开发企业针对其开发的高层物业推出了"不计楼层、朝向，以 6800 元/m² 统一价销售"的销售方式，即以均价作销售价，也不失为引人瞩目的营销策略。所销售商品房的平均价格，包括标价的平均价格和成交价的平均价格。成交价的平均价格一般可以反映所销售商品房的总体价格水平。

### 2. 起拍价、保留价、应价和成交价

起拍价、保留价、应价和成交价是在房地产拍卖中出现的一组价格。房地产拍卖是

以公开竞价的形式，将房地产转让给最高应价者的买卖方式。起拍价又称开叫价格，是拍卖师在拍卖时首次报出的拍卖标的的价格。保留价又称拍卖底价，是在拍卖前确定的拍卖标的可售的最低价格。按照《最高人民法院关于人民法院民事执行中拍卖、变卖财产的规定》，拍卖保留价由人民法院参照评估价确定；未作评估的，参照市价确定；人民法院确保的保留价，第一次拍卖时，不得低于评估价或市价的80%；如果出现流拍，再行拍卖时，可以酌情降低保留价，但每次降低数额不得超过前次保留价的20%。应价是竞买人对拍卖师报出的价格的应允，或是竞买人自己报出的购买价格。成交价是经拍卖师落槌或者以其他公开表示买定的方式确认后的竞买人的最高应价。

3. 招标价格、拍卖价格和挂牌价格

招标价格、拍卖价格和挂牌价格是一组与房地产交易（或出让）所采用的方式相联系的价格分类。招标价格是指采用招标方式交易（或出让）的房地产的成交价格。拍卖价格是指采用拍卖方式交易（或出让）的房地产的成交价格。挂牌价格是指采用挂牌方式交易（或出让）的房地产的成交价格。

从我国目前国有土地使用权出让来看，拍卖或挂牌出让土地使用权采取"价高者得"原则；而招标出让土地使用权，由谁获得土地一般不仅考虑投标价格，还要考虑其他条件，如规划建设方案和企业资信。

4. 补地价

补地价是指国有土地使用者因改变土地用途等而向国家补交的地价或土地使用权出让金、土地收益。需要补地价的情形主要有下列四种：

（1）更改原出让土地使用权时规定的用途；

（2）增加原出让土地使用权时规定的容积率；

（3）转让、出租、抵押划拨土地使用权；

（4）出让的土地使用权期满后续期。

对于改变用途来说，补地价的数额通常等于改变用途后与改变用途前的地价的差额，即：

$$补地价 = 改变用途后的地价 - 改变用途前的地价 \qquad (2-5)$$

对于增加容积率来说，补地价的数额可以用下列公式计算：

$$补地价 = \frac{增加后的容积率 - 原容积率}{原容积率} \times 原容积率下的单位面积 \times 土地面积 \qquad (2-6)$$

或

$$补地价 = （增加后的容积率 - 原容积率）\times 楼面地价 \times 土地面积 \qquad (2-7)$$

对于（3）、（4）情况来说，补地价就是按照土地实际出让的期限、用途等实际情况补交地价。

## 复习思考题

章节自测题

1. 简述房地产的概念。

2. 在房地产估价中，应分别从哪些方面认识土地、建筑物？

3. 房地产的实物、权益、区位的含义分别是什么？

4. 简要说明典权和抵押权的区别。

5. 简述房地产的特性，并说明这些特性对做好房地产估价有何重要意义。

6. 简述房地产价格的影响因素，并说明这些影响因素如何影响房地产的价格。

7. 某宗房地产的评估价值是 100 万元，实际成交价格是 120 万元。这是否意味着该评估价值不是客观合理的？为什么？

8. 投资价值、市场价值的含义是什么？

9. 总价格、单位价格、楼面地价的含义及其相互关系是什么？

10. 实际价格、名义价格的含义及其相互关系是什么？

11. 有一套住宅房地产，其名义价格是 50 万元，允许选择的付款方式有两种。

（1）首付 20 万元，余款一年后支付；

（2）首付 30 万元，余款分两次付清：半年后支付 10 万元，一年后再支付 10 万元。假设银行年利率为 7%，作为购房者一般会选择哪种付款方式？为什么？

12. 某宗土地的价格为 1000 元 /m²，容积率为 3，开发商在不违反城市规划的情况下，将容积率扩大到 3.6，并获得主管部门批准，此时，开发商对单位面积的土地需补地价多少？

# 第3章 市场法

## 【本章要点及学习目标】

1. 理解市场法的基本原理。
2. 掌握市场法估价的操作步骤。
3. 熟悉修正和调整方法。
4. 掌握应用市场法评估房地产价值。

## 3.1 市场法的基本原理

### 3.1.1 市场法的概念

市场法（Market Comparison Approach 或 Sales Comparison Approach）又称市场比较法、比较法，简单地说，它是参照于与价值时点相近的类似房地产的实际成交价格来评定估价对象价格的一种估价方法。此方法将估价对象与在近期内已经发生了交易的类似房地产加以比较，从已经发生了交易的类似房地产的既知价格，通过交易情况修正、市场状况调整、房地产状况调整等，最后得出估价对象最可能实现的合理价格的一种方法。采用市场法求得的估价对象的价格称为比较价值。

市场法是最常用、最能反映房地产估价的价值标准的方法。市场法的实质就是通过大量已经成交的相同或类似房地产的成交价格，来确定估价对象在公开市场上最可能的成交价（即估价对象的公开市场价值）。市场法着眼于市场上的交易实例，将同类型房地产的正常成交价格与估价对象加以比较，其所得出的估价判断要比用其他方法所得出的判断更直观、更可靠，最能反映房地产估价的实质。

### 3.1.2 市场法的原理及其条件

1. 市场法的原理

市场法的理论依据是经济学中的替代原理。替代原理作用于房地产市场，表现为效用相同、条件相近的房地产价格总是相互牵掣，趋于一致。因此，在评估某一房地产的价格时，可以用类似房地产的已知交易价格比较求得估价对象的未知价格。

当然，由于在现实交易中交易者的心态、偏好、对市场的了解程度、讨价还价能力等的不同，具体一宗房地产交易的成交价格可能会偏离其正常市场价格。但是，只要有足够多的类似的交易实例，其成交价格的综合结果可作为正常市场价格的最佳指标。因此，采用市场法估价，必须要有一定数量有可比意义的交易实例，以此作依据，评估估价对象的价格。

事实上，由于房地产个别性的特点，要搜集到条件与估价对象完全一致的交易实例是不可能的。因此，只要收集的资料与估价对象之间具有一定的相似性，而且通过比较，其相似程度又均能满足当事者的效用欲望，那么这些资料就可以视为可比的交易实例。当以这些交易实例作依据，与估价对象进行比较、检查修正后，就可以评估出估价对象的价格，这时交易实例与估价对象之间就产生了替代关系。

2. 市场法估价适用的条件

市场法估价需要具备的条件是在价值时点的近期有较多类似房地产的交易。如果在房地产市场发育不够或者类似房地产交易较少的地区，就难以采用市场法估价。即使在总体上房地产市场较活跃的地区，在某些情况下市场法也可能不适用。例如，可能由于某些原因导致在一段较长的时期内没有某种类型的房地产交易。

另外，运用市场法估价需要把可比实例的各种实际交易情况，例如急于出售或急于购买等造成的可能是不正常的成交价格修正为正常市场价格；需要把可比实例在其成交日期时的价格，调整为在价值时点时的价格；需要把可比实例在其自身房地产状况下的价格，调整为在估价对象房地产状况下的价格。即运用市场法估价需要消除以下三个方面的不同所造成的可比实例成交价格与估价对象客观合理价值之间的差异：

（1）实际交易情况与正常交易情况不同；

（2）成交日期与价值时点不同（本质上是这两个时间的房地产市场状况不同）；

（3）可比实例房地产状况与估价对象房地产状况不同。

通常把这些对可比实例成交价格进行的修正和调整，分别简称为交易情况修正、市场状况调整、房地产状况调整。在进行这些修正和调整时，应尽量分解为各种房地产价格影响因素，并尽量采用定量分析的方法来量化这些因素对可比实例成交价格的影响程度。但由于许多因素对可比实例成交价格的影响程度无法采用定量分析予以量化，主要是估价师以其扎实的估价理论知识、丰富的估价实践经验以及对估价对象或可比实例所在地的房地产市场行情、交易习惯等的深入调查作出相关判断。因此，如果估价师没有扎实的估价理论知识、丰富的估价实践经验，对估价对象或可比实例所在地的房地产市场行情和交易习惯等不够熟悉，则难以运用市场法得出客观合理的估价对象价值。

下述情况一般不宜采用市场法：在房地产市场发育尚不够充分的地方；在没有或较少有房地产交易的地方（可能由于某种原因导致在较长一段时间内没有发生房地产交易）；某些类型很少见的房地产，例如特殊工业厂房、学校、古建筑、教堂、寺庙、纪念馆等难以成为交易对象的房地产。总之，只有在同一地区或同一供求范围内的类似地区中，与估价对象类似的房地产交易较多时，市场法才是有效的方法。

市场法的原理和技术，也可以用于其他估价方法中有关参数的求取，如经营收入、成本费用、空置率、资本化率、开发经营期等。

## 3.2 市场法估价的操作步骤

运用市场法估价一般按照以下 7 个步骤进行：搜集交易实例→选取可比实例→建立价格比较基础→交易情况修正→市场状况调整→资产状况调整→比较价值的求取。

### 3.2.1 搜集交易实例

利用市场法评估房地产的价格必须具有充裕的资料，这是前提条件和基础。由于估价对象价格的准确与否在很大程度上取决于对交易实例的分析比较，如果资料太少，则会使评估结果不够客观、正确。因此，在应用市场法进行估价时，首先要通过市场调查尽可能多地收集市场中已经发生的交易实例。搜集交易实例无需等到估价活动开始后，在平时就应留意搜集和积累，这样才能保证在采用市场法估价时有足够多的交易实例可供选用。当然在采用市场法估价时，也可以有针对性地搜集一些交易实例。

1. 搜集交易实例的途径

（1）查阅政府有关部门的房地产交易等资料。如房地产权利人转让房地产时申报的成交价格资料、交易登记资料等，政府出让土地使用权的地价资料，政府确定、公布的基准地价、标定地价和房屋重置价格资料等。

（2）查阅报刊、网络资源上有关房地产出售、出租的广告、信息等资料。

（3）参加房地产交易会，了解房地产价格行情，搜集有关信息，索取有关资料。

（4）向房地产交易当事人、四邻、房地产经纪人、金融机构、司法机关等调查了解有关房地产交易的情况。

（5）与房地产出售者，如开发商、代理商等洽谈，取得真实的房地产价格资料。

（6）同业人员之间不定期地相互提供各自经手的交易资料。例如可以通过学会、协会、联合会之类的组织，估价师们约定相互交换所搜集的交易实例和经手的估价案例资料。

2. 搜集交易实例的内容

运用市场法估价应准确搜集大量交易实例，掌握正常市场价格行情。搜集交易实例一般应包括下列内容：①交易双方的基本情况和交易目的；②交易实例房地产的状况，如坐落、用途、土地状况、建筑物状况、周围环境景观等；③成交价格与成交日期；④付款方式；⑤交易情况，如交易税费的负担方式，有无隐价瞒价、急卖急买、人为哄抬、亲友间的交易等特殊交易情况。搜集交易实例时应注意所搜集内容的统一性和规范化。需要搜集的内容最好事先针对不同类型的房地产进行分类，如分为居住、商业、办公、旅馆、餐饮、娱乐、工业等房地产类型，制成交易实例调查表（表3-1）。

**交易实例调查表**　　　　　　　表 3-1

房地产类型：

| 名称 | | | | |
|---|---|---|---|---|
| 坐落 | | | | |
| 卖方 | | | | |
| 买方 | | | | |
| 成交价格 | | 货币种类 | | 成交日期 |
| 付款方式 | | | | |
| 资产状况说明 | 区位状况说明 | | | |
| | 实物状况说明 | | | |
| | 权益状况说明 | | | |
| 交易情况说明 | | | | |
| 坐落位置图 | | 建筑平面图 | | |
| 调查人员： | | | 调查日期： 年 月 日 | |

搜集时按表 3-1 填写，既方便又能避免遗漏重要事项。在实际工作中，估价机构应把该工作视为一项基础性工作，以提高估价工作的效率。可以将估价人员与交易实例搜集者分开，某些人可以专门从事交易实例的搜集工作；对于搜集到的每个交易实例、每项内容，都应进行查证核实，以做到准确无误；应当建立房地产交易实例库，通过制作成交易实例卡片，分门别类存放或将搜集到的交易实例分门别类存入计算机中，这样有利于保存和在需要时查找、调用。交易实例及其内容的真实性、可靠性是提高估价精度的一个基本保证。

## 3.2.2 选取可比实例

在完成交易资料收集整理的基础上，要针对具体估价对象的条件，从众多的市场交易实例中选取符合条件的可供比较参考的实例。估价时用于参照比较的实例称为可比实例，可比实例的选取依据具体估价对象的实际情况。对于某一估价对象而言，平时日渐积累的交易实例中只有少数在估价目的、价值时点、房地产状况等方面与估价对象相吻合或相近，可以作为可比实例。可比实例选择的合适与否，是成功运用市场法的重要环节。选取可比实例主要在于精而不在于多，实际工作中，一般要求选取 3 个以上（含 3 个）10 个以下（含 10 个）的可比实例，以保证估价结果的客观性、准确性。

选取的可比实例应符合以下四个方面的要求：

1. 可比实例房地产应是与估价对象类似的房地产

（1）可比实例与估价对象房地产所处地段应相近。地段相近主要是指可比实例与估价对象房地产应处于相同特征的同一区域或邻近地区，或处于同一供求圈内或同一等级土地内。

（2）可比实例与估价对象的用途应相同。用途主要是指房地产的具体利用方式，可按大类和小类划分。大类用途一般分为居住、商业、办公、旅馆、餐饮、体育和娱乐、工业、农业、特殊用途及综合用途等。小类是在大类用途的基础上再细分。

（3）可比实例与估价对象的规模应相当。选取可比实例的规模一般应在估价对象规模的 0.5 ~ 2 倍范围内。

（4）可比实例与估价对象的档次应相当。档次是指按照一定标准分成的不同等级，房地产的档次主要指房地产在装饰装修、设备、环境等方面的齐全和好坏程度。例如宾馆划分为五星级、四星级、三星级，写字楼划分为甲级、乙级。

（5）可比实例与估价对象房地产的建筑结构应相同。这里的建筑结构主要指大类建筑结构，一般分为钢结构、钢筋混凝土结构、砖混结构、砖木结构和简易结构；如果能在大类建筑结构下再细分出小类建筑结构则更好，如砖木结构进一步分为砖木一等、二等、三等。

（6）可比实例与估价对象的权利性质应相同。当两者不同时，一般不能作为可比实例，例如经济适用住房与商品住宅的权利性质不同，就不能将经济适用住房的实例作为评估商品住宅的可比实例。

2. 可比实例房地产成交日期与估价对象房地产的价值时点应相近

一般选取的可比实例房地产的成交日期距价值时点的间隔越短，在进行市场状况调整时的准确性越高。因此，最好选择近 1 年内成交的交易实例作为可比实例。总之，选取某一时点的交易实例作为可比实例，必须以该可比实例的交易日期经修正后能反映价值时点的市场实际价格为前提。

3. 可比实例房地产与估价对象房地产的交易类型应相同

房地产交易有买卖、租赁等类型，如果是为买卖目的而估价，则应选取买卖实例为可比实例；如果是为租赁目的而估价，则应选取租赁实例为可比实例。在实际估价中，包括为抵押、折价、变卖、房屋拆迁补偿等目的估价，多数要求选取买卖实例为可比实例。

4. 成交价格应尽量为正常价格，或可修正为正常价格

所谓正常价格，是指在公开的房地产市场上，交易双方均充分了解市场信息，以平等自愿的方式达成的交易实例价格。这类交易实例应当首选为可比实例。如果市场上正常交易实例较少，不得不选择非正常交易实例作为可比实例时，也应选取交易情况明了且可修正的实例作为可比实例。

### 3.2.3 建立价格比较基础

在对可比实例进行修正前，应先把各可比实例的成交价格调整为在各可比实例之间、可比实例与估价对象之间具有可比基础的价格。所谓具有可比基础是指要做到"五统一"：统一财产范围、统一付款方式、统一融资条件、统一税费负担方式、统一计价方

式。因为已选取的若干个可比实例之间及其与估价对象之间可能在付款方式、成交单价、货币种类、货币单位、面积内涵和面积单位等方面存在不一致，无法进行直接的比较修正，因此，需要对它们进行统一换算处理，使其表述口径一致，以便进行比较修正，为后面进行交易情况修正、市场状况调整和房地产状况调整打下基础。

1. 统一财产范围

针对某些估价对象，有时难以直接选取到与其范围完全相同的房地产的交易实例作为可比实例，只能选取"主干"相同的房地产交易实例作为可比实例。所谓范围不同，是指"有"与"无"的差别，而不是范围相同下的不同。范围相同下的不同，是指大家都有，仅是彼此之间有"好"与"坏"或者"优"与"劣""新"与"旧"等的差别。因此，统一财产范围即是进行"有无对比"并消除由此导致的价格差异。

财产范围不同的情况在实际估价中主要有以下四种：

（1）房地产实物范围不同。例如，估价对象为土地，选取的交易实例是含有类似土地的房地产交易实例。估价对象是一套封阳台的住房，选取的交易实例是未封阳台的住房；或者相反。估价对象是一套不带车位的公寓，选取的交易实例是一套带车位的公寓；或者相反。

（2）含有非房地产成分。例如，估价对象是"纯粹"的房地产，选取的交易实例是有附赠家具、家用电器、汽车等的房地产交易实例；或者相反。

（3）带有债权债务的房地产。例如，估价对象是"干净"的房地产，选取的交易实例是设立了抵押权，有拖欠建设工程价款，或者由买方代付卖方欠缴的水费、电费、燃气费、供暖费、通信费、有线电视费、物业服务费用、房产税等费、税的房地产交易实例；或者相反。这里所讲的"干净"是指房屋所有权和建设用地使用权为单独所有，没有出租，没有设立地役权、抵押权或其他任何形式的他项权利，不存在发包人拖欠承包人的建设工程价款，没有被查封，房地产开发建设过程中所有的手续都齐全，不存在违规现象，产权明确等。

（4）带有其他权益或负担的房地产。如估价对象是附带入学指标、户口指标，设立了居住权、地役权或已出租等的房地产，而可比实例是不带这些权益或负担的房地产；或者情况相反。

对于估价对象与可比实例的房地产实物范围不同的情况，统一财产范围一般是统一到估价对象的房地产实物范围，补充可比实例缺少的实物范围，扣除可比实例多出的实物范围，相应地对可比实例的成交价格进行加价或减价处理。

对含有房地产以外的资产，统一财产范围一般是统一到"纯粹"的房地产范围，利用下列公式对价格进行换算处理：

$$房地产价格 = 含有房地产以外的资产的价格 - 房地产以外的资产的价值 \quad (3-1)$$

如果是估价对象含有房地产以外的资产，则一般是在比较法最后步骤求出了不含房地产以外的资产的房地产价格后，再加上房地产以外的资产的价值，就可得到估价对象的价值。

对带有债权债务和其他权益或负担的房地产，统一财产范围一般是统一到不带债权债务和其他权益或负担的房地产范围，利用下列公式对价格进行换算处理：

$$\begin{matrix} 不带债权债务和其他权 \\ 益或负担的房地产价格 \end{matrix} = \begin{matrix} 带有债权债务和其他权 \\ 益或负担的房地产价格 \end{matrix} - \begin{matrix} 债权和其他 \\ 权益价值 \end{matrix} + \begin{matrix} 债务和其他 \\ 负担价值 \end{matrix} \quad (3\text{-}2)$$

如果是估价对象带有债权债务和其他权益或负担，则一般是在比较法最后步骤求出不带债权债务和其他权益或负担的房地产价值后，再加上债权和其他权益价值，然后减去债务和其他负担价值，就可得到估价对象的价值。

2. 统一付款方式

由于房地产具有价值高的特点，在实际中，往往采用分期付款方式进行房地产交易。由于资金具有时间价值，因而出现了名义价格和实际价格的不同。同一名义价格，付款期限的长短、付款金额在付款期限内的分布不同，实际价格也不同，这就需要将分期付款可比实例的成交价格修正为在其成交日期时一次付清的价格。

 【例3-1】

现为评估某一纯粹房地产项目选取可比实例 A，其基本情况如下：建筑面积 $100 \mathrm{m}^2$ 的住房，成交价为 40 万元，附送一个车位。双方约定，从成交日期起分期付清，首付 20 万元，余款一年内分两次付清，每隔半年支付 10 万元。经估价师分析当地的一个车位一次性付款价格为 8 万元，假设年利率为 8%，试建立该可比实例的可比基础。

【解】由题意，其成交日期时一次付清的价格为：

$$20 + \frac{10}{(1+8\%)^{0.5}} + \frac{10}{1+8\%} = 38.88 \, 万元$$

可比实例的可比价格 $=38.88-8=30.88$ 万元，单价 $=30.88 \times 10000 \div 100 = 3088$ 元 $/\mathrm{m}^2$

3. 统一融资条件

融资条件的不同是指融资成本（如贷款利率）、首付款比例、贷款期限等的不同。统一融资条件应先对可比实例的成交价格与估价对象价值、价格的融资条件进行对比，然后消除因融资条件不同而造成的价值、价格差异。一般情况下是将可比实例不是在该种类型房地产交易的常规融资条件下的价格，调整为在该种类型房地产交易的常规融资条件下的价格。

4. 统一税费负担方式

可比实例的成交价格，以及根据估价目的、交易条件设定或约定、当地交易习惯等确定的估价对象价值、价格，均有可能是正常负担价或卖方净得价、买方实付价。当可比实例的成交价格与评估的估价对象价值、价格的交易税费负担方式不一致时，应统一税费负担方式。一般情况下统一为正常负担价。但是在当地房地产交易习惯中，如果成交价格普遍采取的是卖方净得价，如目前在许多城市，二手住宅成交价格基本上是卖方净得价，并且如果估价目的、交易条件设定或约定又无特殊要求的，则应评估的也是卖方净得价。在这种情况下，应将正常负担价和买方实付价的可比实例成交价格统一为卖方净得价。在司法拍卖估价中，有时也要统一为卖方净得价，因为买受人在支付拍卖价款后，有的还要缴纳包括被执行人应承担的交易税费在内的所有交易税费。但如果被执行人应承担的交易税费由人民法院从拍卖价款中扣除，买受人应承担的交易税费由其自行向税务机关缴纳，则应评估的是正常负担价。在这种情况下，应将可比实例成交价格统一为正常负担价。如果不论是被执行人、买受人应承担的交易税费都从拍卖价款中扣除，无须买受人另外缴纳，则应评估的是买方实付价。在这种情况下，应将可比实例成交价格统一为买方实付价。

对于交易税费非正常负担的交易，修正时应将交易税费非正常负担情况下的价格，调整为依照政府有关规定（无规定的依照当地习惯），交易双方负担各自应负担的税费下的价格。

（1）如果应由卖方承担的税费由买方承担，则修正公式如下：

$$正常成交价格 = 卖方实际得到的价格 + 应由卖方负担的税费 \tag{3-3}$$

$$应由卖方负担的税费 = 正常成交价格 \times 应由卖方缴纳的税费费率 \tag{3-4}$$

由以上两个公式可以推导出：

$$正常成交价格 = \frac{卖方实际得到的价格}{1 - 应由卖方缴纳的税费费率} \tag{3-5}$$

（2）如果应由买方承担的税费由卖方承担，则修正公式如下：

$$正常成交价格 = 买方实际付出的价格 - 应由买方负担的税费 \tag{3-6}$$

$$应由买方负担的税费 = 正常成交价格 \times 应由买方缴纳的税费费率 \tag{3-7}$$

由以上两个公式可以推导出：

$$正常成交价格 = \frac{买方实际付出的价格}{1 + 应由买方缴纳的税费费率} \tag{3-8}$$

【例3-2】

某宗房地产交易，买卖双方在合同中写明，买方付给卖方 27900 元/$m^2$，买卖中涉及的税费均由卖方来负担。据悉，该地区房地产买卖中应由卖方缴纳的税费费率为正常成交价格的 7%，应由买方缴纳的税费费率为正常成交价格的 4.5%。试求该宗房地产的正常成交价格。

【解】该宗房地产的正常成交价格求取如下：

$$正常成交价格 = \frac{卖方实际得到的价格}{1 - 应由卖方缴纳的税费费率}$$
$$= 27900 \div （1-7\%）$$
$$= 30000 \, 元/m^2$$

【例3-3】

某宗房地产交易，买卖双方在合同中写明，买方付给卖方31350元/m²，买卖中涉及的税费均由买方来负担。据悉，该地区房地产买卖中应由卖方缴纳的税费费率为正常成交价格的7%，应由买方缴纳的税费费率为正常成交价格的4.5%。试求该宗房地产的正常成交价格。

【解】该宗房地产的正常成交价格求取如下：

$$正常成交价格 = \frac{买方实际付出的价格}{1 + 应由买方缴纳的税费费率}$$
$$= 31350 \div （1+4.5\%）$$
$$= 30000 元/m^2$$

5.统一计价方式

（1）统一价格表示方式

在采用统一单价方面，通常为单位面积的价格。例如，房地产及建筑物通常为单位建筑面积、单位套内建筑面积或单位使用面积的价格；土地除了单价外，还可表示为楼面地价（楼面地价＝土地单价/容积率）；特殊房地产，如旅馆通常以每个客房或床位为比较单位，停车场通常按每个车位为比较单位等。此外，在评估租赁价格时，因计算租金的时间单位有天、月、年或小时，如果可比实例与估价对象计算租金的时间单位不同，应统一为估价对象计算租金的时间单位。

（2）统一币种和货币单位

不同币种间价格的换算，应采用该价格所对应日期的市场汇价。在通常情况下，应采用成交日期时的市场汇价，但如果先按原币种进行了市场状况调整，则对进行市场状况调整后的价格应采用价值时点的市场汇价。在货币单位方面，如人民币、美元、港币等，通常都换算为人民币"元"。汇率的取值，一般采用国家外汇管理部门公布的外汇牌价的卖出、买入的中间价。

（3）统一面积内涵和面积单位

在现实的房地产交易中有按建筑面积、套内建筑面积或使用面积进行计价的。它们之间价格换算的计算公式为：

$$建筑面积下的价格 = 使用面积下的价格 \times \frac{使用面积}{建筑面积} \tag{3-9}$$

$$使用面积下的价格 = 建筑面积下的价格 \times \frac{建筑面积}{使用面积} \qquad （3-10）$$

$$套内建筑面积下的价格 = 使用面积下的价格 \times \frac{使用面积}{套内建筑面积} \qquad （3-11）$$

在面积单位方面，中国内地通常采用"$m^2$"（有时还采用公顷、亩），中国香港特别行政区和美国、英国等习惯采用平方英尺，中国台湾地区和日本、韩国一般采用坪。

$$1 公顷 = 10000 m^2 = 15 亩$$

$$1 亩 = 666.67 m^2$$

$$1 平方英尺 = 0.09290304 m^2$$

$$1 坪 = 3.30579 m^2$$

不同面积单位价格之间的换算如下：

$$平方米下的价格 = 公顷下的价格 \div 10000$$

$$平方米下的价格 = 亩下的价格 \div 666.67$$

$$平方米下的价格 = 平方英尺下的价格 \div 0.09290304$$

$$平方米下的价格 = 坪下的价格 \div 3.30579$$

 【例3-4】

搜集有甲、乙两宗交易实例，甲交易实例的建筑面积为 245$m^2$，成交总价为 100 万元人民币，分三期付款，首期付 30 万元，第二期于半年后付 35 万元，余款 35 万元于一年后付清。乙交易实例的使用面积为 2942 平方英尺（1$m^2$ 建筑面积 =0.8$m^2$ 使用面积），成交总价 18 万美元，成交时首付 20%，余款向银行按揭贷款 20 年，成交时的人民币与美元的市场汇价为 1 美元 =7.2 元，利率为 8%。如果选取此两宗交易实例为可比实例，试进行比较基准的修正。

【解】对两个交易实例进行建立比较基准处理，包括统一付款方式、采用统一单价、统一币种和货币单位、统一面积内涵和面积单位。具体处理方法如下：

（1）统一付款方式

$$甲总价 = 30 + \frac{35}{(1+8\%)^{0.5}} + \frac{35}{1+8\%} = 96.09 万元$$

乙总价 =18 万美元

（2）采用统一单价

$$甲单价 = \frac{960900}{245} = 3922.04 元/m^2 （建筑面积）$$

$$乙单价 = \frac{180000}{2942} = 61.18 美元/平方英尺 （使用面积）$$

（3）统一币种和货币单位

甲单价 = 3922.04 元 /$m^2$（建筑面积）

乙单价 = 61.18×7.2=440.50 元 / 平方英尺（使用面积）

（4）统一面积内涵

甲单价 = 3922.04 元 /$m^2$（建筑面积）

乙单价 = 440.50×0.8=352.4 元 / 平方英尺（建筑面积）

（5）统一面积单位

甲单价 = 3922.04 元 / 平方米（建筑面积）

乙单价 = 352.4×10.764=3793.23 元 /$m^2$（建筑面积）

## 3.2.4 交易情况修正

### 1. 交易情况修正的含义

交易情况修正是指排除交易行为中的特殊因素所造成的可比实例成交价格偏差，将可比实例的成交价格调整为正常价格。我们所选取的可比实例的价格可能是正常的，也可能是不正常的，而房地产估价中要求评估的估价对象的价格是客观合理的，经过交易情况修正，可比实例的实际但可能不是正常的价格就变成了正常的价格。

### 2. 造成成交价格偏离正常市场价格的因素

由于房地产的不可移动性和个别性，不易实现完全的市场交易，其交易价格往往由个别交易形成，在运用市场法时，必须排除个别交易行为中特殊因素造成的交易价格偏差，使其交易价格正常化。影响交易情况的因素主要有以下几个方面：

（1）强迫出售或强迫购买的交易，强迫出售的价格通常低于正常市场价格，而强迫购买的价格通常高于正常市场价格。

（2）有特殊利害关系人之间的交易，例如，父子之间、兄弟之间、亲友之间、母子公司之间、公司与其职工之间的房地产交易，成交价格通常低于其正常的市场成交价格。还有例如在上市公司与其大股东、关联公司的资产置换中，存在大股东、关联公司将其房地产高价转让给上市公司的情况，这就使得成交价高于正常市场价。

（3）急于出售或急于购买的交易，前者往往造成价格偏低，后者往往造成价格偏高。

（4）受债权债务关系影响的交易，一般交易价格偏低。

（5）交易双方或一方对房地产市场信息了解不充分，如果买方对市场行情缺乏了解，盲目购买，往往导致价格偏高；反之，卖方不了解市场行情，盲目出售，则会导致价格偏低。

（6）交易双方或者一方有特别动机或者偏好的交易。例如由于特殊偏好，买方执意购买或卖方惜售往往导致成交价偏高。

（7）相邻房地产的合并交易，如买方意在购买相邻房地产后与其原有房地产合并，并将提高其原有房地产的效用时，相邻房地产拥有者就会因此提高价格，所以成交价格往往高于该房地产单独存在时的正常市场价格。

（8）特殊方式交易，如以拍卖、招标等方式成交的价格往往导致非正常价格。一般拍卖价格多高于市场正常价格；招标则注重其整体方案效用的充分发挥，成交价格可能偏高，也可能偏低。

（9）特殊政策造成房地产价格的偏差。新加坡、中国香港施行"居者有其屋"的政策，对低收入者购置居室实施优惠价格，而对高收入者则限定他们只能购买价格高的高级住宅；对于我国城镇的经济适用住房，国家限定了利润率并提供了种种优惠条件，也低于房地产市场上的正常价格。

3. 交易情况修正的方法

有上述特殊情况的交易实例一般不宜选为可比实例，但当与估价对象类似的交易实例较少，或者有特殊原因而必须保留时，我们就不得不选用一些特殊情况下的交易实例。这样就需要对实例交易情况进行修正。进行交易情况修正需要估价人员具有丰富的经验，对交易情况有充分的了解，分析造成价格差异的原因，找出价格变动的规律从而进行修正。

交易情况修正的方法主要有百分率法和差额法。

（1）采用百分率法进行交易情况修正的一般公式为：

$$
\begin{aligned}
修正后正常市场价格 &= 可比实例的成交价格 \times 交易情况修正系数 \\
&= 可比实例的成交价格 \times \frac{正常情况分值}{可比实例情况分值} \quad (3-12) \\
&= 可比实例的成交价格 \times \frac{100}{(\quad)}
\end{aligned}
$$

公式中分子为100，表示是以正常交易情况为基准。如果可比实例交易时的价格高于正常情况下的交易价格，则分母大于100，交易情况修正系数小于1；如果可比实例交易时的价格低于正常情况下的交易价格，则分母小于100，交易情况修正系数大于1。

在该方法中，交易情况修正系数应是以正常市场价格为基准来确定。假设可比实例的成交价格比其正常市场价格高、低的百分率为 $\pm S\%$（当可比实例的成交价格比正常市场价格高时为 $S\%$，反之为 $-S\%$）。则：

$$
可比实例的成交价格 \times \frac{1}{1 \pm S\%} = 可比实例正常市场价格 \quad (3-13)
$$

或

$$
可比实例的成交价格 \times \frac{100}{100 \pm S} = 可比实例正常市场价格 \quad (3-14)
$$

式中，$\frac{1}{1 \pm S\%}$、$\frac{100}{100 \pm S}$ 为交易情况修正系数。

（2）采用差额法进行交易情况修正的一般公式为：

$$可比实例成交价格 \pm 交易情况修正金额 = 可比实例正常市场价格 \quad （3-15）$$

在交易情况修正中之所以要以正常市场价格为基准，是因为采用市场法估价时要求选取多个可比实例，如果以正常市场价格为基准，就只会有一个比较基准，而如果以每个可比实例的实际成交价格为基准，则会出现多个比较基准，这是不符合可比性原则的。交易情况修正系数的大小测定依赖于估价人员对交易中特殊因素造成价格偏离程度的主观判断，由于缺乏客观统一的尺度，估价人员的丰富经验就非常重要。

### 3.2.5 市场状况调整

1. 市场状况调整的含义

房地产市场的状况决定了不同时期房地产的价格水平，评估要求的是估价对象在价值时点的价格，可比实例的交易日期与估价对象房地产的估价日期（价值时点）往往有一段时间差，在这段时间内，房地产市场可能有波动，房地产价格可能有变化，因此，应将可比实例在其成交日期的价格调整为在价值时点的价格，如此才能将其作为估价对象的价格，这种调整称为市场状况调整。市场状况调整，实际上就是房地产市场状况修正。

2. 市场状况调整的方法

在可比实例的成交日期至价值时点期间，随着时间的推移，房地产价格可能发生的变化有平稳、上涨和下跌三种情况。当房地产价格平稳发展时，可不进行市场状况调整，而当房地产价格上涨或下跌时，则必须进行市场状况调整，以使其符合价值时点的房地产市场状况的价格。实际估价中常采用百分率法进行市场状况调整，其公式为：

$$\begin{aligned}估价时点的价格 &= 可比实例在成交日期的价格 \times 市场状况调整系数\\ &= 可比实例在成交日期的价格 \times \frac{价值时点分值}{交易日期分值} \quad （3-16）\\ &= 可比实例在成交日期的价格 \times \frac{（\quad）}{100}\end{aligned}$$

公式中分母为100，表示是以可比实例在其成交日期的价格为基准。如果价值时点房地产状况相对于可比实例交易时的房地产状况是上涨的，则分子大于100，市场状况调整系数大于1；如果价值时点房地产市场状况相对于可比实例交易时的房地产状况是下跌的，则分子小于100，市场状况调整系数小于1。

特别强调的是，市场状况调整系数应以成交日期的价格为基础来确定。假设从成交日期到价值时点，可比实例价格涨跌的百分率为 $\pm T\%$，则：

$$可比实例在成交日期的价格 \times （1 \pm T\%） = 可比实例在价值时点的价格 \quad （3-17）$$

或

$$可比实例在成交日期的价格 \times \frac{100 \pm T}{100} = 可比实例在价值时点的价格 \quad （3-18）$$

式中，$(1 \pm T\%)$、$\dfrac{100 \pm T}{100}$为市场状况调整系数。

市场状况调整的关键是要把握估价对象及类似房地产的价格随时间的变动规律，通过价格指数或价格变动率进行调整。在无类似房地产的价格指数或价格变动率的情况下，可根据当地房地产价格的变动情况和趋势作出判断给予调整，市场状况调整的具体方法可采用价格指数或价格变动率进行修正。对可比实例进行市场状况调整时，不是任何类型的房地产价格指数或价格变动率都可以采用，最适用的是可比实例所在地区同类房地产的价格指数或价格变动率。

（1）利用价格指数进行调整。价格指数有定基价格指数和环比价格指数，在编制价格指数时，需要选择某个时期作为基期。如果是以某个固定时期作为基期，称为定基价格指数；如果是以上一个时期作为基期，称为环比价格指数。定基价格指数和环比价格指数的编制原理见表3-2。

价格指数的编制原理　　　　　　　　　　　表3-2

| 时间 | 价格 | 定基价格指数 | 环比价格指数 |
|---|---|---|---|
| 1 | $p_1$ | $p_1/p_1=100$ | $p_1/p_0$ |
| 2 | $p_2$ | $p_2/p_1$ | $p_2/p_1$ |
| …… | …… | …… | …… |
| $n-1$ | $p_{n-1}$ | $p_{n-1}/p_1$ | $p_{n-1}/p_{n-2}$ |
| $n$ | $p_n$ | $p_n/p_1$ | $p_n/p_{n-1}$ |

1）采用定基价格指数进行市场状况调整的公式为：

$$可比实例在成交日期的价格 \times \frac{价值时点的价格指数}{成交日期的价格指数} = 可比实例在价值时点的价格 \quad （3-19）$$

【例3-5】

某地区某类房地产2023年4月至10月的价格指数分别为101.6，103，102，103，104.3，105.6，105.8（以2023年1月为100）。其中某宗房地产在2023年6月的价格为9000元/$m^2$，试计算修正到2023年10月的价格。

【解】由题意，2023年10月的价格为：

$$9000 \times \frac{105.8}{102} = 9335.29元/m^2$$

2）采用环比价格指数进行市场状况调整的公式为：

$$\begin{aligned}&可比实例在成交日期的价格 \times 成交日期的下一时期的价格指数 \times \\ &再下一个时期的价格指数 \times \cdots\cdots \times 价值时点的价格指数 = \\ &可比实例在价值时点的价格\end{aligned} \quad （3-20）$$

【例3-6】

某地区某类房地产 2023 年 1 月至 7 月的价格指数分别为 99.6，99.8，102，103，103.2，104.5，106.1（均以上个月为 100）。其中某宗房地产在 2023 年 3 月的成交价格为 8600 元 /m²，试计算修正到 2023 年 7 月的价格。

【解】由题意，2023 年 7 月的价格为：

$$8600 \times \frac{103}{100} \times \frac{103.2}{100} \times \frac{104.5}{100} \times \frac{106.1}{100} = 10135.54 元/m^2$$

（2）利用价格变动率进行调整。房地产价格变动率有逐期递增或逐期递减的价格变动率和期内平均上升或下降的价格变动率两种。

1）采用逐期递增或递减的价格变动率进行市场状况调整的公式为：

可比实例在价值时点的价格 =
可比实例在成交日期的价格 ×（1± 价格变动率）$^{期数}$ （3-21）

2）采用期内平均上升或下降的价格变动率进行市场状况调整的公式为：

可比实例在价值时点的价格 =
可比实例在成交日期的价格 ×（1± 价格变动率 × 期数） （3-22）

【例3-7】

评估某宗房地产 2023 年 8 月 31 日的价格，选取了下列可比实例：成交价格为 6000 元 /m²，成交日期为 2022 年 10 月 31 日。另调查获知该类房地产价格 2022 年 9 月末至 2023 年 2 月末平均每月比上月上涨 1.5%，2023 年 2 月末至 2023 年 8 月末平均每月上涨 2%。试计算修正到 2023 年 8 月 31 日的价格。

【解】由题意，调整到 2023 年 8 月 31 日的价格为：

$$9000 \times（1+1.5\%）^4 \times（1+2\% \times 6）=10698.54 元 /m^2$$

【例3-8】

某个可比实例房地产 2023 年 2 月 1 日的价格为 1000 美元 /m²，该类房地产以人民币为基准的价格变动，平均每月比上月上涨 0.2%。假设 2023 年 2 月 1 日人民币与美元的市场汇价为 1 美元 =6.74 元，2023 年 9 月 1 日为 1 美元 =7.18 元。试计算修正到 2023 年 9 月 1 日的价格。

【解】由题意，调整到 2023 年 9 月 1 日的价格为：

$$1000 \times 6.74 \times（1+0.2\%）^7=6834.93 元 /m^2$$

【例3-9】

某个可比实例房地产 2023 年 1 月 1 日的价格为 1200 美元 /m²，该类房产以美元为基准的价格变动，平均每月比上月上涨 0.2%。假设 2023 年 1 月 1 日人民币与美元的市场汇价为 1 美元 =6.94 元，2023 年 9 月 1 日为 1 美元 =7.18 元。试计算修正到 2023 年 9 月 1 日的价格。

【解】由题意，调整到 2023 年 9 月 1 日的价格为：

$$1200 \times 7.18 \times （1+0.2\%）^8 = 8754.82 \ 元 /m^2$$

## 3.2.6 资产状况调整

**1. 资产状况调整的含义**

房地产本身的状况是影响房地产价格的一个重要因素，所以对可比实例进行交易情况修正和市场状况调整后还应进行资产状况调整。资产状况调整是将可比实例在其资产状况下的价格调整为在估价对象资产状况下的价格。

值得指出的是，在进行资产状况的比较与调整之前，要注意可比实例资产状况是其成交价格形成时所对应或所反映的资产状况，而估价对象资产状况是在价值时点的资产状况。

**2. 资产状况调整的内容**

由于资产状况可以分为区位状况、实物状况和权益状况，所以资产状况调整分为区位状况调整、实物状况调整和权益状况调整。由于构成资产状况的因素多而复杂，资产状况调整是市场法的一个难点和关键。

区位状况是指对房地产价格有影响的房地产所处的区位因素的状况。区位状况调整是将可比实例在其区位状况下的价格调整为在估价对象区位状况下的价格。

区位状况调整的内容包括：位置（包括所处的方位、距离、朝向、楼层等）、交通（包括进出的方便程度）、环境景观（包括自然环境、人文环境和景观等）、外部配套设施（包括基础设施和公共服务设施）等影响房地产价格的因素。

实物状况是指对房地产价格有影响的房地产实物因素的状况。实物状况调整是将可比实例在其实物状况下的价格调整为在估价对象状况下的价格。

实物状况调整的内容，对于土地来说，主要包括：面积（大小）、形状（规则与否）、进深、地势（高低）、土壤及地基情况、基础设施完备程度（指属于可比实例、估价对象之内的部分）、土地平整程度、地势和地质水文状况等影响房地产价格的土地实物因素；对于建筑物来说，主要包括：建筑规模、建筑结构、设施、设备、装饰装修、空间布局、外观、防水、保温、采光日照、层高、完损程度（包括工程质量、建筑物年龄、维修养护情况）等影响房地产价格的因素。

权益状况是指对房地产价格有影响的房地产权益因素的状况。权益状况调整是将可比实例房地产在其权益状况下的价格调整为在估价对象房地产权益状况下的价格。

由于在选取可比实例时要求可比实例的权利性质应与估价对象的权利性质相同，所以在可比实例的权利性质和估价对象的权利性质相同的前提下，权益状况比较修正的内容主要包括：土地使用权年限、城市规划限制条件（如建筑容积率）等。在实际估价中，遇到最多的是土地使用权年限修正，修正的具体方法参见"收益法"的有关内容。

3. 资产状况调整的方法

资产状况调整的总体思路是：以估价对象资产状况为基准，将可比实例的资产状况与估价对象的资产状况进行直接比较；或者设定一种"标准房地产"，以该标准资产状况为基准，将可比实例资产状况与估价对象资产状况进行间接比较。如果可比实例资产状况比估价对象资产状况好，则应对可比实例的成交价格进行减价调整；反之，如果可比实例资产状况比估价对象资产状况差，则应对可比实例的成交价格进行增价调整。具体思路如下：

（1）确定对估价对象这类房地产的价格有影响的各种房地产自身因素，包括区位因素、实物因素和权益因素。不同使用性质的房地产，影响其价格的房地产自身因素是不尽相同的。例如，居住房地产讲求宁静、安全、舒适；商业房地产着重繁华程度、交通条件；工业房地产强调对外交通运输和基础设施条件；农业房地产重视土壤、排水和灌溉条件等。因此，应针对估价对象所属类型房地产的使用性质，确定对其价格有影响的各种房地产自身因素。

（2）判定估价对象房地产和可比实例房地产在这些因素方面的状况，将可比实例房地产与估价对象房地产在这些因素方面的状况逐一进行比较，找出它们之间的差异程度。以普通住宅为例，例如附近有几条公共交通线路、离公共交通站点的距离、楼层、朝向、房屋年龄、有无电梯、一梯几户、是否封阳台、有几个卫生间、是否附赠车位等。

（3）将可比实例与估价对象之间的资产状况差异程度转换为价格差异程度。可比实例资产状况与估价对象资产状况之间的差异程度不一定等于它们之间的价格差异程度。因此，需要根据具体情况，将可比实例与估价对象之间的资产状况差异程度转换为价格差异程度。

（4）根据价格差异程度对可比实例的成交价格进行调整。同一使用性质的房地产，各种影响因素对价格的影响程度不同；不同使用性质的房地产，即使某些价格影响因素相同，但这些因素对价格的影响方向和程度也不一定相同。因此，对于同一使用性质的房地产，各种影响因素的权重应有所不同；不同使用性质的房地产，同一影响因素的权重应有所不同。

资产状况调整的方法主要有百分率法和差额法。

（1）采用百分率法进行资产状况调整的一般公式为：

$$可比实例在其资产状况下的价格 \times 资产状况调整系数 \\ = 可比实例在估价对象资产状况下的价格 \qquad (3-23)$$

（2）采用差额法进行资产状况调整的一般公式为：

$$可比实例在其资产状况下的价格 \pm 资产状况调整金额 \\ = 可比实例在估价对象资产状况下的价格 \qquad (3-24)$$

特别强调的是，在百分率法中，资产状况调整系数应是以估价对象的资产状况为基准来确定。假设可比实例在其资产状况下的价格比在估价对象资产状况下的价格高、低的百分率为 $\pm R\%$（当可比实例在其资产状况下的价格比在估价对象资产状况下的价格高时为 $R\%$，低时为 $-R\%$），则：

$$可比实例在其资产状况下的价格 \times \frac{1}{1 \pm R\%} \\ = 可比实例在估价对象资产状况下的价格 \qquad (3-25)$$

或

$$可比实例在其资产状况下的价格 \times \frac{100}{100 \pm R} \\ = 可比实例在估价对象资产状况下的价格 \qquad (3-26)$$

式中，$\dfrac{1}{1 \pm R\%}$、$\dfrac{100}{100 \pm R}$ 为资产调整系数。

具体进行资产状况调整的方法，有直接比较调整和间接比较调整两种。

直接比较调整一般是采用评分的办法，首先，确定若干种对房地产价格有影响的资产状况方面的因素；其次，根据每种因素对房地产价格的影响程度确定其权重；再次，以估价对象的资产状况为基准（通常定为100分），将可比实例的资产状况与它进行逐项比较打分（表3-3）。如果可比实例的资产状况劣于估价对象的资产状况，打的分数就低于100；相反，打的分数就高于100。最后，将所得的分数转化为修正价格的比率，并利用该比率对可比实例价格进行调整。

资产状况直接比较表　　　　　　　　　　　　　　　　　　表3-3

| 资产状况 | 权重 | 估价对象 | 可比实例A | 可比实例B | 可比实例C |
|---|---|---|---|---|---|
| 因素1 | $F_1$ | 100 | | | |
| 因素2 | $F_2$ | 100 | | | |
| …… | …… | …… | | | |
| 因素n | $F_n$ | 100 | | | |
| 综合 | 1 | 100 | | | |

采用直接比较进行资产状况调整的表达式为：

$$可比实例在其资产状况下的价格 \times \frac{100}{(\quad)}$$
$$= 可比实例在估价对象资产状况下的价格 \qquad（3-27）$$

上式括号内应填写的数字，为可比实例房地产相对于估价对象房地产的得分。

间接比较调整与直接比较调整类似，不同的是不以估价对象资产状况为基准，而是设想一种"标准房地产"，以标准资产状况为基准（通常将其在每种因素方面的分数定为100分），将估价对象及可比实例的资产状况均与它进行逐个因素的比较、评分（表3-4）。如果估价对象、可比实例的资产状况比标准资产状况好的，则所得的分数就高于100分；反之，如果估价对象、可比实例的资产状况比标准资产状况差的，则所得的分数就低于100分。

资产状况间接比较表

表3-4

| 资产状况 | 权重 | 标准状况 | 估价对象 | 可比实例A | 可比实例B | 可比实例C |
|---|---|---|---|---|---|---|
| 因素1 | $F_1$ | 100 | | | | |
| 因素2 | $F_2$ | 100 | | | | |
| …… | …… | …… | | | | |
| 因素n | $F_n$ | 100 | | | | |
| 综合 | 1 | 100 | | | | |

如果采用间接比较进行资产状况调整，则：

$$可比实例在其资产状况下的价格 \times \frac{100}{(\quad)} \times \frac{(\quad)}{100}$$
$$= 可比实例在估价对象资产状况下的价格 \qquad（3-28）$$

上式位于分母处的括号内应填写的数字，为可比实例房地产相对于"标准房地产的得分"；位于分子处的括号内应填写的数字，为估价对象房地产相对于"标准房地产的得分"。

### 3.2.7 比较价值的求取

1. 求取单个可比实例比较价值的方法

市场法估价需要进行交易情况、市场状况、资产状况三个方面的修正和调整。经过交易情况修正之后，就把可比实例的实际而可能是不正常的成交价格变成正常市场价格；经过市场状况调整之后，就把可比实例在其成交日期的价格变成在价值时点的价格；经过资产状况调整之后，就把可比实例在其自身资产状况下的价格变成在估价对象资产状况下的价格。这样，经过这三个方面的修正和调整之后，就把可比实例的成交价格变成估价对象在价值时点的价格了。如果把这三大方面的修正和调整综合在一起，则有下列计算公式：

（1）百分率法下的修正和调整系数连乘公式：

$$
\begin{aligned}
比较价值 = &可比实例成交价格 \times 交易情况修正系数 \times \\
&市场状况调整系数 \times 资产状况调整系数
\end{aligned}
\tag{3-29}
$$

（2）百分率法下的修正和调整系数累加公式：

$$
\begin{aligned}
比较价值 = &可比实例成交价格 \times （1+ 交易情况修正系数 + \\
&市场状况调整系数 + 资产状况调整系数）
\end{aligned}
\tag{3-30}
$$

（3）差额法下的公式：

$$
\begin{aligned}
比较价值 = &可比实例成交价格 \pm 交易情况修正金额 \pm \\
&市场状况调整金额 \pm 资产状况调整金额
\end{aligned}
\tag{3-31}
$$

值得注意的是，上述百分率法下的连乘公式和累加公式都只是文字上的形象表示。这就造成了从表面上看，似乎各种修正和调整系数无论在连乘公式中还是在累加公式中都是相同的，而实际上是不同的。仍然假设交易情况修正中可比实例成交价格比其正常市场价格高、低的百分率为 $\pm S$，市场状况调整中从成交日期到价值时点可比实例价格涨、跌的百分率为 $\pm T\%$，资产状况调整中可比实例在其资产状况下的价格比在估价对象资产状况下的价格高、低的百分率为 $\pm R\%$，则上述公式可作如下变化。

（1）百分率法下的修正和调整系数连乘公式为：

$$
比较价值 \times （1\pm S\%） \times （1\pm R\%） = 可比实例成交价格 \times （1\pm T\%）
\tag{3-32}
$$

或

$$
比较价值 = 可比实例成交价格 \times \frac{1}{1\pm S\%} \times （1\pm T\%） \times \frac{1}{1\pm R\%}
\tag{3-33}
$$

或

$$
比较价值 = 可比实例成交价格 \times \frac{100}{100\pm S} \times \frac{100\pm T}{100} \times \frac{100}{100\pm R}
\tag{3-34}
$$

（2）百分率法下的修正和调整系数累加公式为：

$$
比较价值 \times （1\pm S\% \pm R\%） = 可比实例成交价格 \times （1\pm T\%）
\tag{3-35}
$$

或

$$
比较价值 = 可比实例成交价格 \times \frac{1\pm T\%}{1\pm S\% \pm R\%}
\tag{3-36}
$$

或

$$
比较价值 = 可比实例成交价格 \times \frac{100\pm T}{100\pm S \pm R}
\tag{3-37}
$$

在实际估价中，公式的具体形式要比上述公式复杂得多，因为交易情况修正、市场状况调整、资产状况调整以及对它们中的一些具体因素对价格的影响进行修正、调整，例如交易税费非正常负担的修正、土地使用期限不同或建筑物完损程度不同的调整，可视具体情况采用百分率法（包括回归分析法）或差额法。

下面以百分率法下的连乘公式为例，进一步说明市场法的综合修正和调整计算。由于资产状况调整有直接比较调整和间接比较调整，所以较具体化的综合修正和调整计算公式，有直接比较修正和调整公式及间接比较修正和调整公式。

（1）直接比较修正和调整系数公式为：

$$
\begin{aligned}
比较价值 &= 可比实例成交价格 \times \frac{100}{(\quad)} \times \frac{(\quad)}{100} \times \frac{100}{(\quad)} \\
&= 可比实例成交价格 \times \frac{正常市场价格}{实际成交价格} \times \frac{价值时点价格}{成交日期价格} \times \frac{对象状况价格}{实例状况价格}
\end{aligned}
\tag{3-38}
$$

上式中，交易情况修正的分子为100，表示以正常市场价格为基准；市场状况调整的分母为100，表示以成交日期时的价格为基准；资产状况调整的分子为100，表示以估价对象的资产状况为基准。

（2）间接比较修正和调整系数公式为：

$$
\begin{aligned}
比较价值 &= 可比实例成交价格 \times \frac{100}{(\quad)} \times \frac{(\quad)}{100} \times \frac{100}{(\quad)} \times \frac{(\quad)}{100} \\
&= 可比实例成交价格 \times \frac{正常市场价格}{成交市场价格} \times \frac{价值时点价格}{成交日期价格} \times \\
&\quad \frac{标准状况价格}{实例状况价格} \times \frac{对象状况价格}{标准状况价格}
\end{aligned}
\tag{3-39}
$$

上式中，标准化修正的分子为100，表示以标准资产状况为基准，分母是可比实例资产状况相对于标准资产状况所得的分数；资产状况调整的分母为100，表示以标准资产状况为基准，分子是估价对象资产状况相对于标准资产状况所得的分数。

2. 求取最终比较价值的方法

可比实例的成交价格经过上述各种修正和调整以后，都会相应地得到一个比较价值。所选取的若干个可比实例价格经过修正或调整后，就会有若干个比较价值。因此需要对这若干个比较价值进行汇总，确定最终的比较价值。一般可以选用下列方法之一求取最终的比较价值。

（1）简单算术平均法

简单算术平均法是求取具有同等重要性的若干个价格之和，再除以其个数，求出综合价格的方法。例如，可比实例 A、B、C 经比较修正后的价值时点价格分别为 6800 元 /m²、6500 元 /m² 和 7200 元 /m²，如果认为这三个价格具有同等重要性，则可求得一个综合价格，即：

$$综合价格 = （6800+6500+7200）/3 = 6833.33 \ 元 /m^2$$

（2）加权算术平均法

加权算术平均法是指将修正出的各个价格综合成一个价格时，考虑到每个价格的类似程度不同，先赋予每个价格不同的权数，然后求出综合价格的方法。通常对于与估价对象房地产最类似的可比实例房地产所修正出的价格，赋予最大的权数，反之，赋予最小的权数。

例如，上例中，若认为可比实例 C 与估价对象房地产的情况最为接近，A 次之，B 最差，则相应赋予权数为 0.5、0.3、0.2，则可求得一个综合价格，即：

$$综合价格 = 6800 \times 0.3 + 6500 \times 0.2 + 7200 \times 0.5 = 6940 \ 元/m^2$$

（3）中位数法

中位数法是指将多个经修正后的可比实例价格数额按大小顺序排列，当项数为奇数时，位于正中间位置的那个价格为综合价格；当项数为偶数时，位于正中间位置的那两个价格的简单算术平均数为综合价格的方法。

例如，上例中的三个可比实例的价格按大小顺序排列分别为 C、A、B，即 7200 元 $/m^2$、6800 元 $/m^2$、6500 元 $/m^2$，位于中点位置上的为 A，则可确定综合价格为 6800 元 $/m^2$。

（4）众数法

众数法与中位数法一样，是一种位置平均数法，是指将各比较价值按某类数值大小排序后整理成分布数列，如果其中某比较价值数值出现的次数最多，即为众数值。

在实际估价中，最常用的是平均数法，其次是中位数法，较少采用众数法。在数值个数较少的情况下，平均数法容易受其中个别极端数值的影响。如果一组数值中含有极端的数值，采用平均数法就有可能得到非典型的、甚至是误导的结果，这种情况下采用中位数法比较合适，也可以采取去掉一个最大和最小的数值，将剩余的数值进行简单算术平均的方法。

## 3.3 市场法的运用举例

 【例3-10】

为评估某写字楼 2023 年 9 月 1 日的正常市场价格，估价师在该写字楼附近调查选取了 A、B、C 三宗类似写字楼的交易实例作为可比实例，成交价格及成交日期见表 3-5，并对估价对象和可比实例在交易情况、市场状况及资产状况等方面的差异进行了分项目的详细比较，根据比较结果，结合各因素对房地产价格影响的重要性，得出了可比实例价格修正与调整表，具体见表 3-5。在表 3-5 的交易情况中，正（负）值表示可比实例成交价格高（低）于其正常市场价格的幅度；资产状况中，正（负）值表示可比实例房地产状况优（劣）于估价对象资产状况导致的价格差异幅度。另假设人民币与美元的市场汇率 2023 年 3 月 1 日为 1：6.94，2023 年 9 月 1 日为 1：7.18；该类写字楼以人民币为基准的市场价格 2023 年 1 月 1 日至 2023 年 2 月 1 日基本保持不变，2023 年 2 月 1 日至

2023 年 5 月 1 日平均每月比上月下降 1%，以后平均每月比上月上升 1.5%。请利用上述资料测算该写字楼 2023 年 9 月 1 日的正常市场价格。

可比实例价格修正与调整表 表 3-5

| 项目 | 可比实例 A | 可比实例 B | 可比实例 C |
|---|---|---|---|
| 成交价格 | 9200 元人民币 /m² | 1500 美元 /m² | 9800 元人民币 /m² |
| 成交日期 | 2023 年 1 月 1 日 | 2023 年 3 月 1 日 | 2023 年 7 月 1 日 |
| 交易情况 | +2% | +5% | -3% |
| 资产状况 | -8% | -4% | +6% |

【解】该写字楼 2023 年 9 月 1 日的正常市场价格测算如下：

（1）测算公式

$$比较价值 = 可比实例成交价格 \times 交易情况修正系数 \times$$
$$市场状况调整系数 \times 资产状况调整系数$$

（2）求取比较价值 $V_A$

$$V_A = 9200 \times \frac{100}{100+2} \times (1-1\%)^3 \times (1+1.5\%)^4 \times \frac{100}{100-8} = 10096.47 \ 元 /m^2$$

（3）求取比较价值 $V_B$

$$V_B = 1500 \times 6.94 \times \frac{100}{100+5} \times (1-1\%)^2 \times (1+1.5\%)^4 \times \frac{100}{100-4} = 10742.98 \ 元 /m^2$$

（4）求取比较价值 $V_C$

$$V_C = 9800 \times \frac{100}{100-3} \times (1+1.5\%)^2 \times \frac{100}{100+6} = 9819.30 \ 元 /m^2$$

（5）将上述三个比较价值的简单算术平均数作为市场法的测算结果，则：

$$估价对象价格（单价） = （10096.47+10742.98+9819.30）\div 3 = 10219.58 \ 元 /m^2$$

 【例3-11】

为评估某商品住宅 2023 年 8 月 15 日的正常市场价格，在该住宅附近调查选取了 A、B、C 三宗类似住宅的交易实例作为可比实例，有关资料如下。

（1）可比实例的成交价格及成交日期，见表 3-6。

可比实例成交价格及成交日期 表 3-6

| 项目 | 可比实例 A | 可比实例 B | 可比实例 C |
|---|---|---|---|
| 成交价格 | 9700 元 /m² | 10200 元 /m² | 9900 元 /m² |
| 成交日期 | 2023 年 3 月 15 日 | 2023 年 6 月 15 日 | 2023 年 7 月 15 日 |

（2）交易情况的分析判断结果，见表3-7。表中交易情况的分析判断是以正常市场价格为基准，正值表示可比实例成交价格高于其正常市场价格的幅度，负值表示低于其正常市场价格的幅度。

可比实例交易情况 表3-7

| 可比实例 | 可比实例A | 可比实例B | 可比实例C |
|---|---|---|---|
| 交易情况 | -2% | 0 | +1% |

（3）该类住宅2023年2月至8月的价格指数，见表3-8。表中的价格指数为定基价格指数。

同类房地产价格变动情况 表3-8

| 月份 | 2 | 3 | 4 | 5 | 6 | 7 | 8 |
|---|---|---|---|---|---|---|---|
| 价格指数 | 100 | 92.4 | 98.3 | 98.6 | 100.3 | 109 | 106.8 |

（4）资产状况的比较判断结果，见表3-9。

资产状况比较判断结果 表3-9

| 资产状况 | 权重 | 估价对象 | 可比实例A | 可比实例B | 可比实例C |
|---|---|---|---|---|---|
| 区位状况 | 0.5 | 100 | 105 | 100 | 80 |
| 实物状况 | 0.3 | 100 | 100 | 110 | 120 |
| 权益状况 | 0.2 | 100 | 120 | 100 | 100 |

请利用上述资料测算该商品住宅2023年8月15日的正常市场价格。

【解】该商品住宅2023年8月15日的正常市场价格测算如下：

（1）测算公式

$$比较价值 = 可比实例成交价格 \times 交易情况修正系数 \times$$
$$市场状况调整系数 \times 资产状况调整系数$$

（2）求取交易情况修正系数

可比实例A的交易情况修正系数：$\dfrac{100}{100-2}=\dfrac{100}{98}$

可比实例B的交易情况修正系数：$\dfrac{100}{100-0}=\dfrac{100}{100}$

可比实例C的交易情况修正系数：$\dfrac{100}{100+1}=\dfrac{100}{101}$

（3）求取市场状况修正系数

可比实例A的市场状况调整系数：$\dfrac{106.8}{92.4}$

可比实例B的市场状况调整系数：$\dfrac{106.8}{100.3}$

可比实例C的市场状况调整系数：$\dfrac{106.8}{109}$

（4）求取资产状况调整系数

可比实例A的资产状况调整系数：$\dfrac{100}{105\times0.5+100\times0.3+120\times0.2}=\dfrac{100}{106.5}$

可比实例B的资产状况调整系数：$\dfrac{100}{100\times0.5+110\times0.3+100\times0.2}=\dfrac{100}{103}$

可比实例C的资产状况调整系数：$\dfrac{100}{80\times0.5+120\times0.3+100\times0.2}=\dfrac{100}{96}$

（5）求取比较价值（单价）$V_A$、$V_B$、$V_C$

$$V_A=9700\times\frac{100}{98}\times\frac{106.8}{92.4}\times\frac{100}{106.5}=10742.25\ \text{元}/\text{m}^2$$

$$V_B=10200\times\frac{100}{100}\times\frac{106.8}{100.3}\times\frac{100}{103}=10544.68\ \text{元}/\text{m}^2$$

$$V_C=9900\times\frac{100}{101}\times\frac{106.8}{109}\times\frac{100}{96}=10004.31\ \text{元}/\text{m}^2$$

（6）将上述三个比较价值的简单算术平均数作为市场法的测算结果，则：

估价对象的正常市场价格（单价）＝（10742.25＋10544.68＋10004.31）÷3

＝10430.41 元 /m²

# 复习思考题

章节自测题

1. 什么是市场法？

2. 市场法的理论依据是什么？

3. 简述运用市场法估价的操作步骤。

4. 搜集交易实例的途径主要有哪些？

5. 选取可比实例应当符合哪些基本要求？

6. 什么是交易情况修正？造成成交价格偏离正常市场价格的因素有哪些？

7. 什么是市场状况调整？如何进行？

8. 什么是资产状况调整？其调整的内容包括哪些？

9. 为评估某宗房地产 2023 年 5 月 1 日的价格，选取下列可比实例：成交日期 2023 年 6 月 1 日，成交价格为 9800 元 /m²。另调查获知该类房地产价格 2023 年 5 月 1 日至

2023年10月31日平均每月比上月上涨0.8%，2022年11月1日至2023年5月1日平均每月比上月上涨1.5%。试计算该可比实例市场状况调整后的价格。

10. 为评估某栋住宅楼2022年10月31日的价格，选取了下列可比实例，成交日期为2022年5月1日，成交价格为10000元/m²，据调查获知该类房地产价格2022年4月1日至11月30日平均每月比上月下降0.5%，该地区房地产买卖中应由买方缴纳的税费为正常价格的4%，应由卖方缴纳的税费为正常价格的7%，但是该交易实例中约定涉及的税费全部由买方缴纳。资产状况修正后，可比实例比估价对象要好5%，试确定在该可比实例情况下，估价对象的比较价值。

11. 为评估某写字楼2022年10月31日的正常市场价格，在该写字楼附近地区调查选取了A、B、C三宗类似写字楼的交易实例作为可比实例，有关资料见表3-10。

A、B、C三宗类似写字楼交易实例数据　　　　表3-10

| 项目 | 可比实例A | 可比实例B | 可比实例C |
|---|---|---|---|
| 成交价格 | 8000元人民币/m² | 1200美元/m² | 8500元人民币/m² |
| 成交日期 | 2022年1月31日 | 2022年4月30日 | 2022年7月31日 |
| 交易情况 | -1% | 0 | +3% |
| 区域因素 | +2% | +1% | +3% |
| 个别因素 | -3% | +2% | +1% |

在上表交易情况中，正（负）值代表可比实例的成交价格高（低）于其正常价格的幅度；区域因素和个别因素中，正（负）值代表可比实例的区域因素、个别因素优（劣）于估价对象的区域、个别因素导致的价格差异幅度。另假设人民币与美元的市场汇价2022年4月30日为1：6.62，2022年10月31日为1：7.17；该类写字楼以人民币为基准的市场价格2022年1月1日至2022年3月31日基本保持不变，2022年4月1日至2022年6月30日平均每月比上月上涨0.6%，2022年7月1日至2022年10月31日平均每月比上月上涨1.2%。试利用上述资料估算该写字楼于2022年10月31日的正常市场价格。

12. 有一宗土地G需要评估其2023年7月的价格。现收集到6宗可比实例，具体情况见表3-11。表中负号表示可比实例条件比估价对象差，正号表示可比实例条件比估价对象好，数值大小代表修正或调整的幅度。

6宗交易实例数据　　　　表3-11

| 宗地 | 成交价（元/m²） | 交易时间 | 交易情况 | 容积率 | 区域因素 | 个别因素 |
|---|---|---|---|---|---|---|
| A | 680 | 2023.3 | 1 | 1.3 | 0 | 1 |
| B | 610 | 2023.3 | 0 | 1.1 | 0 | -1 |
| C | 700 | 2023.2 | 5 | 1.4 | 0 | -2 |

续表

| 宗地 | 成交价（元/m²） | 交易时间 | 交易情况 | 容积率 | 区域因素 | 个别因素 |
|---|---|---|---|---|---|---|
| D | 680 | 2023.5 | 0 | 1.0 | −1 | −1 |
| E | 750 | 2023.6 | −1 | 1.6 | 0 | 2 |
| F | 700 | 2023.6 | 0 | 1.3 | 1 | 0 |
| G |  | 2023.7 |  | 1.1 |  |  |

该城市 2023 年 1 ~ 7 月的地价指数分别为 102、103、107、110、112、115、118，该指数是以 2023 年 1 月为定基 100。该市此类用地容积率与地价的关系为：当容积率在 1 ~ 1.5 之间时，容积率每增加 0.1，宗地单位地价比容积率为 1 时的地价增加 5%；容积率超过 1.5 时，超出部分的容积率每增加 0.1，单位地价比容积率为 1 时的地价增加 3%。

# 第4章 成本法

## 【本章要点及学习目标】

1. 理解成本法的定义和应用范围。
2. 掌握成本法的理论依据。
3. 熟悉成本法适用对象和条件。
4. 掌握成本法操作步骤。
5. 了解房地产成本价格构成。
6. 掌握重新购建价格的求取方法。
7. 掌握建筑物折旧的求取方法。

## 4.1 成本法的基本原理及操作步骤

### 4.1.1 成本法的含义

成本法（Cost Approach），简要地说，是根据估价对象的重新购建价格来求取估价对象价值的方法；具体地说，是求取估价对象在价值时点的重新购建价格和建筑物折旧，然后将重新购建价格减去建筑物折旧来求取估价对象价值的方法。其中，重新购建价格，是指假设在价值时点重新取得全新状况的估价对象的必要支出，或者重新开发建设全新状况的估价对象的必要支出和应得利润；建筑物折旧，是指各种原因造成的建筑物价值损失，其金额为建筑物在价值时点的重新购建价格与其在价值时点的市场价值之差。

成本法也可以说是以房地产价格各个构成部分的累加为基础求取房地产价值的方法，即先把房地产价格分解为各个构成部分，然后分别求取各个构成部分，再将各个构成部分相加。因此，成本法也被称为积算法，通常把成本法求得的价值简称为积算价格。由此可知成本法中的"成本"不是通常意义上的成本（不含利润），而是价格（不仅包含通常意义上的成本，还包含利润、税金）。

### 4.1.2 成本法的理论依据

成本法的理论依据是生产费用价值论——商品的价格是依据其生产所必要的费用而决定的。具体又可以分为从卖方的角度看和从买方的角度看。

从卖方的角度看，房地产价格是基于其过去的"生产费用"，重在过去的投入，是卖方愿意接受的最低价格，不能低于他为开发建设该房地产已花费的代价，如果低于该代价，他就要亏本。进一步来看，当一种房地产的市场价格低于它的成本（包含利润）时，它就不会被开发建设，除非它的市场价格升高了；而如果一种房地产的市场价格远远高于它的成本，则它将会很快进入市场，直到它的市场价格降下来。

从买方的角度看，房地产价格是基于其社会上的"生产费用"，类似于"替代原理"，是买方愿意支付的最高价格，不能高于他预计重新开发建设该房地产的必要支出，如果高于该支出，他还不如自己开发建设（或者委托别人开发建设）。例如，当房地产为土地与建筑物的综合体时，买方在确定其购买价格时通常会这样考虑：如果自己另外购买一块类似土地的现时价格是多少，然后在该块土地上建造类似建筑物的现时费用又是多少，此两者之和便是自己愿意支付的最高价格。当然，如果该房地产中的建筑物是旧的或者在质量、功能方面存在缺陷，或者在建筑物本身以外还有一些不利因素，则买方在确定其愿意支付的最高价格时通常还会考虑建筑物折旧，即还要减价。

由上可见，卖方是不低于开发建设已花费的代价，买方是不高于预计重新开发建设的必要支出，买卖双方可以接受的共同点是正常的开发建设代价（包含开发建设的必要支出和应得利润）。因此，房地产估价师便可以根据重新开发建设估价对象的必要支出和应得利润来求取估价对象的价值。

成本法虽然在本质和理论依据上与市场法不同，但也有相似之处。在成本法中，折旧可以视为一种资产状况调整，即将估价对象假定为"新的"状况下的重新购建价格，调整为实际上是"旧的"状况下的价格。因此，成本法与市场法的本质区别不是看是否有减去折旧，而是看"重新购建价格"或"可比实例价格"的来源方式。如果"重新购建价格"或"可比实例价格"是直接来源于市场上类似房地产的成交价格，则属于市场法；如果是通过价格构成各部分的累加方式求取的重新开发建设成本，则属于成本法。为便于理解，以评估一台旧机器的市场价值为例来说明，如果该旧机器的市场价值是通过市场上相同的新机器的市场价格减去折旧来求取，则表面上的成本法实质上是市场法，这里的折旧实质上是实物状况调整；如果是通过重新生产相同的新机器的成本（包括原料费、加工费、税金、利润等）减去折旧来求取，则才真正是成本法。成本法中房地产价格各个构成部分以及建筑物折旧的求取，通常会采用市场法。

### 4.1.3　成本法适用的估价对象和条件

1. 成本法适用的估价对象

对于新开发建设完成的房地产（简称新开发的房地产）、可以假设重新开发建设的现有房地产（简称旧的房地产）、正在开发建设的房地产（即在建工程）、计划开发建设的房地产，都可以采用成本法估价。对于那些很少发生交易而限制了市场法的运用，又没有经济收益或没有潜在经济收益而限制了收益法运用的房地产，例如学校、医院、图书馆、体育场馆、公园、行政办公楼、军队营房等以公益、公用为目的的房地产，特别适用成本法估价。化工厂、钢铁厂、发电厂、油田、码头、机场之类有独特设计或者只针对个别使用者的特殊需要而开发建设的房地产，以及单纯的建筑物或者其装饰装修部分，通常也是采用成本法估价。

在房地产保险（包括投保和理赔）及其他房地产损害赔偿中，往往也是采用成本法估价。因为在保险事故发生后或在其他损害中，房地产的损毁通常是建筑物的局部，需要将其恢复到原状；对于发生建筑物全部损毁的，有时也需要采取重新建造的办法来解决。另外，在房地产市场不够活跃或者类似房地产交易实例较少的地区，难以采用市场法估价时，通常只好采用成本法估价。

成本法一般适用于评估那些可独立开发建设的整体房地产的价值。当采用成本法评估局部房地产的价值时，例如评估某幢住宅楼中的某套住宅的价值，通常是先评估该整幢住宅楼平均每单位面积的价值，然后在此基础上进行楼层、朝向、装饰装修等因素调整后才可得到该套住宅的价值。在实际估价中，根据估价对象的开发建设方式，还可能需要先求取"小区"的平均价格，然后推算到"幢"的平均价格，再推算到"层"或"套"的平均价格。采用成本法评估开发区中某块土地的价值，通常也与此类似。

2. 成本法估价需要具备的条件

运用成本法估价值得注意的是，现实中的房地产价格特别是具体一宗房地产的价格，直接取决于其效用而非花费的具体成本，成本的增加一定要对效用的增大有所作用才能构成价格。换一个角度讲，房地产成本的增加并不一定能增加其价值，投入的成本不多也不一定说明其价值不高。价格等于"成本加平均利润"是在长时期内平均来看的，并且需要具备以下两个条件：一是自由竞争（即可以自由进退的市场），二是该种商品本身可以大量重复生产。其原理如下：

首先假设价格正好等于成本加平均利润，并假设此时的供给正好等于需求，然后假设有某个因素导致了供大于求，则在供求规律和利润激励等的作用下会出现以下循环：供大于求→价格下降→利润率降低→房地产开发投资减少→房地产开发量缩减→供给减少→价格上涨→利润率上升→房地产开发投资增加→房地产开发量增加→供给增加→价格下降……

显而易见，如果不是在长时期内，没有自由竞争，商品本身不可以大量重复生产，这个循环就不能成立，价格就不会等于成本加平均利润。实际上，即使具备这些条件，价格等于成本加平均利润也是偶然的，价格仅是围绕着"成本加平均利润"而上下波动，趋向于"成本加平均利润"。当求大于供时，房地产的价格可能大大高于其开发建设成本；当供大于求时，房地产的价格可能大大低于其开发建设成本。因此，房地产的开发建设成本高，并不一定意味着房地产的价格就高；房地产的开发建设成本低，也不一定说明房地产的价格就低。也正是因为房地产的价格与其开发建设成本不是始终成正比，才出现了赚钱与赔钱的问题。从一个房地产开发项目来看有赚钱与赔钱的问题，从一个房地产开发企业来看也有赚钱与赔钱的问题，甚至从整个房地产开发行业来看，短期内也有赚钱与赔钱的问题。如果房地产的价格始终是由其开发建设成本决定的，海南、北海的房地产市场就不会有 1993 年房地产热过后的一段"悲惨"局面。

尽管有上述原理，但并不意味着不具备上述理想条件就不可以采用成本法估价，而是要求在运用成本法时注意"逼近"。其中最主要的是要注意以下三个方面：一是应采用客观成本而不是实际成本。实际成本也称为个别成本，是指某个具体的房地产开发商的实际花费。客观成本也称为正常成本，是指假设重新开发建设时大多数房地产开发商的一般花费。二是应在客观成本的基础上结合市场供求分析进行调整。当房地产市场供大于求时，应在客观成本的基础上调低评估价值；供小于求时，应在客观成本的基础上调高评估价值。三是应在客观成本的基础上结合选址、规划设计等的分析进行调整。现实中有一些选址不当或者规划设计不合理等造成不符合市场需要的房地产，极端的例子是在没有人流的地方建造的商场。在这种情况下，虽然无论是什么人来建造该商场客观上都需要那么多成本，但该商场却没有那么高的价值。因此，在运用成本法评估这类房地价值时还应进行适当的减价调整。在本章后面我们将会看到，折旧中之所以有功能折旧、经济折旧，就是出于上述二、三两个方面的考虑。即在这些情况下，评估价值等于客观成本减去功能折旧与经济折旧。

成本法估价还要求房地产估价师具有较丰富的建筑工程、建筑材料、设备、装饰装修、工程造价等方面的专业知识。

成本法评估出的价值一般是房地产所有权的价值，在我国可视为房屋所有权在价值时点剩余使用期限的土地使用权的价值。

### 4.1.4 成本法操作步骤

成本法估价操作步骤如下：

（1）搜集有关成本、税费、开发利润等资料；

（2）估算重置价格或重建价格；

（3）估算折旧；

（4）求出积算价格。

## 4.2 房地产的成本价格

运用成本法估价的一项基础性工作是要弄清房地产价格的构成。在现实中，房地产价格的构成极其复杂，不同地区、不同时期、不同用途或不同类型的房地产，其价格构成可能不同。房地产价格的构成还可能因不同的单位和个人对构成项目划分的不同而不同。但在实际运用成本法估价时，不论估价对象所在地的房地产价格构成多么复杂，首先，最为关键的是必须深入调查、了解当地从获取土地一直到房屋竣工验收乃至完成租售的全过程中所需要做的各项工作。一般要经历获取土地、前期工作（包括规划设计、招标与合同签订等）、施工建设、竣工验收、商品房租售（预售）等阶段，以及在全过程中的必要支出（包括各项成本、费用、税金）及其支付或者收取、缴纳的标准、时间和依据，整理出清单，从而做到既不遗漏，也不重复。然后，在此基础上结合估价对象的实际情况，确定估价对象价格的具体构成，并测算出各个构成项目的金额。

下面以取得土地建成房屋销售这种典型的房地产开发类型为例，并从便于各构成项目估算的角度，来划分房地产价格构成。在这种情况下，房地产价格通常由土地取得成本、开发成本、管理费用、销售费用、投资利息、销售税费、开发商利润等构成。

### 4.2.1 土地取得成本

土地取得成本是取得开发用地所需的费用、税金等。在完善的市场经济下，土地取得成本一般是由购置土地的价款和在购置时应由买方缴纳的税费构成。在目前情况下，土地取得成本的构成根据房地产开发取得土地的途径分为下列三种：

1. **市场购置的土地成本**

在土地使用权出让、转让较活跃的情况下，土地成本通常由下列两项构成：

（1）土地购置价格：目前主要是购买政府出让或房地产开发企业等单位转让的建设用地使用权，因此土地购置价格通常为建设用地使用权出让地价或转让价格，可采用比较法、成本法、基准地价修正法等方法求取。

（2）土地取得税费：其主要包括应由土地购置者（如房地产开发企业）缴纳的契税、印花税以及可直接归属于该土地的其他支出，通常根据税收法律、法规及相关规定，按照土地购置价格的一定比例来测算。例如，某宗建设用地的面积为 $5000m^2$，容积率为2.0，出让地价或转让价格（楼面地价）为 $1600$ 元 $/m^2$，受让人需按照购置价格的 3% 缴纳契税、印花税等税费，则土地成本为 1648 万元（$1600 \times (1+3\%) \times 5000 \times 2 = 1648$）。

2. **征收集体土地的土地成本**

征收集体土地的土地成本一般包括下列费用：

（1）土地征收补偿费用

根据《民法典》第二百四十三条和《土地管理法》第四十八条的规定，土地征收补偿费用包括：

1）土地补偿费和安置补助费：征收农用地的土地补偿费、安置补助费标准由省、自治区、直辖市通过制定公布区片综合地价确定。征收农用地以外的其他土地的补偿标准，由省、自治区、直辖市制定。比如征收集体建设用地的，可按照集体建设用地的市场评估价给予补偿。

2）农村村民住宅补偿费用：应按照先补偿后搬迁、居住条件有改善的原则，尊重农村村民意愿，采取重新安排宅基地建房、提供安置房或货币补偿等方式给予公平、合理的补偿，并对因征收造成的搬迁、临时安置等费用予以补偿，保障农村村民居住的权利和合法的住房财产权益。农村村民住宅的补偿标准，由省、自治区、直辖市制定。

3）其他地上附着物和青苗等补偿费用：其他地上附着物补偿费用是对被征收土地上农村村民住宅以外的建筑物、构筑物、树木、鱼塘、农田水利设施、蔬菜大棚等给予的补偿费用，一般为重置价格减去折旧后的余额。青苗补偿费用是对被征收土地上尚未成熟、不能收获的诸如水稻、小麦、蔬菜、水果等给予的补偿费用。可以移植的苗木、花草以及多年生经济林木等，一般是支付移植费用；不能移植的，给予合理补偿或作价收购。其他地上附着物和青苗等的补偿标准，由省、自治区、直辖市制定。

4）被征地农民社会保障费用：该费用的筹集、管理和使用办法，由省、自治区、直辖市制定。

（2）相关税费

1）新菜地开发建设基金：征收城市郊区的菜地，用地单位应当按照国家有关规定缴纳新菜地开发建设基金。新菜地开发建设基金的缴纳标准，由省、自治区、直辖市制定。

2）耕地开垦费：国家实行占用耕地补偿制度。非农业建设经批准占用耕地的，按照"占多少，垦多少"的原则，由占用耕地的单位负责开垦与所占用耕地的数量和质量相当的耕地；没有条件开垦或者开垦的耕地不符合要求的，应当按照省、自治区、直辖市的规定缴纳耕地开垦费，专款用于开垦新的耕地。

3）耕地占用税：根据《中华人民共和国耕地占用税法》（以下简称《耕地占用税法》）（2018 年 12 月 29 日全国人民代表大会常务委员会通过）的规定，占用耕地建设建筑物、构筑物或从事非农业建设的单位和个人，为耕地占用税的纳税人，应依法缴纳耕地占用税。耕地占用税以纳税人实际占用的耕地面积为计税依据，按照规定的适用税额一次性征收，应纳税额为纳税人实际占用的耕地面积（平方米）乘以适用税额（每平方米 5 ~ 50 元）。占用园地、林地、草地、农田水利用地、养殖水面、渔业水域滩涂以及其他农用地建设建筑物、构筑物或从事非农业建设的，依照《耕地占用税法》的规定缴纳耕地占用税。

4）政府规定的其他有关费用：如部分省、自治区、直辖市还规定收取防洪费、南水北调费、水利建设基金等。具体费用项目和收取标准，应根据国家和当地政府的有关规定执行。

（3）其他相关费用

其他相关费用包括征收评估费、征收服务费、地上物拆除费、废弃物和渣土清运费、场地平整费、市政基础设施配套费（或大市政费）、土地使用权出让金等费用，通常结合被拆除地上物状况等具体情况，依照规定的标准和方法或采用比较法求取。

3. 征收国有土地上房屋的土地成本

征收国有土地上房屋的土地成本一般包括下列费用：

（1）房屋征收补偿费用

根据《国有土地上房屋征收与补偿条例》的规定，房屋征收补偿费用包括：

1）房屋补偿费：是对被征收房屋价值（包括被征收房屋及其占用范围内的土地使用权和其他不动产的价值）的补偿，不得低于被征收房屋类似房地产的市场价格。被征收房屋的价值，由具有相应资质的房地产估价机构评估确定。

2）搬迁费：是对因征收房屋造成搬迁的补偿。根据需要搬迁的家具、家电（如分体式空调、热水器）、机器设备等动产的拆除、运输和重新安装调试等费用给予补偿。对征收后虽未到使用寿命但不可继续利用的动产，根据其残余价值给予补偿。

3）临时安置费：是对因征收房屋造成临时安置的补偿。根据被征收房屋的区位、用途、面积等因素，按照类似房地产的市场租金结合过渡期限确定。

4）停产停业损失补偿费：是对因征收房屋造成停产停业损失的补偿，根据房屋被征收前的效益、停产停业期限等因素确定。

5）相关补助和奖励：是对被征收人给予的补助和奖励，如市区搬迁到郊区的补助，提前搬家奖。

（2）相关费用

1）房屋征收评估费：是承担房屋征收评估的房地产估价机构向房屋征收部门收取的费用。

2）房屋征收服务费：是房屋征收实施单位承担房屋征收与补偿的具体工作向房屋征收部门收取的费用。

3）政府规定的其他有关费用：一般依照规定的标准和方法或采用比较法求取。

4）其他相关费用：包括地上物拆除费、废弃物和渣土清运费、场地平整费、市政基础设施配套费、土地使用权出让金等费用，通常结合被拆除地上物状况等具体情况，依照规定的标准和方法或采用比较法求取。

## 4.2.2 开发成本

开发成本是指在取得的房地产开发用地上进行基础设施建设、房屋建设所必要的直接费用、税金等，主要包括下列几项：

（1）勘察设计和前期工程费：例如市场调查、可行性研究、工程勘察、环境影响评价、规划及建筑设计、建设工程招标投标、施工的"三通一平"（或"五通一平"，或"七通一平"）及临时用房等开发项目前期工作所必要的费用。要注意场地平整等费用与前面的土地取得成本的衔接，如果土地取得成本中包含了房屋拆除费（拆除房屋和清运渣土等费用）或者取得的房地产开发用地是"三通一平"等场地平整的熟地，则在此就没有或者只有部分场地平整等费用。

（2）房屋建筑安装工程费：包括建造商品房及附属工程所发生的土建工程费用、安装工程费用、装饰装修工程费用等。附属工程是指房屋周围的围墙、水池、建筑小品、绿化等，要注意避免与下面的基础设施建设费、公共配套设施建设费重复。

（3）基础设施建设费：包括城市规划要求配套的道路、给水排水（给水、雨水、污水、中水）、电力、燃气、热力、电信、有线电视等设施的建设费用。如果取得的房地产开发用地是熟地，则基础设施建设费已部分或全部包含在土地取得成本中，在此就只有部分基础设施建设费或者没有基础设施建设费。

（4）公共配套设施建设费：包括城市规划要求配套的教育（如幼儿园）、文化体育（如文化活动中心）、社区服务（如居委会）、市政公用（如公共厕所）等非营业性设施的建设费用。

（5）其他工程费：包括工程监理费、竣工验收费等。

（6）开发期间的税费：包括有关税收和地方政府或其有关部门收取的费用，如绿化建设费、人防工程费等。

可以将上述开发成本划分为土地开发成本和建筑物建设成本。其中，开发成本中本质上应归属于土地价值的基础设施建设费，属于土地开发成本；开发成本减去土地开发成本后的余额，属于建筑物建设成本。公共配套设施建设费等费用视土地市场成熟度、房地产开发用地大小等情况，归入土地开发成本或建筑物建设成本中，或者在两者之间进行合理分摊。其他费用一般归入建筑物建设成本中。

### 4.2.3 管理费用

管理费用是指房地产开发商为组织和管理房地产开发经营活动所必要的费用，包括房地产开发企业的人员工资及福利费、办公费、差旅费等，可总结为土地取得成本与开发成本之和的一定比例。因此，在估价时管理费用通常可按照土地取得成本与开发成本之和乘以这一比例来测算。

### 4.2.4 销售费用

销售费用也称为销售成本，是指预售未来开发完成的房地产或者销售已经开发完成的房地产所必要的费用，包括广告费、销售资料制作费、样板房或样板间建设费、售楼处建设费、销售人员费用或者销售代理费等。为便于投资利息的测算，销售费用应当区分为销售之前发生的费用和与销售同时发生的费用。广告费、销售资料制作费、样板房或样板间建设费、售楼处建设费一般是在销售之前发生的，销售代理费一般是与销售同时发生的。销售费用通常按照售价乘以一定比例来测算。

### 4.2.5 投资利息

投资利息与财务费用不完全相同，是指在房地产开发完成或实现销售之前发生的所有必要费用应计算的利息，而不仅是借款的利息和手续费。因此，土地取得成本、开发成本、管理费用和销售费用，无论它们是来自借贷资金还是自有资金，均应计算利息。因为，借贷资金要支付贷款利息，自有资金要放弃可得的存款利息，即基于资金的机会成本考虑。机会成本（其他投资机会的相对吸引力）是指在互斥方案的选择中，选择其中一个而非另一个时所放弃的收益。一种放弃的收益可视作一种成本，或者说，稀缺的资源被用于某种用途意味着它不能被用于其他用途，因此当我们使用某一稀缺的资源时，应当考虑它的第二种最好的用途。从第二种最好的用途中可以获得的益处，是机会成本的正式度量。资金是一种稀缺的资源，根据机会成本的概念，资金被占用之后就失去了获得其他收益的机会。因此，占用资金时要考虑资金获得其他收益的可能，显而易见的一种可能是把资金存入银行获取利息。此外，从估价的角度看，为了使评估出的价值客观合理，也要把房地产开发商的自有资金应获得的利息与其应获得的利润分开，不能算作开发利润。

在房地产估价中，应计入投资利息的项目包括土地取得成本、开发成本、管理费用和销售费用，销售税费通常不计算利息。投资利息的计息期通常是按照每笔费用发生的时点到建设期的终点这段时间来考虑，一般不考虑预售和延迟销售的情况，如果有的费用不是集中在一个时点发生，而是分散在一段时间内不断发生，计息时通常假设其在所发生的时间段内均匀发生，为计算简便，可视为集中发生在该时间段的期中。投资利息的利率通常采用价值时点房地产开发贷款的平均利率。投资利息的计算一般采用复利计算的方式。

## 4.2.6 销售税费

销售税费是指预售未来开发完成的房地产或者销售已经开发完成的房地产应由卖方（在此为房地产开发商）缴纳的税费，可分为下列两类：

（1）销售税金及附加，包括增值税、城市维护建设税和教育费附加（通常简称为"两税一费"）。

（2）其他销售税费，包括印花税、交易手续费等。

销售税费一般是按照售价的一定比例收取，因此，在估价时通常按照建成的房地产价格乘以一定比例来测算。值得指出的是，这里的销售税费不包括应由买方缴纳的契税等税费，因为评估价值是建立在买卖双方各自缴纳自己应缴纳的交易税费下的价值。为便于实际估价中正常开发利润率的调查、估计，销售税费一般也不包括应由卖方缴纳的土地增值税、企业所得税。因为，土地增值税是以纳税人转让房地产取得的增值额为计税依据的，每笔转让房地产取得的增值额都可能不同，从而应缴纳的土地增值税会有所不同；企业所得税是以企业为对象缴纳的，一个企业可能同时有多种业务或者多个房地产开发项目，有的业务或项目可能盈利较多，有的业务或项目可能盈利较少，有的业务或项目甚至亏损，从而不同的企业应缴纳的企业所得税会有所不同。

## 4.2.7 开发利润

开发利润是指房地产开发商（业主）的利润，而不是建筑承包商的利润。建筑承包商的利润已包含在建筑安装工程费等费用中。现实中的开发利润是一种结果，是由销售收入（售价）减去各项成本、费用、税金后的余额。而在成本法中，"售价"是未知的，是需要求取的，开发利润则是典型的房地产开发商进行特定的房地产开发所期望获得的利润，是需要事先估算的，因此，运用成本法估价需要先估算出开发利润。

在估价中，估算开发利润应当掌握下列几点：

（1）为了与销售税费中不包括土地增值税、企业所得税的口径一致，并得到相对客观合理的开发利润，开发利润是土地增值税、企业所得税前的，简称税前利润，即：

$$开发利润 = 开发完后的房地产价值 - 土地取得成本 - 开发成本$$
$$- 管理费用 - 销售费用 - 投资利息 - 销售税费 \qquad (4-1)$$

（2）开发利润是该类房地产开发项目在正常条件下房地产开发商所能获得的平均利润，而不是个别房地产开发商最终实际获得的利润，也不是个别房地产开发商所期望获得的利润。

（3）开发利润通常按照一定基数乘以相应的利润率来估算。开发利润的计算基数和相应的利润率主要有下列四种：

1）计算基数 = 土地取得成本 + 开发成本，相应的利润率称为直接成本利润率，即：

$$直接成本利润率 = \frac{开发利润}{土地取得成本 + 开发成本} \qquad (4-2)$$

2）计算基数 = 土地取得成本 + 开发成本 + 管理费用 + 销售费用，相应的利润率称为投资利润率，即：

$$投资利润率 = \frac{开发利润}{土地取得成本 + 开发成本 + 管理费用 + 销售费用} \qquad (4-3)$$

3）计算基数 = 土地取得成本 + 开发成本 + 管理费用 + 销售费用 + 投资利息，相应的利润率称为成本利润率，即：

$$成本利润率 = \frac{开发利润}{土地取得成本 + 开发成本 + 管理费用 + 销售费用 + 投资利息} \qquad (4-4)$$

4）计算基数 = 土地取得成本 + 开发成本 + 管理费用 + 销售费用 + 投资利息 + 销售税费 + 开发利润 = 开发完成后的房地产价值（售价），相应的利润率称为销售利润率，即：

$$销售利润率 = \frac{开发利润}{开发完后的房地产价值} \qquad (4-5)$$

在销售利润率的情况下，因为：

$$开发利润 = 开发完后的房地产价值 \times 销售利润率$$
$$= （土地取得成本 + 开发成本 + 管理费用 + 销售费用 +$$
$$投资利息 + 销售税费 + 开发利润） \times 销售利润率 \qquad (4-6)$$

所以：

$$开发利润 = \frac{（土地取得成本+开发成本+管理费用+销售费用+投资利息+销售税费）×销售利润率}{1-销售利润率} \quad (4-7)$$

由于有不同的利润率，所以在估算开发利润时要弄清利润率的内涵，注意计算基数与利润率之间的匹配，即选取不同的利润率，应采用相应的计算基数；或者反过来，采用不同的计算基数，应选取相应的利润率。直接成本利润率、投资利润率、成本利润率、销售利润率之间，分子都是相同的，仅分母不同。通过以上公式可以看到，对于某一个房地产项目，直接成本利润率最大，其次是投资利润率，再次是成本利润率，销售利润率最小。从理论上讲，同一个房地产开发项目的开发利润，无论是采用哪种计算基数和与之相对应的利润率来估算，所得出的结果都是相同的。

（4）利润率是通过大量调查、了解同一市场上类似房地产开发项目的利润率得到的。

将上述房地产价格各个构成部分累加得到的一般是房地产的总价。求取房地产的单价还需要将该总价除以商品房总面积（建筑面积或套内建筑面积等），而不是除以房地产开发项目所有建筑物总面积。

另外，利用上述房地产价格构成并在销售利润率的情况下求取房地产价值时，应注意以下公式的推导。

$$房地产价值 = 土地取得成本 + 开发成本 + 管理费用 + \\ 销售费用 + 投资利息 + 销售税费 + 开发利润 \quad (4-8)$$

$$销售税费 = 房地产价值 × 销售税费率 \quad (4-9)$$

$$开发利润 = 房地产价值 × 销售利润率 \quad (4-10)$$

由以上三个公式可以推出：

$$房地产价值 = 土地取得成本 + 开发成本 + 管理费用 + 销售费用 + \\ 投资利息 + 房地产价值 ×（销售税费率 + 销售利润率）\quad (4-11)$$

$$房地产价值 = \frac{土地取得成本 + 开发成本 + 管理费用 + 销售费用 + 投资利息}{1-（销售税费率+销售利润率）} \quad (4-12)$$

## 4.3 重新构建价格的求取

### 4.3.1 重新购建价格的含义

重新购建价格也称为重新购建成本，是指假设在价值时点重新取得全新状况的估价对象的必要支出，或者重新开发建设全新状况的估价对象的必要支出和应得利润。其中的重新取得可以简单地理解为重新购买，重新开发建设可以简单地理解为重新生产。把握重新购建价格的含义，还应特别注意下列三点：

（1）重新购建价格应是价值时点的价格。例如，在重新开发建设的情况下，重新购建价格是在价值时点的国家财税制度和市场价格体系下，按照价值时点的房地产价格构成来测算的价格。但应注意的是，价值时点并非总是"现在"，也可能为"过去"或"未来"。

（2）重新购建价格应是客观的价格。具体地说，重新取得的支出或者重新开发建设的支出和利润，不是个别单位或个人实际的支出和利润，而是所必须付出的成本、费用、税金和应当获得的利润，并且为同类或类似房地产开发建设活动的平均水平，亦即客观成本而不是实际成本。如果实际支出超出了平均水平，则超出的部分不仅不能构成价格，而且是一种浪费；反之，实际支出低于平均水平的部分，不会降低价格，只会形成个别单位或个人的超额利润。

（3）建筑物的重新购建价格应是在全新状况下的价格，土地的重新购建价格应是在价值时点状况下的价格。因此，建筑物的重新购建价格中未扣除建筑物折旧，而土地的增价、减价因素一般已考虑在土地的重新购建价格中。例如，估价对象中的土地是10年前取得的商业用途法定最高年限40年的土地使用权，求取其重新购建价格时，不是求取其40年土地使用权的价格，而是求取其剩余30年土地使用权的价格。再如，如果该土地目前的交通状况比其10年前有了很大改善，求取该土地的重新购建价格时不是求取其10年前交通状况下的价格，而是求取其目前交通状况下的价格。

### 4.3.2 重新购建价格的求取思路

1. 房地重新购建价格的求取思路

求取房地的重新购建价格有两大路径：一是不将该房地分为土地和建筑物两个相对独立的部分，而是模拟房地产开发商的房地产开发过程，在4.2节房地产价格构成的基础上，采用成本法来求取；二是将该房地分为土地和建筑物两个相对独立的部分，先求取土地的重新购建价格，再求取建筑物的重新购建价格，然后将两者相加来求取。后一种路径适用于土地市场上以能直接在其上进行房屋建设的小块熟地交易为主的情况，或者有关成本、费用、税金、利润，特别是基础设施建设费、公共配套设施建设费较容易在土地和建筑物之间进行划分或分摊的情况。

2. 土地重新购建价格的求取思路

求取土地的重新购建价格，通常是假设该土地上没有建筑物，除此之外的状况均维持不变，然后采用市场法、基准地价修正法（有关内容详见本书第7章）等求取该土地的重新购置价格。这种求取思路特别适用于城市建成区内难以求取重新开发成本的土地。求取土地的重新购建价格，也可以采用成本法求取其重新开发成本。因此，土地的重新购建价格可进一步分为重新购置价格和重新开发成本。在求取旧的房地特别是其中建筑物破旧的土地重新购建价格时应注意，有时需要考虑土地上已有的旧建筑物导致的土地价值减损，即此时空地的价值大于有旧的建筑物的土地价值，甚至大于有旧的建筑物的房地价值。

3. 建筑物重新购建价格的求取思路

求取建筑物的重新购建价格，是假设该建筑物所占用的土地已经取得，并且该土地为没有该建筑物的空地，但除了没有该建筑物之外，其他状况均维持不变，然后在该土地上建造与该建筑物相同或者具有同等效用的全新建筑物的必要支出和应得利润；也可以设想将该全新建筑物发包给建筑承包商（建筑施工企业）建造，由建筑承包商将能直接使用的全新建筑物移交给发包人，这种情况下发包人应支付给建筑承包商的全部费用（即建设工程价款或工程承发包价格），再加上发包人的其他必要支出（如管理费用、销售费用、投资利息、销售税费等）及发包人的应得利润。

### 4.3.3　建筑物重新购建价格的求取方式

按照建筑物重新建造方式的不同，建筑物的重新购建价格可进一步分为重建价格和重置价格。这两种重新购建价格可以说是两种重新购建价格基准，分别称为重建价格基准和重置价格基准。

重建价格也称为重建成本（Reproduction Cost），是指采用与估价对象建筑物相同的建筑材料、建筑构配件、建筑设备和建筑技术及工艺等，在价值时点的国家财税制度和市场价格体系下，重新建造与估价对象建筑物相同的全新建筑物的必要支出和应得利润。可以把这种重新建造方式形象地理解为"复制"。因此，进一步说，重建价格是在原址，按照原有规格和建筑形式，使用与原有建筑材料、建筑构配件和建筑设备相同的新的建筑材料、建筑构配件和建筑设备，采用原有建筑技术和工艺等，在价值时点的国家财税制度和市场价格体系下，重新建造与原有建筑物相同的全新建筑物的必要支出和应得利润。

重置价格也称为重置成本（Replacement Cost），是指采用价值时点的建筑材料、建筑构配件、建筑设备和建筑技术及工艺等，在价值时点的国家财税制度和市场价格体系下，重新建造与估价对象建筑物具有同等效用的全新建筑物的必要支出和应得利润。

上述两种重新建造方式所得出的重新购建价格往往不同。一般的建筑物适用重置价格，有特殊保护价值的建筑物适用重建价格。但因年代久远、已缺乏与旧建筑物相同的建筑材料、建筑构配件和建筑设备，或因建筑技术、工艺和建筑标准改变等，使"复制"有困难的建筑物，一般只好使用重置价格，或者尽量做到"形似"。

重置价格的出现是技术进步的必然结果，也是"替代原理"的体现。由于技术进步，使原有的许多材料、设备、结构、技术、工艺等都已过时落后，或者成本过高而采用新的材料、设备、结构、技术、工艺等，不仅功能更加完善，而且成本会降低，因此，重置价格通常比重建价格低。

### 4.3.4　建筑物重新购建价格的求取方法

建筑物的重新购建价格可以采用市场法、成本法求取，也可以通过政府或者其授权的部门、机构公布的房屋重置价格或者房地产市场价格扣除其中可能包含的土地价格来求取。建筑物的重新购建价格相当于在价值时点新建成的建筑物价值，公式为：

$$建筑物重新构建价格 = 建筑安装工程费 + 专业费用 + 管理费用 +$$
$$销售费用 + 投资利息 + 销售税费 + 开发利润 \quad\quad (4-13)$$

求取建筑物重新购建价格的具体方法，根据求取其中的建筑安装工程费的方法来区分，主要有单位比较法、分部分项法、工料测量法和指数调整法。

1. 单位比较法

单位比较法（Comparative-unit Method）是以估价对象建筑物为整体，选取某种与该类建筑物的建筑安装工程费密切相关的计量单位（如单位建筑面积、单位体积、延长米等）作为比较单位，然后调查、了解在价值时点的近期建成的类似建筑物的单位建筑安装工程费，并对其进行适当的修正、调整，再加上相应的专业费用、管理费用、销售费用、投资利息、销售税费和开发利润，来求取估价对象建筑物重新购建价格的方法。单位比较法实质上是一种市场法，其中的修正、调整包括以下几个方面：

（1）将实际的可能是不正常的单位建筑安装工程费，修正为正常的单位建筑安装工程费；

（2）将建造日期的建筑安装工程费，调整为价值时点的建筑安装工程费；

（3）根据可比实例建筑物与估价对象建筑物在对单位建筑安装工程费有影响的建筑规模、设备、装饰装修等方面的差异，对单位建筑安装工程费进行调整，即可得到估价对象建筑物的单位建筑安装工程费。

单位比较法较为简单、实用，因此被广泛使用，但这种方法比较粗略。单位比较法主要有单位面积法和单位体积法。

单位面积法（Square-foot Method）是调查、了解在价值时点的近期建成的类似建筑物的单位建筑面积建筑安装工程费，然后对其进行适当的修正、调整，再加上相应的专业费用、管理费用、销售费用、投资利息、销售税费和开发利润，来求取建筑物重新购建价格的方法。这种方法主要适用于同一类型的建筑物的单位建筑面积建筑安装工程费基本相同的建筑物，如住宅、办公楼等，见表4-1。

 【例4-1】

某建筑物的建筑面积为 $500\text{m}^2$，该类建筑结构和用途的建筑物的单位建筑面积造价为 1200 元 $/\text{m}^2$。请评估该建筑物的重新构建价格。

【解】$1200 \times 500 = 60$ 万元

单位体积法（Cubic-foot Method）与单位面积法相似，是调查、了解在价值时点的近期建成的类似建筑物的单位体积建筑安装工程费，然后对其进行适当的修正、调整，再加上相应的专业费用、管理费用、销售费用、投资利息、销售税费和开发利润，来求取建筑物重新购建价格的方法。这种方法主要适用于同一类型的建筑物的单位体积建筑安装工程费基本相同的建筑物，如储油罐、地下油库等。

 【例4-2】

某建筑物的体积为 1000m³，该类建筑结构和用途的建筑物的单位体积造价为 1000 元 /m³。请评估该建筑物的重新购建价格。

【解】1000×1000=100 万元

建筑物基准重置价格表　　　　　　　　　　　　表 4-1

基准日期：　年　月　日　　价格单位：　元 /m²

| 类型 | 钢结构 | 钢筋混凝土结构 | 砖混结构 | 砖木结构 | 其他结构 |
|---|---|---|---|---|---|
| 普通住宅 | | | | | |
| 高档公寓 | | | | | |
| 别墅 | | | | | |
| 大型商场 | | | | | |
| 中小商店 | | | | | |
| 办公楼 | | | | | |
| 宾馆 | | | | | |
| 标准厂房 | | | | | |
| 仓库 | | | | | |
| 影剧院 | | | | | |
| 体育馆 | | | | | |
| 加油站 | | | | | |
| 其他 | | | | | |

另外，如停车场的比较单位可以是每个车位，旅馆的比较单位可以是每个房间或床位，保龄球馆的比较单位可以是每个球道等。

单位比较法的优点是简便、迅速；缺点是比较粗略。其准确性主要取决于单位建造成本的确定是否准确。

2. 分部分项法

分部分项法（Unit-in-place Method）是先假设将估价对象建筑物分解为各个独立的构件或分部分项工程，并测算每个独立构件或分部分项工程的数量；然后调查、了解价值时点的各个独立构件或分部分项工程的单位价格或成本；最后将各个独立构件或分部分项工程的数量乘以相应的单位价格或成本后相加，再加上相应的专业费用、管理费用、销售费用、投资利息、销售税费和开发利润，来求取建筑物重新购建价格的方法。

在运用分部分项法测算建筑物的重新购建价格时，需要注意以下两点：

（1）应结合各个构件或分部分项工程的特点使用计量单位，有的要用面积、有的要用体积、有的要用长度、有的要用容量（如千瓦、千伏安）。例如，基础工程的计量单位通常为体积，墙面抹灰工程的计量单位通常为面积，楼梯栏杆工程的计量单位通常为延长米。

（2）既不要漏项也不要重复计算，以免造成测算不准。

采用分部分项法估算建筑物重新构建价格可以列表计算，见表4-2。

分部分项计算表 表4-2

| 项目 | 单位成本 | 数量 | 单项成本合计（元） |
|---|---|---|---|
| 基础工程 | ××元/m³ | ××m³ | |
| 墙体工程 | ××元/m² | ××m² | |
| 楼地面工程 | ××元/m² | ××m² | |
| 屋面工程 | ××元/m² | ××m² | |
| 门窗工程 | ××元/m² | ××m² | |
| 给水排水工程 | ××元/m² | ××m² | |
| 供暖工程 | ××元/m² | ××m² | |
| 电气工程 | ××元/m² | ××m² | |
| 合计 | | | |
| 税费、利息和管理费 | | | |
| 重新购建价格总计 | | | |

### 3. 工料测量法

工料测量法（Quantity Survey Method）是先假设将估价对象建筑物还原为建筑材料、建筑构配件和设备，并测算重新建造该建筑物所需要的建筑材料、建筑构配件和设备的种类、数量及人工时数；然后调查、了解价值时点相应的建筑材料、建筑构配件和设备的单价和人工费标准；最后将各种建筑材料、建筑构配件和设备的数量及人工时数乘以相应的单价和人工费标准后相加，再加上相应的专业费用、管理费用、销售费用、投资利息、销售税费和开发利润，来求取建筑物重新购建价格的方法。

工料测量法的优点是详细、准确，缺点是比较费时、费力，并需要其他专家（如建筑师、造价工程师）的参与，它主要用于求取具有历史价值的建筑物的重新购建价格。

采用工料测量法测算建筑物重新购建价格可以列表计算，见表4-3。

### 4. 指数调整法

指数调整法（Index Adjustment Method）也称为成本指数趋势法（Cost Index Trending Method），是利用有关成本指数或变动率，将估价对象建筑物的历史成本调整到价值时点的成本来求取建筑物重新购建价格的方法。这种方法主要用于检验其他方法的测算结果。

将历史成本调整到价值时点的成本的具体方法，与市场法中市场状况调整的方法相同。

| 项目 | 单价 | 数量 | 单项成本合计（元） |
|---|---|---|---|
| 现场准备 | | | |
| 水泥 | | | |
| 沙石 | | | |
| 砖块 | | | |
| 木材 | | | |
| 瓦面 | | | |
| 铁钉 | | | |
| 人工 | | | |
| 税费 | | | |
| 其他 | | | |
| 重新购建价格总计 | | | |

工料测量法表　　　　　　　　　　　　表4-3

 【例4-3】

某建筑物于2018年7月底建成，当时建造该类建筑物一般成本为15800元/m²，此后的建筑物建造成本的变动状况为：2018年内平均每月比上月递减1%；2019年与2020年基本保持不变；2021年与2022年内平均每月比上月递增0.5%；2023年9月前平均每月比上月递增2%。试利用上述资料求取2023年8月初该类建筑物的重新建造成本。

【解】建筑物重新建造成本 $=15800 \times (1-1\%)^5 \times (1+0.5\%)^{24} \times (1+2\%)^7 = 19454.5$ 元/m²

## 4.4　建筑物折旧的求取

### 4.4.1　建筑物折旧的含义和原因

1. 建筑物折旧的含义

估价上的建筑物折旧是指各种原因造成的建筑物价值损失，其金额为建筑物在价值时点的市场价值与在价值时点的重新购建价格之差，即：

$$建筑物折旧 = 建筑物重新购建价格 - 建筑物市场价值 \qquad (4-14)$$

建筑物重新购建价格表示建筑物在全新状况下的市场价值，将其减去建筑物折旧，相当于对其实际上不是全新状况对价值的影响进行相应的减价调整，所得的结果表示建筑物在价值时点状况下的市场价值，即：

$$建筑物市场价值 = 建筑物重新购建价格 - 建筑物折旧 \qquad (4-15)$$

估价上的折旧与会计上的折旧，虽然都称为折旧并且有一定的相似之处，但两者的内涵是不同的。估价上的折旧注重的是市场价值的真实减损,科学地说不是"折旧",而是"减价调整";会计上的折旧注重的是原始价值的分摊、补偿或回收。估价上的折旧体现的是某宗房地产价值减少的个性特点,而会计上的折旧所体现的是某类房地产价值减少的平均水平。

在会计上,折旧的是资产原值,不随时间的变化而变化;在估价上,折旧的是重新购建价格,而且是价值时点的重新购建价格,因此,价值时点不同折旧的值也不同。在会计上,资产原值与累计折旧额的差被称作资产的账面价值,它无须与市场价值一致;在估价上,重新购建价格与折旧总额的差被称为资产的实际价值,它必须与市场价值一致。常常有这种情况:有些房地产,尽管在会计账目上折旧尚未提足,但估价结果却显示其现时价值已所剩无几;而有些房地产,尽管在会计账目上折旧几乎或早已提足,但估价结果却显示其仍有较大的现时价值。

2. 建筑物折旧的原因

根据引起建筑物折旧的原因,建筑物折旧可以分为物质折旧、功能折旧和经济折旧三大类。

(1)物质折旧

物质折旧(Physical Depreciation,Physical Deterioration)也称为有形损耗,是指建筑物在实体上的老化、磨损、损坏所造成的建筑物价值损失。可以从以下四个方面来进一步认识和把握物质折旧:自然经过的老化;正常使用的磨损;意外破坏的损毁;延迟维修的损坏残存。

1)自然经过的老化主要是随着时间的流逝由自然力作用引起的,类似于人随着年龄增长的衰老。例如风吹、日晒、雨淋等引起的建筑物腐朽、生锈、风化、基础沉降等,它与建筑物的实际年龄(建筑物从竣工之日起到价值时点止的日历年数)正相关。同时,要看建筑物所在地区的气候和环境条件,例如酸雨多的地区建筑物的老化就快。

2)正常使用的磨损主要是由人工使用引起的,它与建筑物的使用性质、使用强度和使用年数正相关,类似于人是从事脑力劳动还是体力劳动,体力劳动中是轻体力劳动还是重体力劳动等工作性质的不同对人的损害。例如,居住用途的建筑物的磨损要小于工业用途的建筑物的磨损。工业用途的建筑物又可分为受腐蚀的和不受腐蚀的。受腐蚀的建筑物,由于会受到使用过程中产生的有腐蚀作用的废气、废液等的不良影响,其受损毁的程度要大于不受腐蚀的建筑物。

3)意外破坏的损毁主要是由突发性的天灾人祸引起的,类似于人曾经得过一场大病对人的损害。其包括自然方面的,例如地震、水灾、风灾、雷击;人为方面的,例如失火、碰撞等。对于这些损毁即使进行了修复,但仍然可能有"内伤"。

4)延迟维修的损坏残存主要是由于没有适时地采取预防、养护措施或者修理不够及时所引起的,它造成建筑物不应有的损坏或提前损坏,或者已有的损坏仍然存在,类似于人平时不注意休养生息、有病不治对人产生的损害。例如门窗有破损,墙体或地面有裂缝、洞等。

（2）功能折旧

功能折旧（Functional Depreciation, Functional Obsolescence）也称为无形损耗，是指建筑物在功能上的缺乏、落后或过剩所造成的建筑物价值损失。导致建筑物功能缺乏、落后或过剩的原因，可能是建筑设计上的缺陷、过去的建筑标准过低、人们的消费观念改变、建筑技术进步、出现了更好的建筑物等。

1）功能缺乏是指建筑物没有其应该有的某些部件、设备、设施或系统等。例如，住宅没有卫生间、暖气（北方地区）、燃气、电话线路、有线电视、网络、监控及智能化系统等；办公楼没有电梯、中央空调、宽带等。

2）功能落后是指建筑物已有的部件、设备、设施或系统等的标准低于正常标准或有缺陷而阻碍其他部件、设备、设施或系统等的正常运营。例如，设备、设施陈旧落后或容量不够，建筑式样过时，空间布局欠佳等。以住宅为例，现在时兴"三大、一小、一多"式住宅，即客厅、厨房、卫生间大，卧室小，壁橱多的住宅，过去建造的卧室大、客厅小、厨房小、卫生间小的住宅相对而言就过时了。再如高档办公楼，现在要求有较好的智能化系统，如果某个所谓高档办公楼的智能化程度不够，相对而言其功能就落后了。

3）功能过剩是指建筑物已有的部件、设备、设施或系统等的标准超过市场要求的标准而对房地产价值的贡献小于其成本。例如，某幢厂房的层高为 6m，但如果当地厂房的标准层高为 5m，则该厂房超高的 1m 因不能被市场接受而使其多花的成本成为无效成本。

（3）经济折旧

经济折旧（Economic Depreciation, Economic Obsolescence）也称为外部性折旧（External Obsolescence），是指建筑物以外的各种不利因素所造成的建筑物价值损失。不利因素可能是经济因素（如市场供给过量或需求不足）、区位因素（如环境改变，包括景观被破坏、自然环境恶化、环境污染、交通拥挤、城市规划改变等），也可能是其他因素（如政府政策变化、采取宏观调控措施等）。进一步可将经济折旧区分为永久性的和暂时性的。例如，一个高级居住区附近兴建了一座化工厂，该居住区的房地产价值下降，这就是一种经济折旧，这种经济折旧一般是永久性的。再如，在经济不景气时期房地产的价值下降，这也是一种经济折旧，但这种现象不会永久下去，当经济复苏之后，这种经济折旧也就消失了。

 【例4-4】

某套旧住宅，测算其重置价格为 40 万元，地面、门窗等破旧引起的物质折旧为 2 万元，因户型设计不好、没有独用厕所和共用电视天线等导致的功能折旧为 5 万元，由于位于城市衰落地区引起的经济折旧为 4 万元。请求取该套旧住宅的折旧总额和现值。

【解】该旧住宅的折旧总额求取如下：

该旧住宅的折旧总额 = 物质折旧 + 功能折旧 + 经济折旧 =2+5+4=11 万元

该旧住宅的现值求取如下：

该旧住宅的现值 = 重置价格 – 折旧 =40–11=29 万元

## 4.4.2　房屋折旧和完损等级评定的有关规定

建设部、财政部制定的《房地产单位会计制度——会计科目和会计报表》（建综〔1992〕349 号）对经租房产折旧作了有关规定，这些规定虽然是针对会计上的折旧和"经租房产"的，但一些参数，如房屋的经济寿命（寿命）、残值率等，对于估价上求取建筑物的折旧也有重要参考价值。

1. 经租房产折旧

（1）经租房产根据房屋结构分为四类、七等，详见表 4–4。

**房屋结构分类及残值率**　　　　　　　　　　　　　　　　　　表 4–4

| 序号 | 结构类型 | 定义 | 残值率 |
|---|---|---|---|
| 1 | 钢筋混凝土结构 | 全部或承重部分为钢筋混凝土结构，包括框架大板与框架轻板等结构的房屋。这类房屋一般内外装修良好，设备比较齐全 | 0 |
| 2 | 砖混结构一等 | 部分钢筋混凝土，主要是砖墙承重的结构。外墙部分砌砖、水刷石、水泥抹面或涂料粉刷，并设有阳台，内外设备齐全的单元式住宅或非住宅房屋 | 2% |
| 3 | 砖混结构二等 | 部分钢筋混凝土，主要是砖墙承重的结构。外墙是清水墙，没有阳台，内部设备不全的非单元式住宅或其他房屋 | 2% |
| 4 | 砖木结构一等 | 材料上等、标准较高的砖木（石料）结构。这类房屋一般是外部有装修处理、内部设备完善的庭院式或花园洋房等高级房屋 | 6% |
| 5 | 砖木结构二等 | 结构正规，材料较好，一般外部没有装修处理。室内有专用上、下水等设备的普通砖木结构房屋 | 4% |
| 6 | 砖木结构三等 | 结构简单，材料较差，室内没有专用上、下水等设备，较低级的砖木结构房屋 | 3% |
| 7 | 简易结构 | 如简易楼、平房、木板房、砖坯房、土草房、竹木捆绑房等 | 0 |

（2）计算折旧必须确定房产的价值、使用年限、残值和清理费用，计算公式为：

$$年折旧额 = 原价 \times （1 – 残值率） \div 经济寿命 \qquad (4–16)$$

各种结构房屋的经济寿命详见表 4–5。

房屋残值是指房屋达到使用年限而不能继续使用，经拆除后的旧料价值；清理费用是指由拆除房屋和搬运废弃物所发生的费用；残值减去清理费用，即为残余价值，其与房屋造价的比例为残值率。各种结构房屋的残值率一般为：钢筋混凝土结构和简易结构为 0、砖混结构为 2%、砖木结构一等为 6%、砖木结构二等为 4%、砖木结构三等为 3%（见表 4–4）。

各种结构房屋的经济寿命（单位：年）　　　　　表 4-5

| 用途 | 钢筋混凝土结构 | 砖混结构一等 | 砖混结构二等 | 砖木结构一等 | 砖木结构二等 | 砖木结构三等 | 简易结构 |
|---|---|---|---|---|---|---|---|
| 生产用房 | 50 | 40 | 40 | 30 | 30 | 30 | 10 |
| 受腐蚀的生产用房 | 35 | 30 | 30 | 20 | 20 | 20 | |
| 非生产用房 | 60 | 50 | 50 | 40 | 40 | 40 | |

### 2. 房屋完损等级

房屋完损等级，是用来检查房屋维修保养情况的一个标准，是确定房屋实际新旧程度和估算折旧的重要依据，房屋的完好程度越高，其现值就越接近于重新购建价格。房屋完损等级是根据房屋的结构、装修、设备三个组成部分各个项目的完好、损坏程度来划分的，分为完好房、基本完好房、一般损坏房、严重损坏房和危险房五类。房屋结构的组成分为地基基础、承重构件、非承重墙、屋面和楼地面；房屋装修组成分为门窗、外抹灰、内抹灰、顶棚和细木装修；房屋设备组成分为水卫、电照、暖气及特种设备（如消防栓、避雷装置等）。房屋完损等级的判定依据和成新度见表 4-6。

房屋完损等级的判定依据和成新度　　　　　表 4-6

| 房屋完损等级 | 判断依据 | 新旧程度 |
|---|---|---|
| 完好房 | 结构构件完好，装修和设备完好、齐全、完整，管道畅通，现状良好。使用正常或虽然个别分项有轻微损坏，但一般经过小修就能修复的 | 十、九、八成 |
| 基本完好房 | 结构基本完好，少量构部件有轻微损坏，装修基本完好，涂料缺乏保养，设备、管道现状基本良好，能正常使用，经过一般性的维修能恢复的 | 七、六成 |
| 一般损坏房 | 结构一般性损坏，部分构部件有损坏或变形，屋面局部漏雨，装修局部破损，涂料老化，设备、管道不够畅通，水卫、电照管线、器具和零件有部分老化、损坏或残缺，需要进行中修或局部大修更换部件的 | 五、四成 |
| 严重损坏房 | 房屋年久失修，结构有明显变形或损坏，屋面严重漏雨，装修严重变形、破损，涂料老化见底，设备陈旧不齐全，管道严重堵塞，水卫、电照管线、器具和零部件残缺及严重损坏，需进行大修或翻修、改建的 | 三成以下 |
| 危险房 | 承重构件已属危险构件，结构丧失稳定及承载能力，随时有倒塌可能，不能确保住用安全的 | — |

## 4.4.3 求取建筑物折旧的方法

建筑物折旧的求取方法可分为年限法、市场提取法和分解法三类。其中，年限法又有直线折旧法、余额递减法、年数合计法、偿债基金法和综合折旧法等。

### 1. 年限法

（1）直线折旧法

最简单的和迄今用得最普遍的折旧方法是直线折旧法，又称定额法。它认为房地产的损耗是匀速的，即假定在房地产的经济寿命期内，每年的折旧额相等。此方法每年折

旧额的计算公式为:

$$D_i = \frac{C-L}{N} \qquad (4-17)$$

即

$$D_i = \frac{C(1-R)}{N} \qquad (4-18)$$

式中,$D_i$ 为第 $i$ 年的年折旧费,在直线折旧法的情况下,每年的折旧费 $D_i$ 是一个常数,即 $D_i=D$;$C$ 为建筑物重新购建价格,即建筑物重置成本或重建成本;$L$ 为估计残值,即建筑物在达到经济寿命后的剩余价值扣除旧建筑物的拆除、清理等处理费用后剩余的价值;$N$ 为预期经济寿命,需要说明的是这个寿命是房地产估价师依据现场勘查估价对象和其估价经验综合确定的,不一定和表 4-5 的数字完全一致,有可能大于、等于或小于表中对应的经济寿命。当估价对象在保存好、使用时比较注意的情况下,其经济寿命可能会大于表 4-5 中对应的经济寿命,但是最长不超过土地的最长使用年限。如果估价对象在使用过程中出现一些严重损坏,譬如说地震将估价对象震得结构出现裂缝,则其经济寿命可能会小于表 4-5 中对应的经济寿命;$R$ 为残值率,是建筑物残值与重新购建价格的比率,即 $R=\dfrac{L}{C}$。

每年的折旧额与重新购建价格的比率被称为年折旧率,用 $d$ 表示,即:

$$d = \frac{D}{C} = \frac{1-R}{N} \qquad (4-19)$$

已经使用 $t$ 年的建筑物的折旧总额,即 $t$ 年末时的累计折旧额 $X_t$ 为:

$$X_t = \sum_{i=1}^{t} D_i = D_i \cdot t = \frac{C(1-R)}{N} \cdot t \qquad (4-20)$$

采用直线法折旧下的建筑物的现值 $V_B$ 为:

$$V_B = C - X_t = C - \frac{C(1-R)}{N} \cdot t = C\left(1 - \frac{1-R}{N}t\right) \qquad (4-21)$$

或

$$V_B = C(1-dt) \qquad (4-22)$$

假设建筑物的经济寿命为 $N$,有效经过的年数为 $t$,剩余使用年数 $n$,理论上应有 $N=t+n$。所以,建筑物现值公式可以根据具体情况变形为:

$$V_B = C\left(1 - \frac{1-R}{t+n}t\right) \qquad (4-23)$$

或

$$V_\text{B} = C\left[1 - \frac{1-R}{N}(N-n)\right]$$ （4-24）

 【例4-5】

某建筑物，总建筑面积为 $200\text{m}^2$，于 8 年前建成，重置价格为 1000 元 $/\text{m}^2$，经济寿命为 40 年，此时建筑物的剩余价值为 6000 元，清理拆除费用为 1500 元，试用直线法计算该建筑物的年折旧额、折旧总额和现值。

【解】根据题意已知：

$C$=1000×200=200000 元，$L$=6000-1500=4500 元，$N$=40，$t$=8，则：

$$D = \frac{C-L}{N} = \frac{200000 - 4500}{40} = 4887.5\ \text{元} / \text{年}$$

$$X_t = Dt = 4887.5 \times 8 = 39100\ \text{元}$$

$$V_\text{B} = C - X_t = 200000 - 39100 = 160900\ \text{元}$$

（2）余额递减法

余额递减法又称定率递减法。这种方法是对经过折旧的房地产的残余价值乘一定的比率来计算每年的折旧额。用这种方法算得的年折旧额是逐年递减的，所以它实际上是一种加速折旧方法。

设一定比率即折旧率为 $d$，则年折旧费和年末残余价值的计算见表4-7。

当 $i=N$ 时，即到建筑物的经济寿命终了时，此时的残余价值就是建筑物的残值，则有：

$$L = C(1-d)^N$$ （4-25）

余额递减法的计算过程　　　　　　　　　　　　　　　　表 4-7

| 年度 | 年折旧费 | 年末残余价值 |
|---|---|---|
| 1 | $D_1=Cd$ | $L_1=C-D_1=C-Cd=C(1-d)$ |
| 2 | $D_2=L_1d=C(1-d)d$ | $L_2=L_1-D_2=C(1-d)-C(1-d)d=C(1-d)^2$ |
| 3 | $D_3=L_2d=C(1-d)^2d$ | $L_3=L_2-D_3=C(1-d)^2-C(1-d)^2d=C(1-d)^3$ |
| …… | …… | …… |
| $i$ | $D_i=L_{i-1}d=C(1-d)^{i-1}d$ | $L_i=L_{i-1}-D_i=C(1-d)^{i-1}-C(1-d)^{i-1}d=C(1-d)^i$ |

由此得：

$$d = 1 - \sqrt[N]{L/C} = 1 - \sqrt[N]{R}$$ （4-26）

$$D_i = C(1-d)^{i-1}d$$ （4-27）

已经使用了 $t$ 年的房地产的折旧总额为：

$$X_t = \sum_{i=1}^{t} D_i = C - C(1-d)^t = C\left[1-(1-d)^t\right] \qquad (4-28)$$

采用余额递减法折旧下的房地产的现值为：

$$V_B = C - X_t = C(1-d)^t \qquad (4-29)$$

 【例4-6】

某建筑物，总建筑面积为 $186\text{m}^2$，于 6 年前建成，重置价格为 1678 元 $/\text{m}^2$，经济寿命为 40 年，残值率为 2%，试用余额递减法计算该建筑物第四年的折旧额、折旧总额和现值。

【解】根据题意已知：

$$C = 1678 \times 186 = 312108 \text{ 元}，R = 2\%，N = 40，t = 5。$$

$$d = 1 - \sqrt[N]{R} = 1 - \sqrt[40]{2\%} = 0.093$$

$$D_i = C(1-d)^{i-1}d$$

$$D_4 = 312108 \times (1-0.093)^{4-1} \times 0.093 = 21657.57 \text{元}$$

$$X_4 = C\left[1-(1-d)^t\right] = 312108 \times \left[1-(1-0.093)^4\right] = 100888.48 \text{元}$$

$$V_B = C(1-d)^t = 312108 \times (1-0.093)^4 = 211219.52 \text{元}$$

在实际估价作用中，$d$ 也可以凭经验取值。在房地产中，新建筑物常取 $R = \dfrac{1.5}{N}$，旧建筑物常取 $R = \dfrac{1.25}{N}$。也可以用双倍余额递减法，即假设折旧率在数值上等于直线折旧率的 2 倍：

$$d = \frac{2(1-R)}{N} \qquad (4-30)$$

当残值率为 0 时：

$$d = \frac{2}{N} \qquad (4-31)$$

此时第 $i$ 年的折旧额、第 $t$ 年末的累计折旧额、建筑物的现值分别为：

$$D_i = C\left(1-\frac{2}{N}\right)^{i-1} \times \frac{2}{N} \qquad (4-32)$$

$$x_t = C\left[1-\left(1-\frac{2}{N}\right)^t\right] \qquad (4-33)$$

$$V_{\mathrm{B}} = C\left(1 - \frac{2}{N}\right)^t \qquad (4\text{-}34)$$

（3）年数合计法

所谓年数合计法，其思路是：每年的折旧额是折旧基数乘以某一特定的分数，这个特定分数的分子是建筑物的剩余年数加 1，分母是从 1 至经济寿命年数的自然数相加总和。若用 $L_N$ 来表示这个和，则有：

$$L_N = 1 + 2 + 3 + \cdots\cdots + N = \frac{N(N+1)}{2} \qquad (4\text{-}35)$$

每年的折旧额则按下列公式计算：

$$D_i = (C-L)\frac{N-(i-1)}{L_N} = (C-L)\frac{2(N-i+1)}{N(N+1)} \qquad (4\text{-}36)$$

第一年的折旧额：$D_1 = (C-L)\dfrac{N}{L_N}$

第二年的折旧额：$D_2 = (C-L)\dfrac{N-1}{L_N}$

第三年的折旧额：$D_3 = (C-L)\dfrac{N-2}{L_N}$

第 $i$ 年的折旧额：$D_i = (C-L)\dfrac{N-(i-1)}{L_N}$

第（$N-1$）年的折旧额：$D_{N-1} = (C-L)\dfrac{2}{L_N}$

第 $N$ 年的折旧额：$D_N = (C-L)\dfrac{1}{L_N}$

如以经济寿命为 10 年的建筑物为例：$L_N = 1+2+3+4+5+6+7+8+9+10 = 55$，第一年的折旧额为折旧基数的 10/55；第二年为 9/55；第三年为 8/55；其余依次类推。

经过年数为 $t$ 年的建筑物的折旧额为：

$$X_t = (C-L)\frac{t(2N-t+1)}{2L_N} = (C-L)\frac{t(2N-t+1)}{N(1+N)} \qquad (4\text{-}37)$$

采用年数合计法折旧下的建筑物的价值时点价值为：

$$V_{\mathrm{B}} = C - X_t = C - (C-L)\frac{t(2N-t+1)}{2L_N} = C - (C-L)\frac{t(2N-t+1)}{N(1+N)} \qquad (4\text{-}38)$$

（4）偿债基金法

偿债基金法是在建筑物的经济寿命间每年提取一定的折旧额，此项折旧额视同偿债基金专户存储，每年都按一定的利率复利计算利息，这样折旧额再加上利息到建筑物经济寿命期满正好购置新建筑物加以代替，即折旧额与其利息的合计等于建筑物的重新建造成本减去残值。其每年的折旧额的计算公式为：

$$D = \frac{(C-L)r}{(1+r)^N - 1} \quad\quad (4-39)$$

式中，$r$ 代表年利率，其他符号的含义同前。

上述公式推导如下：到建筑物经济寿命（$N$）期满时，

第一年的折旧额加上利息为 $D(1+r)^{N-1}$；

第二年的折旧额加上利息为 $D(1+r)^{N-2}$；

第三年的折旧额加上利息为 $D(1+r)^{N-3}$；

……

第（$N$-2）年的折旧额加上利息为 $D(1+r)^2$；

第（$N$-1）年的折旧额加上利息为 $D(1+r)$；

第 $N$ 年的折旧额加上利息为 $D$。

将上述每年的折旧额相加后，利用等比级数求和公式，就可以得到前面计算折旧额的公式，这种方法在考虑利息的情况下，使每年的折旧额相等，实际上折旧率逐年提高，从而放慢了折旧。

（5）综合折旧法

综合折旧法考虑房屋价值转移规律，设每年折旧额以 $G$ 值等差递减，到 $N$ 年末折旧完毕时为零，只剩下残值 $L$。于是第 $t$ 年的折旧额为：

$$D_t = (N-t)G, t = 1, 2, \cdots\cdots, N \quad\quad (4-40)$$

考虑资金的时间价值，每年将折旧费存入银行，年利率为 $r$，则 $N$ 年后所有折旧费的本利和加上残值 $L$ 应等于重新建造成本，即：

$$C = \sum_{i=1}^{n} D_t (1+r)^{N-t} + L \quad\quad (4-41)$$

将 $D_t$ 代入，经整理后得：

$$G = \frac{C-L}{\dfrac{N(1+r)^N + 1}{r} - \dfrac{(1+r)^{N+1} - 1}{r^2}} \quad\quad (4-42)$$

求出 $G$ 值后，即有：

$$D_t = (N-t)G \quad\quad (4-43)$$

综合折旧法具有下述特点：

其一，它符合房屋价值转移规律，折旧费以 $G$ 值逐年递减，起到前期多提、后期少提的加速折旧目的。

其二，既考虑了物价上涨等影响，又考虑了资金的时间价值，$G$ 值的大小与折旧年限、物价上涨率、年利率等有关，受各方面的综合影响，而且可以根据情况变化及时加以调整。

其三，只要计算一次 $G$，每年的折旧额均以 $G$ 值等差递减，所以在会计账目处理上十分方便，具有与直线折旧法一样使用简便的优点。

上述五种折旧方法比较分析见表4-8。

折旧方法比较分析　　　　　　　　　　　　　　表4-8

| 折旧方法 | 符合价值转移规律 | 考虑时间价值 | 折旧特点 |
|---|---|---|---|
| 直线折旧法 | × | × | 平均折旧 |
| 余额递减法 | √ | × | 加速折旧 |
| 年数合计法 | √ | × | 加速折旧 |
| 偿债基金法 | × | √ | 放慢折旧 |
| 综合折旧法 | √ | √ | 加速折旧 |

从表4-8可知，直线折旧法虽然计算简便，但不符合房屋价值转移的特点；余额递减法和年数合计法采用加速折旧，符合房屋价值转移规律，但与直线折旧法一样，忽视了资金的时间价值，使折旧率失真；偿债基金法尽管考虑了资金的时间价值，然而放慢了折旧，并不符合房屋价值转移规律；综合折旧法能弥补这些缺陷。

2. 市场提取法

市场提取法是通过含有与估价对象中的建筑物具有类似折旧状况的建筑物的房地可比实例，来求取估价对象中的建筑物折旧的方法。类似折旧状况是指可比实例中的建筑物与估价对象中的建筑物的折旧类型（物质折旧、功能折旧、外部折旧）和折旧程度相同或相当。

市场提取法是基于先知道旧的房地价值，然后利用适用于旧的房地的成本法公式反求出建筑物折旧。因为，适用于旧的房地的"房地分估"成本法公式为：

旧的房地价值＝土地重置成本＋建筑物重新购建成本－建筑物折旧　　（4-44）

所以，如果知道了旧的房地价值、土地重置成本和建筑物重新购建成本，便可求出建筑物折旧，即：

建筑物折旧＝土地重置成本＋建筑物重新购建成本－旧的房地价值

＝建筑物重新购建成本－（旧的房地价值－土地重置成本）　　（4-45）

＝建筑物重新购建成本－建筑物折旧后价值

根据上述公式，市场提取法求取建筑物折旧的步骤及主要内容如下：

（1）从估价对象所在地的房地产市场中搜集大量的房地交易实例。

（2）从房地交易实例中选取不少于3个作为可比实例，且要求可比实例中的建筑物与估价对象中的建筑物具有类似折旧状况。

（3）对每个可比实例的成交价格进行标准化处理、交易情况修正、建筑物折旧状况以外的房地产其他状况调整，但不进行市场状况调整。

（4）采用比较法或基准地价修正法求取每个可比实例在其成交日期的土地重置成本，然后将前面换算、修正和调整后的可比实例成交价格减去土地重置成本，得出建筑物折旧后价值。

（5）采用成本法或比较法求取每个可比实例在其成交日期的建筑物重新购建成本，然后将每个可比实例的建筑物重新购建成本减去前面求出的建筑物折旧后价值，得出建筑物折旧。

（6）将每个可比实例的建筑物折旧除以其建筑物重新构建成本转换为总折旧率。即：

$$总折旧率 = \frac{建筑物折旧}{建筑物重新购建成本} \quad (4-46)$$

如果可比实例中的建筑物年龄与估价对象中的建筑物年龄相近，且求出的各个可比实例总折旧率的范围较窄，则可以将各个可比实例的总折旧率调整为适用于估价对象的总折旧率。但如果各个可比实例中的建筑物区位、年龄、维护状况等之间有较大差异，求出的各个可比实例总折旧率的范围较宽，则应将每个可比实例的总折旧率除以其建筑物年龄转换为年折旧率，即：

$$年折旧率 = \frac{总折旧率}{建筑物年龄} \quad (4-47)$$

然后将各个可比实例的年折旧率调整为适用于估价对象的年折旧率。

（7）将估价对象建筑物的重新购建成本乘以总折旧率，或者乘以年折旧率再乘以建筑物年龄，便可得到估价对象中的建筑物折旧，即：

$$建筑物折旧 = 建筑物重新购建成本 \times 总折旧率 \quad (4-48)$$

或者

$$建筑物折旧 = 建筑物重新购建成本 \times 年折旧率 \times 建筑物年龄 \quad (4-49)$$

采用市场提取法求出的年折旧率，还可求取年限法所需的建筑物经济寿命。在假设建筑物的残值率为零的情况下：

$$建筑物经济寿命 = \frac{1}{年折旧率} \quad (4-50)$$

例如，如果采用市场提取法求出的估价对象建筑物的年折旧率为2%，则可根据2%的倒数估算出估价对象建筑物的经济寿命为50年。此外，利用总折旧率还可求出建筑物的成新率，即：

$$建筑物成新率 = 1 - 总折旧率 \quad (4-51)$$

需要特别指出的是，求取土地重置成本时，除估价对象状况相对于价值时点应为历史状况或未来状况外，土地状况应为价值时点的土地状况，土地使用期限应为自价值时点起计算的土地使用权剩余期限。

3. 分解法

分解法是对建筑物各种类型的折旧分别予以分析和估算，然后将它们加总来求取建筑物折旧的方法。它是求取建筑物折旧最详细、最复杂的一种方法。分解法求取建筑物折旧的途径，如图4-1所示。

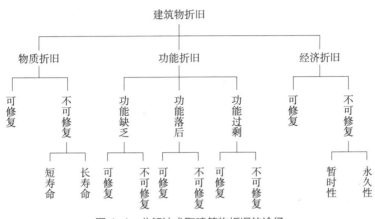

图4-1 分解法求取建筑物折旧的途径

分解法认为，建筑物各种类型的物质折旧、功能折旧和经济折旧，应根据各自的具体情况分别采用适当的方法来求取。该方法求取建筑物折旧的步骤是：①求取物质折旧。其是将物质折旧分解为各个项目，分别采用适当的方法求取折旧后相加。②求取功能折旧。其是将功能折旧分解为各个项目，分别采用适当的方法求取折旧后相加。③求取经济折旧。其是将经济折旧分为不同情况，分别采用适当的方法求取折旧后相加。④求取建筑物的折旧总额。其是将上述求取的所有折旧额相加得到建筑物的折旧总额。

（1）物质折旧的求取方法

物质折旧的求取过程和方法如下：

1）将物质折旧项目分为可修复项目和不可修复项目两类。修复是指恢复到新的或者相当于新的状况，有的是修理，有的是更换。预计修复所必要的费用小于或者等于修复所能带来的房地产价值增加额的，是可修复的，即：

$$修复所必要的费用 \leq 修复后的房地产价值 - 修复前的房地产价值 \quad (4-52)$$

反之，是不可修复的。

2）对于可修复项目，估算在价值时点采用最优修复方案使其恢复到新的或者相当于新的状况下所必要的费用作为折旧额。

3）对于不可修复项目，根据其在价值时点的剩余使用寿命是否短于整体建筑物的剩余经济寿命,将其分为短寿命项目和长寿命项目两类。短寿命项目是剩余使用寿命短于整体建筑物剩余经济寿命的部件、设备、设施等,它们在建筑物剩余经济寿命期间迟早需要更换,甚至需要更换多次。长寿命项目是剩余使用寿命等于或者长于整体建筑物剩余经济寿命的部件、设备、设施等,它们在建筑物剩余经济寿命期间是不需要更换的。在实际中,短寿命项目与长寿命项目的划分,一般是在其寿命是否短于建筑物经济寿命的基础上作出的,例如,基础、墙体就属于长寿命项目,门窗、电梯、卫生设备、装饰装修等就属于短寿命项目。

短寿命项目的折旧是分别根据各个短寿命项目的重新购建价格(通常为市场价格、运输费、安装费等之和)、经济寿命、有效经过年数或剩余经济寿命,利用年限法计算折旧额。

长寿命项目的折旧是将所有长寿命项目合在一起,根据建筑物重新购建价格减去可修复项目的修复费用和各短寿命项目的重新购建价格后的余额、建筑物的经济寿命、有效经过年数或剩余经济寿命,利用年限法计算折旧额。

4)将可修复项目的修复费用、短寿命项目的折旧额、长寿命项目的折旧额相加,即为物质折旧额。

 【例4-7】

某建筑物的重置价格为 180 万元,经济寿命为 50 年,有效经过年数为 10 年。其中,门窗等损坏的修复费用为 2 万元;装饰装修的重置价格为 30 万元,平均经济寿命为 5 年,有效经过年数为 3 年;设备的重置价格为 60 万元,平均经济寿命为 15 年,有效经过年数为 10 年。残值率假设均为零。请计算该建筑物的物质折旧额。

【解】该建筑物的物质折旧额计算如下:

$$门窗等损坏的修复费用 = 2 万元$$

$$装饰装修的折旧费 = 30 \times \frac{1}{5} \times 3 = 18 万元$$

$$设备的折旧额 = 60 \times \frac{1}{15} \times 10 = 40 万元$$

$$长寿命项目的折旧额 = (180 - 2 - 30 - 60) \times \frac{1}{50} \times 10 = 17.6 万元$$

$$该建筑物的物质折旧额 = 2 + 18 + 40 + 17.6 = 77.6 万元$$

(2)功能折旧的求取方法

功能折旧的求取过程和方法如下:

1)将功能折旧分为功能缺乏、功能落后和功能过剩引起的折旧三类,并进一步将它们分为可修复的和不可修复的。

2)对于可修复的功能缺乏引起的折旧,在采用缺乏该功能的"重建价格"下的求取方法是：①估算在价值时点在估价对象建筑物上单独增加该功能所必要的费用；②估算该功能假设在价值时点重置建造建筑物时就具有所必要的费用；③将在价值时点在估价对象建筑物上单独增加该功能所必要的费用，减去该功能假设在价值时点重置建造建筑物时就具有所必要的费用，即增加该功能所超额的费用为折旧额。

 【例4-8】

某幢应有电梯而没有电梯的办公楼，重建价格为2000万元，现增设电梯需要120万元，假设现在建造办公楼时一同安装电梯只需要100万元。请计算该办公楼因没有电梯引起的折旧及扣除没有电梯引起的折旧后的价值。

【解】该办公楼因没有电梯引起的折旧及扣除没有电梯引起的折旧后的价值计算如下：

该办公楼因没有电梯引起的折旧 =120-100=20万元

该办公楼扣除没有电梯引起的折旧后的价值 =2000-20=1980万元

如果是采用具有该功能的"重置价格"，则减去在估价对象建筑物上单独增加该功能所必要的费用，便直接得到了扣除该功能缺乏引起的折旧后的价值。

 【例4-9】

[例4-8]应有电梯而没有电梯的办公楼，现增设电梯需要120万元，类似有电梯的办公楼的重置价格为2100万元。请计算该办公楼扣除没有电梯引起的折旧后的价值。

【解】该办公楼扣除没有电梯引起的折旧后的价值计算如下：

该办公楼扣除没有电梯引起的折旧后的价值：2100-120=1980万元

对于不可修复的功能缺乏引起的折旧，可以采用下列方法来求取：利用"租金损失资本化法"求取缺乏该功能导致的未来每年损失租金的现值之和；估算该功能假设在价值时点重置建造建筑物时就具有所必要的费用；将未来每年损失租金的现值之和，减去该功能假设在价值时点重置建造建筑物时就具有所必要的费用，即得到折旧额。

3）对于可修复的功能落后引起的折旧，以电梯落后为例，其折旧额为该功能落后电梯的重置价格，减去该功能落后电梯已提折旧，加上拆除该功能落后电梯所必要的费用，减去该功能落后电梯可回收的残值，加上安装新的功能先进电梯所必要的费用，减去该新的功能先进电梯假设在价值时点重置建造建筑物时一同安装所必要的费用。

与可修复的功能缺乏引起的折旧额相比，可修复的功能落后引起的折旧额加上了功能落后电梯尚未折旧的价值（即功能落后电梯的重置价格减去已提折旧，该部分未发挥作用就报废了），减去了功能落后电梯拆除后的净残值（即拆除后可回收的残值减去拆除费用，可挽回的损失），即多了落后功能的服务期未满而提前报废的损失。

【例4-10】

某幢旧办公楼的电梯已落后，如果将该电梯更换为功能先进的新电梯，估计需要拆除费用2万元，可回收残值3万元，安装新电梯需要120万元（包括购买价款、运输费、安装费等），要比在建造同类办公楼时一同安装多花费20万元。估计该旧办公楼的重建价格为2050万元，该旧电梯的重置价格为50万元，已提折旧40万元。请计算该办公楼因电梯落后引起的折旧及扣除电梯落后引起的折旧后的价值。

【解】该办公楼因电梯落后引起的折旧及扣除电梯落后引起的折旧后价值计算如下：

$$该办公楼因电梯落后引起的折旧 = （50-40）+（2-3）+20=29 万元$$

$$该办公楼扣除电梯落后引起的折旧后的价值 =2050-29=2021 万元$$

对于不可修复的功能落后引起的折旧，仍以电梯落后为例，其折旧额是在上述可修复的功能落后引起的折旧额计算中，将安装新的功能先进电梯所必要的费用，替换为利用"租金损失资本化法"求取的功能落后电梯导致的未来每年损失租金的现值之和。

4）功能过剩一般是不可修复的。功能过剩引起的折旧首先应包括功能过剩所造成的"无效成本"。该无效成本可以通过采用重置价格自动得到消除，但如果采用重建价格则不能消除。其次，无论是采用重置价格还是采用重建价格，功能过剩引起的折旧还应包括功能过剩所造成的"超额持有成本"。超额持有成本可以利用"超额运营费用资本化法"——功能过剩导致的未来每年超额运营费用的现值之和来求取。这样，在采用重置价格的情况下：

$$扣除功能过剩引起的折旧后的价值 = 重置价格 - 超额持有成本 \qquad （4-53）$$

在采用重建价格的情况下：

$$扣除功能过剩引起的折旧后的价值 = 重建价格 -（无效成本 + 超额持有成本）（4-54）$$

5）将功能缺乏引起的折旧额、功能落后引起的折旧额、功能过剩引起的折旧额相加，即为功能折旧额。

（3）经济折旧的求取方法

经济折旧通常是不可修复的，但它可能是暂时性的，例如供给过度的市场，也可能是永久性的，例如周围环境发生了不可逆的改变。因此，求取经济折旧首先应分清它是暂时性的还是永久性的，然后可以根据收益损失的期限不同，利用"收益损失资本化法"求取未来每年因建筑物以外的各种不利因素所损失的收益的现值之和作为经济折旧额。

估价人员有时可以同时采用上述几种方法确定建筑物的折旧额，但各方法得出的结果不尽相同，为此可以采用简单算术平均或加权算术平均将所得出的结果综合出一个统筹兼顾的结果。

### 4.4.4 土地使用期限对建筑物经济寿命的影响

在土地是有期限的使用权下，建筑物经济寿命与土地使用期限可能不是同时结束，因此，在求取建筑物折旧时应注意土地使用期限对建筑物经济寿命的影响。计算建筑物折旧所采用的建筑物经济寿命遇到下列情况可作如下处理：

（1）建筑物经济寿命早于土地使用期限结束的，应按照建筑物经济寿命计算建筑物折旧。如图4-2（a）所示，假设是在出让土地上建造的普通商品住宅，土地使用权出让年限为70年，建设期为2年，建筑物经济寿命为50年。在这种情况下，应按照50年（建筑物经济寿命）而不是52（2+50）年、68（50+18）年或70年（土地使用期限）计算建筑物折旧。如图4-2（b）所示，假设是一幢旧办公楼，在其建成15年后补办了土地使用权出让手续，土地使用权出让年限为50年，建筑物经济寿命为60年。在这种情况下，应按照60年（建筑物经济寿命）而不是45（60-15）年、50年（土地使用期限）或65（60+5）年计算建筑物折旧。

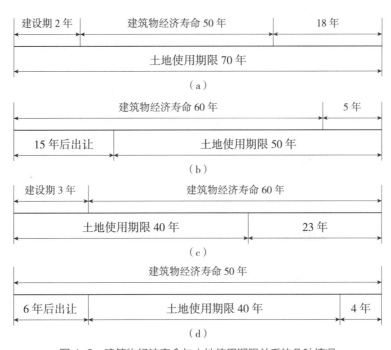

图4-2 建筑物经济寿命与土地使用期限关系的几种情况

（2）建筑物经济寿命晚于土地使用期限结束的，分为在土地使用权出让合同中未约定不可续期和已约定不可续期两种情况。对于在土地使用权出让合同中未约定不可续期的，应按照建筑物经济寿命计算建筑物折旧。这样处理的理由是：虽然1990年发布的《城镇国有土地使用权出让和转让暂行条例》第四十条规定"土地使用权期满，土地使用权及地上建筑物、其他附着物所有权由国家无偿取得"，但此后1994年公布的《中华人民共和国城市房地产管理法》第二十一条规定"土地使用权出让合同约定的使用年限届满，土地使用者未申请续期或者虽申请续期但依照前款规定未获批准的，土地使用权由国家无偿收回"，而未规定地上建筑物、其他附着物所有权一并由国家无偿收回，实际上是取消了地上建筑物、其他附着物所有权在土地使用权期满时也由国家无偿取得的原有规定。

2000年印发的《国有土地使用权出让合同（示范文本）》GF—2000—2601进一步根据土地出让期限届满受让人申请续期和不申请续期两种情况，明确了对地上建筑物、其他附着物的不同处理。"土地出让期限届满，受让人提出续期申请而出让人根据本合同第二十五条之规定没有批准续期的，土地使用权由出让人代表国家无偿收回，但对于地上建筑物及其他附着物，出让人应当根据收回时地上建筑物、其他附着物的残余价值给予受让人相应补偿"；"土地出让期限届满，受让人未申请续期的，本合同项下土地使用权和地上建筑物及其他附着物由出让人代表国家无偿收回"。

在土地使用权出让合同中已约定不可续期的情况比较少见。对于在土地使用权出让合同中已约定不可续期的，应按照建筑物经济寿命减去其晚于土地使用期限的那部分寿命后的寿命计算建筑物折旧。如图4-2（c）所示，假设一幢在出让土地上建造的商场，土地使用权出让年限为40年，建设期为3年，建筑物经济寿命为60年。在这种情况下，建筑物经济寿命中晚于土地使用期限的那部分寿命为23（3+60-40）年，因此，应按照37（60-23）年而不是60年、63年或40年计算建筑物折旧。如图4-2（d）所示，假设是一幢旧厂房改造的超级市场，在该旧厂房建成6年后补办了土地使用权出让手续，土地使用权出让年限为40年，建筑物经济寿命为50年。在这种情况下，建筑物经济寿命中晚于土地使用期限的那部分寿命为4（50-6-40）年，因此，应按照46（50-4）年而不是50年、44年或40年计算建筑物折旧。

## 4.5　成本法的运用举例

【例4-11】

某宗房地产是10年前通过征收农地取得的，其土地总面积为1000m²，当时平均每亩花费18万元，现时重新取得该类土地每平方米需要620元。地上建筑物是8年前建成交付使用的，其总建筑面积为2000m²，当时的建筑造价为每平方米建筑面积600元，现时建造同类建筑物每平方米建筑面积需要1200元，估计该建筑物有八成新。试选用所给资料估算该宗房地产的现时总价和单价。

【解】根据题意已知该题主要是注意重新购建价格应为价值时点的价格。在明确此问题的基础上，该宗房地产的价格估算如下：

土地现值 =620×1000=620000 元

建筑物现值 =1200×2000×80%=1920000 元

估价对象的现时总价 =620000+1920000=2540000 元

估价对象的现时单价 =2540000÷2000=1270 元 /m$^2$

 【例4-12】

待估对象为某单位的办公楼，坐落在某城市建成区内，交通比较方便，土地平整，土地总面积为 3000m$^2$，建筑总面积为 9000m$^2$，建筑物建成于 2001 年 7 月 30 日，建筑结构为钢筋混凝土结构。要求采用成本法评估该办公楼在 2021 年 7 月 30 日的市场价格。

（1）选择计算公式

该房地产估价属于成本法中旧房地产估价，需要评估的价值包括土地和建筑物的价值，故选择的计算公式为：

房地产价格 = 土地的重新取得价格 + 建筑物的重新购建价格 − 建筑物的折旧

（2）求取土地的重新取得价格或重新开发成本

由于该土地坐落于城市建成区内，直接求取该土地的价格较困难，根据资料收集情况，采用市场法求取该土地的价格。

首先调查收集了多宗与估价对象类似的土地，且土地剩余使用年限都是一致的，并从中选择了 A、B、C 三宗可比实例（具体见表 4-9）；其次进行项目修正，根据收集的资料，对各可比实例进行修正，见表 4-10；最后，根据修正结果采用算术平均法计算地价。

可比实例基本情况表　　　　　　　　　　　　　　表 4-9

| 项目 | 待估对象 | 可比实例 A | 可比实例 B | 可比实例 C |
|---|---|---|---|---|
| 土地面积（m$^2$） | 3000 | 2800 | 3000 | 2500 |
| 交易日期 | | 2020 年 05 月 30 日 | 2020 年 12 月 30 日 | 2020 年 05 月 30 日 |
| 交易价格（元 /m$^2$） | | 610 | 705 | 600 |

土地单价 =（648.53+689.41+644.73）/3=660.89 元 /m$^2$

该土地总价为 660.89×3000=198.27 万元

（3）建筑物的重置价格

经调查现在重新建造全新状态该建筑物的建造成本为 800 万元，建设期为 2 年，假定第一年投入建设成本的 60%，第二年投入 40%，均为均匀投入，管理费用为建造成本的 3%，年利率为 6%，销售税费为 30 万元，开发利润为 91 万元。利用成本法计算建筑物的重置价格。

**可比实例修正情况表** 表 4–10

| 项目 | 案例 A | 案例 B | 案例 C |
|---|---|---|---|
| 交易价格（元 /m²） | 610 | 705 | 600 |
| 交易情况修正 | 100/100 | 100/100 | 100/95 |
| 时间因素修正 | 101/100 | 103.5/100 | 101/100 |
| 区域因素修正 | 100/95 | 100/98 | 100/102 |
| 个别因素修正 | 100/100 | 100/108 | 100/97 |
| 修正价格（元 /m²） | 648.53 | 689.41 | 644.73 |

注：自 2019 年 5 月以来，该类土地的地价指数平均每月上涨 0.5%。

$$建造成本 = 800\ 万元$$

$$管理费用 = 800 \times 3\% = 24\ 万元$$

$$利息 = (800+24) \times 60\% \times [(1+6\%)^{1.5}-1] + (800+24) \times 40\% \times [(1+6\%)^{0.5}-1] = 54.90\ 万元$$

$$建筑物的重置价格 = 800+24+54.9+30+91 = 1000\ 万元$$

（4）建筑物折旧

采用直线折旧法，根据有关规定，钢筋混凝土结构的非生产性用房的经济寿命为 60 年，残值率为 0，该房地产土地的出让年限为 50 年，建筑物的经济寿命为 50 年，实际经过年数为 20 年，估价人员现场观察认为该建筑物的有效经过年数为 15 年。

$$估价对象建筑物的折旧总额 = 10000000 \times 15/50 = 300\ 万元$$

（5）房地产价格

估价对象价格 = 土地的重新取得价格 + 建筑物的重新购建价格 − 建筑物的折旧

$$估价对象价格 = 198.27+1000-300 = 898.27\ 万元$$

故估价对象在 2021 年 7 月的价格为 898.27 万元，单价为 998.07 元 /m²。

# 复习思考题

章节自测题

1. 何谓成本法？

2. 成本法的理论依据是什么？

3. 成本法的适用范围包括哪些？

4. 试列出成本法估价的基本步骤。

5. 新开发土地价格构成的项目有哪些？

6. 何谓房地产重新购建价格？

7. 何谓建筑物的重置成本与重建成本？它们分别适用于哪些房地产的估价？

8. 求取建筑物的重新购建价格的方法有哪些？

9. 建筑物折旧包括哪些？造成折旧的原因是什么？

10. 求取建筑物折旧的方法有哪些？

11. 在计算建筑物折旧时，建筑物的经济寿命与土地使用期限的关系如何协调？

12. 有一建筑物，建筑总面积 $100m^2$，已使用 10 年，经估价师勘查确认该建筑物的有效经过年数为 12 年，经济寿命为 48 年，单位建筑面积的重置价格为 1620 元 $/m^2$，残值率为 2%。试计算该建筑物的折旧总额，并计算其现值。

13. 今有一建筑物，其建筑总面积为 $1200m^2$，经济寿命为 40 年，在价值时点时，已使用 12 年。已知该类建筑物的重置价格为 1960 元 $/m^2$。经估价师现场勘察认为该建筑物剩余使用年限为 30 年，残值率为 5%。请计算其现值。

14. 现取得某 $5km^2$ 的成片荒地，其价格为 600 元 $/m^2$，将其开发成熟地的费用为 650 元 $/m^2$，税费为可转让熟地价格的 15%，其可转让土地面积为 $4km^2$，则该荒地开发完成后可转让熟地的平均单价为多少？

15. 某房地产土地总面积 $1000m^2$，为 10 年前通过征用农地取得，当时每亩 20 万元，使用年限为 40 年，现时重新取得该类土地 30 年使用权年限每平方米需 800 元；地上建筑物总建筑面积 $2000m^2$，于 8 年前建成交付使用，当时建筑造价 800 元 $/m^2$，现时建造同类建筑物每平方米需 1500 元，估计该建筑物尚可使用 32 年，残值率为 5%。试估计该房地产的现时单价。

16. 某地征地、安置、拆迁及补偿费用每亩为 6 万元，征地中发生的其他费用为 2 万元 / 亩，土地开发费（含管理费）平均为 2 亿元 $/km^2$，当地银行贷款利率为 12%，每亩征地完成后，土地开发周期平均为 2 年，且第一年开发投资额一般占全部开发费用的 30%，开发商的投资利润率为 15%，销售税金为 5.5%，开发完成后可转让土地面积的比率为 80%。求该地开发完成后可转让熟地的平均单价。

17. 某公司于 5 年前以出让方式取得某一宗面积为 $2000m^2$ 的土地 40 年的使用权，并于 3 年前建成投入使用，总建筑面积为 $5000m^2$，建筑物的经济寿命为 50 年。现时取得 35 年土地使用权的出让价格为 2300 元 $/m^2$，重新建造建筑物的建安成本为 600 万元（建设期为 2 年，第一年投入 40%，第二年投入 60%，可视为年中集中投入），管理费用为建安成本的 3%，年利率为 6%，销售税费为 90 万元，开发利润为 120 万元。门窗、墙面等损坏的修复费用为 8 万元；装修的重置价格为 140 万元，平均寿命为 5 年；设备的重置价格为 100 万元，平均寿命为 10 年；假设残值率均为零。试计算该宗房地产现时的价格。

18. 某商业房地产于 2019 年 9 月 15 日通过出让方式以楼面地价 9000 元 $/m^2$ 的价格获得 40 年的土地使用权；土地面积 $10000m^2$，建筑容积率 3.0，建筑覆盖率 40%；建筑物于 2020 年 3 月 15 日开始建造，于 2022 年 3 月 15 日竣工验收，2022 年 9 月 15 日开始营业，建筑物的重置价格为 10000 元 $/m^2$，建筑物的经济寿命为 50 年，残值率为 2%。根据市场调查分析，土地价格指数：2015 年 1 月为 100，2019 年 9 月为 105，2020 年 3 月为 130，2022 年 3 月为 145，2023 年 9 月为 162。试根据上述资料评估 2023 年 9 月 15 日该房地产的市场价格。

19. 某公司于 5 年前以出让方式取得一宗面积为 2400m² 的土地 40 年的使用权, 并于 3 年前建成并投入使用, 总建筑面积为 5500m²。现时重新取得 40 年土地使用权的出让价格为 2500 元 /m², 重新建造建筑物的建安成本为 750 万元(建设期为 2 年, 第一年投入 40%, 第二年投入 60%), 管理费用为建安成本的 3%, 年利率 6%, 销售税费为 120 万元, 开发利润为 150 万元。门窗、墙面等损坏的修复费用为 10 万元;装修的重置价格为 160 万元, 平均寿命为 5 年;设备的重置价格为 120 万元, 平均寿命为 10 年, 假设残值率均为零。试计算该宗房地产现时的价格(土地报酬率为 8%)。

# 第5章　收益法

## 【本章要点及学习目标】

1. 理解收益法的基本原理及操作步骤。

2. 掌握净收益的求取。

3. 掌握报酬率的求取。

4. 熟悉直接资本化法。

5. 了解投资组合和剩余技术。

## 5.1　收益法的基本原理及操作步骤

### 5.1.1　收益法的含义

收益法（Income Approach），也称为收益资本化法（Income Capitalization Approach）、收益还原法，是指通过预测估价对象未来预期收益的现值来判断资产价值的各种评估方法的总称。具体地说，是预测估价对象的未来收益，然后将其转换为价值来求取估价对象价值的方法。它服从资产评估中降利求本的思路，即任何一个理智的投资者在购置或投资于某一资产时，所愿意支付或投资的货币数额不会高于所购置或投资的资产在未来能给其带来的回报，即收益额。

将预测的未来收益转换为价值，类似于根据利息倒推出本金，称为资本化。根据将预测的未来收益转换为价值的方式不同，即资本化方式的不同，收益法分为报酬资本化法和直接资本化法。报酬资本化法（Yield Capitalization）是一种现金流量折现法（Discounted Cash Flow，DCF），即房地产的价值等于其未来各期净收益的现值之和，具体是指预测估价对象未来各期的净收益，然后利用适当的报酬率将其折算到价值时点后相加来求取估价对象价值的方法。直接资本化法（Direct Capitalization）是预测估价对象未来某一年的某种收益，然后将其除以适当的资本化率或者乘以适当的收益乘数来求取估价对象价值的方法。其中，将未来某一年的某种收益乘以适当的收益乘数来求取估价对象价值的方法，称为收益乘数法。

收益法利用投资回报和收益折现等技术手段，把评估对象的预期产出能力和获利能力作为评估标准来估测评估对象的价值，容易被资产业务各方所接受。所以，从理论上讲，收益法是资产评估中较为科学合理的评估方法之一。

### 5.1.2　收益法的理论依据

收益法的本质是以房地产的未来收益为导向来求取房地产的价值。通常把收益法求得的价值简称为收益价格。

收益法是以预期原理为基础的，即决定房地产当前价值的，重要的不是过去的因素而是未来的因素。具体地说，房地产当前的价值通常不是基于其历史价格、开发建设已花费的成本或者过去的房地产市场情况，而是基于市场参与者对房地产未来所能带来的收益或者能够获得的满足、乐趣等的预期。历史资料的作用主要是利用它们预测未来的动向和情势，解释预期的合理性。收益法原理表述如下：将价值时点视为现在，那么在现在购买一宗有一定期限收益的房地产，预示着在其未来的收益期限内可以源源不断地获取净收益，如果现在有一笔资金可与未来一定期限内净收益的现值之和等值，则这笔资金就是该宗房地产的价格，使用现金流量图（图 5-1）将其形象化。

图 5-1 中，$V$ 为估价对象在价值时点的收益价格；$A_i$ 为估价对象在第 $i$ 年的净收益；$n$ 为估价对象自价值时点起至未来可获得收益的年限。

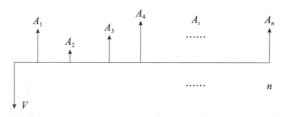

图 5-1　用现金流量图表示的报酬率法

收益法建立在资金具有时间价值的观念上。资金的时间价值也称为货币的时间价值，是指现在的资金比将来同样数量的资金具有更高的价值；或者通俗地说，现在的钱比将来的钱更值钱。资金时间价值的量是同量资金在两个不同时点的价值之差，用绝对量来反映为"息"，用相对量来反映为"利率"。利息从贷款人的角度来说，是贷款人将资金借给他人使用所获得的报酬；从借款人的角度来说，是借款人使用他人的资金所支付的成本。

有了资金的时间价值观念之后，收益性房地产的价值就是其未来各期的净收益现值之和，该价值的高低主要取决于以下三个因素：

（1）未来净收益的大小——未来净收益越大，房地产的价值就越高，反之就越低。

（2）获得净收益期限的长短——获得净收益期限越长，房地产的价值就越高，反之就越低。

（3）获得净收益的风险——获得净收益的风险越低，房地产的价值就越高，反之就越低。

### 5.1.3　收益法适用的估价对象和基本前提

1. 收益法适用的估价对象

收益法适用的估价对象是有经济收益或有潜在经济收益的房地产，例如住宅、写字楼、旅馆、商店、餐馆、游乐场、影剧院、停车场、汽车加油站、标准厂房、仓库、农地等。它不限于估价对象本身现在是否有收益，只要估价对象所属的这类房地产有获取收益的能力即可，例如估价对象目前为自用或空闲的住宅，虽然没有实际收益，但却具有潜在收益，因为类似住宅以出租方式获取收益的情形很多，可以将该住宅设想为出租的情况下来运用收益法估价。即先根据同一市场上有出租收益的类似住宅的有关资料，采用类似于市场法的方法求出该住宅的净收益，再利用收益法来估价。但对于政府或事业单位的行政办公楼、学校、免费公园等公用、公益性房地产的估价，收益法一般不适用。

2. 收益法估价的基本前提

收益法评估出的价值取决于估价师对未来的预期，那么错误和非理性的预期就会得出错误的评估价值，因此，运用此法对估价师的专业经验和其对房地产市场的理解要求很高。收益法涉及以下三个基本要素：

（1）估价对象的预期收益。

（2）报酬率或资本化率。

（3）估价对象取得预期收益的持续时间。

因此，收益法估价需要具备的条件是房地产未来的收益和风险都能够较准确地量化（预测）。对未来的预期通常是基于过去的经验和对现实的认识作出的，所以必须以广泛、深入的市场调查和市场分析为基础。从这个意义上讲，运用收益法必须具备以下前提条件：

（1）估价对象未来预期收益可以预测并且可以用货币衡量，这就要求估价对象的经营收入应该相对比较稳定而且可持续，无规律或者不持续的收益是难以预测的。

（2）估价对象的拥有者获得预期收益所承担的风险可以预测并且可以用货币衡量，这是测算报酬率或资本化率的基本参数之一。对于投资者来说，投资风险大，要求的报酬率就高，投资风险小，其报酬率也相应地降低。

（3）估价对象预期获利的年限可以确定。获利年限通常依据估价对象中建筑物的预期经济寿命和土地的最高使用年限综合确定，具体可参考 4.4.4 节"土地使用期限对建筑物经济寿命的影响"。

### 5.1.4　收益法估价的操作步骤

运用收益法评估房地产价格一般按照以下四个步骤进行：

（1）搜集并验证可用于预测估价对象未来收益的有关数据资料，包括经营前景、财务状况、市场形势以及经营风险等。

（2）分析预测估价对象的预期收益（如净收益）。

（3）确定报酬率或资本化率。

（4）选用适宜的收益法公式计算收益价格。

运用收益法进行评估涉及许多经济技术参数，其中最主要的参数有三个，分别是净收益、报酬率和获利期限。

### 5.1.5 报酬资本化法的主要计算公式

收益法的计算公式可以分为如下两个方面：

（1）根据估价对象未来预期收益是否有限期的情况划分，可分为有限期和无限期计算方法。

（2）根据估价对象预期收益额的情况划分，可分为等额收益计算方法和非等额收益计算方法等。

为了方便对收益法计算公式的学习，先对公式中出现的字符含义进行统一的定义：$P$ 为收益价格；$t$ 为年序号；$P_n$ 为未来第 $n$ 年的价格；$A_i$ 为估价对象未来第 $i$ 年的预期净收益；$r$ 为报酬率或折现率；$r_j$ 为第 $j$ 年的报酬率或折现率；$n$ 为房地产预期收益的年限；$N$ 为收益总年期；$A$ 为年金；$B$ 为纯收入逐年递增（减）额；$s$ 为纯收入逐年递增（减）比率。

报酬资本化法的一般公式如下：

$$P=\frac{A_1}{(1+r_1)}+\frac{A_2}{(1+r_1)(1+r_2)}+\cdots\cdots+\frac{A_n}{(1+r_1)(1+r_2)\cdots\cdots(1+r_n)}=\sum_{i=1}^{n}\frac{A_i}{\prod_{j=1}^{i}(1+r_j)} \quad (5-1)$$

1.净收益每年不变的公式

（1）收益年期为无限年的公式

$$P=\frac{A}{r} \quad (5-2)$$

式（5-2）假设的前提是：①净收益每年不变为 $A$；②报酬率 $r$ 固定且大于零；③收益年期 $n$ 为无限年。

（2）收益年期为有限年的公式

$$P=\frac{A}{r}\left[1-\frac{1}{(1+r)^n}\right] \quad (5-3)$$

这是在估价实务中经常运用的计算公式，其假设的前提是：①净收益每年不变为 $A$；②报酬率 $r$ 固定且大于零；③收益年期为有限年 $n$。

式（5-3）除了可以用于测算估价对象的收益价格外，还有其他作用，主要体现在以下三个方面：

1）用于不同土地使用期限或不同收益期限的房地产价格之间的换算。

假设 $1 - \dfrac{1}{(1+r)^n} = K_n$，则收益年限为 $n$ 年，报酬率为 $r$ 的估价对象 $V_n$ 的价格公式为：

$$V_n = \frac{A_n}{r}\left[1 - \frac{1}{(1+r)^n}\right] = \frac{A_n}{r}K_n = V_\infty K_n \tag{5-4}$$

收益年限为 $N$ 年，报酬率为 $R$ 的估价对象 $V_N$ 价格公式为：

$$V_N = \frac{A_N}{R}\left[1 - \frac{1}{(1+R)^N}\right] = \frac{A_N}{R}K_N = V_\infty K_N \tag{5-5}$$

如果 $V_n$ 与 $V_N$ 对应的净收益相同或可转换为相同，即 $A_n = A_N = A$，则两者有以下换算公式：

由 $V_n = \dfrac{A}{r}K_n$，$V_N = \dfrac{A}{R}K_N$

得　　$V_n = V_N \dfrac{R}{r} \times \dfrac{K_n}{K_N}$ $\tag{5-6}$

如果 $V_n$ 与 $V_N$ 不仅收益率相同，而且对应的报酬率也相同，即 $R = r$，则两者的换算公式为：

$$V_n = V_N \frac{K_n}{K_N} = V_N \times \frac{(1+r)^{N-n}\left[(1+r)^n - 1\right]}{(1+r)^N - 1} \tag{5-7}$$

 【例5-1】

已知某宗收益房地产的 40 年的土地使用权的价格为每平方米 5000 元，对应的报酬率为 8%，试计算其土地使用年限为 60 年，报酬率为 10% 时的房地产价格。

【解】根据题意，运用公式得：

$$V_n = V_N \frac{R}{r} \times \frac{K_n}{K_N}$$

$$V_{60} = V_{40} \frac{R_{40}}{r_{60}} \times \frac{K_{60}}{K_{40}} = 5000 \times \frac{8\%}{10\%} \times \frac{\left[1 - \dfrac{1}{(1+10\%)^{60}}\right]}{\left[1 - \dfrac{1}{(1+8\%)^{40}}\right]}$$

$$= 4179.24 \,元/\text{m}^2$$

【例5-2】

已知某宗收益房地产的 40 年的土地使用权的价格为每平方米 5000 元，对应的报酬率为 8%，试计算其土地使用年限为 60 年，报酬率为 8% 时的房地产价格。

【解】根据题意，运用公式得：

$$V_n = V_N \frac{K_n}{K_N}$$

$$V_{60} = V_{40} \frac{K_{60}}{K_{40}} = 5000 \times \left[ \frac{1 - \dfrac{1}{(1+8\%)^{60}}}{1 - \dfrac{1}{(1+8\%)^{40}}} \right] = 5189.5 元/m^2$$

2）用于比较不同年限房地产价格的高低。

比较两宗房地产价格的高低，如果两宗房地产的收益年限或土地使用权年限不同，直接进行比较是不妥的。如果要比较，就需要把它们先转换成相同年限下的价格。转换成相同期限下的价格的方法，与上述不同期限价格之间的换算方法相同。

 【例5-3】

有 A、B 两宗房地产，A 房地产的收益年限为 50 年，单价为每平方米 8000 元，B 房地产的收益年限为 30 年，单价为每平方米 7000 元，假设报酬率均为 6%，其他条件都相同，试比较该两宗房地产价格的高低。

【解】要比较该两宗房地产价格的高低，需要将它们先转换成相同年限下的价格，一般有两种解决方法。

方法一：将两个价格分别转化为无限年下的价格。

A 房地产的价格：

$$V_\infty = \frac{V_{50}}{K_{50}} = \frac{8000}{1 - \dfrac{1}{(1+6\%)^{50}}} = 8459.24 元/m^2$$

B 房地产的价格：

$$V_\infty = \frac{V_{30}}{K_{30}} = \frac{7000}{1 - \dfrac{1}{(1+6\%)^{30}}} = 8475.71 元/m^2$$

方法二：将某房地产年限对应到与另一个房地产年限相同时的价格，如将 A 房地产 50 年价格转换为与 B 房地产相同年限 30 年的价格。

A 房地产价格：

$$V_{30} = V_{50} \frac{K_{30}}{K_{50}} = 8000 \times \frac{1 - \dfrac{1}{(1+6\%)^{30}}}{1 - \dfrac{1}{(1+6\%)^{50}}} = 6986.4 元/m^2$$

通过计算可以看出，B房地产的价格名义上低于A房地产的价格，但实际上却高于A房地产的价格。

3）用于市场法中土地使用权年限修正。

上述不同期限价格之间的换算方法，对于运用市场法估价时进行有关使用年限或不同收益年限的修正是非常有用的。在市场法中，可比实例房地产的期限可能与估价对象房地产的期限不同，从而需要对可比实例价格进行调整，使其成为与估价对象相同期限下的价格。

【例5-4】

某宗4年前经过出让方式取得的50年使用期限的工业用地，所处地段的基准地价目前为每平方米2000元。该基准地价在评估时设定的使用期限为法定最高年限，现行土地报酬率为15%。假设除了使用期限的不同之外，该宗工业用地的其他状况与评估基准地价时设定的状况相同，请通过基准地价求取该宗工业用地目前的价格。

【解】通过基准地价求取该宗工业用地目前的价格，实际上就是将使用期限为50年的基准地价转换为46年的基准地价，因为该土地已经使用了4年，具体的计算如下：

$$V_{46} = V_{50} \frac{K_{46}}{K_{50}} = 2000 \times \frac{1 - \dfrac{1}{(1+15\%)^{46}}}{1 - \dfrac{1}{(1+15\%)^{50}}} = 1998.62 元/m^2$$

2.净收益在前后两段变化规律不同的公式

（1）收益年期为无限年的公式

$$P = \sum_{t=1}^{n} \frac{R_t}{(1+r)^t} + \frac{A}{r(1+r)^n} \tag{5-8}$$

式（5-8）假设的前提是：①净收益在$n$年（含第$n$年）以前有变化为$R_i$，在$n$年（不含第$n$年）以后保持不变为$A$；②报酬率$r$固定且大于零；③收益年期为无限年。

（2）收益年期为有限年的公式

$$P = \sum_{t=1}^{n} \frac{R_t}{(1+r)^t} + \frac{A}{r(1+r)^n} \left[ 1 - \frac{1}{(1+r)^{N-n}} \right] \tag{5-9}$$

式（5-9）假设的前提是：①净收益在$n$年（含第$n$年）以前有变化，在$n$年（不含第$n$年）以后保持不变；②报酬率$r$固定且大于零；③收益年期为有限年$N$。

3.净收益按等差级数变化

（1）收益年期为无限年的公式

$$P = \frac{A}{r} + \frac{B}{r^2} \tag{5-10}$$

式（5-10）假设的前提是：①净收益按等差级数递增；②净收益在第一年为 $A$，此后逐年递增额为 $B$；③收益年期为无限年；④报酬率 $r$ 固定且大于零。

应该要注意不存在净收益按等差级数递减，收益期限为无限年的公式。因为当 $n > \dfrac{A}{B} + 1$ 年时，第 $n$ 年以后的净收益将会小于零，任何一个经济人在 $n$ 年后都不会使用该房地产经营下去。

（2）净收益为有限年的公式

$$P = \left( \frac{A}{r} - \frac{B}{r^2} \right) \left[ 1 - \frac{1}{(1+r)^n} \right] - \frac{B}{r} \times \frac{n}{(1+r)^n} \qquad (5\text{-}11)$$

式（5-11）假设的前提是：①净收益按等差级数递增；②净收益在第一年为 $A$，此后逐年递增额为 $B$；③收益年期为有限年 $n$；④报酬率 $r$ 固定且大于零。

$$P = \left( \frac{A}{r} - \frac{B}{r^2} \right) \left[ 1 - \frac{1}{(1+r)^n} \right] - \frac{B}{r} \times \frac{n}{(1+r)^n} \qquad (5\text{-}12)$$

式（5-12）假设的前提是：①净收益按等差级数递减；②净收益在第一年为 $A$，此后逐年递减额为 $B$；③收益年期为有限年 $n$；④报酬率 $r$ 固定且大于零。

**4. 净收益按等比级数变化**

（1）收益年期为无限年的公式

$$P = \frac{A}{r - s} \qquad (5\text{-}13)$$

式（5-13）假设的前提是：①净收益按等比级数递增；②净收益在第一年为 $A$，此后逐年按比率 $s$ 递增；③收益年期为无限年；④报酬率 $r$ 固定且大于零；⑤ $r > s > 0$。

这个公式要求 $r > s > 0$ 的原因，从数学上看，如果 $s$ 大于或等于 $r$，价格 $P$ 就会无穷大，但是这种情况在现实中是不可能出现的，原因之一是任何房地产的净收益都不可能以极快的速度无限递增下去；原因之二是较快的递增速度通常意味着较大的风险，从而会要求提高风险报酬。

$$P = \frac{A}{r} + s \qquad (5\text{-}14)$$

式（5-14）假设的前提是：①净收益按等比级数递减；②净收益在第一年为 $A$，此后逐年按比率 $s$ 递减；③收益年期为无限年；④报酬率 $r$ 固定且大于零。

（2）净收益为有限年的公式

$$P = \frac{A}{r - s} \left[ 1 - \left( \frac{1+s}{1+r} \right)^n \right] \qquad (5\text{-}15)$$

式（5-15）假设的前提是：①净收益按等比级数递增；②净收益在第一年为 $A$，此

后逐年按比率 $s$ 递增；③收益年期为有限年 $n$；④报酬率 $r$ 固定且大于零；⑤ $r > s > 0$。

$$P = \frac{A}{r+s}\left[1 - \left(\frac{1-s}{1+r}\right)^n\right]$$

（5-16）

式（5-16）假设的前提是：①净收益按等比级数递减；②净收益在第一年为 $A$，此后逐年按比率 $s$ 递减；③收益年期为有限年 $n$；④报酬率 $r$ 固定且大于零。

5. 预知未来若干年后估价对象的价格的公式

$$P = \frac{A}{r}\left[1 - \frac{1}{(1+r)^n}\right] + \frac{P_n}{(1+r)^n}$$

（5-17）

式（5-17）假设的前提是：①净收益 $A$ 在 $n$ 年（含第 $n$ 年）以前保持不变；②报酬率 $r$ 固定且大于零；③预知第 $n$ 年末的价格为 $P_n$。

 【例5-5】

某公司购买了一商业物业进行投资经营，预计未来第一年净收益 40 万元，第二年为 42 万元，第三年为 45 万元，以后在此基础上每年净收益递增 2%，该公司准备经营满 20 年后，即将该物业出售，预计到时的销售价格为 425 万元，该类物业的报酬率为 10%，问其现时价格为多少。

【解】

$$P = \frac{40}{1+10\%} + \frac{42}{(1+10\%)^2} + \frac{45}{(10\%-2\%)(1+10\%)^2}\left[1 - \left(\frac{1+2\%}{1+10\%}\right)^{18}\right] + \frac{425}{(1+10\%)^{20}}$$

$$= 36.36 + 34.71 + 345.46 + 63.17$$

$$= 479.7 万元$$

## 5.2 净收益的求取

### 5.2.1 净收益的概念和净收益流的模式

1. 净收益的概念

净收益的大小是决定房地产价格的一个重要因素，它是由有效毛收入扣除运营费用之后得到的归属于房地产的收益。

在经济活动中，收益性房地产总是会与其他的生产要素，譬如货币资金、人力资源和管理等一起发挥作用而产生收益。但作为房地产估价中所要依据的收益，应该是指总收益中除了其他生产要素所产生的收益部分，仅属于房地产所带来的那一部分收益。

为了更易于对收益法的理解，我们将收益法中可以转换为价值的未来收益分为：潜在毛收入、有效毛收入、净运营收益、税前现金流量。

（1）潜在毛收入（Potential Gross Income，PGI），是指房地产在充分被利用、没有空置状态下可以获得的收入。

（2）有效毛收入（Effective Gross Income，EGI），是指由潜在毛收入扣除空置、拖欠租金（包括延迟支付租金、少付租金或不付租金）以及其他原因造成的收入损失所得到的收入。

（3）净运营收益（Net Operating Income，NOI），简称净收益，是从有效毛收入中扣除运营费用以后得到的归属于房地产的收入。运营费用是维持房地产正常使用或营业所需的费用。

（4）税前现金流量（Pre-tax Cash Flow，PTCF），是指净收益中扣除抵押贷款还本付息额之后的数额。

2. 净收益流的模式

收益法本质上就是现金流量的折现法，在求取估价对象的净收益时，应根据估价对象的净收益在过去和现在的变动情况及预期的收益期限，预测估价对象未来各期的净收益，并判断未来净收益流属于下列哪种类型，再选用相应的公式进行计算。

（1）净收益每年基本上固定不变。

（2）净收益每年基本上按照某个固定的数额递增或递减。

（3）净收益每年基本上按照某个固定的比率递增或递减。

（4）其他有规则变动的情况。

在实际估价中使用最多的是净收益每年不变的公式，其净收益 $A$ 的求取方法有下列三种：

（1）过去数据简单算术平均法：这是通过调查，求取估价对象过去若干年（3年或者5年）的净收益，然后将其简单算术平均数作为 $A$。

（2）未来数据简单算术平均法：这是通过调查，预测估价对象未来若干年（3年或者5年）的净收益，然后将其简单算术平均数作为 $A$。

（3）未来数据资本化公式法：这是通过调查，预测估价对象未来若干年（3年或者5年）的净收益，然后利用报酬资本化法公式演变出下列等式来求取 $A$（可视为一种加权算术平均数）。

$$\frac{A}{r}\left[1-\frac{1}{(1+r)^t}\right]=\sum_{i=1}^{t}\frac{A_i}{(1+r)^i} \qquad (5-18)$$

$$A=\frac{r(1+r)^t}{(1+r)^t-1}\sum_{i=1}^{t}\frac{A_i}{(1+r)^i} \qquad (5-19)$$

由于收益法采用的净收益应是估价对象的未来净收益，而不是历史净收益，所以上述三种估价方法中，相对而言第三种最合理，其次是第二种。

 【例5-6】

某宗房地产的收益期限是50年，判定其未来的净收益固定不变，通过预测得知未来三年的净收益分别为35万元、38万元、37万元，报酬率为10%，求取该宗房地产的收益价格。

【解】

（1）确定该宗房地产的净收益，运用"未来数据资本化公式法"求取。

$$A = \frac{10\% \times (1+10\%)^3}{(1+10\%)^3 - 1} \left[ \frac{35}{1+10\%} + \frac{38}{(1+10\%)^2} + \frac{37}{(1+10\%)^3} \right]$$

$$= 36.6 万元$$

（2）运用式（5-3）计算房地产的收益价格。

$$P = \frac{36.60}{10\%} \left[ 1 - \frac{1}{(1+10\%)^{50}} \right] = 362.88 万元$$

## 5.2.2 净收益测算的基本原理

运用报酬资本化法估价，需要预测估价对象的未来净收益。根据收益性房地产获取收益的方式，可分为出租和营业两大类。据此，净收益的测算途径可分为两种：一是基于租赁收入测算净收益，二是基于营业收入测算净收益。在英国，将前一种情况下的收益法称为投资法，将后一种情况下的收益法称为利润法。在实际估价中，只要是能够通过租赁收入求取净收益的，都应该通过租赁收入来求取净收益进行估价。因此，基于租赁收入测算净收益的收益法是收益法的典型形式。

1.基于租赁收入测算净收益

基于租赁收入的房地产包括存在出租的普通住宅、高档公寓、写字楼、商铺、停车场、标准厂房、仓库等各类房地产，其基本公式为：

净收益 = 潜在毛收入 - 空置等造成的收入损失 - 运营费用

= 有效毛收入 - 运营费用 　　　　　　（5-20）

（1）潜在毛收入、有效毛收入、运营费用、净收益等通常以年度计，并假设在年末发生。空置等造成的收入损失一般以潜在毛收入的某一百分率来计算。

（2）运营费用（Operating Expense）与会计上的成本费用有所不同，它是从估价角度出发的，更多强调的是客观状况，应该将主观性因素剔除。而且运营费用应该是有效毛收入上直接必需的劳动和资本费用，因为房地产的净收益能成为资本价值的基础，是基于该净收益与运用货币资本所能得到的收益具有同一性质的缘故。因此，运营费用是指维持房地产正常使用和营业的必要支出，包括房地产税、房屋保险费、人员工资及办公费、保持房地产正常运转的成本（建筑物及相关场地的维护、维修费）、为承租人提供服务的费用（如清洁、保安费用）等，其中不应该包含房地产抵押贷款还本付息额、会计上的折旧额（仅是指建筑物折旧和土地摊提费）、房地产改扩建费用和所得税。

**2. 基于营业收入测算净收益**

这种类型房地产的业主与经营者是合二为一的，例如旅馆、娱乐中心、汽车加油站等。这些收益性房地产的净收益测算相比于基于租赁收入的净收益测算，潜在毛收入或有效毛收入变成了经营收入，其基本公式为：

$$年净收益 = 年经营收入 - 年经营费用 \qquad (5-21)$$

（1）年经营收入通常为销售额、年产值等，年经营费用包括各种生产成本、销售费用、管理费用、税金等。

（2）年经营收入中要扣除归属于其他资本或经营的收益，例如商业、餐饮、工业、农业等经营者的正常利润，因为这些收益在房地产租金之外。

### 5.2.3　不同收益类型房地产净收益的求取

净收益的具体求取因估价对象的收益类型不同而有所不同，下面主要列举四种不同收益类型房地产净收益的求取。

**1. 出租的房地产净收益的求取**

出租房地产是收益法估价的典型对象，包括出租的住宅、写字楼、商铺、仓库和土地等，其净收益的求取公式为：

$$净收益 = 租赁收入 - 出租人负担的费用 \qquad (5-22)$$

（1）租赁收入包括租金收入和租赁保证金或押金的利息收入等其他收入。

（2）出租人负担的费用一般包括维修费、管理费、保险费、房地产税、租赁费用和租赁税费。但在实际中，这些费用由出租人和承租人约定或按惯例由出租人负担。在实际求取净收益时，通常在分析租约的基础上决定所要扣除的费用项目。如果租约约定保证安全、合法、正常使用所需要的一切费用均由出租人来承担，则应将它们全部扣除；如果租约约定部分或全部费用由承租人负担，则出租人所得的租赁收入就接近于净收益，此时扣除的费用项目就要相应减少，当按惯例确定出租人负担的费用时，要注意与租金水平相匹配。

**2. 营业的房地产净收益的求取**

房地产所有者同时又是经营者，房地产租金与经营者利润没有分开，这是营业的房地产最大的特点，如商业用房、工业生产用房，主要有以下三种情况：

（1）商业经营的房地产净收益的测算

$$净收益=商品销售收入-商品销售成本-经营费用-商品销售税金及附加- \atop 管理费用-财务费用-商业利润 \qquad (5-23)$$

（2）工业生产的房地产净收益的测算

$$净收益=产品销售收入-生产成本-产品销售费用-产品销售税金及附加- \atop 管理费用-财务费用-厂商利润 \qquad (5-24)$$

（3）农地净收益的测算

$$净收益=农地年产值（全年农产品的产量乘以单价）-种苗费-肥料费- \atop 水利费-农药费-农具费-人工费-畜工费-机工费-农舍费- \atop 投资利息-农业税-农业利润 \qquad (5-25)$$

3. 自用或尚未使用的房地产净收益的求取

自用或尚未使用的房地产是指住宅、写字楼等目前为业主自用或暂时空置的房地产，而不是指写字楼、宾馆的大堂、管理用房等所必要的"空置"或自用部分。自用或尚未使用的房地产的净收益可以根据同一市场上有收益的类似房地产的有关资料按照上述相应的方式来测算，或者通过类似房地产的净收益直接比较得出。

4. 混合收益的房地产净收益的求取

对于现实中包含上述多种收益类型的房地产，如星级宾馆一般有客房、会议室、餐厅、商场、商务中心、娱乐中心等，在求取净收益时，可将其看作是各种单一收益类型房地产的简单组合，先分别求取各自的净收益，然后再将所有的净收益相加。

## 5.2.4 收益年限的确定

收益年限是估价对象自估价时点起至未来可以获得收益的时间。收益期限应该在估价对象房地产的自然寿命、法律规定、合同约定等的基础上，结合房地产的剩余经济寿命来确定。其主要分为以下三种情况：

（1）对于单独土地和单独建筑物对象，应分别根据土地使用年限和建筑物经济寿命确定未来可获得收益的年限，选用对应的有限年收益法公式进行计算。

（2）对于土地与建筑物合成体的估价对象，如果建筑物的经济寿命长于或等于土地使用年限，应根据土地使用年限来确定收益年限，然后选用对应的有限年收益法公式进行计算。

（3）对于土地与建筑物合成体的估价对象，如果建筑物的经济寿命早于土地使用年限而结束时，先根据建筑物的经济寿命确定未来可获得收益的年限，选用对应的有限年收益法公式计算出估价对象的一部分价值，然后再加上土地使用年限超出建筑物经济寿命的土地剩余使用年限价值的折现值得到估价对象的总价值。

### 5.2.5 净收益求取中应该注意的问题

**1. 有形收益和无形收益**

房地产收益可分为有形收益和无形收益。有形收益是由房地产带来的直接货币收益。无形收益是指房地产带来的间接利益，例如安全感、自豪感、增强融资能力等。在求取净收益时不仅要包括有形收益，还要考虑各种无形收益。无形收益通常难以货币化，难以在计算净收益时予以考虑，但可通过选取较低的报酬率或资本化率予以考虑。如果无形收益已通过有形收益得到体现，则不应再单独考虑。例如，能显示承租人形象、地位的写字楼，无形收益往往已包含在该写字楼的较高租金中。

**2. 实际收益和客观收益**

一般说来，房地产的收益包括实际收益和客观收益两种，但是由于实际收益与经营者的经营能力、房地产的用途等有密切的关系，使得估价的结果缺乏客观性，因此在实际估价中，通常选用客观收益作为求取净收益的依据。客观收益排除了实际收益中的偶然因素，是房地产在最合理使用状态下所取得的一般正常收益。

但是需要说明的是，有租约限制的，租赁期内的租金应采用租约约定的租金（简称租约租金或实际租金），租赁期限外的租金应采用正常客观的市场租金。

 【例5-7】

某商店的土地使用期限为 40 年，自 2020 年 10 月 1 日起计算。该商店共有两层，每层可出租面积各为 200m²。一层于 2021 年 10 月 1 日租出，租赁期限为 5 年，可出租面积的月租金为 320 元 /m²，且每年不变；二层现暂空置。附近类似商场一、二层可出租面积的正常月租金分别为 360 元 /m² 和 270 元 /m²，运营费用率为 30%。该类房地产的出租率为 100%，报酬率为 10%。请计算该商场 2024 年 10 月 1 日带租约出售时的正常价格。

【解】该商场 2024 年 10 月 1 日带租约出售时的正常价格测算如下：

（1）商店一层价格的测算

$$租赁期限内年净收益 = 200 \times 320（1-30\%）\times 12 = 53.76 \text{ 万元}$$

$$租赁期限外年净收益 = 200 \times 360 \times（1-30\%）\times 12 = 60.48 \text{ 万元}$$

$$V = \frac{53.76}{1+10\%} + \frac{53.76}{(1+10\%)^2} + \frac{60.48}{10\% \times (1+10\%)^2}\left[1 - \frac{1}{(1+10\%)^{40-4-2}}\right]$$

$$= 573.57 \text{ 万元}$$

（2）商店二层价格的测算

$$年净收益 = 200 \times 270 \times（1-30\%）\times 12 = 45.36 \text{ 万元}$$

$$V = \frac{45.36}{10\%}\left[1 - \frac{1}{\left(1+10\%\right)^{40-4}}\right] = 438.93 万元$$

$$该商店的正常价格 = 商店一层的价格 + 商店二层的价格$$

$$= 573.57 + 438.93$$

$$= 1012.5 万元$$

收益法的一种变通形式是"成本节约资本化法"。当一种权益或资产并不产生收入，却可以帮助所有者避免原本可能发生的成本时，就可以采用这种方法评估其价值。该方法的实质是，某种权益或资产的价值等于其未来有效期内可以节约的成本现值之和。承租人权益价值评估是这种方法的一种典型。承租人权益价值等于租赁期内租约租金与同期市场租金的差额经折现后的现值之和。如果租约租金低于市场租金，则承租人权益就有价值；反之，则承租人权益就是负价值。同一宗房地产，有租约限制下的价值、无租约限制下的价值和承租人权益的价值三者之间的关系为：

$$有租约限制下的价值 = 无租约限制下的价值 - 承租人权益的价值 \qquad （5-26）$$

对于 [ 例 5-7] 中可以计算承租人权益的价值如下：

$$承租人权益的价值 = \frac{60.48 - 53.76}{1 + 10\%} + \frac{60.48 - 53.76}{\left(1 + 10\%\right)^2} = 6.11 + 5.55 = 11.66 万元$$

3. 乐观估计、保守估计和最可能估计

求取净收益实际上是对未来的净收益作出预测。预测由于面临不确定性，不可避免地会有三种估计：一是乐观估计；二是保守估计，也称为悲观估计；三是最可能估计。在实际估价中，不仅客观上可能存在上述三种估计，而且可能会为故意高估估价对象的价值而对净收益作出过高估计，或者为故意压低估价对象的价值而对净收益作出过低估计。为避免出现这样的情况，应当要求估价师同时给出净收益的上述三种估计值，除了评估房地产抵押价值应遵循谨慎原则而选用保守的估计值以外，其他目的的估价都应选择最可能的估计值。

## 5.3　报酬率的求取

### 5.3.1　报酬率的定义和实质

报酬率（Yield Rate）也称为回报率、收益率，是一种折现率，是与利率、内部收益率（Internal Rate of Return，IRR）同性质的比率。

如果将购买收益性房地产视为一种投资行为，这种投资所需要投入的资本就是房地产价格，这笔投资在将来产生的收益就是房地产预期会产生的净收益，因此报酬率就是投资的收益率。在一个完善的市场中，投资者要想获取较高的收益，意味着必然要承担较大的风险；或者，有较大的风险，投资者必然要求有较高的收益。因此，从全社会来看，投资遵循收益与风险相匹配的原则，即报酬率与投资风险正相关，风险大的投资，其报酬率就高，风险小的投资，其报酬率就低。报酬率与投资风险的关系如图5-2所示。

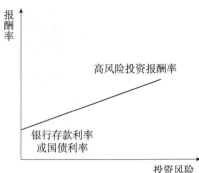

图 5-2　报酬率与投资风险的关系

确定一个合适的报酬率在收益法中是非常重要也是比较困难的事情。选取的报酬率应该是与获取该估价对象的净收益具有同等风险投资的收益率。由于房地产的风险与其位置、类型、用途等因素有关，因此，在实际估计时一定要依据估价对象所处的实际环境来确定报酬率。房地产的价值与报酬率是负相关的，因此，风险大的房地产价值低，风险小的房地产价值高。

不同地区、不同时期、不同用途或不同类型的房地产，同一类型房地产的不同权益、不同收益类型（如期间收益和未来转售收益），由于投资的风险不同，报酬率是不尽相同的，因此，在房地产估价中并不存在一个统一不变的报酬率数值。

### 5.3.2　报酬率的求取方法

在房地产估计实践中，求取报酬率的方法有很多种，下面主要介绍三种求取报酬率的方法，这些方法都要求房地产市场比较发达。

1. 累加法

累加法（Built-upmethod）又叫作安全利率加风险调整值法，它将报酬率视为包含无风险报酬率和风险报酬率两大部分，然后分别求出每一部分，再将它们相加得到报酬率的方法。其基本公式为：

$$报酬率 = 无风险报酬率 + 风险调整值 \tag{5-27}$$

$$风险调整值 = 投资风险补偿率 + 管理负担补偿率 + 缺乏流动性补偿率 \\ - 投资带来的优惠率 \tag{5-28}$$

无风险报酬率也称为安全利率，是无风险投资的报酬率，是资金的机会成本。现实中不存在完全无风险的投资，一般是选用同一时期相对无风险的报酬率去代替无风险报酬率，通常选取同一时期的国债利率或银行存款利率。风险报酬率是指承担额外的风险所要求的补偿，即超过无风险报酬率以外的报酬率，具体是对估价对象房地产自身及其所在的区域、行业、市场等所存在的风险的补偿，即风险调整值。

（1）投资风险补偿是指当投资者投资于收益不确定、具有风险性的房地产时，必然会要求对所承担的额外风险有补偿，否则就不会投资。

（2）管理负担补偿是指一项投资要求的关心和监管增多，投资者必然就会要求对所承担的额外管理有补偿。

（3）缺乏流动性补偿是指投资者对所投入的资金由于缺乏流动性所要求的补偿，房地产交易费用比较高，缺乏流动性。

（4）投资带来的优惠是指由于投资房地产可能获得的额外的好处，如易于获得融资，这就会降低投资者所要求的报酬率。

在实际中，风险调整值是投资估价对象相对于投资同一时期国债或银行存款的风险补偿率、管理负担补偿率、缺乏流动性补偿率扣除其带来的优惠率的值。

在不考虑时间和地域范围差异的情况下，风险调整值的大小主要与房地产的类型有关，通常情况下，商业零售用房、写字楼、住宅、工业用房的投资风险报酬率依次降低，风险的调整值也要相应的下降。另外，需要注意的是，上述报酬率已经包含了通货膨胀的影响，因为在收益法估价中，广泛使用的是名义净收益流，因而应使用与之相对应的报酬率。

2. 市场提取法

市场提取法（Market Extraction Method）又称实例法，是利用与估价对象房地产具有类似收益特征的可比实例房地产的价格、净收益等资料，选用相应的报酬资本化法公式，反求出报酬率的方法。当然，利用这种方法求出的报酬率反映的是对过去而非未来的风险判断，它可能与估价对象未来各期收益风险有一定的差别。所以，对估价对象报酬率的判断还应着眼于可比实例的典型买者和卖者对该类房地产的预期或期望报酬率，因此，应对运用市场提取法求出的报酬率进行适当的调整。

运用市场提取法求取报酬率时，所选取的实例必须是与估价对象相类似的实例。通常为避免偶然性所带来的误差，应尽量搜集较多的可比实例，选用相应的收益法计算公式求得报酬率，然后求出其平均报酬率或者加权平均报酬率。

（1）在 $P = A/r$ 的情况下，通过 $r = A/P$ 来直接求取，见表5-1。

选取的5个可比实例及其相关资料 表5-1

| 序号 | 净收益（万元/年） | 价格（万元） | 报酬率（%） |
|---|---|---|---|
| 1 | 11 | 98 | 11.2 |
| 2 | 20 | 185 | 10.8 |
| 3 | 9 | 86 | 10.5 |
| 4 | 36 | 326 | 11.0 |
| 5 | 88 | 770 | 11.4 |

根据表5-1算出可比实例报酬率的简单算术平均数为：

（11.2%+10.8%+10.5%+11.0%+11.4%）÷5=10.98%

因此，估价对象的报酬率可以选取 10.98%。除此之外，较为精确的计算还可以采用加权算术平均数。

（2）在 $P = A/r\left[1-\dfrac{1}{(1+r)^n}\right]$ 的情况下，通过 $P - A/r\left[1-\dfrac{1}{(1+r)^n}\right]=0$ 来求取 $r$。具体方法是采用试错法，计算到一定的精度后，再采用线性内插法来求取，也可以通过计算机来求取。

当然，如果遇到报酬资本化法的其他情况，可以运用相对应的公式进行推导和计算，确定相应的报酬率。

**3. 投资报酬率排序插入法**

由于具有同等风险的任何投资的报酬率应该是相近的，所以，可以通过利用与估价对象同等风险的投资报酬率来求取估价对象的报酬率。报酬率排序插入法的操作步骤和主要内容如下：

（1）调查、搜集估价对象所在地区的房地产投资、相关投资及其报酬率和风险程度的资料，如各种类型的银行存款利率、政府债券利率、公司债券利率、股票报酬率及其他投资的报酬率等。

（2）将所搜集的不同类型投资的报酬率按从低到高的顺序排列，制成图表。

（3）将估价对象与这些类型投资的风险程度进行分析比较，考虑管理的难易程度、投资的流动性以及作为资产的安全性等，判断出同等风险的投资，确定估价对象风险程度应落的位置。

（4）根据估价对象风险程度所落的位置，在图表上找出对应的报酬率，从而求出估价对象的报酬率，如图5-3所示。

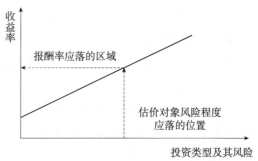

图 5-3 收益率按从低到高的顺序排列图

### 5.3.3 报酬率的种类

在实际的房地产估价中，估价师应该根据不同估价对象采用不同性质的报酬率。在房地产估价中应用最广泛的三种报酬率是：综合报酬率、建筑物报酬率和土地报酬率，这三种报酬率是与房地产估价对象的三种实物存在形态相对应的。

**1. 综合报酬率**

综合报酬率是应用于评估房地合一状态下的房地产时所采用的报酬率。采用综合报酬率估算房地产的收益价值时，所对应的净收益是土地和建筑物产生的年净收益之和。

**2. 建筑物报酬率**

建筑物报酬率是应用于评估建筑物时所采用的报酬率，采用建筑物报酬率估算建筑物的收益价值时，所对应的净收益是建筑物产生的年净收益，即是从房地产的年总净收益中分离出来的建筑物的收益。

### 3. 土地报酬率

土地报酬率是应用于评估土地时所采用的报酬率，采用土地报酬率估算土地的收益价值时，所对应的净收益是土地的年净收益，即这个净收益中不包括其他方面带来的收益部分。如果在求取土地的价值时选用的不是纯粹的土地报酬率，算出的结果肯定不是土地价值。

值得注意的是：报酬率的确定同整个房地产估价活动一样，是科学与艺术的有机结合。尽管有上述求取报酬率的方法，但这些方法并不能确切地告诉估价师报酬率究竟应是个多大的数字，这些方法对报酬率的确定都含有某些主观选择性，需要估价师运用自己掌握的关于报酬率的理论知识，结合实际估价经验和对当地的投资及房地产市场进行充分了解之后，来作出一个相应的综合判断。但在一定时期，报酬率有一个合理的区间。

## 5.4 直接资本化法

### 5.4.1 直接资本化法的含义及基本公式

直接资本化法是将估价对象未来某一年的某种预期收益除以适当的资本化率或者乘以适当的收益乘数来求取估价对象价值的方法。未来某一年的某种预期收益通常是采用未来第一年的预期收益，预期收益的种类有毛租金、净租金、潜在毛收入、有效毛收入、净收益等。

资本化率（Capitalization Rate，CR）是房地产的某种年收益与其价格的比率，仅表示从收益到价值的比率，并不明确表示获利能力。从理论上来说，报酬率与净收益本身的变化与获得净收益期限的长短等没有直接的关系，而资本化率与净收益本身的变化与获得净收益期限的长短等有直接的关系。利用资本化率将年收益转换为价值的直接资本化法的常用公式是：

$$房地产价值 = 年收益 / 资本化率 \qquad (5-29)$$

收益乘数是房地产的价格除以其某种年收益所得的倍数，利用收益乘数将年收益转换为价值的直接资本化法的公式为：

$$房地产价值 = 年收益 \times 收益乘数 \qquad (5-30)$$

资本化率和收益乘数都可以采用市场提取法来求取，具体是通过市场上近期交易的与估价对象的净收益流量模式（包括净收益的变化、收益期限的长短）等相同的许多类似房地产的有关资料（由这些资料可求得年收益和价格）中求得。

### 5.4.2 几种收益乘数法

对应着不同种类的年收益，收益乘数具体有毛租金乘数（Gross Rent Multiplier，GRM）、潜在毛收入乘数（Potential Gross Income Multiplier，PGIM）、有效毛收入乘数（Effective Gross Income Multiplier，EGIM）和净收益乘数（Net Income Multiplier，NIM）。相应地，收益乘数法有毛租金乘数法、潜在毛收入乘数法、有效毛收入乘数法和净收益乘数法。

1. 毛租金乘数法

毛租金乘数法是将估价对象一年毛租金乘以相应的毛租金乘数来求取估价对象价值的方法，即：

$$房地产价值 = 年毛租金 \times 毛租金乘数 \tag{5-31}$$

毛租金乘数就是通常所讲的"租售比价"。在市场上较容易获得房地产的售价和租金资料，因而毛租金乘数法方便易行。由于在同一市场，同一房地产的租金和售价同时受相同的市场力量影响，因此毛租金乘数是一个比较客观的数值，避免了由于多层次估算可能产生的各种误差的累计。但是毛租金乘数法忽略了租金以外的收入，也忽略了不同房地产的空置率和运营费用的差异。

毛租金乘数法一般用于土地或出租型住宅（特别是公寓）的估价。但由于它的计算方法比较粗糙，往往作为市场法或其他收益法的一个补充。

2. 潜在毛收入乘数法

潜在毛收入乘数法是将估价对象某一年的潜在毛收入乘以潜在毛收入乘数求取估价对象价值的方法，即：

$$房地产价值 = 年潜在毛收入 \times 潜在毛收入乘数 \tag{5-32}$$

潜在毛收入乘数是市场上房地产的价格除以其年潜在毛收入所得的倍数，与毛租金乘数法相比，潜在毛收入乘数法相对全面一些，它考虑了房地产租金以外的收入，但同样没有考虑房地产空置率和运营费用的差异。

如果估价对象与可比实例房地产的空置率差异不大，并且运营费用比率相似，则使用潜在毛收入乘数法是一种简单可行的方法。但总的来说，该方法也比较粗糙，适用于估价对象资料不充分或精度要求不高的估价。

3. 有效毛收入乘数法

有效毛收入乘数法是将估价对象某一年的有效毛收入乘以有效毛收入乘数来求取估价对象价值的方法，即：

$$房地产价值 = 年有效毛收入 \times 有效毛收入乘数 \tag{5-33}$$

有效毛收入乘数是房地产的价格除以其年有效毛收入所得的倍数，有效毛收入乘数法不仅考虑了房地产租金以外的收入，还考虑了房地产的空置率。因此，当估价对象与可比实例房地产的空置率有较大差异，而且这种差异预计还将继续下去时，则使用有效毛收入乘数比使用潜在毛收入乘数更为合适。因为投资者在估算房地产的价值时，必须要考虑空置率的差异。有效毛收入乘数法的缺点是没有考虑运营费用的差异，因而也只适用于作粗略的估价。

4. 净收益乘数法

净收益乘数法是将估价对象某一年的净收益乘以净收益乘数来求取估价对象价值的方法，即：

$$房地产价值 = 净收益 \times 净收益乘数 \qquad (5-34)$$

净收益乘数是房地产的价格除以其年净收益所得的倍数，它能提供更为可靠的价值估算。收益乘数法主要用于独立式住宅的估计，而对于公寓及其他收益性房地产，收益乘数法常用作市场比较法的补充。

### 5.4.3 报酬资本化法和直接资本化法的比较

1. 报酬资本化法的优缺点

（1）指明了房地产的价值是其未来各期净收益的现值之和，这是对预期原理最形象的表述，考虑到了资金的时间价值，有很强的理论基础。

（2）每期的净收益或者现金流量都是明确的，易于理解。

（3）由于具有同等风险的任何投资的报酬率应该是相近的，所以不必直接依靠与估价对象的净收益流模式相同的类似房地产来求取适当的报酬率，而通过与其他具有同等风险的投资相比较求取适当的报酬率。

但由于报酬资本化法需要预测未来各期的净收益，从而较多地依赖于估价人员的主观判断，并且各种简化的净收益流模式不一定符合市场的实际情况。

2. 直接资本化法的优缺点

（1）不需要预测未来许多年的净收益，通常只需要测算未来第一年的净收益。

（2）资本化率或收益乘数直接来源于市场上所显示的收益与价值的关系，能较好地反映市场的实际情况。

（3）计算的过程较为简单。

但由于直接资本化法利用的是某一年的收益资本化，所以要求有较多与估价对象的净收益流模式相同的类似房地产来求取资本化率或收益乘数，对可比实例的依赖性强。当相似的预期收益存在大量的可比市场信息时，直接资本化法是相当可靠的。当市场可比信息缺乏时，报酬率法则能提供一个相对可靠的评估价值，因为估价人员可以通过投资者在有同等风险的投资上要求的报酬率来确定估价对象的报酬率。

## 5.5 投资组合和剩余技术

根据房地产的净收益来求取房地产的价格是收益法的主要应用。除此之外，还有一些收益法的具体应用，如报酬率和资本化率都可以从房地产的物理构成（土地和建筑物）或资金构成（抵押贷款和自有资金）中求出各构成部分的报酬率或资本化率，或者将其报酬率或资本化率运用到各构成部分以测算其价值。

## 5.5.1 投资组合技术

投资组合技术（Band of Investment Technique）主要有土地与建筑物的组合和抵押贷款与自有资金的组合两种。

1. 土地和建筑物的组合

运用直接资本化法估价，由于估价对象不同，例如评估的是房地价值还是土地价值，或是建筑物价值，采用的资本化率应有所不同，相应的三种资本化率分别是综合资本化率、土地资本化率和建筑物资本化率。

综合资本化率是求取房地产价值时应当采用的资本化率，对应的净收益应该是土地与地上建筑物共同产生的净收益。即在评估土地与建筑物合成体的价值时，应采用土地与地上建筑物共同产生的净收益，同时选用综合资本化率将其资本化。

土地资本化率是求取土地价值时应采用的资本化率。这时对应的净收益应该是土地产生的净收益（即仅属于土地的净收益），不包含建筑物带来的净收益。

建筑物资本化率是求取建筑物价值时应采用的资本化率。这时对应的净收益应当是建筑物产生的净收益（即仅属于建筑物的净收益），不包含土地带来的净收益。

综合资本化率、土地资本化率和建筑物资本化率三者虽然有严格区分，但又是相互联系的。如果能从可比实例房地产中求出其中两种资本化率，便可利用下列公式求出另外一种资本化率：

$$R_0 = \frac{V_L \times R_L + V_B \times R_B}{V_L + V_B} \qquad (5-35)$$

$$R_L = \frac{(V_L + V_B) R_0 - V_B \times R_B}{V_L} \qquad (5-36)$$

$$R_B = \frac{(V_L + V_B) R_0 - V_L \times R_L}{V_B} \qquad (5-37)$$

式中，$R_0$ 为综合资本化率；$R_L$ 为土地资本化率；$R_B$ 为建筑物资本化率；$V_L$ 为土地价值；$V_B$ 为建筑物价值。

上述公式必须确切地知道土地价值、建筑物价值分别是多少，这有时难以做到。但如果知道了土地价值或建筑物价值占房地价值的比率，也可以找出综合资本化率、土地资本化率和建筑物资本化率三者的关系，公式为：

$$R_0 = L \times R_L + B \times R_B \qquad (5-38)$$

或

$$R_0 = L \times R_L + (1-L) \times R_B \qquad (5-39)$$

或

$$R_0 = (1-B) \times R_L + B \times R_B \qquad (5-40)$$

式中，$L$ 为土地价值占房地价值的比率；$B$ 为建筑物价值占房地价值的比率；$L+B=100\%$。

 【例5-8】

某宗房地产的土地价值占总价值的 40%，建筑物价值占总价值的 60%。从可比实例房地产中求出的土地资本化率为 6%，建筑物资本化率为 9%。如果房地产的年净收益为 96 万元，剩余经济寿命为 32 年，请计算房地产的价值。

【解】（1）确定房地产的综合资本化率，计算如下：

$$R_0 = L \times R_L + B \times R_B = 40\% \times 6\% + 60\% \times 9\% = 7.8\%$$

（2）确定房地产的价值

$$V = 96 / 7.8\% = 1230.77 万元$$

2. 抵押贷款和自有资金的组合

在房地产市场与金融市场紧密结合的现代社会，购买房地产的资金通常由两部分构成：抵押贷款和自有资金。因此，房地产投资组合的资本化率必须同时满足这两部分资金对投资报酬的要求，即贷款者（如贷款银行）要求得到与其贷款所冒风险相当的贷款利率报酬，自有资金投资者要求得到与其投资所冒风险相当的投资报酬。由于抵押贷款通常是分期偿还的，所以抵押贷款与自有资金组合不是利用抵押贷款利率和自有资金资本化率来求取房地产的资本化率，而是利用抵押贷款常数和自有资金资本化率来求取综合资本化率的，具体为抵押贷款常数和自有资金资本化率的加权平均数。即：

$$R_0 = M \times R_m + (1-M) R_t \qquad (5-41)$$

式中，$R_0$ 为综合资本化率；$M$ 为贷款价值比，也称为贷款成数，是指贷款金额占房地产价值的比率，一般介于 60% ~ 90% 之间；$R_m$ 为抵押贷款常数；$R_t$ 为自有资金资本化率。

在上述公式中，抵押贷款常数一般采用年抵押贷款常数，它是每年的还款额（还本付息额）与抵押贷款金额（抵押贷款本金）的比率。如果抵押贷款是按月偿还的，则年抵押贷款常数是将每月的还款额乘以 12，然后除以抵押贷款金额；或者将月抵押贷款常数（每月的还款额与抵押贷款金额的比率）乘以 12。在分期等额本息偿还贷款的情况下，由于等额还款额为：

$$A_{\mathrm{m}} = \frac{V_{\mathrm{m}} \times Y_{\mathrm{m}}}{\left[ 1 - \dfrac{1}{(1+Y_{\mathrm{m}})^{n}} \right]} \tag{5-42}$$

则抵押贷款常数的计算公式为：

$$\begin{aligned} R_{\mathrm{m}} &= \frac{A_{\mathrm{m}}}{V_{\mathrm{m}}} = \frac{Y_{\mathrm{m}}(1+Y_{\mathrm{m}})^{n}}{(1+Y_{\mathrm{m}})^{n} - 1} \\ &= Y_{\mathrm{m}} + \frac{Y_{\mathrm{m}}}{(1+Y_{\mathrm{m}})^{n} - 1} \end{aligned} \tag{5-43}$$

式中，$R_{\mathrm{m}}$ 为抵押贷款常数；$A_{\mathrm{m}}$ 为等额还款额；$V_{\mathrm{m}}$ 为抵押贷款金额；$Y_{\mathrm{m}}$ 为抵押贷款报酬率，即抵押贷款利率；$n$ 为抵押贷款期限。

自有资金资本化率是税前现金流量（从净收益中扣除抵押贷款还本付息额后的余额）与自有资金额的比率，通常为未来第一年的税前现金流量与自有资金额的比率，可以通过市场提取法由可比实例房地产的税前现金流量除以自有资金额得到。

综合资本化率必须同时满足贷款人对还本付息额的要求和自有资金投资者对税前现金流量的要求。

下列几点有助于理解抵押贷款与自有资金组合的公式：

（1）可以把购买房地产视作一种投资行为，房地产价格为投资额，房地产净收益为投资收益。

（2）购买房地产的资金来源可分为抵押贷款和自有资金两部分，因此有：

$$抵押贷款金额 + 自有资金额 = 房地产价格 \tag{5-44}$$

（3）房地产的收益相应地由这两部分资本来分享，即：

$$房地产净收益 = 抵押贷款收益 + 自有资金收益 \tag{5-45}$$

于是就有下列等式：

$$房地产价格 \times 综合资本化率 = 抵押贷款金额 \times 抵押贷款常数 + 自有资金金额 \times 自有资金资本化率$$

$$综合资本化率 = \frac{抵押贷款金额}{房地产价格} \times 抵押贷款常数 + \frac{自有资金金额}{房地产价格} \times 自有资金资本化率 =$$
$$贷款价值比率 \times 抵押贷款常数 + (1 - 贷款价值比率) \times 自有资金资本化率 \tag{5-46}$$

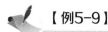 【例5-9】

购买某类房地产通常抵押贷款占七成，抵押贷款年利率为8%，贷款期限为20年，按月等额偿还本息。通过可比实例房地产计算出的自有资金资本化率为14%。请计算综合资本化率。

【解】综合资本化率计算如下：

$$R_{\mathrm{m}} = \frac{A_{\mathrm{m}}}{V_{\mathrm{m}}} = Y_{\mathrm{m}} + \frac{Y_{\mathrm{m}}}{\left(1+Y_{\mathrm{m}}\right)^{n}-1}$$

$$= 8\% + \frac{8\%/12}{\left(1+8\%/12\right)^{20\times12}-1} \times 12$$

$$= 10.04\%$$

$$R_0 = M \times R_{\mathrm{m}} + (1-M) R_{\mathrm{t}} = 70\% \times 10.04\% + (1-70\%) \times 14\% = 11.23\%$$

## 5.5.2 剩余技术

剩余技术也称作残余法，是指从房地产所产生的总收益中，扣除归属于土地或建筑物的收益，剩余部分即为归属于建筑物或土地的净收益，再将此残余的净收益运用报酬资本化法或直接资本化法，从而求得建筑物或土地的收益价格的估价方法。

剩余技术是应用土地或建筑物的部分估价的收益法，可具体分为土地剩余技术和建筑物剩余技术，另外还有自有资金剩余技术和抵押贷款剩余技术。

1. 土地剩余技术

土地与建筑物共同产生的收益，如果采用收益法以外的方法（如市场法或成本法）能求出建筑物的价值时，则可利用收益法公式求得归属于建筑物的净收益，然后从房地产产生的总净收益中扣除属于建筑物产生的净收益，得到属于土地的净收益，运用报酬资本化法或直接资本化法，则可得到土地的价值。这种求取土地价值的剩余技术称为土地剩余技术或土地残余法。

土地残余法在土地难以采用其他的估价方法估价时是一种很有用的方法。例如，在需要对附有旧建筑物的土地进行估价时，虽然采用市场法可以求得在设想该旧建筑物不存在的情况下空地的价格，但对于因附有旧建筑物而导致的土地价值降低的情况，市场法通常难以解决，这时就可以运用土地剩余技术来求取。

直接资本化法的土地剩余技术的公式为：

$$V_{\mathrm{L}} = \frac{A_0 - V_{\mathrm{B}} \times R_{\mathrm{B}}}{R_{\mathrm{L}}} \tag{5-47}$$

式中，$V_{\mathrm{L}}$ 为土地价值；$A_0$ 为土地及其上的建筑物共同产生的净收益（通常是基于房租的净收益）；$V_{\mathrm{B}}$ 为建筑物价值（是采用收益法以外的方法，多数情况下是采用成本法求取）；$R_{\mathrm{B}}$ 为建筑物资本化率；$R_{\mathrm{L}}$ 为土地资本化率。

在净收益每年不变、收益期限为有限年的情况下的土地剩余技术的公式为：

$$V_{\mathrm{L}} = \frac{A_0 - \dfrac{V_{\mathrm{B}} \times Y_{\mathrm{B}}}{1 - \dfrac{1}{\left(1+Y_{\mathrm{B}}\right)^{n}}}}{Y_{\mathrm{L}}} \left[1 - \frac{1}{\left(1+Y_{\mathrm{L}}\right)^{n}}\right] \tag{5-48}$$

【例5-10】

某宗房地产每年净收益为60万元，建筑物价值为180万元，建筑物资本化率为12%，土地资本化率为10%。请计算该宗房地产的价值。

【解】该宗房地产的价值计算如下：

$$土地价值 = \frac{60 - 180 \times 12\%}{10\%} = 384万元$$

$$该宗房地产价值 = 土地价值 + 建筑物价值 = 384 + 180 = 564万元$$

2. 建筑物残余法

土地与建筑物共同产生的收益，如果采用收益法以外的方法（如市场法）能求出土地的价值时，则可利用收益法公式求得属于土地的净收益，然后从土地与地上建筑物共同产生的收益中扣除属于土地产生的净收益，得到属于建筑物的净收益，再选用收益法相应的公式，计算确定建筑物的价值。这种求取土地价值的剩余技术称为建筑物残余法。

直接资本化法的建筑物剩余技术的公式为：

$$V_{B} = \frac{A_0 - V_L \times R_L}{R_B} \tag{5-49}$$

在净收益每年不变、收益期限为有限年情况下的建筑物剩余技术的公式为：

$$V_B = \frac{A_0 - \dfrac{V_L \times Y_L}{1 - \dfrac{1}{(1+Y_L)^n}}}{Y_B} \left[ 1 - \frac{1}{(1+Y_B)^n} \right] \tag{5-50}$$

另外，将建筑物价值与土地价值相加，可以得到整体房地产的价值。

建筑物剩余技术对于检验建筑物相对于土地是否规模过大或过小很有用处。此外，它还可以用来测算建筑物的折旧。将建筑物的重新购建价格减去运用建筑物剩余技术求取的建筑物价值即为建筑物的折旧。

在使用剩余技术时，应该注意以下两个方面：

（1）对于从总收益中扣除的那部分收益，必须先根据收益法以外的其他估价方法求取其价格，再依据相应的收益法公式转换成收益。

（2）在一般情况下，剩余技术的应用范围受到较大的限制，只有当建筑物比较新，并且处于最有效的使用状态时，才能使用剩余技术。陈旧的或者无法发挥最大效用的房地产，因其总体收益性明显降低，属于土地或建筑物的收益都会异常的低于一般水平，如果在这种情况下应用剩余技术估价，则会导致较大的误差。所以在估价实务上，应特别注意。

## 5.6 收益法的应用举例

### 5.6.1 收益法公式的应用

 【例5-11】

某宗房地产在正常情况下的年净收益为 30 万元，报酬率为 10%，其经济寿命视为无限年，试计算该房地产的收益价格。

【解】由题意知，应用式（5-2），该总房地产的收益价格为：

$$P = \frac{A}{r} = \frac{30}{10\%} = 300万元$$

 【例5-12】

某宗在政府有偿出让的土地上开发建设的房地产，土地的出让年限是 50 年，到目前为止已经使用了 12 年，该房地产在正常情况下的年净收益为 30 万元，报酬率为 10%，试计算该宗房地产的收益价格。

【解】由题意知，应用式（5-3），该宗房地产的收益价格为：

$$P = \frac{A}{r}\left[1 - \frac{1}{(1+r)^n}\right] = \frac{30}{10\%} \times \left[1 - \frac{1}{(1+10\%)^{50-12}}\right]$$

$$= 291.98万元$$

[例 5-11] 和 [例 5-12] 的净收益和报酬率都是相同的，但由于两者的收益年限不同，使两宗房地产的价格也不同。

### 5.6.2 净收益的求取

 【例5-13】

一建筑面积为 1200m² 的写字楼，其月毛租金为每平方米 100 元，空置率为 10%，租金损失为毛租金收入的 2%，合理运营费用为有效租金收入的 25%，求该写字楼的净收益。

【解】根据题意，计算步骤为以下几步：

（1）潜在毛收入 =1200×100×12=144 万元

（2）有效毛收入 =144×（1-10%）×（1-2%）=127.01 万元

（3）合理运营费用 =127.01×25%=31.75 万元

（4）净收益 =127.01-31.75=95.26 万元

### 5.6.3 综合应用

【例5-14】

现有一宗房地产占地面积 $200m^2$，建筑面积 $150m^2$，土地使用年限为 50 年，从 2010 年 6 月 10 日起计。该建筑于 2011 年 6 月 10 日建成投入使用，经济寿命为 50 年。建筑物原值为 1000 元 $/m^2$，残值率为 3%。此房出租每月租金为 4000 元，报酬率为 12%。租金损失按一个月的租金收入计提。税费包括房产税、增值税、城市维护建设税和教育费税，四税合计为年租金收入的 17%，管理费用按年租金收入的 6% 计提，维修费和保险费均按建筑物原值的 2% 计提，根据上述资料评估该房屋 2023 年 6 月 10 日的收益价格。

【解】根据题意，计算步骤为以下几步：

（1）潜在毛收入 =4000×12=48000 元

（2）有效毛收入 =48000-4000=44000 元

（3）运营管理费

$$税费 =44000×17\%=7480 元$$

$$管理费 =44000×6\%=2640 元$$

$$维修及保险费 =150×1000×2\%×2=6000 元$$

（4）年净收益 =44000-7480-2640-6000=27880 元

（5）收益价格 $= P = \dfrac{A}{r}\left[1-\dfrac{1}{(1+r)^n}\right]$

$$= \frac{27880}{12\%}×\left[1-\frac{1}{(1+12\%)^{37}}\right]$$

$$= 228825.45元$$

【例5-15】

现评估某出租商住楼于 2020 年 10 月 1 日建筑物的价格，其有关资料如下：①该房地产于 2010 年 10 月 1 日建成，总建筑面积为 $5000m^2$，土地面积为 $1200m^2$，建筑物为钢筋混凝土结构；②土地使用权出让手续于 2010 年 10 月 1 日补办完成，年限为 40 年，建筑物的使用寿命为 60 年；③该楼年净收益为 100 万元，通过市场法测算，2020 年 10 月 1 日类似土地的 70 年出让价格为 4500 元 $/m^2$；④土地报酬率为 10%，建筑物的报酬率为 12%。试计算该出租商住楼的单价。

【解】根据题意，计算步骤为以下几步：

（1）计算土地的净收益

$$土地的年净收益 = \frac{4500 \times 1200 \times 10\%}{1 - \dfrac{1}{(1+10\%)^{70}}} = 54.07 万元$$

（2）计算建筑物的净收益

$$建筑物的净收益 = 100 - 54.07 = 45.93 万元$$

（3）计算建筑物的价格

$$建筑物价格 = \frac{45.93}{12\%} \times \left[ 1 - \frac{1}{(1+12\%)^{30}} \right] = 369.97 万元$$

$$单价 = 369.97 \times 10000 / 5000 = 739.94 元/m^2$$

【例5-16】

估价对象概况：估价对象是一幢出租的写字楼；土地总面积 $12000m^2$，总建筑面积 $52000m^2$；建筑层数为地上 22 层、地下 2 层，建筑结构为钢筋混凝土结构；土地使用期限为 50 年，从 2017 年 5 月 15 日起计。

估价要求：需要评估该写字楼 2023 年 5 月 15 日的购买价格。

【解】估价过程如下：

（1）选择估价方法。该宗房地产是出租的写字楼，为收益性房地产，适用收益法估价，故选用收益法。具体是选用收益法中的报酬资本化法，公式为：

$$P = \sum_{i=1}^{n} \frac{A_i}{(1+Y)_i}$$

（2）搜集有关资料。通过调查了解，并与类似写字楼的正常租金、出租率、经营费进行比较分析，得出了估价对象的有关情况和正常客观的数据如下：

①租金按照净使用面积计。可供出租的净使用面积总计为 $33800m^2$，占总建筑面积的 65%，其余部分为大厅、公共过道、楼梯、电梯、公共卫生间、大楼管理人员用房、设备用房等占用的面积。

②月租金平均为 70 元 $/m^2$（净使用面积）。

③出租率年平均为 90%。

④经营费平均每月 20 万元，包括人员工资、水、电、空调、维修、清洁、保安等费用。

⑤房产税以房产租金收入为计税依据，税率为 12%。

⑥其他税费（包括城镇土地使用税、增值税等）为租金收入的 8%。

（3）测算年有效毛收入

$$年有效毛收入 = 33800 \times 70 \times 12 \times 90\%$$

$$= 2555.28 \text{ 万元}$$

（4）测算年运营费用

①经营费：

$$年经营费 = 20 \times 12 = 240 \text{ 万元}$$

②房产税：

$$年房产税 = 2555.28 \times 12\% = 306.63 \text{ 万元}$$

③其他税费：

$$年其他税费 = 2555.28 \times 8\% = 204.42 \text{ 万元}$$

④年运营费用：

$$年运营费用 = ① + ② + ③$$

$$= 240 + 306.63 + 204.42$$

$$= 751.05 \text{ 万元}$$

⑤计算年净收益：

$$年净收益 = 年有效毛收入 - 年运营费用$$

$$= 2555.28 - 751.05$$

$$= 1804.23 \text{ 万元}$$

⑥确定报酬率：在调查市场上相似风险的投资所要求的报酬率的基础上，确定报酬率为12%。

⑦计算房地产价格：根据过去的收益变动情况，判断未来的净收益基础上每年不变，且因收益期限为有限年，故选用以下计算公式：

$$P = \frac{A}{Y}\left[1 - \frac{1}{(1+Y)^n}\right]$$

上述公式中的收益期限 $n=44$（建筑物经济寿命为60年，长于土地使用期限。土地使用期限从2017年5月15日起计为50年，2017年5月15日到2023年5月15日，此后的收益期限为44年），因此：

$$P = \frac{1804.23}{12\%} \times \left[1 - \frac{1}{(1+12\%)^{44}}\right] = 14932.56 \text{万元}$$

估计结果：根据计算结果，并参考房地产估价师的估价经验，确定本估价对象于2023年5月15日的购买总价为14932.56万元，约合每平方米建筑面积2871.65元。

# 复习思考题

章节自测题

1. 什么是收益法？

2. 报酬资本化法与直接资本化法之间，以及投资法与利润法之间的主要区别是什么？

3. 收益法的理论依据是什么？

4. 收益法估价的操作步骤是什么？

5. 报酬资本化法有哪些计算公式？各种计算公式的应用条件是什么？

6. 如何运用净收益每年不变的公式进行不同期限价格的换算？

7. 出租的房地产净收益如何求取？

8. 商业经营的房地产净收益如何求取？

9. 工业生产的房地产净收益如何求取？

10. 农地的净收益如何求取？

11. 自用或尚未使用的房地产净收益如何求取？

12. 实际收益和客观收益的含义及其区别是什么？

13. 有租约限制的房地产价值、无租约限制的房地产价值和承租人权益的价值三者之间的关系是什么？

14. 建筑物经济寿命结束的时间与土地使用权期间届满的时间不一致时，收益期限应如何确定？

15. 什么是报酬率？其实质是什么？

16. 报酬率与投资风险有何种关系？

17. 什么是求取报酬率的累加法？如何利用这种方法求取报酬率？

18. 什么是求取报酬率的市场提取法？如何利用这种方法求取报酬率？

19. 什么是求取报酬率的投资报酬率排序插入法？如何利用这种方法求取报酬率？

20. 什么是资本化率？资本化率与报酬率的区别及相互之间的关系是什么？

21. 什么是收益乘数法？有哪几种收益乘数法？

22. 综合资本化率、土地资本化率、建筑物资本化率三者的含义及相互关系如何？

23. 综合资本化率、抵押贷款常数、自有资金资本化率三者的含义及相互关系如何？

24. 什么是剩余技术？主要有哪些剩余技术？

25. 某写字楼预计持有 3 年后出售，持有期的纯收益每年为 200 万元，出售时的价格是 5600 万元，报酬率为 10%，则该写字楼目前的收益价格是多少？

26. 预测某宗收益性房地产在未来第 1 年的年净收益为 100 万元，第二年和第三年的净收益都比上一年上涨 6%，第 3 年末时转售价格为 1500 万元，该房地产的报酬率为 10%，试求该房地产现时的价格。

27. 已知某宗房地产在 50 年的土地使用权，报酬率为 10% 的情况下的价格为 3000 元 /m²，那么，试求该土地使用权限30年，报酬率为12%时房地产价格是多少？

28. 某宗房地产预计第一年的有效毛收入为18万元，运营费用为10万元；此后每年的有效毛收入会在上一年的基础上增长6%，运营费用增长3%，收益年限是50年；假设有效毛收入发生在年初，运营费用在每年均匀投入，该房地产的报酬率为10%，则该房地产的价格是多少？

29. 对某商住楼一层30间商铺进行评估，平均每间商铺的月租金为2000元，平均空置率为20%，营业费用平均为1万元／月；根据调查，该地段同类的商铺每间月租金为2500元，年均空置率为15%，正常营业每月总费用平均占每月总收入的15%，该类房地产的报酬率为10%，商铺经营年限为35年，试根据所给资料估算该商铺的价值。

30. 某宾馆需要估价，据调查，该宾馆共有400张床位，平均每张床位每天向客人收100元，每年的平均空置率为30%，其营业费用为平均每月花费18万元，当地同档次的宾馆一般床的价位为80元，年平均空置率为20%，正常营业每月总费用平均占总收入的30%，该类房地产的资本化率为15%，试估算该宾馆的价格。

31. 购买某类房地产通常抵押贷款占七成，抵押贷款年利率为8%，贷款期限为20年，按月等额偿还贷款本息。通过可比实例房地产计算出的自有资金资本化率为16%。请计算该宗房地产的综合资本化率。

32. 某宾馆总建筑面积是10000m²，一层建筑面积为2000m²，其中500m²为宾馆大堂，1500m²出租用于餐厅和咖啡厅，其余各层为宾馆客房、会议室和自用办公室。该宾馆共有客房190间（建筑面积7600m²），会议室2间（建筑面积200m²），自用办公室3间（建筑面积200m²）。当地同档次宾馆每间客房每天的房价是200元，年平均空置率为25%；会议室的租金平均每间每次500元，平均每间每月出租30次；附近同档次一层商业用途房地产的正常市场价格为15000元／m²，同档次办公楼的正常市场价格为800元／m²，该宾馆正常经营平均每月总费用占客房每月总收入的40%，当地该类型房地产的资本化率为10%，试估算该宾馆的正常价格。

33. 甲公司在五年前提供了一宗土地使用年限为50年的土地，与乙公司合作建设一个办公楼，总建筑面积是3000m²，于三年前建成并投入使用，办公楼的正常使用寿命长于土地使用年限。甲乙双方当时合同约定，建成投入使用后，其中的1000m²建筑面积归甲方，2000m²的建筑面积由乙方使用15年，期满后无偿归甲方。现乙方想要拥有该办公楼的产权，甲方也愿意将其产权转让给乙方。据调查得知，该类办公楼每平方米建筑面积的月租金平均为100元，出租率为90%，年运营费用占租赁有效毛收入的40%，报酬率为15%，试估算乙方现在应该出资多少钱来购买甲方的权益。

34. 一个酒店原年总收益为180万元，年总费用为50万元。自从2015年3月以来，年总收益每年递增10万元，总费用每年递增2万元。自2018年3月开始，总收益比上一年递增3%，而总费用却比上年递减1%，估计以后10年均会按此比率变化，10年后预测该酒店的售价会达到1800万元，若该酒店的报酬率为10%，评估该酒店2023年3月的价格。

35. 某房地产占地 4000m², 土地使用年限为 50 年, 容积率为 6, 建筑密度为 25%, 每层建筑面积相同。该房地产经过两年开发建成。预计再经过一年销售招租完毕, 届时各层使用情况预计如下: 一层的大堂部分占该层建筑面积的 60%, 其余部分的 75% 可用于商业铺位出租, 正常出租率为 90%, 每平方米出租面积每月可得净租金 60 元; 二、三层为商场, 营业面积占该层建筑面积的 70%, 每平方米营业面积年正常收入为 8500 元, 每年正常营业需投入 1000 万元, 而该市经营同类商业项目每平方米营业面积的正常年利润为 600 元; 第四层出租开酒楼, 可出租面积占该层建筑面积的 70%, 每平方米出租面积的月租金为 50 元, 出租人每年需支付 8 万元的运营费用; 五~十层为用于出租的办公用房, 每层共 20 间, 当地同类同档次办公用房每间每月租金 1800 元, 出租率为 80%, 出租人需承担相当于租金收入 10% 的运营费用; 十一层以上为商品住宅, 其中十一层以每平方米建筑面积 3800 元的优惠价格售给公司员工, 其他层则平均以每平方米建筑面积 4200 元对社会售出, 当地同类同档次商品住宅的售价为每平方米建筑面积 4000 元。试评估该房地产销售招租完毕时的市场价值（设报酬率分别为商场 10%, 酒楼 8%, 办公楼 7%）。

36. 某房地产公司于 2014 年 12 月以有偿方式取得一块土地 60 年的使用权, 并于 2016 年 12 月在此地块上建成一座砖混结构的写字楼。当时造价为 4500 元/m², 经济寿命为 55 年, 残值率为 2%。目前, 该类建筑物的重置价格为 5400 元/m², 该建筑物占地面积为 500m², 建筑面积为 1000m²。现用于出租, 据调查, 当地同类写字楼的出租租金一般为 270 元/（m²·月）, 空置率为 10%, 每年需要支付的管理费为年租金的 3%, 维修费为重置价格的 2%, 营业税及房产税为租金的 17.5%, 保险费为重置价的 0.2%, 土地报酬率为 7%, 建筑物的报酬率为 8%。请评估该宗地 2023 年 12 月的土地使用权价格。

# 第6章　假设开发法

## 【本章要点及学习目标】

1. 理解假设开发法的基本原理。

2. 掌握假设开发法的基本公式。

3. 熟悉动态分析法和静态分析法。

## 6.1　假设开发法的基本原理

### 6.1.1　假设开发法的含义及理论依据

假设开发法，又称剩余法、预期开发法或开发法，是预测估价对象开发完成后的价值和正常开发成本、税费和利润，然后将开发完成后的价值减去正常开发成本、税费和利润，从而求取估价对象价值的方法。

假设开发法基本理论依据与收益法相同，即预期原理，是以房地产的未来收益为导向来求取房地产的价值，开发完成后的房地产的价值是预期的，其开发过程中的开发成本、税费、利润等也是预期的。

当房地产开发商开发一块土地时，开发商购买这块土地的目的不是为了真正拥有它，而是要利用它来获取开发利润；由于市场竞争的存在及基于机会成本的考虑，开发商只能期望得到社会上同类或类似房地产开发活动的一般正常利润。为了取得这块土地，开发商首先要分析它的内外部状况和条件，例如位置、面积、形状、地势、地质、基础设施完备程度和场地平整程度、城市规划设计条件、交通条件、周围环境景观等。根据土地的内外部状况和条件，开发商确定这块土地的开发类型，例如，是建住宅，还是建写字楼或商场、酒店等。在做了这些调研工作之后，开发商要预测所开发的房地产价值和建造房地产所需要的支出，包括开发成本、管理费用、销售费用、投资利息、交易中要缴纳的相关税费以及获得的开发利润。预测的结果便是开发商愿意为这块土地支付的最高价格，它应该等于预测的开发完成后的价值，减去需要支出的各项成本、费用、税金以及应当获得的利润之后所剩的数额。

假设开发法在形式上是评估新开发的房地产价值的成本法的"倒算法"。两者的主要区别是：成本法中的土地价值（土地取得成本）为已知，需要求取的是开发完成后的房地产价值；假设开发法中开发完成后的房地产价值已事先通过预测等方法得到，需要求取的是土地价值。

## 6.1.2 假设开发法适用的估价对象和条件

1. 假设开发法的适用对象

假设开发法适用于具有投资开发或再开发潜力的房地产估价，如可供开发建设的土地（包括生地、毛地、熟地）、在建工程（包括房地产开发项目）、可装修改造或可改变用途的旧的房地产（包括重新装饰装修、改建、扩建，如果是重建就属于毛地的范畴），以下统称为"待开发房地产"。

2. 假设开发法估价需要具备的条件

假设开发法的运用是以有关数据的预测为条件的，关键取决于以下两个因素的预测：

（1）房地产最佳开发方式（包括用途、规模、档次等）的确定。根据房地产估价的合法原则和最高最佳使用原则，正确判断房地产的最佳开发利用方式。

（2）房地产未来价值的确定。根据当地房地产市场行情或供求状况，预测未来开发完成后的房地产价值。需要说明的是在进行土地使用权的招标、拍卖、挂牌出让时，竞争者均是采用假设开发法测算其报价和出价，竞争者愿意出的最高价格通常相差悬殊，这是因为各企业的管理水平、开发能力和期望的利润有差异所造成的，这种价格是站在某个特定投资者的立场上，而估价是站在一个典型投资者的立场上。

此外，预测后续开发所需要的成本、费用、税金也有一定难度。

为了使预测的数据尽可能地符合实际需要，在运用假设开发法时必须具备以下几个基本条件：①透明的、稳定的房地产业政策；②完善的房地产法规体系；③清晰的、全面的房地产投资与交易的税费清单和稳定的税费政策；④完整的、动态的和现代化的房地产信息资料库；⑤公开的、长期的、合理的土地供应计划。

## 6.1.3 假设开发法的操作步骤

用假设开发法对相应的房地产进行估价时，一般按下列六个步骤进行：

（1）调查待开发房地产的基本情况；

（2）选择最佳的开发利用方式；

（3）估计开发经营期；

（4）预测开发完成后的房地产价值；

（5）估算开发成本、管理费用、销售税费、投资利息、开发利润及投资者购买待开发房地产应负担的税费；

（6）进行具体计算，求出待开发房地产的价值。

下面主要针对第一和第二个步骤进行说明。

1.调查待开发房地产的基本情况

在运用假设开发法估价时，调查待开发房地产的主要目的是为确定该房地产的最佳开发利用方式。因此，调查的重点要集中在影响开发利用方式的因素方面。在我国目前的情况下，应重点调查以下四项内容：

（1）明确待开发房地产的位置。它主要包括三个层次：①待开发房地产所在城市的性质；②待开发房地产所在城市内区域的性质；③具体的坐落状况。这些主要是为选择最佳的房地产的用途服务。

（2）弄清待开发房地产的物质状况。如果待开发房地产是土地，要弄清包括面积大小、形状、平整程度、基础设施通达程度、地质和水文状况等内容；如果待开发房地产是在建工程，要着重了解已建的程度、后续工期、后续投资等。

（3）弄清城市规划设计条件。弄清政府对待开发房地产规定的用途、建筑高度、容积率、覆盖率等，为确定最佳的开发利用方式服务。

（4）弄清待开发房地产的权利状况。它包括弄清权利性质、使用年限、可否续期，以及对转让、出租、抵押等的有关规定，主要是为预测未来开发完成后的房地产价值、租金等服务。

2.选择最佳的开发利用方式

要根据最有效使用和最合理开发的原则，选择最佳的开发利用方式，在政府规划限制的许可范围内，设计待开发房地产的最佳开发方式和方案，包括对用途、规模、档次等的确定。选择何种开发方式，将直接影响市场销售、建设成本和开发项目的盈利。在选择最佳的开发利用方式时，最重要的是选择最佳用途。最佳用途的选择要考虑土地位置的可接受性及这种用途的现实社会需要程度和未来发展趋势。例如，某块土地城市规划规定的用途可为宾馆、公寓以及写字楼，但在实际估价时究竟应选择哪种用途，首先要调查该块土地所在城市和区域的宾馆、公寓、写字楼的市场状况（供求、价格、发展趋势等）。如果对宾馆、写字楼的需求开始趋于饱和，表现为客房入住率、写字楼出租率呈下降趋势，但希望能租到或买到公寓住房的人逐渐增加，则该块土地的用途确定为兴建公寓比较合适。

## 6.2 假设开发法的基本公式

### 6.2.1 假设开发法基本公式

假设开发法最基本的公式为：

待开发房地产的价值=开发完成后的房地产价值-开发成本-管理费用-投资利息-销售税费-开发利润-投资者购买　　　（6-1）待开发房地产应负担的税费

公式中应减去的项目设想为得到估价对象后至开发完成还需要支出的一切合理、必要的费用、税金及应取得的利润。所以，如果是已经投入的费用，则它就包含在待开发房地产的价值内，不应扣除。例如，评估毛地的价值，即该土地尚未完成拆迁补偿安置，这时减去的项目中还应包括拆迁补偿安置费；如果评估的是已完成拆迁补偿安置后的土地价值，则就不应扣除拆迁补偿安置费。

运用此方法应把握待开发房地产在投资开发前后的状态，以及投资开发后房地产的经营方式。待开发房地产投资开发前的状态，包括生地、毛地、熟地、旧房和在建工程等；投资开发后的状态，包括熟地和房屋（含土地）等；投资开发后的房地产的经营方式，包括出售（含预售）、出租（含预租）和自营等。

## 6.2.2 基本公式计算中各项的求取

### 1. 开发经营期

为了预测开发完成后的房地产价值、开发成本、管理费用、销售费用、销售税费等发生的时间及发生的金额，便于进行折现和计算投资利息等，首先需要估算开发经营期。

开发经营期的起点是取得估价对象（待开发房地产）的日期（即价值时点），终点是预计开发完成后的房地产经营结束的日期。开发经营期可分为开发期和经营期，其中，开发期的起点与开发经营期的起点相同，终点是开发完成后的房地产竣工验收完成时的日期。

由于开发完成后的房地产的经营方式有出售、出租和自营，因此经营期可具体化为销售期（针对出售）和运营期（针对出租、营业）。销售期是从开始销售开发完成后的房地产到将其全部销售完毕的日期。在有预售的情况下，销售期与开发期存在重合情况。运营期的起点是开发完成后的房地产竣工验收完成的日期，终点是开发完成后的房地产经济寿命结束的日期。在有延迟销售的情况下，销售期与运营期存在重合情况。

估算开发经营期宜先将其分解为各个构成部分，然后分别估算各个构成部分的日期，再将各个构成部分连接起来。开发期前期的估算要相对困难一些，但建造期一般能较准确地估算，通常可以依据全国统一的建筑安装工程工期定额，结合当地工程施工的实际情况来确定。经营期尤其是销售期通常难以准确估算，其长短受市场因素、政府政策等不可预见因素的影响，在估算时应充分考虑未来房地产市场的变化状况。

估算开发期的关键是抓住待开发房地产状况以及开发完成后房地产的市场状况，然后估计待开发房地产开发建设所必要的时间。具体的估算方法有两种：一是根据需要做的各项工作所需的正常时间来直接估算开发期；二是通过类似房地产已发生的开发期的比较、修正和调整，从而预测待开发房地产的开发期，例如，估算的估价对象为一商品房在建工程的后续开发，通过市场法了解到类似商品房的开发期为3年，该在建工程的正常开发期为2年，则后续开发期为1年。如果该在建工程是被强制拍卖、变卖的，则应再加上"重新接手"的合理期限，如需要办理相关变更手续等，相当于有一个新的

"前期"。假如该合理期限为 0.5 年，则该在建工程的后续开发期为 1.5 年。

2. 开发完成后的房地产价值

开发完成后的房地产价值是指开发完成后的房地产状况所对应的价值。实际估价中，对于出售的房地产，开发完成后的房地产价值一般指在其开发完成时的房地产市场状况下的价值；当采取预售时，则是指其预售时的房地产市场状况下的价值；当延迟销售时，则是指其延迟销售时的房地产市场状况下的价值。求取开发完成后的房地产价值时，一般不宜将类似房地产的市场价格直接"平移"过来作为开发完成后的房地产价格，而是采用市场法并考虑类似房地产市场价格的未来变动趋势，或者采用市场法与长期趋势法相结合，即根据类似房地产过去和现在的市场价格及其未来可能的变化趋势来推测，同时，还应考虑在某一区域开发商所采取的正常销售策略，如价格折扣，进而确定估价房地产价格。比较的单位通常是单价（同市场法中建立价格可比基础的要求）。例如，假设现在是 2023 年 3 月，有一宗房地产开发用地，用途为兴建商品住宅，估计开发期为 1.5 年，如果要推测该商品住宅在 2024 年 9 月建成时的价值，则可以通过搜集当地该类商品住宅过去和现在的价格资料以及未来可能的变化趋势来推测确定。

对于出租或营业的房地产（写字楼、商店、旅馆、餐馆等），可以先预测其租赁或经营收益，再采用收益法将该收益转换为价值。在这种情况下，收益法包含在假设开发法中，成为假设开发法的一个部分。

3. 后续开发建设的必要支出和应得利润

后续开发建设的必要支出和应得利润，是指待开发房地产开发建设必须付出的各项成本、费用、税金及应当获得的利润（包括开发成本、管理费用、销售费用、投资利息、销售税费、开发利润以及取得待开发房地产的税费），它们的测算方法与成本法中的相同（见本书第 4 章）。

测算投资利息时要把握应计息的项目和计息期的长短。应计息的项目包括：①未知、需要求取的待开发房地产的价值；②取得待开发房地产的税费；③开发成本和管理费用。销售费用、销售税费一般不计息。一项费用计息期的起点是该项费用发生的时点，终点通常是开发期结束的时点。另外，待开发房地产的价值是假设在价值时点一次性付清，因此其计息的起点是价值时点。开发成本、管理费用等通常不是集中在一个时点发生，而是在一段时间内（如开发期间或建造期间）连续发生，但计息时通常将其假设为在所发生的时间段内均匀发生，一般视为集中发生在该时间段的期中。

销售税费是销售开发完成后的房地产应缴纳的税金及附加和交易手续费等，通常按照开发完成后房地产价值的一定比例来提取。

取得待开发房地产的税费是假定一旦购买了待开发房地产，在交易时作为买方应负担的有关税费，如契税、交易手续费等。该项税费通常是根据税法及中央和地方政府的有关规定计取，无规定的依照当地习惯，按照待开发房地产价值的一定比例测算。

### 4. 折现率

折现率是在采用动态分析法时需要确定的参数，与报酬资本化法中的报酬率的性质和求取方法相同，具体应等同于同一市场上类似房地产开发项目所要求的平均报酬率，它体现了资金的利率和开发利润率两部分。

## 6.2.3　按估价对象细化的公式

按估价对象状况，假设开发法最基本的公式可具体细化如下。

**1. 求生地价值的公式**

（1）由生地建造房屋然后租售

$$生地价值＝开发完成后的房地产价值－由生地建造房屋的开发成本－$$
$$管理费用－销售费用－投资利息－销售税费－开发利润－ \qquad (6-2)$$
$$买方购买生地应负担的税费$$

（2）由生地开发为熟地然后租售

$$生地价值＝开发完成后的熟地价值－由生地开发为熟地的开发成本－$$
$$管理费用－销售费用－投资利息－销售税费－开发利润－ \qquad (6-3)$$
$$买方购买生地应负担的税费$$

**2. 求毛地价值的公式**

（1）在毛地上进行房屋建造

$$毛地价值＝开发完成后的房地产价值－由毛地建成房屋的开发成本－$$
$$管理费用－销售费用－投资利息－销售税费－开发利润－ \qquad (6-4)$$
$$取得毛地的税费$$

（2）将毛地开发成熟地

$$毛地价值＝开发完成后的熟地价值－由毛地开发成熟地的开发成本－$$
$$管理费用－销售费用－投资利息－销售税费－开发利润－ \qquad (6-5)$$
$$取得毛地的税费$$

**3. 求熟地价值的公式**

$$熟地价值＝开发完成后的房地产价值－由熟地建成房屋的开发成本－$$
$$管理费用－销售费用－投资利息－销售税费－开发利润－ \qquad (6-6)$$
$$取得熟地应负担的税费$$

**4. 求在建工程价值的公式**

$$在建工程价值＝续建的房地产价值－续建成本－管理费用－销售费用－$$
$$投资利息－销售税费－开发利润－取得在建工程的税费 \qquad (6-7)$$

5. 求旧的房地产价值的公式

旧房地产价值＝装饰装修改造或改变用途后的房地产价值－装饰装修改造或

改变用途的成本－管理费用－销售费用－投资利息－销售税费－　　（6-8）

装饰装修改造投资利润－取得旧房地产应负担的税费

## 6.3　动态分析法和静态分析法

### 6.3.1　动态分析法和静态分析法的定义

由于房地产开发周期一般比较长，其土地取得成本、开发成本、管理费用、销售费用、销售税费、开发完成后的房地产价值等发生的时间一般不同，尤其是大型的房地产开发项目，因此，运用假设开发法对房地产进行估价必须考虑资金的时间价值。对资金时间价值的处理一般有以下两种方式：采取折现的方式和采取计算投资利息的方式。采取折现的方式的假设开发法称为动态分析法；采取计算投资利息的方式的假设开发法称为静态分析法。

现金流量指项目在某一特定的时期内收入和支出资金的数额。现金流量分为现金流入、现金流出和净现金流量。资金的收入称为现金流入，相应的数额称为现金流入量。资金的支出称为现金流出，相应的数额称为现金流出量。现金流入通常表示为正现金流量，现金流出通常表示为负现金流量。净现金流量是指某一时点的正现金流量与负现金流量的代数和，即：

$$净现金流量 = 现金流入量 - 现金流出量 \qquad (6-9)$$

### 6.3.2　动态分析法和静态分析法的区别

动态分析法和静态分析法的区别体现在以下三个方面：

（1）对开发完成后的房地产价值、开发成本、管理费用、销售费用、销售税费等进行测算时，静态分析法主要根据价值时点（通常为现在）的房地产市场状况作出，即按照它们是静止在价值时点的金额。而在动态分析法中，是模拟房地产开发过程，预测它们未来发生的时间以及在未来发生时的金额，即要进行现金流量预测。

（2）静态分析法不考虑各项收入、支出发生时间的不同，不将它们折算为同一时间上的价值，而是直接相加减，计算投资利息时，计息期通常到开发完成时止，既不考虑预售，也不考虑延迟销售；而动态分析法要考虑各项收入、支出发生时间的不同，即首先要将它们折算为同一时间上的价值（直接或最终折算到价值时点上），然后再相加减。

（3）在静态分析法中投资利息和开发利润都单独显现出来，在动态分析法中这两项都不独立显现出来，而是隐含在折现过程中。因此，为了与投资项目评估中现金流量分析的口径一致，动态分析法要求折现率既包含安全收益部分（通常的利率），又包含风险收益部分（利润率）。

### 6.3.3 动态分析法和静态分析法的优缺点

动态分析法测算的结果比较精确，但测算过程比较复杂；静态分析法测算的结果比较粗略，但测算过程相对简单。就精确与粗略而言，在现实中两种方法可能不完全如此，这是因为动态分析法从某种意义上来说要求"先知先觉"，具体需要做到以下三点：①后续开发经营期的时间要估算准确；②各项支出、收入发生时点要估算准确；③各项支出、收入在发生时点所发生的金额要估算准确。

由于存在众多的不确定因素会使预测偏离实际，准确的预测是十分困难的。尽管如此，在实际估价过程中应尽量采用动态分析法。在难以采用动态分析法的情况下，可以采用静态分析法。

## 6.4 假设开发法的运用举例

假设开发法在本质上是一种收益法，在形式上是成本法的"倒算"，根据对资金时间价值考虑的方式不同，假设开发法分为动态分析法和静态分析法；估价结果为开发完成后的价值减去正常开发成本、管理费用、销售费用、投资利息、销售税费、开发利润以及取得待开发房地产的税费。具体运用举例如下。

### 【例6-1】

有一面积为 5 平方公里的成片荒地需要估价。获知该成片荒地适宜进行"五通一平"的开发后分块有偿转让，可转让土地面积的比率为 65%，附近地区与之位置相当的"小块""五通一平"的熟地的单价为 1200 元 /m²。开发期需要 3 年，将该荒地开发成"五通一平"的熟地的开发成本、管理费用等估价为 2.8 亿元 / 平方公里，年贷款利率为 6%，投资利润率为 12%，投资者购买该成片荒地需要缴纳的税费为荒地价格的 3%，土地开发完成后转让过程中需要缴纳的税费为转让价格的 6%。试估算该成片荒地的总价和单价。

【解】设该成片荒地的总价为 $V$，则：

该成片荒地开发完成后的总价值 $=1200 \times 5000000 \times 65\% = 39$ 亿元

开发成本和管理费用等的总额 $=2.8 \times 5 = 14$ 亿元

投资利息总额 $=(V+V \times 3\%) \times [(1+6\%)^3-1]+14 \times [(1+6\%)^{1.5}-1] = (0.197V+1.279)$ 亿元

销售税费 $=39 \times 6\% = 2.34$ 亿元

开发利润总额 $=(V+V \times 3\%+14) \times 12\% = (0.124V+1.68)$ 亿元

购买该成片荒地的税费总额 $=V \times 3\% = 0.03V$ 亿元

根据 6.2 节中"适用于将毛地开发成熟地的公式",有：

$V=39-14-(0.197V+1.279)-2.34-(0.124V+1.68)-0.03V$

求得该荒地的总价 $V=14.58$ 亿元

荒地的单价 $=1458000000÷5000000=291.6$ 元 $/m^2$

## 【例6-2】

某开发商决定购买一宗面积为 $1500m^2$ 的未拆迁安置土地进行房地产开发。经过对周围环境和市场状况的调查，该块土地改造后最佳的开发利用方式为写字楼。土地的剩余使用年限为 40 年，规划允许建筑面积为 $4000m^2$。预计总开发时间为 2 年，拆迁安置补偿费和其他土地开发费用为 1200 万元，于开发建造前投入；建安费用为 1500 元 $/m^2$，相关的专业费用为建安费用的 6%，第一年均匀投入 60% 的建安费用和专业费用，剩余的建安费用和专业费用于第二年均匀投入。预计写字楼建成后即可全部租出，可出租面积为总建筑面积的 70%，预计出租的净收益为每月 150 元 $/m^2$。销售税费为写字楼售价的 9%，购买该宗土地需缴纳的相关税费为地价的 5%。试评估该宗土地的正常购买总价、单价和楼面地价（报酬率 $r$ 为 10%，折现率 $r_d$ 为 12%）。

【解】设该宗毛地的总价为 $V$

（1）开发完成后的房地产价值为 $V_0$

需首先运用收益法测算开发完成后的房地产价格，再通过假设开发法现金流量折现法确定估价对象在价值时点的价值。计算开发完成后房地产在价值时点的总价值公式为：

$$V_0 = \frac{a}{r} \times \left[1 - \frac{1}{(1+r)^n}\right] \times \frac{1}{(1+r_d)^t}$$

（$a$ 为年收入，$r_d$ 为折现率，$t$ 为折现年限）

$$a = 150 \times 4000 \times 70\% \times 12 = 504 万元$$

$$V_0 = \frac{a}{r} \times \left[1 - \frac{1}{(1+r)^n}\right] \times \frac{1}{(1+r_d)^t} = \frac{5040000}{10\%} \times \left[1 - \frac{1}{(1+10\%)^{38}}\right] \times \frac{1}{(1+12\%)^2}$$

$$= 3910.44 万元$$

（2）拆迁安置补偿费及其他土地开发费用为 1200 万元

（3）建安费用及专业费用总额 $=1500 \times 4000 \times (1+6\%) \times \left[\frac{60\%}{(1+12\%)^{0.5}} + \frac{40\%}{(1+12\%)^{1.5}}\right]$

$$= 575.21 万元$$

（4）销售税费总额 $=3910.44 \times 9\% = 351.94$ 万元

（5）购买该宗土地应负担的税费总额 $=V \times 5\% = 0.05V$ 万元

（6）求该毛地的正常购买价格

$V=3910.44-1200-575.21-351.94-0.05V$

$V=1698.37$ 万元

毛地单价 $=16983700\div1500=11322.47$ 元 $/m^2$

楼面地价 $=16983700\div4000=4245.93$ 元 $/m^2$

## 【例6-3】

某一宗"七通一平"的熟地，面积为 5000$m^2$，土地剩余使用年限为 65 年，容积率为 2，适宜建造某种类型的普通住宅；预计取得该土地后建造该类普通住宅的开发期为 2 年，建筑安装工程费为每平方米建筑面积 1500 元，勘察设计等专业费用及管理费为建筑安装工程费的 12%，第一年需要投入 60% 的建筑安装工程费、专业费用及管理费，第二年需要投入 40% 的建筑安装工程费、专业费用及管理费；销售商品住宅时的广告宣传等费用为其售价的 3%，房地产交易中卖方需要缴纳的增值税等相关税费为交易价格的 5%，购买土地需要缴纳的契税为交易价格的 3%；预计该商品住宅在建成时可全部售出，售出时的平均价格为每平方米建筑面积 8000 元。试利用所给资料用动态分析法估算该宗土地的总价、单价及楼面地价（折现率为 12%）。

【解】设该宗熟地的总价为 $V$，则：

开发后房地产的建筑总面积 = 土地总面积 × 容积率 $=5000\times2=10000m^2$

开发后房地产的总价值 $=8000\times10000\div(1+12\%)^2=6377.55$ 万元

建筑安装工程费、专业费用及管理费

$$=1500\times10000\times(1+12\%)\times\left[\frac{60\%}{(1+12\%)^{0.5}}+\frac{40\%}{(1+12\%)^{1.5}}\right]=1519.42万元$$

销售税费总额 $=6377.55\times(3\%+5\%)=510.20$ 万元

购买该宗土地应负担的税费总额 $=V\times3\%=0.03V$ 万元

$V=6377.55-1519.42-510.20-0.03V$

$V=4221.29$ 万元

该熟地的单价 $=42212900\div5000=8442.58$ 元 $/m^2$

楼面地价 = 土地单价 ÷ 容积率 $=8442.58\div2=4221.29$ 元 $/m^2$

## 【例6-4】

某在建工程开工于 2023 年 3 月 1 日，拟作为商场和办公综合楼，总用地面积 3000$m^2$，规划总建筑面积为 12400$m^2$，其中商场总建筑面积为 2400$m^2$，办公楼建筑总面积为 10000$m^2$。土地使用年限为 50 年，从开工之日起计，当时取得土地的地价为楼面地价 5000 元 $/m^2$。该项目的正常开发期为 2 年，开发成本为每平方米建筑面积 3500 元，管理费为开发成本的3%。至2023年9月1日完成了主体结构，已投入55%的建设费用，剩余的45%的建设费用在剩余的1.5年的建设期内均匀投入。预计该工程建成后商场即可出租，写字楼即可出售；商场可出租面积为建筑面积的75%，正常出租率为85%，可出租面积的月租金为300元/m²，出租的运营费用为有效毛收入的25%；写字楼的售价为8000元/m²，销售税费为售价的9%。当地购买在建工程，买方需要缴纳的税费为购买价格的3%。试利用上述资料用动态分析法估算该在建工程2023年9月1日的正常购买价格和按规划建筑面积折算的单价（报酬率为10%，折现率为12%）。

【解】设该在建工程的正常购买总价为 $V$，则：

（1）续建完成后的房地产价值为 $V_0$

续建完成后的房地产价值为商场和办公综合楼价值之和，对于写字楼的价值，把销售价值折现为价值时点的价值即可，而商场的价值需首先运用收益法进行估算收益价格，再通过折现化为价值时点的价值，因此，计算续建完成后该房地产总价值的公式为：

$$V_0 = \left\{ vs + \frac{a}{r}\left[1 - \frac{1}{(1+r)^n}\right]\right\} \times \frac{1}{(1+r_d)^t}$$

（$v$ 为写字楼销售单价，$s$ 为写字楼面积，$r_d$ 为折现率，$t$ 为折现年限）

其中，$a = 300 \times 2400 \times 12 \times 75\% \times 85\% \times (1-25\%) = 4131000$ 元。

$r$=10%，$n$=50-2=48年，$r_d$=12%，$t$=1.5年

$$V_0 = \left\{8000 \times 10000 + \frac{4131000}{10\%} \times \left[1 - \frac{1}{(1+10\%)^{48}}\right]\right\} \times \frac{1}{(1+12\%)^{1.5}} = 10198.65 万元$$

（2）续建费用 $= 3500 \times 12400 \times (1-55\%) \times \frac{1}{1+12\%^{1.5/2}} \times (1+3\%) = 1847.68万元$

（3）销售税费总额 $= 10000 \times 8000 \times 9\% \times \frac{1}{(1+12\%)^{1.5}} = 607.44万元$

（4）购买该在建工程应负担的税费总额 $=V \times 3\% = 0.03V$ 万元

（5）求该在建工程的正常购买价格

$V$=10198.65-1847.68-607.44-0.03$V$

$V$=7517.99万元

在建工程单价 =75179900÷12400=6062.90元/m²

【例6-5】

某建筑面积为6000m²的旧厂房需要估价。根据其所在地点和周围环境，适宜装修改造成商场出售，并可获得政府批准，但需补交土地使用权出让金等1000元/m²（按建筑面积计），同时取得40年的土地使用权。预计装修改造期为1年，装修改造费为每平方米建筑面积1500元。装修改造完成后即可全部售出，售价为每平方米建筑面积6000元，

销售税费为售价的9%；购买该旧厂房需要缴纳的税费为其价格的4%。试利用上述资料用现金流量法估算该旧厂房的正常购买总价和单价（折现率为12%）。

【解】设该旧厂房的正常购买总价为 $V$，则：

装修改造后的总价值 $=6000 \times 6000 \div (1+12\%) =3214.29$ 万元

装修改造的总费用 $=1500 \times 6000 \div (1+12\%) =803.57$ 万元

销售税费总额 $=3214.29 \times 9\%=289.29$ 万元

购买该旧厂房的税费总额 $=V \times 4\%=0.04V$ 万元

需补交土地使用权出让金等的总额 $=1000 \times 6000=600$ 万元

$V=3214.29-600-803.57-289.29-0.04V$

$V=1462.91$ 万元

## 【例6-6】

1. 估价对象概况

估价对象是一块"七通一平"的建设用地，用地面积 $70760.55\text{m}^2$，该地块规划拟建住宅小区，规划容积率为1.6，则总建筑面积为 $113216.88\text{m}^2$，土地使用权出让时间为2023年10月31日，土地使用年限为从土地使用权出让时起50年。

2. 估价要求

需要评估该块土地于2023年10月31日出让时的正常购买价格。

3. 估价过程

（1）选择估价方法

该土地属于待开发房地产，具有开发潜力，适用假设开发法进行估价，具体采用传统法。

（2）估价过程

①预测楼价：假设该项目的开发期为2年，房屋建成后即可投入使用。根据销售形势及该地块的区域状况和个别因素，估算住宅楼平均售价为 $2450$ 元 $/\text{m}^2$，开发完成时会全部售出。

$2450 \times 113216.88 \div 10000=27738.14$ 万元

②建造费用参考 ×× 市建筑设计定额指标，估算建筑物平均建安费用为 $700$ 元 $/\text{m}^2$，则本项费用为：

$700 \times 113216.88 \div 10000=7925.18$ 万元

③工程前期费用（含配套费及各项规费）

A. 勘察规划设计，估算单价为 $12$ 元 $/\text{m}^2$（建筑面积），则勘察规划设计费用为：

$12 \times 113216.88 \div 10000=135.86$ 万元

B. 城市建设配套费：合计为 $1126.51$ 万元

a. 基础设施配套费：$80 \times 113216.88 \div 10000=905.74$ 万元

b. 消防设施配套费：$1.5 \times 113216.88 \div 10000 = 16.98$ 万元

c. 人防易地建设费：$18 \times 113216.88 \div 10000 = 203.79$ 万元

C. 墙体改革费：$10 \times 113216.88 \div 10000 = 113.22$ 万元

D. 抗震设防审查费：$0.05 \times 113216.88 \div 10000 = 0.57$ 万元

E. 工程质量监督费，按建安造价的 $0.18\%$ 计，则 $7925.18 \times 0.18\% = 14.27$ 万元

F. 垃圾服务费：$12 \times 113216.88 \div 10000 = 135.86$ 万元

G. 白蚁防治费：$1.0 \times 113216.88 \div 10000 = 11.32$ 万元

H. 开发行业管理费：$0.5 \times 113216.88 \div 10000 = 5.67$ 万元

I. 契税：地价以 $V$ 表示，则为 $0.04V$ 万元。

则工程前期费用合计为：$(1543.28 + 0.04V)$ 万元

④投资利息参考同期银行贷款利率，取投资年利率 $5.94\%$。地价和前期费用要一次性投入，建筑费用在开发期内均匀投入，则投资利息为：

$(V + 1543.28 + 0.04V) \times [(1 + 5.94\%)^2 - 1] + 7925.18 \times [(1 + 5.94\%)^{2/2} - 1]$

$= (0.1272V + 659.54)$ 万元

⑤投资利润结合近年来的房地产业状况，确定投资年利润率为 $10\%$，则投资利润为：

$(V + 1543.27 + 0.04V) \times [(1 + 10\%)^2 - 1] + 7925.18 \times [(1 + 10\%)^{2/2} - 1]$

$= (0.2184V + 1116.6)$ 万元

⑥管理费用、销售费用及其他不可预见费用按楼价的 $2.5\%$ 计，则为 $693.45$ 万元。

⑦税费（含后期费用）合计为 $2649.01$ 万元。

A. 水增容费（含表外工程费）：$15 \times 113216.88 \div 10000 = 169.83$ 万元

B. 供电增容费：$45 \times 113216.88 \div 10000 = 509.48$ 万元

工程费估算单价为 $3$ 元 $/m^2$，则为 $3 \times 113216.88 \div 10000 = 33.97$ 万元

C. 增值税及附加（教育费附加、城市维护建设税、堤防维护建设）：

$27738.14 \times 6.55\% = 1816.85$ 万元

D. 专项维护资金：$7925.18 \times 1.5\% = 118.88$ 万元

⑧相关法律手续费用、土地估价费及登记发证费，按地价 $2\%$ 计，则为 $0.02V$ 万元。

⑨计算地价

地价 $=①-②-③-④-⑤-⑥-⑦-⑧$

$V = 27738.14 - 7925.18 - (1543.28 + 0.04V) - (0.1272V + 659.54) - (0.2184V + 1116.6) -$

$\qquad 693.45 - 2649.01 - 0.02V$

经整理后：$V = 9356.21$ 万元

单价 $=$ 总地价 $\div$ 用地面积

$\qquad = 9356.21 \times 10000 \div 70760.55$

$\qquad = 1322.24$ 元 $/m^2$

楼面地价：$9356.21 \times 10000 \div 113216.88 = 826.40$ 元 $/m^2$

（3）估价结果

运用假设开发法评估出土地价格为 9356.21 万元，单位面积地价为 1322.24 元 /m²，楼面地价为 826.40 元 /m²。

# 复习思考题

章节自测题

1. 什么是假设开发法？

2. 假设开发法适用于哪些估价对象？

3. 假设开发法的理论依据是什么？

4. 假设开发法的操作步骤是怎样的？

5. 开发经营期、开发期、经营期、前期、建造期、销售期、运营期的含义及其之间的区别和联系是什么？

6. 适用于在毛地上进行房屋建设的假设开发法的公式是什么？

7. 适用于开发完成后的房地产出售的假设开发法公式是什么？

8. 假设开发法中的动态分析法与静态分析法的主要区别有哪些？

9. 在实际运用假设开发法估价时，应如何确定扣除项目，即针对具体的估价对象，哪些应为扣除项目？哪些不应为扣除项目？

10. 如何求取后续开发成本、管理费用、后续销售费用、后续投资利息、后续销售税费、后续开发利润、待开发房地产的税费？

11. 某宗已"七通一平"的待开发建设的空地，土地面积为 5000m²，建筑容积率为 3，拟开发建设为写字楼，土地使用权年限为 50 年。评估人员通过市场调查，确定该项目建设开发周期为 2 年，取得土地使用权后即可动工，建成后能够对外出租，可出租面积占建筑面积的 80%，每平方米建筑面积的年租金预计为 1000 元，房屋出租中每年的经营费用包括：管理费按年租金的 5% 计，年维修费按年租金的 6% 计，租赁税金按年租金的 12% 计，保险费不计。建筑费预计每平方米建筑面积为 3000 元，专业费为建筑费的 10%，建筑费和专业费第一年投入总额的 40%，第二年投入总额的 60%，销售税金按总价值的 6% 计。当地银行的年贷款利率为 4.35%，折现率和报酬率均为 10%，开发商要求的总利润为所开发房地产价值的 12%。试用静态分析法评估该宗土地的市场价值。

12. 某旧厂房的建筑面积为 7500m²。根据其所在地点和周围环境，并经政府批准，适宜装修改造成商场出售，但需补交土地使用权出让金等 1000 元 /m²（按建筑面积计），同时取得 40 年的土地使用权。预计装修改造期为 1.5 年，装修改造费为 1500 元 /m²（建筑面积）；装修改造完成后即可全部售出，售价为 6000 元 /m²；销售费用和销售税费为售价的 8%；购买该旧厂房时买方需要缴纳的税费为其价格的 4%。试用折现方法评估该旧厂房的正常购买总价和单价（折现率为 12%）。

13. 某在建写字楼于 2023 年 1 月 10 日取得 50 年的土地使用权，总建筑面积

12000m²，于 2023 年 7 月 10 日开工，至价值时点 2024 年 7 月 10 日完成主体结构，距建成尚需一年半，并需投入 4000 元 /m² 的建设费用。预计该写字楼建成后即可出租，出租的前 4 年净租金收入为 350 万元、400 万元、470 万元、550 万元，第 5 年后净租金收入维持在第 4 年的水平上。购买该在建工程应缴纳的税费为购买价格的 3%，建成后转让税费为转让价格的 6%。试用折现法估算该在建工程 2024 年 7 月 10 日的正常购买总价和单价（报酬率为 10%，折现率为 12%）。

14. 在某城市改造中，有一占地 5000m² 的房地产拟拆迁改造为商住综合楼，该工程于 2023 年 6 月 1 日开工，正常施工期为 2 年，规划建筑覆盖率为 50%，容积率为 5，各层建筑面积相同，其中一层为商场，其他各层为住宅。估计该工程的拆迁安置费 200 万元，在工程开发之初一次性补偿，开发费用每平方米 1500 元，管理费用为开发费用的 10%，在开发期内均匀投入；估计工程完成后，商场即可全部售出，预计平均售价为每平方米建筑面积 5000 元，住宅平均售价为每平方米建筑面积 8000 元，分两期售出，工程竣工后即可售出 50%，半年后再售出 50%，销售费用为楼价的 3%，税费为楼价的 6%，报酬率为 10%，折现率为 12%。评估该地在 2023 年 6 月 1 日的价格。

15. 某旧楼现有面积为 4500m²，总共三层，每层面积相同。现欲将其改造装修后作为写字楼出租，经勘测该楼地基尚可加盖两层，但仍需在建设前按建筑面积一次性补交土地出让金 1000 元 /m²，土地出让年限为 40 年，预计加盖所需的时间为 0.75 年，加盖的建安费用为 3500 元 /m²，管理费用为建安费用的 3%，加盖完成后再对所有房屋进行装修改造，需要 1 年的时间，装修费用为 1500 元 /m²，假设每期发生的费用都是均匀投入，装修改造完成后即可出租，出租面积为建筑面积的 80%，正常的出租率为 80%，租金为 160 元 /（m²·月），出租的运营费用为有效毛收入的 30%，在购买该旧楼时，买方需要缴纳的税费为购买价的 3%，请利用上述资料评估该旧楼的正常购买价格（报酬率为 10%，折现率为 12%）。

# 第7章  公示地价修正法

## 【本章要点及学习目标】

    1. 掌握路线价法。

    2. 熟悉基准地价修正法。

    3. 了解标定地价修正法。

    本章介绍土地估价特有的公示地价修正法，包括路线价法、基准地价修正法、标定地价修正法。

    公示地价修正法也称为公示地价系数修正法，是利用政府公示地价及其修正，按照替代原则，将待估宗地的区域条件和个别条件等与公示地价的条件相比较，进而通过修正求取待估宗地在估价期日价格的方法。

    公示地价是指以维护经济和市场的平稳健康发展为目标，遵循公开市场价值标准评估，并经政府确认、公布实施的地价，包括基准地价、标定地价等。

    公示地价修正法是以政府部门制定并公布的公示地价作为参考标准，求取的待估宗地价格有明确的依据，较有权威性，尤其是在土地市场发育不够完全、缺少可参考的土地交易实例的中小城镇，以及公共管理与公共服务用地、特殊用地等。

    公示地价修正法分为建设用地的公示地价修正法和农用地的公示地价修正法。建设用地的公示地价修正法具体有路线价法、基准地价修正法、标定地价修正法。农用地的公示地价修正法主要是基准地价修正法。

    本章主要介绍路线价法、基准地价修正法、标定地价修正法的原理和操作步骤。

## 7.1  路线价法

### 7.1.1  路线价法的基本原理

    市场比较法、收益法等一般仅适用于个别宗地的土地估价，对于较大规模的土地估价，例如土地管理、课税、征地拆迁补偿估价等需要采用简单、迅速的估价方法，通常采用路线价法，它可以快捷、方便地同时评估多宗土地的价格。

1. 路线价法的概念

路线价法是在城镇街道上划分路线价区段，设定标准临街深度，从中选取若干标准临街宗地求其平均价格，此平均价格为该临街街道的路线价，然后依据该价格，再配合深度价格修正率和其他价格修正率，测算出该街道其他临街宗地土地价值的一种估价方法。

2. 路线价法中涉及的有关概念

（1）标准深度：在城市土地中，随着土地与道路间的距离增加，道路对土地利用价值影响为零时的临界深度称为标准深度。

（2）标准临街宗地：在城市一定区域中，根据街道状况、公共设施的接近状况、房屋的疏密度等条件划分区段，从区段范围内选定的在深度、宽度、用途、容积率、形状等方面属众数的宗地称为标准临街宗地。

（3）里地线：标准深度处的连线称为里地线。

（4）表地、里地：里地线与道路之间的区域称为临街地或表地，里地线以外的区域称为里地。

3. 路线价法的理论根据

路线价法实质上是一种市场比较法，是市场法的派生方法，其理论依据与市场法相同，是房地产价格形成的替代原理。

在路线价法中，"标准临街宗地"可视为市场法中的"可比实例"；"路线价"是若干"标准临街宗地"的平均价格，可视为市场比较法中的"可比实例价格"；临街同一道路的其他土地的价格，是以路线价为基准，考虑其临街深度、土地形状、临街状况、临街宽度等，进行适当的修正而求得的，这些调整实际上是"房地产状况调整"。

当然，路线价法和市场法还有一定的区别，主要有以下三点不同之处：

（1）路线价法不作"交易情况修正"和"市场状况调整"；

（2）路线价法先对多个"可比实例价格"进行综合，然后再进行"房地产状况调整"，而不是先进行有关修正调整再进行综合；

（3）路线价法是利用相同的路线价同时评估出许多的"估价对象"，而不是仅评估出一个"估价对象"的价格。

4. 路线价法适用的范围和条件

一般的土地估价方法主要适用于单宗土地的估价，而且需要花费较长的时间，路线价法被认为是一种快速、相对公平合理，又能节省人力、财力和物力，可以同时对大量土地进行估价的方法，特别适用于房产税收、市地重划、城市房屋拆迁补偿或其他需要在大范围内同时对大量土地进行估价的情况。

路线价法主要有以下适用的条件：

（1）路线价法主要适用于城市土地的估价，尤其适用于城市商业街道两侧土地的估价。

（2）运用路线价法估价的前提条件是城市规划较完善，街道较规整，临街各宗土地的排列较整齐，有可供使用的科学合理的深度指数表；评估区域有较多的交易实例，土地市场发展规范，否则计算结果会出现较大的误差，影响土地评估的精度；必须保证深度价格修正与其他价格修正体系的精确度。

### 7.1.2 路线价法的操作步骤

按照路线价法估价的基本原理与估价要求，运用路线价法估算土地价格可按照以下步骤依次进行。

1. 划分路线价区段

路线价区段是指具有同一个路线价的地段。在划分路线价区段时，应将可及性相当、地块相连的土地划为同一个路线价区段。两个路线价区段的分界线，原则上是地价有显著差异的地点，一般是从十字路或丁字路中心处划分，两个路口之间的地段为一个路线价区段。但因繁华区域的土地，其位置的细微变化将会引起地价的极大差异，所以对于较长的繁华街道，有时需要将两个路口之间的地段划分为两个以上的路线价区段，分设不同的路线价。而某些欠繁华的街道，同一个路线价区段可延长至数个路口。另外，在同一条街道上，如果两侧宗地的繁华程度、地价水平有显著差异，应以街道中心为分界线，对该街道的两侧分设不同的路线价。

2. 设定标准临街深度

标准临街深度是街道对地价影响的转折点，由此接近街道的方向，地价受街道的影响而逐渐升高；远离街道的方向，其地价可视为基本不变。设定的标准深度通常是路线价区段内临街各宗土地临街深度的众数。

3. 选取标准临街宗地

标准临街宗地是路线价区段内具有代表性的宗地。选取标准临街宗地的要求是：①一面临街；②土地形状为矩形；③临街深度为标准深度；④临街宽度为标准宽度（一般为同一路线价区段内临街各宗地临街宽度的众数）；⑤临街宽度与临街深度比例适当；⑥用途和容积率所在路线价区段应具有代表性；⑦其他方面，如土地使用年限、土地生熟程度等也应具有代表性。

在标准临街宗地选取方面，标准宗地的面积大小随各国而异。美国为使城市土地的面积单位计算容易，把位于街区中间宽1英尺（0.3048m）、深100英尺（30.48m）的细长形地块作为标准宗地。日本的标准宗地为宽3.63m、深16.36m的长方形土地。我国对标准临街宗地的宽度与深度没有统一的规定，均视具体评估地价区段宗地宽度与深度的众数而定。

4. 调查评估路线价

路线价是设定在街道上的若干标准临街宗地的平均价格。通常在同一路线价区段内选择一定数量以上的标准临街宗地，运用收益法和市场法分别求其单位价格或楼面地价，然后求这些标准临街宗地的单位价格或楼面地价的众数，或中位数，或简单算术平均数，或加权算术平均数等，即得该路线价区段的路线价。

路线价通常为土地单价，也可为楼面地价；可用货币表示，也可用相对数表示。如果用点数表示，将一个城市中路线价最高的路线价区段以 1000 点表示，其他路线价区段的点数依此确定。以货币表示的路线价直观性强，易于理解，便于土地交易时参考，但以点数表示的路线价更易于测算，可避免由于币值波动而引起的麻烦。

5. 制作价格修正率表

临街宗地地价因受临街深度与宽度、容积率、土地使用年期、朝向和地价分摊率等因素影响而呈一定规律变化，反映地价变化相对程度的表格即为价格修正率表，分为深度价格修正率表和其他价格修正率表。深度价格修正率表又称深度百分率表、深度指数表，是基于深度价格递减率制作出来的。

（1）深度价格修正的理论依据

深度价格递减率是基于临街土地中各部分的价值随远离街道而递减的现象得来的。或者说，距街道深度越深，可及性越差，价格也就越低。如图 7-1 所示，设有一个临街深度为 $n$ 米的矩形宗地，沿平行道路方向，将其深度以 1 米为单位划分为许多等量细条宗地，并从临街方向起，按顺序以 $a_1$，$a_2$，$a_3$，……，$a_{n-1}$，$a_n$ 等符号来表示。越接近街道者，利用价值越大，则 $a_n$ 的价值大于 $a_{n-1}$ 的价值。图中曲线的弯曲程度越大，表明土地价值对临街深度的变化越敏感，弯曲程度越小，表明土地价值对临街深度的变化越不敏感。如果将各细条的价值折算为相对数，就可以制成临街深度价格修正率表。

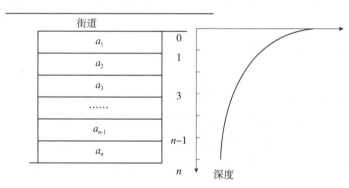

图 7-1 深度价格递减示意

（2）深度价格修正的常用方法介绍

深度价格修正的常用方法主要有四三二一法则、苏慕斯法则、霍夫曼法则和哈柏法则。

1）四三二一法则

最为简单、易懂的深度价格递减率是四三二一法则。

四三二一法则又称慎格尔法则，是将临街深度 100 英尺（30.48m）的土地，划分为与街道平行的四等份，每等份的临街深度为 25 英尺。各等份由于离街道的远近不同，价值有所不同。从街道的方向算起，第一等份的价值占整块土地价值的 40%，第二等份的价值占整块土地价值的 30%，第三等份的价值占整块土地价值的 20%，第四等份的价值占整块土地价值的 10%。

如果临街深度超过 100 英尺，则以九八七六法则来补充，即超过 100 英尺的第一个 25 英尺的价值是临街深度为 100 英尺土地价值的 9%，第二个 25 英尺的价值是临街深度为 100 英尺土地价值的 8%，第三个 25 英尺的价值是临街深度为 100 英尺土地价值的 7%，第四个 25 英尺的价值是临街深度为 100 英尺土地价值的 6%。

应用四三二一法则评估，简明易记，但因深度划分过于粗略，可能会出现评估不够精细的问题。

2）苏慕斯法则

苏慕斯法则是由苏慕斯（Willam A.Somers）根据其多年实践经验，并经过众多的买卖实例价格调查比较后创立的。苏慕斯经过调查证明，100 英尺（30.48m）深的土地价值，最初的 50 英尺部分占全宗地总价的 72.5%，而后半部分即不临街 50 英尺部分占 27.5%，若再深 50 英尺，则该宗地所增加的价值仅为 15%。其深度百分率即在这种价值分配原则下所拟定。由于苏慕斯法则在美国俄亥俄州克利夫兰市应用而著名，因此一般将其称为克利夫兰法则。

3）霍夫曼法则

霍夫曼法则是 1866 年由纽约市法官霍夫曼（Hoffman）所创建的，是最先被承认对于各种深度宗地评估的法则。霍夫曼法则认为：深度为 100 英尺（30.48m）的宗地，在最初 50 英尺的价值应占全宗地价值的 2/3。在此基础上，深度 100 英尺的宗地，最初的 25 英尺价值占全宗地价值的 37.5%；最初的一半，即 50 英尺为 67%；75 英尺为 87.7%；全体的 100 英尺为 100%。

4）哈柏法则

哈柏法则创设于英国，由于英国确认的标准深度为 100 英尺，该法则认为一宗土地的价值应与其深度的平方根成正比，即深度百分率为其深度的平方根的 10 倍除以 100，也即：

$$深度百分率 = (10 \times \sqrt{深度})\%  \quad\quad (7-1)$$

例如，一宗 50 英尺深的土地价值，就基本相当于 100 英尺深土地价值的 70%。但标准深度不一定为 100 英尺，所以经修订的哈柏法则认为：

$$深度百分率 = \sqrt{\frac{宗地深度}{标准深度}} \times 100\%  \quad\quad (7-2)$$

（3）编制深度价格修正率表

深度价格修正率表能够系统地反映深度对土地价格的影响，即土地价格随着深度递减的规律。深度价格修正率的制作形式有单独深度价格修正率、累计深度价格修正率和平均深度价格修正率三种。如图 7-1 所示，假设 $a_1$，$a_2$，$a_3$，……，$a_n$，分别表示各细条的价值占整块土地价值的比例。

1）单独深度价格修正率的关系为：

$$a_1 > a_2 > a_3 > \cdots\cdots > a_n$$

2）累计深度价格修正率的关系为：

$$a_1 < (a_1 + a_2) < (a_1 + a_2 + a_3) < \cdots\cdots < (a_1 + a_2 + a_3 + \cdots\cdots + a_n)$$

3）平均深度价格修正率的关系为：

$$a_1 > \frac{a_1 + a_2}{2} > \frac{a_1 + a_2 + a_3}{3} > \cdots\cdots > \frac{a_1 + a_2 + a_3 + \cdots\cdots + a_n}{n}$$

编制深度价格修正率表的步骤为：①设定标准深度；②分析比较实例调查中地价变化的规律，确定深度价格修正率表中的级距、级数；③确定单独深度价格修正率；④将单独深度价格修正率转换为累计深度价格修正率或平均深度价格修正率，以累计深度价格修正率或平均深度价格修正率制作深度价格修正率表。表 7-1 列出的是依据四三二一法则制作的深度价格修正率表，表 7-2 列出的是中国台湾的临街深度指数表。

**四三二一法则深度价格修正率表** 表 7-1

| 临街深度 | 英尺 | | | | | | | |
|---|---|---|---|---|---|---|---|---|
| | 25 | 50 | 75 | 100 | 125 | 150 | 175 | 200 |
| 四三二一法则（%） | 40 | 30 | 20 | 10 | 9 | 8 | 7 | 6 |
| 单独深度价格修正率（%） | 40 | 30 | 20 | 10 | 9 | 8 | 7 | 6 |
| 累计深度价格修正率（%） | 40 | 70 | 90 | 100 | 109 | 117 | 124 | 130 |
| 平均深度价格修正率（%） | 40 | 35 | 30 | 25 | 21.8 | 19.5 | 17.7 | 16.25 |
| 转换后的平均深度价格修正率（%） | 160 | 140 | 120 | 100 | 87.2 | 78.0 | 70.8 | 65.0 |

**中国台湾临街深度指数表** 表 7-2

| 深度（m） | 未满 4 | 满 4 未满 8 | 满 8 未满 12 | 满 12 未满 16 | 满 16 未满 18 | 18 以上 |
|---|---|---|---|---|---|---|
| 指数（%） | 130 | 125 | 120 | 110 | 100 | 40 |

表 7-1 中转换后的平均深度价格修正率，是将上述临街深度 100 英尺的平均深度价格修正率乘以 4 转换为 100%，为了保持与其他数值的关系不变，其他数值均同时乘以 4 得到。累计深度价格修正率与平均深度价格修正率可用下面的公式表示：

平均深度价格修正率 = 累计深度价格修正率 × 标准深度 / 所给深度 （7-3）

（4）编制其他价格修正率表

在一个路线价区段内，因各宗地的临街状况、形状、宽度、位置、容积率、土地使用年期等因素不同，需要在深度价格修正的基础上进行其他因素的修正，即需编制其他价格修正率表。

1）临街状况与宗地形状修正

除深度外，临界状况与宗地形状对宗地地价的影响也很大，在估价时需要适当地修正。临街状况包括一面临街、两面临街、正面和侧面临街等，宗地形状有矩形、三角形、梯形、不规则形等。

2）宽度修正

临街宗地在深度相同的情况下，宽度不同地价自然不同，并且对顾客的吸引程度也不同，进而影响商店的营业额，因此需要进行宽度修正。其计算方式是在同一路线价区段中选取若干深度相同的宗地，调查其宽度对价格影响的变动情况，进而确定宽度修正率。

3）宽深比修正

在宗地宽度较宽和深度较深的情况下，单独采用宽度和深度修正往往不符合实际情况，而且操作困难，需要用宽度与深度的比例系数来修正。

4）容积率修正

随着容积率的增加，地价一般会上升。路线价仅代表一定容积率水平下的地价。因此，在具体估价时，需调查同一路线价区段内不同容积率水平下的平均地价，依其价格变动情况确定容积率修正系数。

5）年期修正

需进行年期修正的一般为出让与转让宗地。根据有限年期地价公式可计算出宗地的出让或转让年期修正系数。有限年期地价公式为：

$$P = \frac{A}{r}\left[1 - \frac{1}{(1+r)^n}\right] \tag{7-4}$$

式中，$P$ 为土地价格；$A$ 为年地租；$r$ 为报酬率；$n$ 为出让或转让年期。

6.计算临街土地的价值

路线价法的基本公式为：

$$宗地价格 = 路线价 \times 深度价格修正率 \times 宗地面积 \tag{7-5}$$

上述基本公式仅适用于一面临街的矩形宗地，而对于存在特殊条件的土地，如两面临街地、街角地、三角形地、梯形地、袋地、不规则形地等，除了利用上述基本公式计算地价外，还需要作进一步的加价或减价修正，此种情况下的计算公式为：

$$宗地总价 = 路线价 \times 深度价格修正率 \times 宗地面积 \pm 其他价格修正值 \tag{7-6}$$

或

$$宗地总价 = 路线价 \times 深度价格修正率 \times 宗地面积 \times 其他价格修正率 \tag{7-7}$$

## 7.1.3 路线价法的实际操作

路线价法的实际操作较为复杂。在实际估价中，待估的土地不仅只有一面临街地，更为常见的是双面临街地和不规则土地。用路线价法估算具体的宗地，首先以标准临街宗地的单价作为路线价，采用平均深度价格修正率，依据路线价法的基本公式得出一面临街的矩形土地的价格，再根据具体待估宗地的形状、临街状况等进行适当的加价或减价修正，从而得到待估宗地的地价。

下面分别介绍临街各宗土地价格的计算方法。

1. 一面临街地地价的计算

一面临街各宗地包括矩形宗地、平行四边形宗地、梯形宗地、三角形宗地等，如图 7-2 所示。

（1）矩形宗地、平行四边形宗地地价的计算

矩形宗地（图 7-2 中的宗地 A）是最简单的宗地，只需进行深度修正即可。首先查出该矩形宗地所在区段的路线价，再根据其临街深度查出相应的深度价格修正率，则一面临街矩形宗地单价为路线价与深度价格修正率的乘积，单价再乘以土地面积就是宗地的总价。

平行四边形宗地（图 7-2 宗地 F）有两种计算方法。一种是将其分割成矩形地和三角形地，分别求取其价格，然后加总。另一种方法是将其看作矩形宗地计算其地价，以其高度为临街深度，查深度指数表，然后带入深度修正公式进行计算。

（2）梯形宗地地价的计算

梯形宗地的临街状况有两种，一种是平行边与临街线一致（图 7-2 中的宗地 D、E），一种是平行边与临街线垂直（图 7-2 中的宗地 B）。对于前者，有两种计算方法：一种是将其分割成矩形和三角形，分别计算然后加总；另一种是根据临街边的长短情况进行加价或减价修正，长边为临街边则进行加价修正，短边为临街边则进行减价修正，其修正的数额（幅度）一般不超过原价的 20%。对于后者，将其近似地看作矩形，以其中位线的深度为临街深度，按临街深度价格修正率求得其单价，不再进行加价或减价修正。

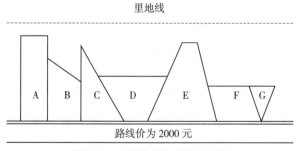

图 7-2　一面临街各土地示意图

（3）三角形宗地地价的计算

三角形宗地的临街状况有两种，一种是正三角形宗地，即宗地的一边与临街线一致（图 7-2 中的宗地 C）；一种是逆三角形宗地，即宗地的一个顶点与临街线一致（图 7-2 中的宗地 G）。计算正三角形宗地的价格，通常是先将该三角形宗地作补充线，使其成为

一面临街的矩形或平行四边形土地，依照一面临街矩形或平行四边形宗地单价的计算方法计算，然后乘以三角形土地价格修正率。对于逆三角形宗地地价的计算可比照后面袋地的计算方式。

2. 两面临街地地价的计算

两面临街地是指前后两面都临街的宗地（图7-3中的宗地H）。计算该类宗地地价时，通常采用"重叠价值估价法"，通常是先确定高价街（前街）与低价街（后街）影响范围的分界线，以此分界线将土地分为前后两部分，然后按各自所临街道的路线价和临街深度计算价格，再将此两部分的价格加总，即为该宗地的地价。

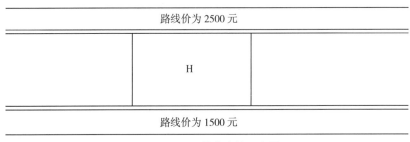

图7-3 两面临街宗地示意图

计算公式为：

$$高价街影响深度=高价街路线价/（高价街路线价+低价街路线价）×总深度 \quad （7-8）$$

$$低价街影响深度=总深度-高价街影响深度 \quad （7-9）$$

$$两面临街宗地单价=高价街路线价×高价街深度价格修正率+ \\ 低价街路线价×低价街深度价格修正率 \quad （7-10）$$

3. 街角地地价的计算

街角地是指位于十字路口或丁字路口的土地，同时受两条相交道路的影响（图7-4中的宗地I）。街角地因为交通便利，日照通风条件好，其价格往往高于中间地段的价格，特别是作为商业用地，其利用价值更高于单面临街地甚至双面临街地。计算街角地宗地价格，通常采用"正旁两街分别轻重估价法"，先求取高价街（正街）的价格，然后根据低价街（旁街）对宗地地价产生的影响，

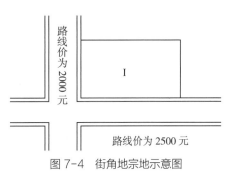

图7-4 街角地宗地示意图

计算低价街的影响加价，最后加总即得街角地地价。旁街对街角地的影响加价率视实际情况而定。计算公式如下：

$$街角地地价=正街路线价×正街深度价格修正率+旁街路线价× \\ 旁街深度价格修正率×旁街影响加价率 \quad （7-11）$$

4. 袋地地价的计算

袋地是指不直接临街的宗地（图 7-5 中的各宗地）。袋地地价的计算以其起迄深度为临街深度，采用表 7-3 中相应的袋地深度指数进行修正，再依据袋地形状的不同，比照前面相应形状的一面临街宗地的方法进行。

袋地深度指数表      表 7-3

|  |  |  |  | 满 16 未满 18 | 60 |
|---|---|---|---|---|---|
|  |  |  | 满 12 未满 16 | 66 | 63 |
|  |  | 满 8 未满 12 | 72 | 69 | 66 |
|  | 满 4 未满 8 | 76 | 74 | 71 | 68 |
| 未满 4 | 78 | 77 | 75 | 72 | 70 |
| 深度起（m）深度指数（m）深度迄（m） | 未满 4 | 满 4 未满 8 | 满 8 未满 12 | 满 12 未满 16 | 满 16 未满 18 |

（1）矩形袋地、平行四边形袋地、梯形袋地（图 7-5 中的 J、K、M、N 宗地）。临街深度以袋地的"起深度"和"迄深度"来确定，其计算方式与前面所述的一面临街相应形状的宗地地价计算方法相同。

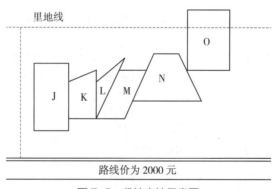

图 7-5　袋地宗地示意图

起深度是指袋地距离街道较近的一边与街道之间的距离，迄深度则是距街道较远的一边与街道之间的距离。

（2）对于逆三角形，不论其顶点是否临街，均按袋地计算（图 7-2 的宗地 G 和 7-5 的宗地 L）。其中，起深度是指三角形顶点与底边中点的距离的 1/2 处，迄深度是指底边中点处的临街深度。

（3）当宗地的迄深度大于标准深度，即超过里地线时（图 7-5 的宗地 O），应以里地线为界，划分为表地和里地两个部分，分别以表地单价和里地单价按面积比例平均计算其单价。

其中，表地单价为路线价乘以袋地深度指数，里地单价一般按路线价的四成计算。

5. 不规则形宗地的计算

不规则形宗地形状各式各样，用路线价法求取不规则形宗地的价格，通常借助于一些辅助线，将其划分为矩形、三角形等规则形易于计算的土地，然后分别计算这些矩形、三角形土地的价格，再相加减，或者再乘以相应的加价率或减价率。所以，一般只要掌握了一面临街与两面临街宗地中矩形、三角形等几种基本形状宗地地价的计算，以及街角地及袋地等宗地地价的计算，其他形状宗地的价格计算问题便可迎刃而解。

## 7.1.4 应用举例

 【例7-1】

图 7-2 中，土地 A 是临街深度为 15.24m（50 英尺）、临街宽度 6m 的矩形宗地；宗地 F 是临街深度为 12.5m 的平行四边形宗地。根据表 7-1，计算宗地 A 的总地价。根据表 7-2，计算宗地 F 的土地单价。

【解】宗地 A 的总地价 =2000×140%×15.24×6=25.6032 万元

宗地 F 的土地单价 =2000×110%=2200 元 /m²

 【例7-2】

图 7-2 中梯形宗地 B、D、E 的临街深度分别为 11.8m、10m、14m，根据表 7-2，分别计算其土地单价，其中宗地 D、E 的价格修正幅度分别为 -15% 与 10%。

【解】宗地 D 的土地单价 =2000×120%×（1-15%）=2040 元 /m²

宗地 E 的土地单价 =2000×110%×（1+10%）=2420 元 /m²

宗地 B 的土地单价为 =2000×120%=2400 元 /m²

 【例7-3】

图 7-2 中宗地 C 的临街宽度为 22.86m（75 英尺），临街深度为 15.24m（50 英尺）。根据表 7-1，计算其土地总价。另假设临街深度为 15.24m 的三角形宗地的价格修正率为 70%。

【解】宗地 C 的总价 =2000×140%×70%×15.24×22.86/2=34.14 万元

 【例7-4】

图 7-3 中宗地 H 的临街总深度为 30m，前街与后街路线价分别为 2500 元 /m² 与 1500 元 /m²，根据相应公式及表 7-2，计算宗地 H 的土地单价。

【解】宗地 H 的高价街影响深度 =2500/（2500+1500）×30=18.75m

宗地 H 的低价街影响深度 =30-18.75=11.25m

宗地 H 的土地单价 =（2500×40%×18.75+1500×120%×11.25）/30=1300 元 /m²

 【例7-5】

图 7-4 中宗地 I 的正街临街深度为 15.24m（50 英尺），其路线价为 2500 元 /m²，旁街临街深度为 22.86m（75 英尺），其路线价为 2000 元 /m²，根据表 7-1，计算宗地 I 的总地价。另设宗地 I 的旁街影响加价率为 20%。

【解】宗地 I 的总地价 =（2500×140%×2000×120%×20%）×22.86×15.24=138.66 万元

 【例7-6】

根据表 7-3，计算图 7-5 中袋地 J、K、M、N 的土地单价。矩形袋地 J、梯形袋地 K、平行四边形袋地 M 的起深度分别为 6m、5m、5m，迄深度为分别 13m、12m、12m，其深度指数均为 71%，三者地价相等；梯形袋地 N 的起深度为 6m，迄深度为 14m。其中袋地 N 的加价率设定为 +13%。

【解】宗地 J、K、M 的土地单价 =2000×71%=1420 元 /m²

宗地 N 的土地单价 =2000×71%×（1+13%）=1605 元 /m²

 【例7-7】

根据表 7-3，计算图 7-5 中三角形宗地 L 的土地单价，宗地 L 的起深度为 10m，迄深度为 13m。

【解】宗地 L 的土地单价 =2000×69%=1380 元 /m²

## 7.2 基准地价修正法

### 7.2.1 基准地价修正法的基本原理

1.基准地价修正法的定义

基准地价修正法是我国土地估价中重要的应用估价方法之一，它是利用城镇基准地价和基准地价修正系数表等评估成果，按照替代原理，将估价对象的区域条件和个别条件等与其所处区域的平均条件相比较，并对照修正系数表选取相应的修正系数对基准地价进行修正，从而求取估价对象在价值时点价格的一种估价方法。

应用基准地价修正法，最基础的条件是该地区要有政府批准公布的基准地价和基准地价修正系数表。它可在短期内大批量进行土地地价评估，但土地地价评估的精度取决于基准地价及其修正体系的精度，故在城市基准地价尚未及时更新的情况下应慎重使用。

2. 基准地价修正法的基本原理

基准地价修正法的基本原理是替代原理，即在正常的市场条件下，具有相似土地条件和使用功能的土地，应当具有相似的价格。基准地价相对应的土地条件，是区域内土地的一般条件。因此，通过对待估土地条件与级别或均质区域内同类用途土地的一般条件相比较，对照基准地价修正系数表选取适宜的修正系数，对基准地价进行修正，并对其进行使用年期、交易日期和容积率等方面的再修正，即可得估价对象土地的价格。

实际上，基准地价修正法与市场法类似，基准地价相当于市场法中的可比交易实例，基准地价修正系数表和使用年期的修正相当于待估宗地与实例之间的房地产状况调整，交易日期修正均类似于市场法中关于该项的修正。

3. 基准地价评估的发展阶段

中国的城镇基准地价评估是一个不断发展和完善的过程，可以分为三个阶段。

第一个阶段是建立在城镇土地定级基础之上，这种基准地价是一种土地级别的基准地价。具体操作是：采用数学模型来测算土地的级差收益，然后根据地租资本化原理将土地级差收益转化为土地价格。

第二个阶段依然是建立在城镇土地定级基础之上的，但是在采用数学模型测算土地级差收益并将其转换成土地价格的同时，也利用土地经营收益资料、市场交易资料等，直接运用收益法、市场法等评估若干宗地的价格，并以此为参考，再确定各土地级别的基准地价。

第三个阶段是不经过土地定级而直接评估出基准地价，这种基准地价是一种地价区段的基准地价。具体操作是：首先运用路线价法评估商业路线价区段的基准地价，然后发展为对全部土地进行地价区段划分，通过多种途径，譬如房地买卖、房地租赁、房地入股等，调查评估出各地价区段中若干宗地的价格，再求这些宗地价格的平均数、中位数或众数，以此确定出各地价区段的价格。

## 7.2.2　基准地价修正法的适用范围及条件

基准地价修正法适用于政府已公布基准地价的城镇的土地价格评估，这是运用基准地价修正法的首要条件。

基准地价修正法适用于进行大面积的、数量众多的土地价格的评估。基准地价修正法评估土地价格的准确性取决于各因素修正的准确程度。在市场法中由于估价对象是与可比实例进行比较，因此差异因素相对来说比较明确，而基准地价修正法中估价对象与区域内平均水平的宗地进行比较，因素条件较难明确，比较修正的难度较大，尤其是区域因素的修正。因此，这种方法一般在土地估价中并不作为主要的估价方法，而是一种辅助方法。

### 7.2.3　城市基准地价评估的方法和步骤

（1）确定基准地价评估区域范围

评估区域范围一般是按城市的整个行政区划或城市规划区或城市建成区来确定，评估的区域范围的大小主要是根据当地的实际需要和可投入评估的人力、财力、物力等情况来确定。

行政区划就是国家为了进行分级管理而实行的国土和政治、行政权力的划分。行政区划以国家或次级地方在特定的区域内建立一定形式、具有层次唯一性的政权机关为标志。行政区划因不同的国家结构形式而不同。行政区划的层级与一个国家的中央地方关系模式、国土面积的大小、政府与公众的关系状况等因素有关。

城市规划区是指城市市区、近郊区以及城市行政区域内因城市建设和发展需要实行规划控制的区域。城市规划区的具体范围由城市人民政府在编制的城市总体规划中划定，一般包括市区、郊区和城市发展需要控制的地区。

城市建成区简称"建成区"，是指城市行政区内实际已成片开发建设、具备市政公用设施和公共设施的地区。

（2）明确基准地价的内涵、构成、表达方式

应当明确界定下列与基准地价相对应的条件：①基准日期；②土地用途，一般应分为商业、居住、工业等用途；③土地权利性质；④土地使用期限，一般应分为商业、居住、工业等用途的法定最高出让年限；⑤土地开发程度，即土地的基础设施完备程度和平整程度，例如是"三通一平"，还是"五通一平""七通一平"；⑥容积率，一般应根据各土地级别或地价区段的平均水平确定；⑦明确基准地价的表达方式，需要明确基准地价是采用土地单价形式还是采用楼面地价形式，或是同时采用这两种形式。

（3）基准地价评估资料的调查与收集

其主要是指对已有的地价、地租及土地收益资料进行调查与收集，如对房屋买卖与出租、商品房出售、柜台出租、征地、拆迁开发、以地换房等资料的收集。收集过程包括制订资料收集计划、编制调查表格和人员培训、划分调查区、确定调查方法和收集途径及调查资料的审核。其中，调查途径主要是通过走访有关部门及个人，收集现有及实地调查资料。如商品房出售的资料主要通过对各省建筑定额标准、开发公司、买房单位、产权登记机关、物价管理部门、建设及规划部门、税务局的调查而获取。

（4）资料的分析整理

其主要是指对地租、地价和土地收益资料进行分析整理，针对不同类型的样点资料采用适宜的估价方法，测算样点地价，并依据基准地价的内涵对其进行使用年期、容积率、交易时间等情况的修正，建立可比基础。如利用房屋交易资料测算样点地价，可以利用剩余法，从房屋交易总价中扣除房屋本身的实际价值、交易时应缴纳的税金和管理费，从而分离出地价，再对该地价进行使用年期、容积率、交易时间等的修正。在样点

地价测算和修正的基础上，依据划定的基准地价评估区域进行样点地价的分类统计。以土地级别为评估区域的，应分别统计各级土地中商业、住宅、工业用地的样点地价交易资料类型和数量。以均质地域为评估区域的，按路段或片区分别统计样点地价资料类型和数量。

（5）划分土地级别或地价区段

1）划分土地级别应按照《城镇土地分等定级规程》GB/T 18507—2014 规定的程序、方法等进行。

2）划分地价区段，是将用途相似、地块相连、地价相近的土地加以圈围而形成不同的地价区域。一个地价区段可视为一个地价"均质"区域，通常可以将土地划分为以下三类地价区段：①商业路线价区段；②住宅片区段；③工业片区段。

划分地价区段的方法通常是就土地的位置、交通、使用现状、城市规划、房地产价格水平以及收益情形等作实地调查研究，将情况相同或类似的相连土地划为同一个地价区段。划分地价区段有两类：一类是路线价区段，适用于街道两侧的商业用地；另一类是区片价区段，适用于办公、居住、工业用地。各地价区段之间的分界线应以道路、沟渠或其他易于辨认的界限为准，但商业路线价区段应以标准深度为分界线。

（6）抽样评估标准宗地的价格

在划分出的各地价区段内，选择数宗具有代表性的宗地，然后通过估价师调查搜集的有关这些宗地的经营收益资料、市场交易资料或开发费用资料等，运用收益法、市场法、成本法、假设开发法等适宜的估价方法，评估出这些有代表性的标准宗地在合理市场下可能形成的正常的市场价值，通常应求出单价或者楼面地价。

（7）计算区段地价

区段地价是某个特定的地价区段的单价或楼面地价，它代表或反映该地价区段内土地价格的正常水平。区段地价的计算是以一个地价区段为范围，求各该地价区段内所抽查评估出的标准宗地单价或楼面地价的平均数、中位数或者众数。计算出的区段地价，对于商业路线价区段来说是路线价，对于住宅片区段或工业片区段来说是区片价。

（8）确定基准地价

在区段地价计算的基础上作适当的调整后即是基准地价。在确定基准地价时，应首先把握地价区段之间的好坏层次（通常是从好到差排序），再把握它们之间地价的高低层次，以避免出现条件较差的区段的基准地价高于条件较好的区段的基准地价。

（9）提出基准地价应用的建议和技术

其中包括基准地价在使用中应注意的事项、利用基准地价计算宗地地价的方法及修正系数的确定等，如具体区位、基础设施状况、交通条件、土地使用年限、容积率、土地形状、临街状况等的修正方法和修正系数。

### 7.2.4 基准地价修正法的操作步骤

（1）搜集有关基准地价的资料

其主要包括：土地级别表、土地级别图、样点地价分布图、基准地价表、基准地价图、基准地价修正系数表和相应的因素条件说明表，并归纳整理和分析，作为宗地估价的基本资料。

（2）确定估价对象所处地段对应的基准地价

根据估价对象土地的位置、用途，对照前面收集到的土地级别图表、基准地价图表，确定其所处的土地级别、基准地价和相应的因素条件说明表、因素修正系数表和基准地价的内涵、构成、表达方式等，以确定宗地地价修正的基准和需要调查的影响因素项目。

值得注意的是，基准地价的内涵、构成和表达方式不尽相同，有熟地价、生地价之分；有土地级别的基准地价、区片价的基准地价、路线价的基准地价之分；有用土地单价表示的，也有用楼面地价表示的。

（3）调查估价对象土地地价影响因素，确定宗地地价影响因素修正系数

首先，依据基准地价修正系数表和相应的因素条件说明表确定估价对象须调查的地价影响因素。然后，依据已有资料结合实地调查确定估价对象地价因素指标数据，并将其与相应的基准地价影响因素说明表对比，确定因素指标对应的优劣程度。最后，按优劣程度查对基准地价修正系数表，得到该因素的修正系数。将调查的所有影响因素进行同样处理，则估价对象土地影响因素的总修正系数按下式计算：

$$k = \sum_{i=1}^{n} k_i \qquad （7-12）$$

式中，$k$ 为估价对象全部地价影响因素的总修正值；$k_i$ 为估价对象的第 $i$ 个地价影响因素的修正值；$n$ 为修正因素个数。

需特殊说明的是，估价对象的开发程度与基准地价设定的开发程度不一致时，在确定宗地地价影响因素修正系数前，应进行土地开发程度差异修正。

（4）确定估价对象土地使用年期修正系数

基准地价的使用年期为各用途的最高出让年限，而估价对象土地的使用年期各不相同，因此必须进行年期修正，具体修正公式如下：

$$k_y = \frac{1-\left(\dfrac{1}{1+r}\right)^m}{1-\left(\dfrac{1}{1+r}\right)^n} \qquad （7-13）$$

式中，$k_y$ 为估价对象土地年期修正系数；$r$ 为土地报酬率；$m$ 为估价对象土地可使用年期；$n$ 为估价对象土地用途法定最高出让年限。

（5）确定交易日期修正系数

交易日期修正是将基准地价在其价值时点的值调整为估价对象在价值时点的值。其修正系数确定方法与市场法中市场状况调整的方法相同。

（6）确定容积率修正系数

容积率对地价的影响很大，基准地价设定的容积率为该用途土地在该级别或均质地域内的平均容积率，当估价对象的容积率与其不同时，必须进行容积率修正。具体修正公式如下：

$$k_c = \frac{k_i}{k_j} \tag{7-14}$$

式中，$k_c$ 为估价对象土地容积率修正系数；$k_i$ 为估价对象土地容积率对应的地价水平指数；$k_j$ 为估价对象土地所在级别或均质地域内的平均容积率对应的地价水平指数。

修正系数的取值要考虑地区规划的平均容积率，要兼顾用地的经济效益与合理性。如住宅用地容积率在 1 ~ 3.5 范围内比较合适，超过 3.5 经济效益虽然提高了，但因为楼太高、建筑密度太大，居民生活不方便，小区的环境质量下降，其用地的合理性降低；如果容积率低于 1，环境条件虽然优化了，但土地的经济效益就降低了。

（7）求出估价对象土地的价格

根据前面所求的各项修正系数，对估价对象土地对应的基准地价修正，即可得到估价对象土地的价格，具体的计算公式如下。当然针对不同城市的基准地价修正应该参考该城市的基准地价修正说明，各城市的计算公式可能会有一定的差异。

$$V = V_b \times (1 + \sum k_i) \times k_j \tag{7-15}$$

式中，$V_b$ 为估价对象对应的基准地价；$\sum k_i$ 为影响估价对象地价各类因素的修正值之和；$k_j$ 为估价对象土地的使用年期、交易期日、容积率等其他修正系数。

## 7.3 标定地价修正法

### 7.3.1 标定地价修正法的含义

标定地价修正法也称为标定地价系数修正法，是利用标定地价及其修正体系，按照替代原则，将待估宗地的地价影响因素与标定地价的相应影响因素相比较，进而通过修正求取待估宗地在估价期日价格的方法。

标定地价是指政府为管理需要确定的，标准宗地在现状开发利用、正常市场条件、法定最高使用年期或政策规定年期下，某一估价期日的土地权利价格。标定地价与基准地价的内涵有所不同。标定地价是某一标准宗地的价格，即标准宗地地价，属于宗地地价的范畴；而基准地价是某一区域（土地级别或均质区域）土地的平均价格，即区域平均地价，属于区域地价的范畴。标定地价按照土地使用权类型，分为出让土地的标定地价、划拨土地的标定地价和租赁土地的标定地价。

标准宗地是指在标定区域内，土地条件、土地利用状况等特征具有代表性且利用状况相对稳定、地价水平能够起示范和比较作用的宗地。标定区域是指在土地级别或均质区域基础上划定的，土地条件、土地利用状况等特征基本相似、地价水平接近的空间闭合区域。《标定地价规程》TD/T 1052—2017 规定，每类用途的每个标定区域内，有且仅有一宗标准宗地。标准宗地按照土地用途分为商服标准宗地、住宅标准宗地、工业标准宗地、混合用途标准宗地、农用地标准宗地和其他用途标准宗地。

### 7.3.2 标定地价修正法的基本原理

标定地价修正法实质上是一种间接比较法，其理论依据及基本原理与市场比较法、基准地价修正法相同，是替代原理和替代原则。标定地价是一种评估价，是标定区域内土地市场的正常价值参考。位于标定区域内的待估宗地，其价格可以通过对待估宗地与标准宗地的地价影响因素相比较，对标准宗地的价格即标定地价进行相应修正来求取。

### 7.3.3 标定地价修正法的基本公式

采用标定地价修正法评估待估宗地价格的基本公式为：

$$P=P_s \times A \times B \times C \times D \tag{7-16}$$

式中　$P$——待估宗地价格；

　　　$P_s$——待估宗地对应的标定地价；

　　　$A$——待估宗地交易情况指数；

　　　$B$——待估宗地估价期日地价指数 / 标准宗地估价期日地价指数；

　　　$C$——待估宗地个别因素条件指数 / 标准宗地个别因素条件指数；

　　　$D$——待估宗地使用年期修正系数。

### 7.3.4 标定地价修正法的估价步骤

（1）收集标准宗地及标定地价相关资料

通过有关渠道收集利用标定地价修正法求取待估宗地价格所需的标定地价及其修正体系等资料，包括待估宗地所在地区政府公布的标准宗地与标定区域布设图、标定地价信息公示表、标定地价修正体系表、标定地价体系相关辅助说明等。根据《标定地价规程》TD/T 1052—2017 的有关规定，政府部门按照规定的程序和途径，将所辖区域内标定地价有关信息公开发布，作为供市场主体或相关管理工作参考的价值标准，并接受公众咨询。

（2）选择可比标准宗地并确定对应的标定地价

首先，根据待估宗地的用途类别和具体位置，确定待估宗地所在的标定区域。然后，在该标定区域内选择土地用途、使用权类型与待估宗地的用途、使用权类型相同或相似的标准宗地，进而确定待估宗地对应的标定地价。

（3）进行相关地价影响因素修正

将待估宗地的地价影响因素与标定地价的相应影响因素进行比较，对待估宗地对应的标定地价进行交易情况、估价期日、个别因素、使用年期等修正。这些修正的具体内容和方法与土地估价的市场比较法、基准地价修正法类同。

（4）测算待估宗地价格

这里测算待估宗地价格的具体方法与土地估价的市场比较法、基准地价修正法类同。

## 7.3.5 标定地价修正法的适用范围

在已经开展标定地价公示的地区（如城市），对位于标定地价公示范围内的待估宗地，可运用标定地价修正法评估其价格。标定地价公示范围是标定地价体系覆盖并运行的空间范围，由若干标定区域连接构成。运用标定地价修正法评估待估宗地价格，应满足合法性、目的性、技术性、时效性等要求。具体来说，根据《城镇土地估价规程》GB/T 18508—2014、《标定地价规程》TD/T 1052—2017，标定地价修正法可用于政府已公布标定地价的区域，且涉及国有土地资产处置或土地资产抵押时。所采用的标准宗地与待估宗地应位于相同或类似区域，且具有可比性。所采用的标定地价应具有现势性，待估宗地的估价期日距标定地价的期日一般不超过 1 年。

此外，标定地价修正法不能用于评估标定地价。

## 复习思考题

章节自测题

1. 基准地价法的作用是什么？评估思路是什么？

2. 基准地价修正法的基本原理是什么？

3. 基准地价修正法的程序与方法包括什么？

4. 路线价法的基本原理有哪些？

5. 路线价法适用的对象是什么？使用条件是什么？

6. 路线价法的基本公式是什么？路线价法计算地价的步骤是什么？

7. 标准宗地应符合哪些条件？

8. 编制深度价格修正率表的步骤包括哪些？

9. 什么是四三二一法则？

10. 某宗商住综合用地剩余的土地使用年限为 40 年，所处地段的基准地价为 1800 元 /m²，基准地价所对应的土地使用年限是 50 年，现行土地报酬率为 6%。试求对基准地价进行土地使用年限修正后的商住综合用地的价格。

11. 某宗工业用地出让的土地使用权限为 50 年，所处地段的基准地价为 1500 元 /m²，制定基准地价时设想的土地使用权年限为无限年，现行土地报酬率为 8%，试求对基准地价进行土地使用权年限修正后的该宗工业用地的价格。

12. 某矩形宗地前后两面临街，总临街深度为 30m，临街宽度为 20m，其前街路线价为 2500 元 /m²，后街路线价为 1000 元 /m²，试计算该宗地的价格。

13. 某临街深度为 30.48m（100 英尺）、临街宽度为 20m 的矩形土地，总价为 121.92 万元，其相邻临街深度 15.24m（即 50 英尺）、临街宽度 20m 的矩形土地，根据四三二一法则，总价为多少元？

14. 有一宗临街深度为 30m，沿街宽度为 20m 的一面临街矩形土地。已知路线价为 4000 元 /m²，标准深度为 16m，试利用四三二一法则计算该宗地的价格。

# 第8章 其他估价方法及其运用

## 【本章要点及学习目标】

　　1. 理解批量估价方法。

　　2. 掌握未来价值评估方法。

　　3. 熟悉价值损失评估方法。

　　房地产估价还有一些其他方法。本章介绍主要用于房地产批量估价的标准价调整法和回归分析法，主要用于房地产未来价值评估的长期趋势法，以及主要用于房地产价值损失评估的修复成本法、价差法和损失资本化法。

## 8.1 批量估价方法

### 8.1.1 批量估价方法概述

　　批量估价是指基于同一估价目的，利用共同的数据，采用相同的方法，并经过统计检验，同时对大量相似的房地产在给定时间的同种价值、价格进行评估。区别于单独对一宗或分别对数宗房地产进行评估的"个案估价"，"批量估价"通常是对大量房地产分批（或分组、分区、分类）进行批量估价，通俗地说是对房地产分区分类成批进行价值评估，具体的批量估价方法有标准价调整法和回归分析法，上一章介绍的路线价法本质上即为标准价调整法。

　　批量估价主要适用于成套住宅、商铺、写字楼、快捷酒店、标准厂房等同类数量较多、可比性较好的房地产。例如大型商场、星级饭店、特殊厂房等房地产因其可比性不够好、同类数量不够多，通常不宜采用批量估价。

　　实践中，当需要在较短时间内对某个地区（如城市、市辖区等）的大量或所有房地产进行估价时，通常是以批量估价为主、个案估价为辅，即对其中适用批量估价的房地产采用批量估价，对少数不适用批量估价的房地产采用个案估价。如此一来，把批量估价和个案估价有机结合起来，可以兼顾"效率"与"公平"，在较短时间内评估出某个地区各种房地产的价值、价格。

## 8.1.2 标准价调整法

1. 标准价调整法的含义及其理解

标准价调整法是在较大区域内对纳入批量估价对象的大量房地产进行分组，把区位状况相当、类型相同的房地产划为同一组，在每组内选取或设定有代表性的房地产作为标准房地产，然后评估标准房地产的价值、价格并作为标准价，再利用有关调整系数将标准价调整为各宗被估价房地产价值、价格的方法。

标准价调整法与比较法有许多相似之处，本质上是比较法的拓展与应用。例如，标准房地产可视为比较法中的可比实例，标准价可视为可比实例价格，有关调整系数可视为对可比实例价格的各种资产状况调整系数。

路线价法实质上是一种标准价调整法。其中，划分路线价区段就是对房地产进行分组（具体是分组中的分区），标准临街宗地就是标准房地产，路线价就是标准价，价格修正率就是有关调整系数。此外，标准价调整法与标定地价修正法基本相同。只是标准价调整法的估价对象是房地产，并用于大量房地产批量估价；而标定地价修正法的估价对象是土地，主要用于宗地个案估价。

标准价调整法适用的估价目的主要是房地产税税基评估、存量房交易税收估价、房地产押品价值重估。

2. 标准价调整法的估价步骤

在确定估价目的、价值类型和价值时点的基础上，标准价调整法的估价步骤一般为：①确定批量估价区域和估价对象；②搜集批量估价所需资料；③对房地产进行分组；④设立标准房地产；⑤测算并确定标准价；⑥确定有关调整系数；⑦测算各宗被估价房地产价值、价格。

3. 标准价调整法的主要内容

（1）确定批量估价区域和批量估价对象

批量估价区域是指一个批量估价项目的被估价地区范围，即需要对哪个地区内的房地产开展批量估价，是某个城市的全部行政区，还是其中某几个或某个辖区或规划区、市区、建成区、开发区等。该地区范围一般根据估价目的和委托人（如税务部门、商业银行、房产管理部门等）的需要，与委托人进行充分沟通来确定。

批量估价对象是指一个批量估价项目的被估价房地产，根据估价目的、委托人的需要、批量估价适用的房地产类型，与委托人进行充分沟通来确定。一般是在已确定的批量估价区域内，明确将哪些用途和类型的房地产纳入批量估价对象，比如是各类房地产，还是居住用房地产，或是商业、办公、旅馆、工业等非居住用房地产；是房屋，还是既包括房屋又包括构筑物，以及是否包括土地；是经不动产登记的房地产，还是包括已登记和未登记的房地产；是合法的房地产，还是包括合法和不合法或违法违规的房地产。

（2）搜集批量估价所需资料

其主要是准备批量估价所需的图表，采集批量估价所需的数据，包括搜集反映批量估价区域和估价对象状况以及对估价对象价值、价格有影响的资料，如估价对象的区位、面积、用途、房屋类型、朝向、楼层、户型、房龄、土地权利类型等。

（3）对房地产进行分组

其是在确定的批量估价区域内对纳入批量估价对象的所有房地产进行分组，需要完成分类、分区的工作，即把相似的房地产分在同一组内。"分类"一般是按照功能和用途相似来划分的；"分区"一般是按照在同一区域内影响房地产的价值因素是否相似来划分的。

实践中，房地产分组有的宜先分类、后分区，有的宜先分区、后分类。如果批量估价对象包含不同用途的房地产，因影响不同用途房地产价值、价格的区位因素有较大差异，一般是先按用途分大类，然后进行分区；而如果批量估价对象是相同用途或同类的房地产，比如都是居住用房地产，一般是先分区、后分类。

一般来说，房地产分组越小，同一组内的房地产相似度就越高，从而应调整的价值、价格影响因素会越少或调整幅度较小。但如果分组过小，则同一组内的交易实例"样本"可能过少，难以满足评估标准价的需要。实际中可根据市场数据满足程度、估价结果精度要求、批量估价可操作性等具体情况来确定分组大小，进行恰当的房地产分组。

（4）设立标准房地产

这是分别在每组内选取或设定有代表性的房地产，即能代表该组房地产状况的房地产作为标准房地产。标准房地产宜为真实存在的，从同一组内的房地产中筛选。在没有合适的实际房地产作为标准房地产的情况下，可在挑选有一定代表性的实际房地产状况的基础上，设定某种状况的房地产作为标准房地产。设定的房地产状况，诸如具体用途、位置、朝向、楼层、户型、面积、房龄、建筑结构、景观等，应在同一组内具有代表性。成套住宅可在合适的住宅幢内选取或设定"标准套"作为标准房地产。商铺可在合适的商业用房幢内选取或设定"标准间"作为标准房地产。

标准房地产不论是真实存在还是虚拟的，都应明确其基本状况（一般为影响同一组内不同房地产价值、价格的主要因素状况），以便据此评估标准价、确定有关调整系数、比较分析各宗被估价房地产状况与标准房地产状况的差异。

（5）测算并确定标准价

标准价是标准房地产的价值、价格，根据标准房地产的用途等具体情况，选择比较法、收益法、成本法等估价方法进行测算。标准房地产价值、价格测算方法选择：市场上有大量交易实例价格信息的，可采用比较法测算标准房地产的价值、价格；待估对象的经济收益信息可获取的条件下采用收益法进行测算；无法采用这两类方法的，一般选用成本法进行测算，如工业用房地产以及单独的建筑物。此外，还需对测算出的各个标准价在各组之间进行横向平衡与调整，然后确定每组的标准价。

（6）确定有关调整系数

基于被估价房地产与标准房地产之间的各种价值、价格差异或"比价关系"，比如楼幢位置、朝向、楼层、户型、面积、房龄、建筑结构、建筑间距、采光、景观、附近有无厌恶性设施及其距离等价值、价格影响因素的不同，编制房地产价值、价格调整系数体系，然后利用大量数据进行分析、测算，并结合相关经验和专家意见，分别得出相应的调整系数值。

（7）测算各宗被估价房地产价值、价格

这是在比较分析各宗被估价房地产状况与标准房地产状况差异的基础上，利用有关公式、标准价、调整系数等，通过计算将标准价调整为各宗被估价房地产的价值、价格。

4. 标准价调整法运用的注意事项

在实际估价中，如果需要对标准价进行很大幅度的调整才能得出科学合理、符合实际的评估价值，则应仔细检查核对房地产分组、标准房地产选取或设定、标准价测算与确定、调整系数体系及调整系数值等是否正确、合理、完善，并应结合房地产市场状况、区位环境或基础设施、公共服务设施等变化，适时或定期对房地产分组、标准房地产、标准价、调整系数进行更新和调整。

标准价调整法可分为基于比较法、收益法、成本法的标准价调整法。一般来说，基于比较法的标准价调整法最简单、常用，但该方法也需要采集一定数量的交易实例及相关数据或信息，并通过一系列的数据清洗、统计分析和检验来评估标准价、确定有关调整系数，进而才能科学准确地测算出各宗被估价房地产的价值、价格。

基于收益法的标准价调整法，一般是建立在"标准租金调整法"的基础上，即先测算的是标准租金（如净租金或有效毛租金、潜在毛租金、净收益）而不是标准价，再利用有关租金调整系数将标准租金调整为各宗被估价房地产的租金，然后利用收益法公式（通常采用直接资本化法）将各宗被估价房地产的租金转换为各宗被估价房地产的价值、价格。确定有关租金调整系数是基于被估价房地产与标准房地产之间租金差异的各种主要因素得出相应的租金调整系数，以及根据收益法公式的需要确定统一的租金回报率或资本化率。

基于成本法的标准价调整法主要适用于建筑物的批量估价。其中，标准价一般是标准建筑物的重置价格，即建立在"标准重置价格调整法"的基础上。调整系数主要涉及影响建筑物重置价格的多种主要因素，包括建筑结构、层高、跨度以及建筑物的新旧程度。建筑物的新旧程度一般采用按建筑物的年龄、寿命计算出的成新率。

## 8.1.3 回归分析法

回归分析法是在特定的较大区域内对纳入批量估价对象的大量房地产进行分组，把类型相同、区位状况相当的房地产分为同一组，在每组内把房地产价值、价格作为因变量，把影响房地产价值价格的若干因素作为自变量，设定多元回归模型，采集足够数量的房地产成交价等价值、价格及其影响因素数据，经过试算优化和分析检验，确定估价模型，再利用该模型计算出各宗被估价房地产价值、价格的方法。回归分析法主要用于房地产计税价值评估、房地产押品价值重估。

回归分析法的估价步骤及其主要内容如下：

（1）确定批量估价区域和估价对象。这与标准价调整法中的相同。

（2）搜集批量估价所需资料。这与标准价调整法中的基本相同。

（3）进行房地产分组。这与标准价调整法中的基本相同。

（4）设定多元回归模型。

常见的多元回归模型为：

$$V=b_0+b_1X_1+b_2X_2+\cdots\cdots+b_nX_n \qquad (8-1)$$

式中　　　　　　　　$V$——因变量（被解释变量），为被估价房地产的价值、价格；

$X_1$，$X_2$，……，$X_n$——自变量（解释变量），为影响房地产价值、价格的若干因素，比如 $X_1$ 代表朝向，$X_2$ 代表楼层，$X_3$ 代表房龄等；

$n$——自变量的数量；

$b_0$——常数项；

$b_1$，$b_2$，……，$b_n$——自变量的系数。

（5）确定估价模型。这是把采集的房地产成交价等价值、价格及其影响因素的数据代入上述设定的模型中进行回归分析，将拟合度最优的模型作为估价模型。

（6）测算各宗被估价房地产价值、价格。这是把采集的各宗被估价房地产价值、价格的影响因素数据，如朝向、楼层、户型、房龄等数据，代入所确定的估价模型中，计算出各宗被估价房地产的价值、价格。

此外，在利用回归分析法估价时，一些不普遍或不常见的对房地产价值、价格有重大有利和不利影响的特殊因素，比如有良好的景观，房间不方正、层高不达标、采光严重受遮挡或为"凶宅"，附近有铁路线、高压线、垃圾填埋场、墓地、传染病医院等，如果作为多元回归模型中的自变量，则会增加多元回归模型的复杂性，往往也没有足够的有关数据，从而会降低多元回归模型的可行性和计算结果的准确性。因此，可将这些特殊因素剔除，先建立特殊因素调整系数体系，待利用多元回归模型得出计算结果后，再利用这些特殊因素调整系数对存在特殊因素的被估价房地产的多元回归模型计算结果进行调整，从而得出这些被估价房地产的价值、价格。

与标准价调整法相比，回归分析法对房地产数据特别是交易实例等市场数据的数量和质量要求更高，其适用的房地产类型和地区因此受到较大限制。

## 8.2　未来价值评估方法

未来价值评估也就是未来价值、价格预测。这种估价的价值时点为将来，具体是在估价报告出具日期之后，比如 3 个月或半年、一年、三年后的某个时间；估价对象状况有两种，一是现在的状况（如现有的房地产），二是未来的状况（如将来建成的商品房）；基于的房地产市场状况为未来（价值时点）的状况；估价方法是各种预测方法，在此主要介绍长期趋势法。

### 8.2.1　长期趋势法概述

1. 长期趋势法的含义

长期趋势法是运用预测科学的有关理论和方法，特别是时间序列分析，来推测、判断估价对象未来价值、价格的方法。所谓预测，就是根据已知的过去和现在的相关信息，预先推测未知的未来可能出现的状况。

2. 长期趋势法的理论依据

长期趋势法的理论依据是事物的未来与其过去是有联系的，事物的现实是其历史发展的结果，而事物的未来又是其现实的延伸。就房地产价格来说，虽然是不断波动变化的，在短期内通常难以看出其变动规律和发展趋势，但从长期看则会呈现出一定的变动规律和发展趋势。因此，当需要评估（具体是预测）某宗或某类房地产的未来价格时，可以搜集该宗或该类房地产从过去到现在较长时期各个不同时间的价格资料，并按照时间先后顺序将它们编排成时间序列，找出该宗或该类房地产价格随着时间的推移而变动的方向、程度、过程和趋势，然后进行外延和类推，这样就可以对该宗或该类房地产的未来价格作出较有把握的推测和科学的判断，即评估（预测）出了该宗或该类房地产的未来价格。

3. 长期趋势法的适用对象

长期趋势法是根据房地产价值、价格从过去到现在较长时期形成的变动规律来推测、判断房地产未来的价值、价格，通过对房地产价值、价格历史资料和现实资料的统计、分析得出一定的变动规律，并假定其过去形成的趋势在未来继续存在。因此，长期趋势法适用于价值、价格具有明显变动规律的房地产。

4. 长期趋势法的适用条件

长期趋势法估价需具备的条件是拥有估价对象或类似房地产从过去到现在较长时期的价值、价格资料，并且要求所拥有的价值、价格资料真实。拥有越长时期、越真实的价值、价格资料，作出的推测、判断就会越准确、越可信，因为长期趋势可以消除房地产价值价格的短期波动和意外变动等不规则变动。

5. 长期趋势法的估价步骤

长期趋势法预测房地产价值、价格的步骤一般为：①搜集估价对象或类似房地产的历史和现实价值、价格资料，并进行检查和鉴别，以保证其真实；②整理所搜集到的历史和现实价值、价格资料，将其化为同一标准（如为单价，土地还包括楼面地价。化为同一标准的内容和方法与比较法中"建立比较基础"的内容和方法相同），并按照时间先后顺序将它们编排成时间序列，画出时间序列图；③观察、分析这个时间序列，根据其特征选择适当、具体的长期趋势法，找出估价对象的价值、价格随时间的推移而出现的变动规律，得出一定的模式（或数学模型）；④运用所得出的模式去推测、判断估价对象在将来某个时间的价值、价格。

### 8.2.2 几种主要的长期趋势法

长期趋势法主要有数学曲线拟合法、平均增减量法、平均发展速度法、移动平均法和指数修匀法。

1. 数学曲线拟合法

数学曲线拟合法主要有直线趋势法、指数曲线趋势法和二次抛物线趋势法。这里仅介绍其中最简单的直线趋势法。

利用直线趋势法预测的，估价对象或类似房地产的历史价值、价格的时间序列散点图应表现出明显的直线趋势。在这种条件下，如果用 $Y$ 表示各期的房地产价值、价格，$X$ 表示时间，则 $X$ 为自变量，$Y$ 为因变量，$Y$ 依 $X$ 而变。因此，房地产价值、价格与时间的关系可用下列方程式来描述：

$$Y=a+bX \qquad (8-2)$$

上述公式中，$a$、$b$ 为未知参数，如果确定了它们的值，直线的位置也就确定了。$a$、$b$ 的值通常采用最小二乘法来确定。根据最小二乘法求得的 $a$、$b$ 的值如下：

$$a = \frac{\sum Y - b\sum X}{n} \qquad (8-3)$$

$$b = \frac{n\sum XY - \sum X\sum Y}{n\sum X^2 - \left(\sum X\right)^2} \qquad (8-4)$$

当 $\sum X=0$ 时，

$$a = \frac{\sum Y}{n} \qquad (8-5)$$

$$b = \frac{\sum XY}{\sum X^2} \qquad (8-6)$$

上述公式中，$n$ 为时间序列的项数；$\sum X$、$\sum X^2$、$\sum Y$、$\sum XY$ 的值可从时间序列的实际值中求得。在手工计算的情况下，为了减少计算的工作量，可使 $\sum X=0$。其方法是：当时间序列的项数为奇数时，设中间项的 $X=0$，中间项之前的项依次设为 $-1$，$-2$，$-3$，……，中间项之后的项依次设为 $1$，$2$，$3$，……；当时间序列的项数为偶数时，以中间两项相对称，前者依次设为 $-1$，$-3$，$-5$，……，后者依次设为 $1$，$3$，$5$，……。

【例8-1】

某城镇某类商品住宅2012—2020年的价格见表8-1第3列。请利用最小二乘法拟合其直线趋势方程,并用该方程预测该城镇该类商品住宅2021年和2022年的价格。

某城镇某类商品住宅2012—2020年的价格(元/m²)　　　表8-1

| 年份 | 时间 $X$ | 商品住宅价格 $Y$ | $XY$ | $X^2$ | 趋势值($a+bX$) |
|---|---|---|---|---|---|
| 2012 | (1)-4 | 2200 | -8800 | 16 | 1982.22 |
| 2013 | (2)-3 | 2400 | -7200 | 9 | 2367.22 |
| 2014 | (3)-2 | 2700 | -5400 | 4 | 2752.22 |
| 2015 | (4)-1 | 3000 | -3000 | 1 | 3137.22 |
| 2016 | (5)0 | 3400 | 0 | 0 | 3522.22 |
| 2017 | (6)1 | 3800 | 3800 | 1 | 3907.22 |
| 2018 | (7)2 | 4200 | 8400 | 4 | 4292.22 |
| 2019 | (8)3 | 4700 | 14100 | 9 | 4677.22 |
| 2020 | (9)4 | 5300 | 21200 | 16 | 5062.22 |
| 总计 | 0 | 31700 | 23100 | 60 | |

【解】令 $\sum X=0$。已知 $n=9$ 为奇数,故设中间项的 $X=0$,则 $X$ 的值见表8-1第2列。计算 $\sum Y$、$\sum XY$、$\sum XY$、$X^2$ 和 $\sum X^2$ 的值,分别见表8-1第3、4、5列。

求取 $a$、$b$ 如下:

$$a=\frac{\sum Y}{n}=\frac{31700}{9}=3522.22$$

$$b=\frac{\sum XY}{\sum X^2}=\frac{23100}{60}=385.00$$

因此,描述该类商品住宅价格变动长期趋势线的方程为:

$$Y=a+bX$$

$$=3522.22+385.00X$$

用该方程计算2012—2020年该类商品住宅价格的趋势值见表8-1第6列。

预测该城镇该类商品住宅2021年的价格为:

$$Y=3522.22+385.00\times5$$

$$=5447.22元/m^2$$

预测该城镇该类商品住宅2022年的价格为:

$$Y = 3522.22 + 385.00 \times 6$$
$$= 5832.22\,元/m^2$$

2. 平均增减量法

当房地产价值、价格时间序列的逐期增减量大致相同时，可以采用简便的平均增减量法进行预测。计算公式为：

$$V_i = P_0 + d \times i \qquad (8-7)$$

$$d = \frac{(P_1 - P_0) + (P_2 - P_1) + \cdots\cdots + (P_i - P_{i-1}) + \cdots\cdots + (P_n - P_{n-1})}{n}$$

$$= \frac{P_n - P_0}{n} \qquad (8-8)$$

式中　$V_i$——第 $i$ 期（可为年、半年、季、月等，下同）房地产价值、价格的趋势值；

　　　$i$——时期序数，$i$=1，2，……，$n$；

　　　$P_0$——基期房地产价值、价格的实际值；

　　　$d$——逐期增减量的平均数；

　　　$P_i$——第 $i$ 期房地产价值、价格的实际值。

【例8-2】

需要预测某宗房地产 2021 年、2022 年的价格。通过市场调研，获得该类房地产 2016—2020 年的价格及其逐年上涨额分别见表 8-2 第 2、3 列。

【解】从表 8-2 可知该类房地产 2016—2020 年价格的逐年上涨额大致相同，因此可以计算其逐年上涨额的平均数，并用该逐年上涨额的平均数推算各年价格的趋势值。

该类房地产价格逐年上涨额的平均数计算如下：

$$d = \frac{(P_1 - P_0) + (P_2 - P_1) + \cdots\cdots + (P_i - P_{i-1}) + \cdots\cdots + (P_n - P_{n-1})}{n}$$

$$= \frac{320 + 330 + 350 + 340}{4}$$

$$= 355\,元/m^2$$

**某类房地产 2016—2020 年的价格（元 /m²）**　　　　表 8-2

| 年份 | 房地产价格的实际值 | 逐年上涨额 | 房地产价格的趋势值 |
| --- | --- | --- | --- |
| 2016 | 6810 | | |
| 2017 | 7130 | 320 | 7145 |
| 2018 | 7460 | 330 | 7480 |
| 2019 | 7810 | 350 | 7810 |
| 2020 | 8150 | 340 | 8150 |

据此预测该房地产 2021 年的价格为：

$$V_i = P_0 + d \times i$$

$$V_5 = 6810 + 335 \times 5$$

$$= 8485 元/m^2$$

预测该房地产 2022 年的价格为：

$$V_i = P_0 + d \times i$$

$$V_6 = 6810 + 335 \times 6$$

$$= 8820 元/m^2$$

［例 8-2］采用逐年上涨额（增减量）的平均数计算的趋势值（见表 8-2 第 4 列），基本上都接近实际值。但需注意的是，如果房地产价格波动较大，各期上涨额（增减量）差异较大，即时间序列的变动幅度较大，则计算出的趋势值与实际值的偏离也随之增大，这就意味着运用这种方法预测的房地产价格的准确性随之降低。

运用平均增减量法进行预测的条件是，房地产价值、价格的变动过程是持续上升或持续下降的，并且各期上升或下降的数额大致相同，否则就不宜采用这种方法。

由于越接近所预测的价值、价格对应的时间的增减量对预测更为重要，所以如果能用不同的权重对过去各期的增减量予以加权后再计算其平均增减量，就能使所预测出的价值、价格更接近或符合实际。至于在预测时究竟应采用哪种权重予以加权，一般需要根据房地产价值、价格的变动过程和趋势，并结合预测者的经验来判断确定。对于［例 8-2］的逐年上涨额，可选用表 8-3 的几种权重予以加权。表 8-3 的权重是根据一般惯例进行假设的。

过去各期增减量的权重 表 8-3

| 年份 | 第一种权重 | 第二种权重 | 第三种权重 |
|---|---|---|---|
| 2017 | 0.1 | 0.1 | 0.1 |
| 2018 | 0.2 | 0.2 | 0.1 |
| 2019 | 0.3 | 0.2 | 0.2 |
| 2020 | 0.4 | 0.5 | 0.6 |

［例 8-2］的逐年上涨额如果采用表 8-3 的第二种权重予以加权，则其逐年上涨额的加权平均数为：

$$d = 320 \times 0.1 + 330 \times 0.2 + 350 \times 0.2 + 340 \times 0.5 = 338 元/m^2$$

采用这个逐年上涨额的加权平均数预测该房地产 2021 年的价格为：

$$V_i = P_0 + d \times i$$

$$V_5 = 6810 + 338 \times 5$$

$$= 8500 元/m^2$$

### 3. 平均发展速度法

当房地产价值、价格时间序列的逐期发展速度大致相同时，可以采用平均发展速度法进行预测。计算公式为：

$$V_i = P_0 \times t^i \qquad (8-9)$$

$$t = \sqrt[n]{\frac{P_1}{P_0} \times \frac{P_2}{P_1} \times \cdots \times \frac{P_i}{P_{i-1}} \times \cdots \times \frac{P_n}{P_{n-1}}}$$

$$\qquad (8-10)$$

$$= \sqrt[n]{\frac{P_n}{P_0}}$$

式中　$t$——平均发展速度。

## 【例8-3】

需要预测某宗房地产 2021 年和 2022 年的市场价格。通过市场调研，获得该类房地产 2016—2020 年的市场价格及其逐年上涨速度分别见表 8-4 第 2、3 列。

某类房地产 2016—2020 年的市场价格（元/m²）　　　表 8-4

| 年份 | 房地产价格的实际值 | 逐年上涨速度（%） | 房地产价格的趋势值 |
|---|---|---|---|
| 2016 | 5600 | — | — |
| 2017 | 6750 | 120.5 | 6776 |
| 2018 | 8200 | 121.5 | 8199 |
| 2019 | 9850 | 120.1 | 9920 |
| 2020 | 12000 | 121.8 | 12004 |

【解】从表 8-4 可知该类房地产 2016—2020 年市场价格的逐年上涨速度大致相同，因此可以计算其平均上涨速度，并用该平均上涨速度推算各年市场价格的趋势值。

该类房地产市场价格平均上涨速度计算如下：

$$t = \sqrt[4]{\frac{12000}{5600}}$$

$$= 1.21$$

通过上述计算表明，该类房地产市场价格年均上涨 21%。据此预测该房地产 2021 年的市场价格为：

$$V_i = p_0 + d \times i$$

$$V_5 = 5600 \times 1.21^5$$

$$= 14525 元/m^2$$

预测该房地产 2022 年的市场价格为：

$$V_i = p_0 \times t^i$$

$$V_6 = 5600 \times 1.21^6$$

$$= 17575 元/m^2$$

运用平均发展速度法对房地产价值、价格进行预测的条件是：房地产价值、价格的相对变动过程是持续上升或持续下降的，并且各期相对上升或下降的幅度大致相同，否则就不宜采用这种方法。

与平均增减量法类似，由于越接近所预测的价值、价格对应的时间的发展速度对预测更为重要，所以如果能用不同的权重对过去各期的发展速度予以加权后再计算其平均发展速度，就能使所预测出的价值、价格更接近或符合实际。至于在预测时究竟应采用哪种权重予以加权，一般需要根据房地产价值、价格的变动过程和趋势，并结合预测者的经验来判断确定。

4. 移动平均法

移动平均法是对原有价值、价格按照时间序列进行修匀，即采用逐项递移的方法分别计算一系列移动的时序价值、价格平均数，派生一个新的平均价值、价格的时间序列，借以消除价值、价格短期波动的影响，显现出价值、价格变动的基本发展趋势。在运用移动平均法时，一般按照房地产价值、价格变化的周期长度进行移动平均。移动平均法有简单移动平均法和加权移动平均法。

（1）简单移动平均法

某类房地产 2021 年 1—12 月的市场价格，见表 8-5 第 2 列。各月份的价格因受到某些不确定因素的影响时高时低、波动较大，如果不予以分析，则不易显现其发展趋势。如果把若干个月的价格加起来计算其移动平均数，建立一个移动平均数时间序列，就可以从平滑的发展趋势中明显地看出其发展变动的方向和程度，进而可以预测该类房地产未来的价格。

在计算移动平均数时，每次应采用几个月来计算，需要根据时间序列的序数和变动周期来确定。如果序数较多、变动周期较长，则可以采用每 6 个月甚至每 12 个月来计算；反之，可以采用每 2 个月至每 5 个月来计算。对于上述房地产价格，采用每 5 个月的实际值计算其移动平均数，具体是：把 1 ~ 5 月的价格相加除以 5 得 68400 元/m²，作为 3

| 月份 | 房地产价格的实际值 | 每 5 个月的移动平均数 | 移动平均数的逐月上涨额 |
|---|---|---|---|
| 1 | 67000 | | |
| 2 | 68000 | | |
| 3 | 69000 | 68400 | |
| 4 | 68000 | 69400 | 1000 |
| 5 | 70000 | 70400 | 1000 |
| 6 | 72000 | 71400 | 1000 |
| 7 | 73000 | 72600 | 1200 |
| 8 | 74000 | 73800 | 1200 |
| 9 | 74000 | 75000 | 1200 |
| 10 | 76000 | 76200 | 1200 |
| 11 | 78000 | | |
| 12 | 79000 | | |

月的房地产价格移动平均数；把 2 ~ 6 月的价格相加除以 5 得 69400 元 /m²，作为 4 月的房地产价格移动平均数；把 3 ~ 7 月的价格相加除以 5 得 70400 元 /m²，作为 5 月的房地产价格移动平均数。依此类推，计算结果见表 8-5 第 3 列。然后根据每 5 个月的移动平均数计算其逐月上涨额，计算结果见表 8-5 第 4 列。

如果以最后一个移动平均数为基础来确定预测值，并预测该类房地产 2022 年 1 月的市场价格，由于最后一个移动平均数 76200 对应的时间是 2021 年 10 月，与 2022 年 1 月相差 3 个月，所以预测该类房地产 2022 年 1 月的市场价格为：

$$76200 + 1200 \times 3 = 79800 元/m^2$$

（2）加权移动平均法

加权移动平均法是在计算移动平均数时，根据越是近期的数据对预测值影响越大这一特点，对较近的数据给予较大的权重，对较远的数据给予较小的权重，将各期房地产价值、价格的实际值经过加权后，再采用类似于简单移动平均法的方法进行趋势估计。

5. 指数修匀法

指数修匀法是以本期的实际值和本期的预测值为根据，经过修匀后得出下一期预测值的方法。

设：$P_i$ 为第 $i$ 期的实际值；$V_i$ 为第 $i$ 期的预测值；$V_{i+1}$ 为第 $i+1$ 期的预测值；$a$ 为修匀常数，$0 \leqslant a \leqslant 1$。则运用指数修匀法进行预测的公式为：

$$\begin{aligned}V_{i+1} &= V_i + a\left(P_i - V_i\right)\\ &= aP_i + \left(1-a\right)V_i\end{aligned}$$

（8-11）

在实际计算时，通常采用：

$$V_{i+1} = aP_i + (1-a)V_i \qquad (8-12)$$

其中，第 0 期的预测值一般以第 0 期的实际值替代。运用指数修匀法进行预测的关键是确定 $a$ 的值。一般认为 $a$ 的值可通过试算确定，如对同一个预测对象用 0.3、0.5、0.7、0.9 等进行试算，用哪个 $a$ 的值修正的预测值与实际值的绝对误差最小，就选用这个 $a$ 的值来修正最合适。

### 8.2.3　长期趋势法的作用

长期趋势法主要用于推测、判断房地产的未来价值、价格，如用于假设开发法中预测未来开发建设完成的房地产的价值、价格，此外还有以下作用：①用于收益法中预测未来的租金水平、空置率、运营费用或净收益等；②用于比较法中对可比实例的成交价格进行市场状况调整；③用来比较、分析两宗或两类以上房地产价值、价格的发展趋势或潜力；④用来填补某些房地产历史价值、价格资料的缺乏。

以比较、分析两宗或两类以上房地产价格的发展趋势或潜力为例，利用长期趋势法制作的房地产价格长期趋势图，如图 8-1 所示，可用来比较、分析两宗或两类房地产价格涨跌的强弱程度或发展潜力，为房地产投资决策等提供参考依据。长期趋势线越陡，则表明房地产价格的上涨（或下降）趋势越强；反之，则表明房地产价格的上涨（或下降）趋势越弱。

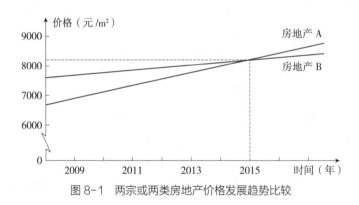

图 8-1　两宗或两类房地产价格发展趋势比较

在图 8-1 中，从 2009—2015 年这段时间来看，房地产 B 的价格高于房地产 A 的价格；到了 2015 年，两者的价格水平达到一致；而 2015 年以后，房地产 A 的价格超过了房地产 B 的价格。由此可知，房地产价格上涨（或下降）趋势的强弱与房地产当前的价格水平高低没有必然的正向或负向关系，需要具体问题具体分析。目前价格较高的房地产，其价格上涨趋势可能较缓慢，而价格较低的房地产，其价格上涨趋势可能较强劲。例如，城乡接合部的房地产因交通、环境、市政基础设施、公共服务设施等的完善，其价格通常比已发展成熟的市中心区的房地产价格上涨得快。还有某些区域的房地产，一旦被认为是"价格洼地",其价格也可能较快上涨。但也不排除价格高的房地产因外来人口、投资增加等需求的拉动,具有更强劲的上涨趋势。特别是一二线城市与三四线城市,因人口流入和流出等的不同,两者的房地产市场和价格出现了所谓分化现象。

## 8.3　价值损失评估方法

### 8.3.1　修复成本法

修复成本法是测算把估价对象改变后的状况修复到改变前的状况的必要支出及应得利润,将其作为估价对象价值损失额的方法。该方法主要用于评估可修复的房地产价值损失额,包括全部可修复和部分可修复。

全部可修复是指可以采取修复的方式把估价对象改变后的状况(现状)完全恢复到改变前的状况(原状),即可以恢复原状,或者修复后的质量、性能等状况不次于甚至优于改变前的质量、性能等状况。部分可修复是指不能把估价对象改变后的状况完全恢复到改变前的状况,即不能恢复原状,或者修复后的质量、性能等状况不如改变前的质量、性能等状况,但不会影响安全使用。

如果预计修复的必要支出及应得利润大于估价对象原状的价值,则在经济上是不可修复的,可采取重作(如拆除后重建)、更换(如用类似房地产置换)或货币补偿的方式给予损害赔偿。因为修复一般是小批量生产,所以单位修复成本一般高于大批量生产的单位新建成本。现实中的房地产损害,除了造成房地产价值损失之外,往往还会额外增加相关费用,造成直接经济损失,如搬迁费用(与房屋征收仅发生一次搬出不同,往往发生搬出和搬入)、修复期间的临时安置费用(或临时过渡费用)、租金损失(出租的)或停产停业损失(经营的)等。修复成本法的具体计算与成本法相似,在此不再详细说明。

### 8.3.2　价差法

1. 价差法的含义

价差法是分别评估估价对象在改变前和改变后状况下的价值、价格,将两者之差作为估价对象价值损失额的方法。例如,在某住宅邻近建造高层建筑,使该住宅的日照、采光、通风、私密性受到影响。如果该住宅每平方米的市场价格在邻近未建造高层建筑的情况下为9000元,在建造了高层建筑的情况下为8300元,则该住宅每平方米的价值损失额为700元。

2. 价差的求取方法

估价对象在改变前和改变后状况下的价值、价格,通常采用比较法、收益法评估。其中,改变前和改变后状况下的价值、价格均采用比较法评估的,除了可分别采用比较法评估改变前和改变后状况下的价值、价格后相减之外,还可以直接采用房地产价值、价格影响因素状况的改变所造成的价值、价格下降得出价值损失额，即可以利用有关房地产状况调整系数来计算，相应的计算公式为：

$$估价对象价值损失额 = \frac{估价对象原状}{下的价值价格} \times \sum \frac{估价对象状况改变对应的}{各种房地产状况调整系数} \quad (8-13)$$

例如，采用价差法评估某办公楼因邻近建造高架路而造成的价值损失额，首先，评估该办公楼在邻近未建造高架路下的市场价值；其次，分析邻近建造高架路而影响该办公楼市场价值的各种因素，比如会影响该办公楼的形象、采光、视野，并带来噪声和空气污染等；再次，进一步分析该办公楼在这些方面的受影响程度，比如该办公楼在建造高架路前后的形象、采光、视野、噪声和空气污染等差异程度，并将它们转化为对该办公楼市场价值的影响程度，如以百分比形式确定相应的各种减值系数；最后，将该办公楼在邻近未建造高架路下的市场价值乘以相应的各种减值系数，即得到该办公楼因邻近建造高架路而造成的价值损失额。

3. 价差法的用途

价差法主要用于评估不可修复的房地产价值损失额，除了可评估因房地产状况改变而造成的房地产价值、价格差异之外，还可评估因房地产市场状况不同而造成的房地产价值、价格差异，比如因错误查封、不按合同约定的时间或期限供应建筑材料设备、不按时竣工等各种原因，致使新建商品房不能如期上市销售而错过了较好的市场机会所造成的房地产价值损失，以及不能按合同约定的时间或期限交付给买房人导致违约所造成的经济赔偿等。

此外，价差法还可用于评估房地产价值增加额，其中一种主要情形是评估需补缴地价款。

4. 需补缴地价款的评估

需补缴地价款是指因调整土地使用条件、发生土地增值等情况应当补缴的地价款。需要补缴地价款的情形主要有：①改变土地用途或容积率等规划条件；②延长土地使用期限（如建设用地使用权期限届满后的续期）；③转让、出租、抵押以划拨方式取得建设用地使用权的房地产。

理论上讲，评估需补缴地价款就是测算因调整土地使用条件等情况而带来的土地增值额。对于改变土地用途或容积率等规划条件的，需补缴地价款理论上等于批准改变时新旧规划条件下土地市场价格的差额，即：

需补缴地价款 = 新规划条件下的土地市场价格 - 旧规划条件下的土地市场价格 　（8-14）

其中，对于单纯调整容积率，或者调整土地用途并调整容积率的，需补缴地价款的测算公式为：

需补缴地价款（单价）= 新楼面地价 × 新容积率 - 旧楼面地价 × 旧容积率 　（8-15）

$$需补缴地价款（总价）＝需补缴地价款（单价）× 土地总面积 \qquad （8-16）$$

如果楼面地价不随容积率的改变而改变，则：

$$需补缴地价款（单价）＝楼面地价 ×（新容积率 - 旧容积率）\qquad （8-17）$$

或者

$$需补缴地价款（单价）=\frac{旧容积率下的土地单价}{旧容积率}×（新容积率-旧容积率）\qquad （8-18）$$

或者

$$需补缴地价款（单价）=\frac{新容积率下的土地单价}{新容积率}×（新容积率-旧容积率）\qquad （8-19）$$

 【例8-4】

某宗土地的面积为 2000m²，容积率为 3，相应的土地单价为 1500 元 /m²。现可依法将容积率提高到 5，假设楼面地价不因容积率的提高而变化，请测算需补缴地价款。

【解】需补缴地价款测算如下：

$$需补缴地价款（单价）=1500×\frac{5-3}{3}$$
$$=1000元/m^2$$

$$需补缴地价款（总价）=1000×0.2$$
$$=200万元$$

 【例8-5】

某宗工业用地的面积为 3000m²，容积率为 0.8，相应的楼面地价为 700 元 /m²。现可依法改变为商业用地，容积率提高到 2.0，相应的楼面地价为 1500 元 /m²。请测算需补缴地价款。

【解】需补缴地价款测算如下：

$$需补缴地价款（单价）=1500×2-700×0.8$$
$$=2440元/m^2$$

$$需补缴地价款（总价）=2440×0.3$$
$$=732万元$$

现实中，为核定应该补缴的地价款提供参考依据的需补缴地价款评估以及实际要补缴的地价款，取决于相关估价规范和政策规定。例如，《国有建设用地使用权出让地价评估技术规范》对已出让土地需补缴地价款的评估作了明确规定，在评估需补缴地价款时，应结合本地实际遵照执行该规范。又如，已购公有住房和经济适用住房的建设用地使用权一般属于划拨性质，其上市出售从理论上讲应缴纳较高的出让金等费用，但当地政府为了促进房地产市场发展和存量住房流通，满足居民改善居住条件的需要，鼓励已购公有住房和经济适用住房上市出售，可能只需要缴纳较低的出让金等费用，比如仅为房价的 1% ~ 3%，甚至更低。再如，根据国家有关规定，对商业办公、旅馆、厂房、仓储、科研教育等非居住存量房屋，允许改建为保障性租赁住房，在用作保障性租赁住房期间，不补缴土地价款。

### 8.3.3 损失资本化法

损失资本化法是预测估价对象未来各年的净收益减少额或收入减少额、运营费用增加额，将其现值之和作为估价对象价值损失额的方法。该方法主要用于评估不可修复的房地产价值损失额。例如，不可修复的房屋质量缺陷（如室内净高不达标）、噪声污染，以及日照、采光、通风、景观等受到不利影响，导致房地产租金降低、出租率下降等收入减少或者电费、燃气费等运营费用增加所造成的房地产价值损失额。

损失资本化法可以分为"收益损失资本化法""收入损失资本化法"和"超额费用资本化法"。这些方法的计算公式与收益法相似，只是将收益法计算公式中的净收益替换为净收益减少额、收入减少额、运营费用增加额等。

 【例8-6】

某套住宅因邻近建高楼使其日照、采光、通风受到严重影响，造成该住宅的市场租金由每月 3500 元降到 3000 元，运营费用每月增加 50 元。预计该住宅的剩余使用寿命为 45 年，该类房地产的报酬率为 8.5%。请计算该住宅因邻近建高楼而造成的价值损失额。

【解】该住宅因邻近建高楼而造成的价值损失额计算如下：

（1）该住宅因邻近建高楼造成的年净收益减少额为：

$$A = [(3500 - 3000) + 50] \times 12$$

$$= 6600 \ 元$$

（2）该住宅因邻近建高楼而造成的价值损失额为：

$$V = \frac{A}{Y}\left[1 - \frac{1}{(1+Y)^n}\right]$$

$$= \frac{6600}{8.5\%} \times \left[1 - \frac{1}{(1+8.5\%)^{45}}\right]$$

$$= 75671 \ 元$$

### 8.3.4 价值损失评估方法的综合运用

在现实房地产损害赔偿估价中，修复成本法、价差法和损失资本化法通常是综合运用的。例如，在评估估价对象的全部价值损失额时，对于只有部分可修复的，一般是先采用修复成本法评估其中可修复部分的价值损失额，然后采用价差法或损失资本化法评估剩余不可修复部分的价值损失额，再将这两部分的价值损失额相加就是估价对象的全部价值损失额。此外，房地产损害赔偿通常不仅包括房地产价值损失，还包括相关额外费用和直接经济损失，这些往往也需要评估作为参考依据。

 【例8-7】

某大厦工程基础施工中，造成邻近住宅楼出现一定程度的墙体开裂、门窗变形和基础不均匀沉降等。该住宅楼总建筑面积$5500m^2$，共有60套住房，60户居民。经评估，该住宅楼在未受损状况（原状）下的市场价格为6000元$/m^2$，平均每套住房的市场租金为2000元/月，在受损状况（现状）下的市场价格为5200元$/m^2$；如果对该住宅楼进行修复，修复工程费为180万元，并需要居民搬迁和在外临时过渡6个月，搬迁费平均每户每次1000元，临时过渡费平均每户每月2000元；该住宅楼即使修复后，也会因曾受损使人心理减价3%。请计算：

（1）该住宅楼在不修复情况下的价值损失额；

（2）修复所能带来的价值增加额；

（3）修复的各项必要费用；

（4）该损害在经济上是否可修复；

（5）该损害所造成的相关额外费用和直接经济损失；

（6）该损害所造成的总损失额；

（7）如果由损害方修复，损害方平均还应给予每户的赔偿额。

【解】（1）该住宅楼在不修复情况下的价值损失额，为其未受损状况下与受损状况下的市场价格之差，即：

$$（6000-5200）\times 5500=440 \text{万元}$$

（2）修复所能带来的价值增加额，为修复后与修复前的市场价格之差，即：

$$[6000\times（1-3\%）-5200]\times 5500=341 \text{万元}$$

（3）修复的各项必要费用，包括修复工程费、搬迁费和临时过渡费，即：

$$180+0.1\times 2\times 60+0.2\times 6\times 60=264 \text{万元}$$

（4）该损害在经济上是否可修复，是看修复的必要费用是否小于或等于修复所能带来的价值增加额。如果修复的必要费用小于或等于修复所能带来的价值增加额，则在经济上是可修复的；反之，在经济上是不可修复的。

因为修复的各项必要费用264万元小于修复所能带来的价值增加额341万元，所以该损害在经济上是可修复的。

（5）该损害所造成的相关额外费用和直接经济损失，是房地产价值损失（本例为修复工程费和修复后的价值损失额）之外的搬迁费和临时过渡费，即：

$$0.1 \times 2 \times 60 + 0.2 \times 6 \times 60 = 84 \text{ 万元}$$

（6）该损害所造成的总损失额，包括修复的必要费用和修复后的价值损失额，即：

$$264 + 0.6 \times 3\% \times 5500 = 363 \text{ 万元}$$

（7）如果由损害方修复，损害方除进行修复外，平均还应给予每户的赔偿额包括搬迁费、临时过渡费和修复后的价值损失额，或者总损失额减去修复工程费后的余额，即：

$$0.1 \times 2 + 0.2 \times 6 + 0.6 \times 3\% \times 5500 \div 60 = 3.05 \text{ 万元}$$

或者：

$$（363-180）\div 60 = 3.05 \text{ 万元}$$

## 复习思考题

章节自测题

1. 什么是批量估价？什么是个案估价？两者有何异同？

2. 什么是标准价调整法？它有什么用途？

3. 什么是回归分析法？它有什么用途？

4. 什么是长期趋势法？主要有哪几种？其理论依据是什么？

5. 长期趋势法适用于哪些估价对象？估价需具备哪些条件？

6. 长期趋势法预测房地产价值、价格的步骤是什么？

7. 长期趋势法的公式及其计算是怎样的？

8. 移动平均法的基本思路是什么？

9. 指数修匀法的基本思路是什么？

10. 长期趋势法有哪些作用？如何有效预测一宗房地产的未来价值？

11. 评估房地产价值损失有哪些有效方法？

12. 什么是修复成本法、价差法和损失资本化法？分别在什么情况下选用？

13. 如何综合运用修复成本法、价差法和损失资本化法评估现实中的房地产价值损失？

14. 现实中需要补缴地价款的情形有哪些？各种情形下需补缴的地价款如何测算？

# 第9章 土地估价基本方法的特殊要求

## 【本章要点及学习目标】

1. 理解土地估价中市场比较法的特殊要求。
2. 理解土地估价中收益还原法的特殊要求。
3. 理解土地估价中成本逼近法的特殊要求。
4. 熟悉土地估价中剩余法的特殊要求。

市场比较法（比较法）、收益还原法（收益法）、成本逼近法（成本法）、剩余法（假设开发法）在"土地估价"和"房地产估价"中的基本含义、基本原理、基本思路、主要步骤、主要内容是相同或类同的，仅有少量专业术语的名称有所不同，但内涵基本相同。此外，在基本公式的表达式、相关内容的详略程度等方面不尽相同。《城镇土地估价规程》GB/T 18508—2014、《农用地估价规程》GB/T 28406—2012、《国有建设用地使用权出让地价评估技术规范》（国土资厅发〔2018〕4号）等土地估价标准规范，对这四种估价方法在具体运用中的技术要求等作了一些特别规定。本章仅对这些主要不同和特殊之处予以简要说明。

## 9.1 土地估价中市场比较法的特殊要求

### 9.1.1 市场比较法中术语的不同之处

土地估价的市场比较法在术语方面的不同之处主要有：①方法名称通常为市场比较法；②可比实例称为比较实例；③市场状况调整称为估价期日修正或交易期日修正，简称期日修正；④比较价值（或交易价值、比较价格）称为比准价格。

### 9.1.2 市场比较法中内容的特殊之处

1. 市场比较法的基本公式

采用市场比较法评估待估宗地价格的基本公式为：

$$P = P_B \times A \times B \times C \times D \times E \qquad (9-1)$$

式中 *P*——待估宗地价格；

$P_{\mathrm{B}}$——比较实例价格；

*A*——交易情况修正系数；

*B*——估价期日修正系数；

*C*——区域因素修正系数；

*D*——个别因素修正系数；

*E*——使用年期修正系数。

上述公式中，待估宗地即估价对象为宗地；比较实例也称为比较实例宗地；交易情况修正系数为待估宗地交易情况指数除以比较实例交易情况指数；估价期日修正系数为待估宗地估价期日的地价指数除以比较实例交易日期的地价指数；区域因素修正系数为待估宗地区域因素条件指数除以比较实例区域因素条件指数；个别因素修正系数为待估宗地个别因素条件指数除以比较实例个别因素条件指数；使用年期修正系数为待估宗地使用年期修正指数除以比较实例使用年期修正指数。

上述公式可以说是将某个比较实例价格修正为某个比准价格的原理性公式，或全部为百分比修正和乘法修正的公式。实际估价中，一是要在全面深入理解市场比较法基本原理的基础上，结合各项修正的具体情况，比如地价指数是定基指数还是环比指数，对上述公式酌情变通运用；二是要将所选取的 3 个或 3 个以上比较实例价格经各项比较修正后得到 3 个或 3 个以上比准价格，选用简单算术平均法、加权算术平均法、中位数法、众数法之一，得出一个最终的比准价格。

2. 比较实例选择的有关要求

在选择比较实例方面，比较实例的交易日期距估价期日原则上不超过 3 年。对于国有建设用地使用权出让地价评估，《国有建设用地使用权出让地价评估技术规范》规定，在综合分析当地土地市场近 3 年交易实例的基础上，优先选用正常市场环境下的交易实例。原则上不采用竞价轮次较多、溢价率较高的交易实例；不能采用楼面地价历史最高或最低水平的交易实例。近 3 年内所在或相似区域的交易实例不足 3 个的，原则上不应选用市场比较法。

3. 若干修正方面的有关要求

在估价期日修正方面，已经开展地价动态监测并发布地价指数的城市，待估宗地估价期日的地价指数和比较实例交易日期的地价指数可采用发布的相应时间和所在区域的地价指数，不宜直接采用全市的地价指数。地价动态监测所发布的地价指数一般可反映土地市场上真实、客观地价的变动，且具有较强的权威性。

在交易情况修正和估价期日修正之外，没有统称的土地状况调整，也不是把土地状况分为区位状况、实物状况和权益状况三类进行调整。

在建设用地估价中，"土地状况调整"一般分为下列 4 类因素修正：

（1）区域因素修正

区域因素是指影响城镇内部区域之间地价水平的因素。区域因素修正的主要因子包括商服繁华程度、产业集聚程度、交通条件、公共服务设施水平、基础设施水平、区域环境条件、城镇规划、区域土地使用限制、自然条件等。由于不同用途的土地影响其价格的区域因子不同，区域因素修正的具体因子应根据待估宗地的用途确定。

（2）个别因素修正

个别因素是指宗地自身的地价影响因素。个别因素修正的主要因子包括宗地位置、面积、形状、临街状况、宗地内基础设施水平、地势、地质、水文状况、容积率、其他规划限制条件等。由于不同用途的土地影响其价格的个别因子不同，个别因素修正的具体因子应根据待估宗地的用途确定。当容积率对地价影响较大时，应单独进行容积率修正。

【例9-1】

某待估宗地为住宅用地，容积率为 3.5。选取的比较实例的容积率为 2.0，楼面地价为 2000 元 /m²。所在城市基于楼面地价的住宅用地容积率修正系数表见表 9-1。请测算待估宗地的地面地价。

某城市基于楼面地价的住宅用地容积率修正系数表 　　　　　表 9-1

| 容积率 | 1.0 | 1.5 | 1.8 | 2.0 | 2.5 | 3.0 | 3.5 | 4.0 |
|---|---|---|---|---|---|---|---|---|
| 修正系数 | 1.20 | 1.05 | 1.00 | 0.97 | 0.92 | 0.88 | 0.85 | 0.80 |

【解】待估宗地的地面地价（$P$）测算如下：

$$P = 比较实例楼面地价 \times \frac{待估宗地容积率修正系数}{比较实例容积率修正系数} \times 待估宗地容积率$$

$$= 2000 \times \frac{0.85}{0.97} \times 3.5$$

$$= 6134.02 元/m^2$$

［例9-1］中，如果待估宗地或比较实例的容积率不是正好为容积率修正系数表中的容积率，一般采用"内插法"求取相应的容积率修正系数。

（3）土地使用年期修正

简称使用年期修正或年期修正。年期修正中的土地使用年期应为土地使用权的剩余期限，也称为土地剩余使用期限或剩余使用年期。当待估宗地为拟出让宗地、比较实例为出让土地的交易实例时，土地使用年期为其出让年限；当待估宗地或比较实例为已出让土地（出让后已使用的土地）时，土地使用年期为其出让年限减去已经使用年限后的剩余期限。

使用年期修正系数用于将比较实例使用年期下的价格修正到待估宗地使用年期下的价格。使用年期修正系数的计算公式为：

$$K_{y} = \left[1 - 1/(1+r)^{m}\right]/\left[1 - 1/(1+r)^{n}\right] \tag{9-2}$$

式中　$K_{y}$——使用年期修正系数；

$r$——土地还原率；

$m$——待估宗地的使用年期；

$n$——比较实例的使用年期。

 【例9-2】

某待估宗地目前的使用年期为 50 年。近期以转让方式成交的某个比较实例的土地使用权是 5 年前以出让方式取得的，取得时的出让年限为 45 年。该比较实例经过使用年期以外各项修正后的价格为 4000 元 /m², 土地还原率为 8%。请通过该比较实例价格测算待估宗地目前的比准价格。

【解】通过比较实例价格（$P_{B}$）测算待估宗地目前的比准价格（$P$）如下：

$$P = P_{B} \times \left[1 - 1/(1+r)^{m}\right]/\left[1 - 1/(1+r)^{n}\right]$$

$$= 4000 \times \left[1 - 1/(1+8\%)^{50}\right]/\left[1 - 1/(1+8\%)^{45-5}\right]$$

$$= 4103.61 元/m²$$

（4）其他因素修正

除进行上述修正外，经过充分调查和专家论证，还可根据比较实例与待估宗地的条件差异进行其他必要的修正。

在农用地（包括耕地、园地、林地、草地等）估价中，把"土地状况调整"一般分为影响因素修正和使用年期修正。影响因素修正又分为下列 3 类因素修正。

1）自然因素修正。自然因素是指影响农用地生产力的各种自然条件，主要包括气候、地形地貌、水文地质、土壤、自然灾害、生态状况等。

2）社会经济因素修正。社会经济因素是指影响农用地收益的社会经济发展条件、土地制度和交通条件等，主要包括相关的制度、经济政策、人口状况、经济发展水平、保护与开发利用状况、农田基础设施状况、规划条件、交通区位、权利状况等。

3）特殊因素修正。特殊因素是指影响农用地生产力和收益所独有的条件或不利因素，主要包括特殊的气候条件、土壤条件、水源条件、环境条件、环境污染状况等。

上述影响因素在耕地、园地、林地、草地等估价时均需适当考虑，并可根据相关规程、规范或技术指引增加影响因素，选择具体的影响因子。

在比较实例价格修正幅度方面，对于国有建设用地使用权出让地价评估，《国有建设用地使用权出让地价评估技术规范》规定如下：①比较实例的修正幅度不能超过30%，即：（实例修正后的比准价格 − 实例价格）/ 实例价格 ≤ 30%；②各比较实例修正后的比准价格之间相差不能超过 40%，即：（高比准价格 − 低比准价格）/ 低比准价格 ≤ 40%。对超过 40% 的，应另选实例予以替换。实例不足无法替换的，应对各实例进行可比性分析，并作为确定取值权重考虑因素之一。

## 9.2　土地估价中收益还原法的特殊要求

### 9.2.1　收益还原法中术语的不同之处

土地估价的收益还原法在术语方面的不同之处主要有：①方法名称通常为收益还原法；②净收益称为纯收益或地租；③报酬率称为还原率。

### 9.2.2　收益还原法中内容的特殊之处

在求取土地纯收益方面，用于测算收益水平的比较实例应不少于 3 个。确定土地收益，应通过调查市场实例进行比较后得出，符合当前市场的正常客观收益水平。对于国有建设用地使用权出让地价评估，还应"假设该收益水平在出让年期内保持稳定"。这意味着一般应假设该收益水平在出让年期内每年基本不变，从而应选用净收益每年不变、收益期为有限年的公式。对于房地产现状出租经营的土地，先按房地产条件选用比较实例，再减去房屋纯收益求取土地纯收益。

土地估价的收益还原法没有严格区分报酬率和资本化率，统称为还原率，一般等同于报酬率。确定还原率时，应详细说明确定的方法和依据，应充分考虑投资年期与收益风险之间的关系。此外，应注意不同类型土地使用权价格评估之间的还原率高低关系，如授权经营土地使用权、土地租赁权、划拨土地使用权、地役权等价格评估，还原率一般应高于相同条件下出让土地使用权价格评估的还原率。

## 9.3　土地估价中成本逼近法的特殊要求

### 9.3.1　成本逼近法中术语的不同之处

土地估价的成本逼近法在术语方面的不同之处，主要是方法名称通常为成本逼近法。

### 9.3.2　成本逼近法中内容的特殊之处

1. 成本逼近法的基本公式

采用成本逼近法评估待估宗地价格的基本公式为：

$$P = E_a + E_d + T + R_1 + R_2 + R_3 = P_E + R_3 \tag{9-3}$$

式中　　$P$——待估宗地价格；

　　　　$E_a$——土地取得费；

　　　　$E_d$——土地开发费；

　　　　$T$——各项税费；

　　　　$R_1$——土地开发利息；

　　　　$R_2$——土地开发利润；

　　　　$R_3$——土地增值；

　　　　$P_E$——土地成本价格。

由上述公式可知，土地价格构成项目中有单独的一项"土地增值"；除土地增值以外的其他各项之和称为"土地成本价格"，简称"成本价格"。鉴于成本逼近法中土地成本价格或成本价格已有上述特定含义，为了避免混淆和误解，不能把成本逼近法测算出的土地价格简称为土地成本价格或成本价格。

2. 土地成本价格中各项的求取

（1）土地取得费

土地取得费也称为土地取得成本，根据征收农村集体土地、收回国有土地使用权或征收国有土地上房屋、通过市场交易获得土地等不同取得途径和情况，按取得土地权利而支付的各项客观费用计算。《国有建设用地使用权出让地价评估技术规范》规定，土地取得成本应通过调查当地正常情况下取得土地实际发生的客观费用水平确定，需注意与当地土地征收、房屋征收和安置补偿等标准的差异。

（2）土地开发费

土地开发费也称为土地开发成本，按待估宗地设定开发程度下应投入的各项客观费用计算。《国有建设用地使用权出让地价评估技术规范》规定，土地开发成本应通过调查所在区域开发同类土地的客观费用水平确定。对拟出让宗地超出所在区域开发同类土地客观费用水平的个例性实际支出，不能纳入成本。

（3）各项税费

各项税费是指土地取得和开发过程中应向政府缴纳的税费。《国有建设用地使用权出让地价评估技术规范》规定，国家或地方拟从土地出让收入或土地出让收益中计提（安排）的各类专项资金，包括农业土地开发资金、国有土地收益基金、农田水利建设资金、教育资金、保障性安居工程资金等，以及新增建设用地土地有偿使用费、新增耕地指标和城乡建设用地增减挂钩结余指标等指标流转费用，不得计入土地成本，也不得计入出让底价。

（4）土地开发利息

土地开发利息是指土地开发总投资应计算的合理利息。土地开发总投资包括土地取得费、土地开发费和各项税费。按待估宗地设定开发程度的正常开发周期、各项费用的投入期限和贷款年利率，分别测算各期投入应支付的利息。土地开发周期超过1年的，利息应按复利计算。

（5）土地开发利润

土地开发利润是指土地开发总投资应计算的合理利润。土地开发利润的计算基数与土地开发利息的计算基数相同，也是土地开发总投资。按照开发性质和各地实际情况，确定土地开发中各项投资的客观回报率，测算土地开发应取得的开发利润。

3.土地增值的含义及测算

土地增值也称为土地增值收益，是指因用途等土地使用条件改变或进行土地开发而产生的价值增加。由农用地转为建设用地的，土地增值是指农用地转为建设用地并进行土地开发，达到建设用地条件而产生的价值增加。通过收回国有土地使用权或征收国有土地上房屋取得的，土地增值是指改变土地用途和规划条件而产生的价值增加。

土地增值额理论上等于土地客观成本价格和土地市场价格之间的系统性差距，简要地说就是土地市场价格与成本价格的差额，实践中依据土地所在区域内因用途等土地使用条件改变或进行土地开发而产生的价值增加额或比率来测算。土地价值增加比率简称土地增值率或土地增值收益率，利用其测算土地增值额的公式为：

$$土地增值 = （土地取得费 + 土地开发费 + 各项税费 + 土地开发利息 + \\ 土地开发利润）× 土地增值率 \quad (9-4)$$

由农用地转为建设用地的，上述公式中的土地取得费通常具体为土地征收补偿费用（包括土地补偿费、安置补助费等费用）。土地增值率一般参考前若干年土地使用权出让、转让及相关估价资料，并结合有关专家的意见来确定，其高低因土地取得途径、权利类型、用途、级别等的不同而不同。

4.初步测算价格的修正

按成本逼近法的基本公式初步测算出土地价格（简称初步测算价格）后，应根据待估宗地在区域内的位置和宗地条件，考虑是否需要对初步测算价格进行必要的修正（简称其他因素修正），进而确定成本逼近法评估出的待估宗地价格。

初步测算价格的内涵通常是法定最高使用年期的出让土地使用权价格，但也可能是无限年期的出让或划拨土地使用权价格。当待估宗地价格的内涵与初步测算价格的内涵不一致时，需要进行相应的因素修正。例如，当待估宗地为已出让土地时，应进行剩余使用年期修正。再如，待估宗地虽然是拟出让宗地，但当其拟出让年期短于法定最高使用年期时，如对高精尖产业用地拟弹性出让20年而不是50年，在评估该20年期的出让地价时，应进行使用年期修正。

当土地增值是以无限年期的土地市场价格与成本价格的差额确定时，土地增值收益与成本价格一并进行年期修正。而当土地增值是以有限年期的土地市场价格与成本价格的差额确定，且待估宗地的剩余使用年期与该有限年期相同时，则不再进行年期修正；否则，应进行年期修正。

此外,《国有建设用地使用权出让地价评估技术规范》规定,评估工业用地出让地价时不得以当地工业用地出让最低价标准为基础推算各项参数和取值后,评估出地价。

## 9.4 土地估价中剩余法的特殊要求

### 9.4.1 剩余法中术语的不同之处

土地估价的剩余法在术语方面的不同之处,主要是方法名称通常为剩余法。在评估待开发土地价格时,时常也称为假设开发法。

### 9.4.2 剩余法中内容的特殊之处

土地估价的剩余法不仅用于评估待开发土地(包括待建、在建的土地)价格,还用于评估现有不动产(如住宅、商场、写字楼、酒店、厂房等)中所含土地价格。

同时需要注意的是,一宗建设用地处于待建(如拟出让宗地,以出让方式取得后尚未动工开发的房地产开发用地)、在建(如在建工程中所含土地)、已建成(如现有不动产中所含土地)等不同开发建设和使用阶段,以及因估价目的不同(如土地使用权出让地价评估,已出让土地调整容积率、用途等土地利用条件需补缴地价款评估,在建工程抵押、现有不动产抵押、司法处置等估价中当要求或有必要分别列出土地价值和建筑物或建设工程本身的价值时),相应评估的土地价格的内涵和结果不尽相同。

1. 评估现有不动产中所含土地价格

通俗地说,评估现有不动产中所含土地价格就是评估建筑物已建成的现状房地产价格中的土地价格。在评估现有不动产中所含土地价格时,要区分并根据估价目的明确是评估下列两种中的哪种土地价格:

(1)当作房地产两大组成部分(建筑物和土地)中的土地价格。这实际上是把整体的房地产价值、价格在建筑物和土地之间进行分配。

(2)当作待建的土地价格。这实际上是把现有不动产中的土地视为待建的空地来评估其价格。例如,划拨土地办理协议出让时不改变土地及建筑物现状的,评估现状使用条件下的出让土地使用权正常市场价格和现状使用条件下的划拨土地使用权价格。

评估当作房地产两大组成部分中的土地价格,一般没有"假设开发",是将不动产价格(如房价)减去房屋现值(建筑物价值、价格)及交易税费,得出土地价格。

评估当作待建的土地价格,可选择下列三个路径之一:

1)先评估当作房地产两大组成部分中的土地价格,然后减去土地取得税费及与土地相对应的管理费用、销售费用、投资利息、销售税费和开发利润。

2)利用评估待建的土地价格的剩余法,通过"假设开发"来求取,即先假设现有不动产中的建筑物不存在,并假设重新取得现有不动产中的土地,然后按现有不动产中的建筑物用途、规模、档次等状况重新开发建设。

3）利用成本法中"房地合估"的逆运算，即先把房地合估公式中的土地成本（包括土地购置价格和土地取得税费）当作未知项，求得土地成本后再减去土地取得税费。

2. 评估待开发土地价格

其分为评估待建的土地价格和评估在建的土地价格。

（1）评估待建的土地价格

在评估待建的土地价格时，如评估国有建设用地使用权出让地价，是将开发完成后的不动产总价减去土地取得税费、开发成本、投资利息和开发利润等，得出土地价格。

对于运用剩余法评估国有建设用地使用权出让地价，《国有建设用地使用权出让地价评估技术规范》规定需体现的技术要求主要有下列四个方面：

1）在假设项目开发情况时，按规划建设条件评估；容积率、绿地率等规划建设指标是区间值的，在区间上限、下限值中按最有效利用原则择一进行评估。

2）假设的项目开发周期一般不超过3年。

3）对于开发完成后拟用于出售的项目，售价取出让时当地市场同类不动产正常价格水平，不能采用估算的未来售价。这个要求意味着运用剩余法评估国有建设用地使用权出让地价时要选择静态分析法。

4）利润率宜采用同一市场上类似不动产开发项目的平均利润率。利润率的取值应有客观、明确的依据，能够反映当地不动产开发行业平均利润水平。

（2）评估在建的土地价格

在评估在建的土地价格时，如评估在建工程中所含土地价格，要区分并根据估价目的明确是评估下列两种中的哪种土地价格：

1）当作在建工程两大组成部分（建设工程本身和土地）中的土地价格。

2）当作待建的土地价格。

评估当作在建工程两大组成部分中的土地价格的技术思路，与评估现有不动产中所含土地价格当作房地产两大组成部分中的土地价格的技术思路相似。评估当作待建的土地价格的技术思路，与评估现有不动产中所含土地价格当作待建的土地价格的技术思路相似。

此外还需注意的是，采用剩余法评估在建的土地价格，与采用剩余法或假设开发法评估在建工程（建设工程及其所占用土地）价值、价格，估价对象的财产范围、剩余法的扣除项目和测算结果都有所不同。

# 复习思考题

1. 土地估价的市场比较法与房地产估价的比较法有哪些不同之处？

2. 采用市场比较法评估建设用地价格与评估农用地价格有哪些不同之处？

章节自测题

3.为什么要规定比较实例价格修正以及各比较实例修正后的比准价格之间相差的最大幅度是多少？

4.土地估价的收益还原法与房地产估价的收益法有哪些不同之处？

5.土地估价的成本逼近法与房地产估价的成本法有哪些不同之处？

6.成本逼近法中哪些不得计入或不能纳入土地成本？

7.土地价格构成项目中为何有土地增值？土地增值率应如何确定？

8.计算土地开发利息、开发利润、土地增值的基数应包含哪些？不应包含哪些？

9.土地估价的剩余法与房地产估价的假设开发法有哪些不同之处？

10.评估现有不动产中所含土地价格与评估待开发土地价格有何不同？

11.在评估现有不动产中所含土地价格时，评估当作待建的土地价格与评估当作房地产两大组成部分中的土地价格有何不同？

12.采用剩余法评估待建的土地价格与采用假设开发法评估在建工程价值、价格有何不同？

13.采用剩余法评估国有建设用地使用权出让地价有哪些特殊的技术要求？

14.为何运用剩余法评估国有建设用地使用权出让地价时要选择静态分析法？

# 第10章　房地产估价报告

## 【本章要点及学习目标】

1. 熟悉房地产估价报告的内容。
2. 理解房地产估价报告错误分析。

房地产估价是一项操作性很强的业务，其最终成果是通过估价报告来体现的。房地产估价报告是估价人员基于估价的目的，将估价过程中采用的原则、方法、程序、依据与参数选择、数据资料取舍、估价计算步骤和结果以及估价人员、估价机构、注意事项等进行翔实而完整的记载，以履行与委托估价方订立的估价合同。估价报告是估价机构出具的关于估价对象价值的专业意见，可视为估价机构提供给委托人的"产品"；是估价机构履行估价委托合同、给予委托人关于估价对象价值的正式答复；也是记述估价过程、反映估价成果的文件及关于估价对象价值的分析报告。因此，房地产估价师必须具备撰写估价报告的能力。

房地产估价报告写作，是房地产估价师必须熟练掌握的专业技能。写好估价报告，不仅要求房地产估价师具备房地产估价的专业知识以及与房地产估价有关的各类知识，能够了解和分析房地产市场的运行规律，同时还要掌握房地产估价报告的体裁特点，灵活运用其写作技巧。学习和掌握估价报告的写作，是房地产估价师一项很重要的专业训练。能否成为一名合格的房地产估价师、达到执业要求，估价报告的写作能力是必不可少的检验标准。

估价报告的形式分为书面报告和口头报告（如专家证词）两种。书面报告按其格式又可分为叙述式报告和表格式报告。对于成片或成批多宗房地产的同时估价且单宗房地产的价值较低时，估价报告可以采用表格式，如旧城区居民房屋拆迁估价报告、成批房地产处置估价报告或者大型国企厂房、宿舍的估价报告。叙述式报告能够充分论证和解释估价分析、意见和结论，使估价结果更具有说服力。叙述式报告是估价人员履行对委托人责任的最佳方式。所以，叙述式报告是最普遍、最完整的估价报告形式。下面主要以叙述式报告来说明估价报告的要求和内容。

无论是书面报告还是口头报告，无论是叙述式报告还是表格式报告，都只是表现形式不同，对它们的基本要求是相同的。

## 10.1 房地产估价报告的内容

### 10.1.1 房地产估价报告的写作基础

1. 房地产估价报告的写作主体

房地产估价报告的写作主体实质上是从事该项业务的房地产估价机构和专业估价人员。因此，房地产估价报告的写作属于专业写作。一份高质量的房地产估价报告体现在以下几个方面：估价程序的完整性和合法性、估价结果的合理性和准确性、估价方法选用的正确性和全面性、估价基础数据的正确性、估价参数选取的合理性和准确性、文字表述流畅、文本格式规范、印刷质量优良，而这一切都是依赖于估价人员良好的综合素质。以下提出的各项要求是估价人员写作时必须达到的基本要求。

（1）要有扎实的相关经济知识

房地产估价作为一门学科，属于经济分析与技术分析相结合的实用性边缘学科，涉及的专业学科比较庞杂，这就要求：首先，在经济方面，应掌握经济学理论、价格理论、投资学、金融、保险、会计、统计、工程技术经济学等相关知识；其次，在建筑工程方面，应掌握基本建设的一般程序、建筑构造、建筑材料、工程造价等相关知识；最后，必须掌握城市规划知识、土地管理和房地产管理知识以及与房地产相关的政策、法律知识等。只有掌握了上述专业知识，才能达到进入房地产估价领域的基本条件。

（2）要有丰富的专业经验

撰写房地产估价报告是估价人员在一定经验和知识的基础上产生的一种创造行为，这种创造行为在很大程度上体现了估价人员经验和知识的个性特点。二者都是不可缺少的必要的条件，但专业经验在某些特定条件下甚至比知识更重要。经验需要在实践中不断总结和积累。一个人经验的获得是在个人、现实生活和社会历史三维背景下形成的。因此，专业经验的积累也就有多种途径，实际动手操作当然是最重要的、必不可少的途径之一，这就要求每一个执业的估价师必须尽可能地动手写作房地产估价报告。同时学习也是积累经验的有效方法，考察和研究估价同行的估价报告，加强同行之间的交流，从中找出自己可以汲取的精华，从而迅速增长自己的专业能力。

（3）要有较高的认知能力

房地产估价师的认知能力是指能否在社会经济活动的大环境中迅速、正确地评价估价对象的客观价格或价值的思维表现。认知能力来源于估价人员的知识结构、智力结构和观念方法交融而成的综合经验。它主要体现在对估价对象在房地产市场中的客观价格或价值的判断和确认。因此，把握房地产市场价格运动规律就成为认知能力中最重要的因素。房地产市场价格变化受多种因素影响，房地产估价师就要在这种复杂变化的因素中寻找那些主要的影响因素。同时还要不断地更新和补充新的知识，以提高自己的分析判断能力。

（4）要有良好的职业道德

房地产估价报告有其特定的用途，房地产估价师职业道德水准的高低将直接影响估价结论，从而对估价报告的使用者产生巨大的经济和社会影响。房地产估价师职业道德的核心内容是要求其估价行为独立、客观、公正，房地产估价师不得在估价作业中掺杂个人和机构的额外利益。

（5）要有驾驭语言文字的能力

在语言文字方面的要求主要有对词义、语句的要求、防止错字漏字等，尽量避免模棱两可、含糊其辞的语言表达，在估价报告应避免使用"可能""大概""好像""约"等字眼。另外，还有段落、结构安排、文字说明、图表照片的结合使用，专业术语规范等问题。

2. 房地产估价报告的写作客体

要写好估价报告必须要有充分的材料，这里包含两个方面的内容：一个是客观存在的各种各样的客观材料；另一个是主观认识的各种各样的认识和感受，这两个方面的内容存在有机联系。估价师主观方面的认识、感受是材料积累的核心。有了这个核心，其他方面的材料才能活起来，才能形成作者的写作意图，进入写作过程。否则，其他方面的材料都是松散无序的，发挥不了作用。客观实践的材料是形成和表现认识的基石。没有这个基石，估价师的认识、感受就无法形成，也不会写出好的估价报告来。估价师在平时就要善于观察、善于发现、善于积累，随时随地搜集各类资料。

3. 房地产估价报告的写作载体

写作的载体是指估价师进行写作活动的工具，以及写作成果的凝聚物，亦即语言文字符号，以及语言文字符号、篇章结构生成的文章。

写作的一个载体就是写作工具，主要有纸、笔、计算机等。此外，另一个重要的载体是在语言文字基础上形成的篇章结构和文体。篇章结构和文体是在写作实践中形成的。目前，世界发达国家和地区的估价报告基本上都有相对固定的结构和文体。

4. 房地产估价报告的写作受体

房地产估价报告的写作受体是特定的阅读和使用者，而且这些读者可能对房地产知识了解得有限。合格的房地产估价报告就是要让那些不懂房地产估价业务的委托人和使用者能够读懂报告。

## 10.1.2　房地产估价报告的写作原则

客观性原则、目标性原则、规范性原则是房地产估价报告写作必须把握的根本性原则。

1. 客观性原则

房地产估价报告写作的客观性原则要求所采用的写作材料、分析过程和最终的估价结论必须客观真实。不能虚构、不能夸大、不能缩小，写作细节要经得起推敲。

房地产估价报告写作要求客观真实，是由房地产估价报告的咨询、实证和法律性等专业性质所决定的。在房地产估价报告写作中绝对不允许使用其他文学作品诸如"艺术的真实"等手法。无论委托人使用报告的目的是价格咨询、资产价值确认，还是行政管理、法律诉讼的价格鉴证凭据，都要以客观事实为基础。

2. 目标性原则

房地产估价报告是受命写作，源于估价委托人某种特定的需要，整个写作过程都有一个明确的目标，写作材料的搜集、篇章结构的整合、技术路线的确定、估价结果的说明等都要围绕这个明确的目标进行。

把握估价报告的写作目标，要区分好一般性目标和特定目标两层含义。一般性目标是对所有房地产估价报告而言的，就是价格。在估价报告中，不要体现与估价对象的价格无关的因素。关于特定的目标，则因委托人提出的估价目的不同而不同。现实中，需要进行房地产估价的业务类型很多，因而产生了多种估价目的。对于不同估价目的的估价业务，估价思路上会有差别，最终的评估价格也会有所差别。同一宗房地产，其正常交易估价得出一个价格水平，而非正常交易（如强制拍卖、企业破产清算等）估价则很可能得出另一个价格水平。所以，估价报告写作还要把握由估价目的而产生的特定的目标。针对这个特定目标搜集材料，组织估价思路，推导出符合客观事实的估价结论，写出符合目标的估价报告。

3. 规范性原则

房地产估价报告写作的规范性原则是对估价报告的结构形态而言的，即房地产估价报告的篇章结构要程式化，符合统一的要求。这种程式化的结构体现了长期实践中集体写作的智慧，充分反映了房地产估价报告的写作规律，使得写作过程更为明了，效率更高，也使估价报告的使用者更容易掌握和知晓。《房地产估价规范》GB/T 50291—2015 规定估价报告的篇章结构包括封面、目录、致委托人函、估价师声明、估价的假设和限制条件、估价结果报告、估价技术报告、附件八个部分，对每一个部分又作了细化的结构规定，同时也推荐了估价报告的规范格式。

除了上述三项特定的原则之外，作为应用文写作，其他应用文写作的原则对房地产估价报告也同样适用，如文章的逻辑推理性原则、语言简约性原则等，也是需要了解和掌握的。

## 10.1.3 房地产估价报告的要求

依据《房地产估价规范》GB/T 50291—2015 的规定，一份合格的房地产估价报告应满足以下四个要求：

（1）全面性：应完整地反映估价所涉及的事实、推理过程和结论，正文内容和附件资料应齐全、配套。

（2）公正性和客观性：应站在中立的立场上对影响估价对象价格或价值的因素进行

客观的介绍、分析和评论，作出的结论应有充分的依据。

（3）准确性：用语应力求准确，避免使用模棱两可或易产生误解的文字，对未经查实的事项不得轻率写入，对难以确定的事项应予以说明，并描述其对估价结果可能产生的影响。

（4）概括性：应用简洁的文字对估价中所涉及的内容进行高度概括，对获得的大量资料应在科学鉴别与分析的基础上进行筛选，选择典型、有代表性、能反映事情本质特征的资料来说明情况和表达观点。

## 10.1.4 房地产估价报告的基本内容

《房地产估价规范》GB/T 50291—2015 中对估价报告应包括的内容作了一般性的规定。这些应记载的事项在估价报告中都不可缺少，否则，不仅估价报告不完整，更重要的是会失去估价报告的效力。

根据《房地产估价规范》GB/T 50291—2015 第 7.0.2 条的规定，一个完整的房地产估价报告通常由以下八个部分构成：①封面；②致估价委托人函；③目录；④估价师声明；⑤估价的假设和限制条件；⑥估价结果报告；⑦估价技术报告；⑧附件。

1. 封面的写作

房地产估价报告的封面特指估价报告的首页，应写明估价报告名称、估价项目名称、委托人、估价机构、注册房地产估价师、估价作业日期及估价报告编号。对于各估价机构为了自身企业形象的推广，对估价报告进行包装设计、印制精美的封面不在此论述范围内。

（1）估价报告名称

估价报告名称一般为"房地产估价报告"。为了一目了然，也可以根据估价目的将报告名称具体化，例如"房地产抵押估价报告""城市房屋拆迁估价报告"。

（2）估价报告编号

封面上的估价报告编号即为本估价报告在本估价机构内的编号。将估价报告编号写在封面上便于估价报告的档案管理及查阅。

（3）估价项目名称

封面上的估价项目要写清项目的全称。其中重点要突出估价对象所在的区位、名称及用途。需要注意的是，有的建筑物在不同时期可能冠以不同的名称，特别是一些在建工程，项目建成后有可能重新冠名。因此，对于一些建成年代较长的建筑物，除了价值时点的名称之外，历史上可能还有其他的称谓，这一点可以在估价报告实物状况分析中作简要说明。

（4）估价委托人

封面上的委托人，需要准确无误地写明其全称。如"××贸易有限公司"为委托人的全称。如果是个人委托估价的，则写明委托人的姓名。

（5）房地产估价机构

封面上的估价机构同委托人相对应，应准确无误地写明房地产估价机构的全称，如"××房地产估价有限公司"。

（6）注册房地产估价师

封面上所写的注册房地产估价师是指负责本次估价的所有注册房地产估价师，应写明其姓名及注册号。

（7）估价作业日期

封面上的估价作业日期是指本次估价的起止日期，具体为正式接受估价委托的年、月、日至出具估价报告的年、月、日。需要注意的是，封面上的估价作业日期要与估价结果报告中的估价作业日期一致。

2. 致估价委托人函的写作

在致估价委托人函中，受函方要写明委托人的全称。致函正文主要说明估价对象、估价目的、价值时点、价值类型和估价结果。致函方即本次估价的估价机构，要署估价机构的全称。它是正式地将估价报告呈送给估价委托人的信件，在不遗漏必要事项的基础上应尽量简洁。其内容一般包括下列几项：

（1）致函对象

应写明估价委托人的名称或者姓名。

（2）致函正文

说明估价机构接受估价委托人委托，根据什么估价目的，遵循公认的估价原则，按照严谨的估价程序，依据有关法规、政策和标准，在合理的假设条件下，采用科学的估价方法。对什么估价对象（名称、坐落、范围、规模、用途、权属）在什么价值时点的何种价值（价值类型）进行了专业分析、测算和判断，估价结果是多少，并说明估价报告应用有效期。

估价报告应用有效期是指使用估价报告不得超过的时间界限，从估价报告出具日期起计算。估价报告应用有效期最长不宜超过一年，可以是半年或三个月。这个期限的具体确定由房地产估价师依据当时当地房地产市场状况确定，当房地产市场比较平稳时，估价报告应用有效期可以为一年，当房地产市场波动变化较大时，估价报告应用有效期就需要适当缩短。估价报告应用有效期的表达形式为：自本估价报告出具之日起多长时间内有效；或自本估价报告出具之日起至未来某个年、月、日止有效。估价报告应用有效期不同于估价责任期。如果估价报告在其有效期内得到使用，则估价责任期应是无限期的；如果估价报告超过了其有效期还未得到使用，则估价责任期就是估价报告有效期。

（3）致函落款

致函落款为估价机构的全称，加盖估价机构公章，并由法定代表人或执行合伙人签名或盖章。

（4）致函日期

这是指致函时的年、月、日，即正式出具估价报告的日期——估价报告出具日期。

3. 目录的写作

估价报告目录部分的编写，需要注意与后面的报告内容相一致，特别是所对应的估价报告的页码要求准确无误。

4. 估价师声明的写作

估价师声明是注册房地产估价师对估价报告没有虚假记载、误导性陈述和重大遗漏，估价的独立、客观、公正和专业性，以及估价结果合理、可信等的宣誓或者说明，所有参与估价项目的注册房地产估价师都应该在该声明上签字。在估价师声明中应包括以下内容：

（1）我们在本估价报告中陈述的事实，是真实的和准确的。

（2）本估价报告中的分析、意见和结论，是我们自己独立、客观、公正的专业分析、意见、结论，但受到估价报告中已说明的假设和限制条件的限制。

（3）我们与本估价报告中的估价对象没有（或有已载明的）利害关系，也与有关当事人没有（或有已载明的）个人利害关系或偏见。

（4）我们是依照中华人民共和国国家标准《房地产估价规范》GB/T 50291—2015进行分析，形成意见和结论，撰写本估价报告。

（5）我们已（或没有）对与本估价报告中的估价对象进行了实地查勘，并应列出对估价对象进行实地查勘的注册房地产估价师的姓名。

（6）没有人对本估价报告提供专业帮助（若有例外，应说明提供重要专业帮助者的姓名，如估价师在评估某工业厂房时，对其附着在厂房里的设备需要一并评估，估价师不具备这方面的专业经验，因此需要外请相关专家或设备工程师，此时就应该具体说明）。

（7）其他需要说明的事项。

5. 估价的假设和限制条件的写作

估价的假设和限制条件是对估价所必要、但尚不肯定而又必须予以明确的前提条件所作的合理假定，以及对由估价目的决定的估价设定的估价对象状况与估价对象现状不同之处等所作的说明。如说明没有进行面积测量，或说明有关估价对象的资料来源被认为是可靠的。

在估价报告中陈述估价的假设和限制条件一方面是规避风险、保护估价机构和估价人员；另一方面是告知、保护委托人和估价报告使用者。

依据《房地产估价规范》GB/T 50291—2015，在估价的假设和限制条件中，要作以下说明：

（1）本次估价的假设前提

例如，应该说明估价师对委托人提供的估价所依据的资料进行了审慎的检查，无理由怀疑委托人提供资料的合法性、真实性、准确性和完整性。

（2）未经调查确认或无法调查的资料

例如，应该说明未到有关部门或机构对估价对象的权属证明材料及其记载的内容进行核实；建筑面积、土地面积没有经过专业测量，完全以其相关权属证书上的为准。

（3）估价中未考虑的因素和一些特殊处理及其可能的影响

例如，说明在估价对象的实际用途、土地权属证书记载用途、房屋权属证书记载用途、规划用途等不一致时，是依据何种用途来估价的。

（4）本估价报告使用的限制条件

例如，说明估价报告使用人不能在未经估价方同意的情况下公之于媒体。

6. 估价结果报告的写作

根据《房地产估价规范》GB/T 50291—2015，估价结果报告应记载以下事项：

（1）标题

估价结果报告的标题通常为"房地产估价结果报告"。由于估价结果报告是估价机构提供给委托人的"产品"当中最主要的部分，所以标题下方一般要有估价报告编号并要与封面上的估价报告编号一致。

（2）委托人

估价结果报告上的委托人，不仅要写明本估价项目委托单位的全称，还要写明委托单位的法定代表人和住所；如果是个人委托估价，不仅要写明委托人的姓名，还要写明其住所和身份证号码。

（3）估价机构

估价结果报告上的估价机构与委托人相对应，不仅要写明本估价项目估价机构的全称，还要写明估价机构的法定代表人、住所，以及估价机构的资质等级和资质证书编号。

（4）估价对象

概要说明估价对象的状况，包括区位状况、实物状况和权益状况。其中，对土地的说明应包括：名称、坐落、四至、面积、形状、周围环境与景观、基础设施完备程度、土地平整程度、地势、地质与水文状况、规划限制条件、利用现状、权属状况；对建筑物的说明应包括：名称、坐落、面积、层数、用途、建筑结构、装修、设施设备、平面布置、工程质量、建成年月、维护和保养及使用情况、公共配套设施完备程度、利用现状、权属状况等。

（5）估价目的

估价目的要说明本次估价的目的和估价报告的应用方向。

（6）价值时点

价值时点是所评估的估价项目客观合理价格或价值对应的年、月、日，价值时点也是估价结果所对应的日期，还需要说明确定价值时点的简要理由。

（7）价值定义

价值定义要说明本次估价所评估的价值名称、类型及其内涵。

（8）估价依据

估价依据要说明本次估价所依据的法律法规和技术标准，国家和地方的法律、法规、委托人提供的有关资料，估价机构和估价人员掌握和搜集的有关资料。如房地产抵押估价应有《房地产抵押估价指导意见》，房屋征收估价应有《房屋征收评估办法》。

（9）估价原则

估价原则要说明本次估价遵循的房地产估价原则。市场价值评估应包括利用原则，房地产抵押估价应包括谨慎原则。

（10）估价方法

估价方法要说明本次估价所采用的方法以及这些估价方法的定义。

（11）估价结果

估价结果是本次估价的最终结果，应分别说明总价和单价，并附大写金额，总价或单价如果只能表述其中之一时，应该说明理由。若用外币表示，应说明价值时点中国人民银行公布的人民币市场汇率中间价，并注明所折合的人民币价格。

（12）估价人员

在估价结果报告中关于估价人员要列出所有参加本次估价的人员的姓名、注册证书编号或职称，并由本人签名、盖章。

（13）估价作业日期

估价作业日期是本次估价的起止日期，需要注意的是要与封面上的估价日期相一致。

（14）估价报告使用期限

估价报告使用期限也称为估价报告应用有效期，可表达为到某个年月日止，也可表达为多长时间。

7. 估价技术报告的写作

估价技术报告一般应提供给委托人，但是因知识产权、商业秘密等原因也可以不提供给委托人。如果不提供给委托人，应事先在估价委托合同中约定或在受理估价委托时告知委托人。依据《房地产估价规范》GB/T 50291—2015，房地产估价技术报告应包括以下内容：

（1）实物状况（或个别因素）分析

实物状况（或个别因素）分析就是要详细分析、说明估价对象的实物状况，主要包括估价对象的具体位置、估价范围、权属状况、用途、面积、建筑结构及建成年代、装修状况等。

（2）区域因素分析

区域因素分析就是要详细说明、分析估价对象的区位状况，主要包括估价对象的区域特征、道路通达状况、对外交通状况、基础设施条件、商业服务配套设施等。

（3）市场背景分析

市场背景分析是要说明和分析类似房地产的市场状况，包括过去、现在和可预见的未来。市场背景分析还要分析影响类似房地产价格的主要因素,包括宏观经济形势和相关政策简介、房地产市场总体概况、当地同类房地产市场状况。由于估价对象的类型不同,估价的目的不同,所以影响其市场价格变动的主要因素会有所不同。或者虽然影响因素相同,但它们对估价对象价格的影响深度也有所不同。因此不同估价报告的写作,市场背景分析会有较大的差异,这一部分也是房地产估价报告写作当中难度较大的部分,特别是一些大型项目的估价报告。

(4)最高最佳使用分析

最高最佳使用分析是要说明和分析估价对象最高最佳使用,即分析法律上允许、技术上可能、经济上可行,能使估价对象产生最高价值的使用。

(5)估价方法选用

估价方法的选用应该逐一说明市场法、成本法、收益法等估价方法是否适用于估价对象。对于理论上不适用的,应简述理由;对于理论上适用,但客观条件不具备而不能选用的,充分说明理由。对同一估价对象宜选用两种以上的估价方法进行估价。根据已明确的估价目的,若估价对象适宜采用多种估价方法进行估价,应同时采用多种估价方法进行估价,不得随意取舍;若必须取舍,应在估价报告中予以说明并陈述理由。对于选用的估价方法应说明名称、简要定义和估价思路。

(6)估价测算过程

估价测算过程就是要详细说明运用各种估价方法的全部测算过程及相关参数的确定。尤其是技术复杂的估价报告,报告的写作者要在准确掌握各种估价方法的基础上,按照估价方法的操作步骤,因果关系明确、条理清楚地表述每种方法的测算过程,对于相关参数的确定既要符合有关数学公式的要求,又要符合逻辑推理,做到有理有据。

(7)估价结果确定

估价结果确定就是要说明本次估价的最终结果是多少,并且它是如何确定的。因为在估价报告中要采用两种或两种以上的方法进行价格测算,用不同的估价方法得出的结论会有一定的差异,为此最终选用何种数学方法确定估价结果或对其进行进一步的调整都需要说明理由。

8. 附件

把一些可能重要的资料放入附件中。附件通常应当包括以下内容:

(1)估价对象的位置图;

(2)估价对象的外观图片(如建筑物的外观图片)、土地状况图或建筑平面图;

(3)估价对象的四至和周围环境、景观图片;

(4)估价对象的权属证明;

(5)估价对象的内部状况图片;

(6)估价中引用的其他专用文件资料;

(7)估价机构资质和估价人员资格证明的复印件。

房地产抵押估价报告的附件还应有法定优先受偿权利等情况的书面查询资料或调查记录。因客观原因导致缺少上述资料的，应在附件中充分说明缺少的客观原因。

## 10.2　房地产估价报告错误分析及改错举例

### 10.2.1　房地产估价报告错误分析

要分析房地产估价报告的错误，首先应该非常熟悉房地产估价报告的内容。在此基础上，仔细阅读估价报告；了解估价基本事项；了解价值定义；了解估价方法和技术思路、估价依据、估价假设限制条件、特殊说明；检查估价测算过程；审核估价结果。

1. 房地产估价报告错误主要类型

（1）不规范。术语不规范；表达方式不规范（带有感情色彩、模棱两可）；有错别字。

（2）不充分。取值依据不充分（数据来源、报酬率取值）；推理说明不充分；各种方法最后综合取值的理论依据不充分。

（3）不一致。结果报告与技术报告不一致；两种方法之间参数不一致（基准地价、年限修正、报酬率）；前面的因素分析和后面的取值计算不一致；推理说明与结论不一致。

（4）不正确。推理分析不正确（与常理相悖）；方法选用不正确；技术路线（公式、价值内涵、价值时点、形成过程）不正确；计算结果不准确。

2. 估价报告书中的内容不完整

（1）缺估价委托方。有时误将房地产所有权人当成委托估价单位而不在估价报告书中加以说明。

（2）缺估价受托方。估价报告中无估价机构名称，或者没有估价机构的资质等级及其证书编号。

（3）缺估价目的或价值定义。估价报告中没有说明估价目的，或者对估价目的的叙述不准确。价值定义不准确，如没有说明为什么而估价，是什么状态下的评估价格，是生地还是熟地，是现房还是期房。

（4）缺价值时点。误将估价日期当作价值时点。

（5）估价的主要依据未交代或交代不清。

（6）估价对象房地产概况描述不全面、不清楚。如估价对象房地产的区位状况、实物状况、产权归属（土地使用权、房屋产权以及他项权利）未交代或交代不清楚，土地的利用现状或开发利用方式未交代，土地使用权的取得方式（行政划拨或有偿出让、转让）等未交代或者交代不清楚，土地使用权的起止日期模糊不清，建筑物投入使用年限没有说明清楚等。

（7）估价所采用的技术路线或采用某种估价方法的理由未作必要说明。

（8）缺估价技术分析测算过程或专业的估价报告。

（9）估价结论和确定最终估价额的理由未交代或交代不清楚。

（10）缺少必要的说明，如估价结论的应用范围及估价报告的应用有效期、本次估价的假设条件、使用估价报告时的注意事项、外币与人民币的汇率等。

（11）缺估价人员及相关情况说明。如没有两名以上注册房地产估价师签名、协助估价人员的相关资格或职称及签字。

（12）估价日期与价值时点相混。

（13）缺少必要的附件，如土地使用权证、地籍图、四至图、地形图、房屋所有权证书、建筑平面图、估价人员和估价机构证书等。

（14）估价结论的金额应同时用大、小写注明，往往容易漏掉大写，也应把总价和单价同时注明。

3. 不同估价方法中可能的错误

（1）市场法常见错误类型

1）修正系数或调整系数的确定没有充足的理由。

2）可比实例的数量不够，即没有达到3个以上（含3个）的可比实例。

3）修正系数的取值不统一、不规范或比较物与参照物相互颠倒。

4）单项修正对可比实例成交价格的调整幅度超过了20%，或者各项修正对可比实例成交价格的综合调整幅度超过了30%。

5）比较修正的方向错误。

6）可比实例不符合条件。

7）区位状况与实物状况混淆不清。

8）区位状况与实物状况具体比较修正项目的选择没有结合估价对象与可比实例的差异。

9）间接比较与直接比较混淆不清。

10）比较修正项目有漏项。

（2）收益法常见错误类型

1）收益期限确定错误。

2）没有以客观收益和正常费用作为价格评估的依据。

3）对于客观收益没有考虑到未来的变化。

4）收益的测算错误，没有考虑客观的出租率或入住率；求取的方法错误；收益计算中有关面积套错；保证金的利息没有计入收益；带租约限制没有按照租约的租金计算收益，而按照客观收益确定等。

5）正常费用的测算错误，有如下几种类型：①费用的测算遗漏了项目或增加了不合理的项目。如将一次性支付的费用及与总收益不直接相关的费用作为获取客观收益的直接必要的费用；对于租赁房地产采用收益法评估时，正常费用中税金只计算了房产税，而没有计算增值税及其附加和土地使用税；自营的房地产，在正常费用的计算中遗漏了经营利润；把所得税也作为总费用的一个组成部分等；②费用的计算中计费基础错误；③费用的计算方法错误；④参数确定错误；⑤总费用中包含了折旧费；⑥对于带租约的房地产转让的评估，租约期内总费用的扣除项目没有按租赁合同的约定。

6）报酬率确定错误，有如下几种类型：①报酬率选定错误；②用途不同的部分采用了相同的报酬率；③安全利率选择错误；④把物价上涨率和经济增长率作为报酬率；⑤报酬率和资本化率的概念混同导致收益法的公式使用错误。

（3）成本法常见错误类型

1）客观成本与实际成本混淆。

2）物业的价格构成错误。

3）把房地产保险估价计入了地价。

4）销售税费的依据应是销售收入而误以为是成本，税费的构成出现错误。

5）长寿命的折旧未减去短寿命的重置价格。

6）计税方式错误。

7）折旧计算错误（包括年限和折旧类型的确定以及公式）。

8）利润计算的口径错误。

## 10.2.2 房地产估价报告改错举例

 【例10-1】

指明估价报告中至少13处以上的错误。

×× 写字楼房地产估价技术报告

（1）实物状况（或个别因素）分析

×× 写字楼坐落于 ×× 市南方区大华路16号，东临大华路。该用地原为危改小区用地，2022年5月1日 ×× 公司获立项批准，开始拆迁及进行其他前期工作，同年11月1日有偿获得土地使用权，一次性向政府交纳了地价款，并开工。2024年8月1日全面竣工。根据批准的规划和施工图，估价对象为带裙房的现浇框架13层波浪形板式中档商务办公楼，具体规划要求如下。

①占地面积：$3199m^2$。

②总建筑面积：$14300m^2$。

其中，地下1层 $2240m^2$，车位5个，设备间 $240m^2$。

地上1层 $1280m^2$，其中餐饮娱乐等使用面积 $875m^2$。

地上2层至12层 $10790m^2$，其中写字楼出租单元使用面积 $7793m^2$。

③总容积率 4.47，地上容积率 3.77。

④装修及设备：（略）。

（2）区位状况分析（略）

（3）市场背景分析（略）

（4）最高最佳使用分析（略）

（5）采用估价方法

根据估价对象情况、房地产市场状况及对所掌握资料的分析，估价对象为新建房地产，可用成本法估价，且当地市场同类写字楼出租多、出售少，故还可采用收益法估价，然后确定最终估价结果。

（6）估价测算过程

①采用成本法估价。采用成本法是以各项现时社会水平的开发建造费用为基础加上正常利润来确定估价对象房地产的价格。计算如下：

A. 向政府缴纳取得土地费用：723 万元。

B. 拆迁安置补偿费：委托方发生总费用 1280 万元。

C. 建安工程费（含附属室外工程）：2570×14300=3675 万元。

D. 勘察设计等专业费：3675×6.5%=239 万元。

E. 管理费及其他费用：3675×7.5%=276 万元。

F. 借款利息：根据近三年当地固定资产贷款平均年利率 12.6% 计算年利。取得土地的费用按开发全过程计算利息，其他按建设期均匀投入计算利息。

$$723×12.6\%×1.67+（1280+3675+239+276）×12.6\%×2.25/2=151.8+775.4=927 \text{ 万元}$$

G. 开发商利润：取当地房地产投资平均利润率 25%。

$$（723×1280+3675+239+276）×25\%=6193×25\%=1548 \text{ 万元}$$

H. 销售费税：按售价计算销售费 2%、手续费 1%、增值税 9%。

$$（6193+927+1548）×（2\%+1\%+9\%）=8668×12\%=1040.16 \text{ 万元}$$

I. 成本法估价结果：

$$8668+737=9405 \text{ 万元}$$

采用成本法估价的结果为 9405 万元。

②采用收益法估价。

A. 估计年总收益。

写字楼出租价格为每平方米建筑面积 5 元 / 日，餐饮娱乐用地出租价格为每平方米建筑面积 7 元 / 日，地下车位月租为 800 元 / 个。写字楼可出租的使用面积与建筑面积比为 70%，餐饮娱乐部分为 75%，空置及租金损失率为写字楼 90%，餐饮娱乐 95%，车位 90%。

写字楼年收益：

$$5 \times 70\% \times 90\% \times 10780 \times 365 = 33957 \times 365 = 1239.43 \text{ 万元}$$

餐饮娱乐年收益：

$$7 \times 75\% \times 95\% \times 875 \times 365 = 4364.06 \times 365 = 159.29 \text{ 万元}$$

车位年收益：

$$800 \times 5 \times 90\% \times 12 = 4.32 \text{ 万元}$$

年总收益：

$$1239.43 + 159.29 + 4.32 = 1403.04 \text{ 万元}$$

B. 年总成本费用及税金。

增值税及附加：

$$1403.04 \times 5\% = 70.15 \text{ 万元}$$

成本及经营管理费：水电气暖使用费、管理费、维修费、保险费、房产税、土地使用税合计为租金收入的28%，则：

$$1403.04 \times 28\% = 392.85 \text{ 万元}$$

C. 估计年净收益：

$$1403.04 - 70.15 - 392.85 = 940.04 \text{ 万元}$$

D. 确定报酬率。当地调查，银行一年期固定资产贷款年利率12.24%，2019年物价上涨率15%，2024年房地产开发平均投资收益率14.2%，平均13.8%。确定报酬率为13.8%。

E. 计算收益价格。

$$V = a\left[(1+r)^n - 1\right] / \left[r(1+r)^n\right] = 940.04 \times \left[(1+13.8\%)^{48.25} - 1\right] / \left[13.8\%(1+13.8\%)^{48.25}\right]$$

$$V = 6798.57 \text{ 万元}$$

采用收益法的估价结果为6798.57万元。

③最终估价值。

$$9405 \times 0.4 + 6798.57 \times 0.6 = 7841.14 \text{ 万元}$$

（7）估价结果的确定

经过评估，××公司所属的××写字楼在2024年8月1日的客观市场价格为9985万元（大写金额：人民币九千九百八十伍万元整），折合每平方米建筑面积6983元。

【解】部分错误分析：

①缺少估价对象更详细的资料，如土地地形、地势、土质、承载力、环境等情况。

②缺少关于土地使用权年限及起止日期。

③在采用成本法估价时，费用项目构成不完整，如装修、设备费用、开发商销售费用（包括市场推广费）。

④成本法中的拆迁安置补偿费是委托方实际发生的总费用，未说明是否符合本地区现时社会一般成本。

⑤成本法计算借款利息时，不能用单利，应该用复利，计息期也均有误。

⑥成本法计算销售费税的公式有误，应为：

$$8668 \times 8.5\% / （1-8.5\%）=805 \text{ 万元}$$

⑦收益法中计算年总收益均为目前的出租价格，未预测未来是否会有变化。

⑧收益法中空置及租金损失率90%、95%、90%，概念有错误。

⑨收益法中写字楼部分总收益计算有误，应为：

$$（7793 \times 70\% \times 90\% \times 5）\times 365=896 \text{ 万元}$$

⑩收益法中开发商所负担的税费除增值税外，尚有城市维护建设税、教育费附加和印花税等没有计入。

⑪收益法中成本及经营管理费一项中所包括的内容不全。

⑫收益法中年纯收益没有按客观收益计算。

⑬收益法中报酬率13.8%确定不恰当。

⑭最终估价值将成本法和收益法分别按权重40%和60%计算，未说明为什么要这样确定最终估价值。

⑮估价结论中估价结果大写有误，应为玖仟玖佰捌拾伍万元整。

## 复习思考题

章节自测题

1. 房地产估价报告有哪几种类型？

2. 房地产估价需要搜集哪些资料？

3. 对房地产估价报告有什么要求？

4. 房地产估价报告的组成内容有哪些？

5. 房地产估价报告需要载明的事项有哪些？

6. 估价假设和限制条件在房地产估价报告中的作用是什么？

7. 房地产估价报告的错误主要有哪些类型？

8. 为评估某写字楼2023年10月1日的正常市场价格，该写字楼面积为12000m²，框架结构。估价师在该写字楼附近调查选取了A、B、C三宗类似写字楼的交易实例作为可比实例，现将其中一个实例A的相关情况及计算过程表述如下，请从中指出不正确的地方并说明理由。

实例A成交价格为600美元，成交日期为2023年3月1日，面积为30000m²，框架结构，根据比较结果，结合各因素对房地产价格影响的重要性，得出了可比实例价格交易价格比正常市场价格高 5%，其房地产状况比估价对象差 21%，人民币与美元的市场汇率 2023 年 3 月 1 日为 1:7.7395，2023 年 10 月 1 日为 1:7.6850；该类写字楼以人民币为基准的市场价格 2023 年 1 月 1 日至 2023 年 10 月 1 日平均每月比上月上升 1%。求取计算价格如下：

$$V_A = 600 \times 7.6850 \times \frac{100+5}{100} \times (1+1\%)^8 \times \frac{100}{100-21} = 6636.34 元/m^2$$

9. 估价公司为抵押贷款目的对某酒店进行估价。该酒店共 8 层，每层建筑面积 2000m²，其中一层有 600m² 为酒店大堂，900m² 出租用于咖啡厅，一层其他面积为酒店配套设施，其余各层为酒店客房、会议室和自用办公室。该酒店共有客房 280 间，每间建筑面积 40m²，会议室 5 间，建筑面积共 500m²，自用办公室 3 间，建筑面积共 300m²。该地段同档次酒店一层餐饮用途的正常市场价格为建筑面积 20000 元/m²，同档次的办公楼的正常市场价格为建筑面积 10000 元/m²，当地同档次的酒店客房每天的平均房价为 250元，年平均入住率为 60%，该酒店的正常经营平均每月总费用占客房每月的 40%，会议室的租金平均每间每日 1000 元，平均每间每月出租 20 天，当地酒店类似房地产的资本化率为 10%，该酒店剩余使用年限 30 年。下面为该估价公司估价技术报告的部分内容，请指出错误并改正。

（1）一层餐厅和咖啡厅价格 =20000×900=1800 万元；

（2）客房年总收益 =250×280×365×（1-60%）=1022 万元；

（3）会议室每年总收益 =1000×20×12=24 万元；

（4）酒店年费用 =1022×40%=409 万元；

（5）客房及会议室年净收益 =1022+24-409=637 万元；

（6）酒店客房及会议室价格 =637/10%×［1-（1+10%）³⁰］=6005 万元；

（7）酒店办公室价格 =300×10000=300 万元；

（8）该酒店总价格 =1800+6007+300=8107 万元。

10. 某住宅项目，土地使用权年限为 2017 年 3 月 1 日至 2087 年 2 月 28 日，土地使用权出让金已经全部缴清，规划建筑面积为 5000m²，预计售价为 3000 元/m²，该项目于 2017 年 7 月 1 日开工，工期为 9 个月，建筑费为 1200 元/m²，管理费为建筑费的 5%，建筑费与管理费在开工后第一个季度投入 30%，第二季度投入 40%，第三季度投入 30%。假定所有投入都在每季度中间投入，季度利率为 1.665%。开工后第一季度结束时，已有 1000m² 按照 3000 元/m² 销售出去了。开工后第二季度结束时，项目的开发商拟将项目一次性售出，用于补偿已投入的土地使用权出让金和建筑费等投资，已预售的 1000m² 的净销售收入在销售结束时由原开发商返还给新开发商，现新开发商委托估算 2018 年 1 月 1 日的价格。请指出估价中的错误。

采用假设开发法估价。预计项目在完工时可全部售出，投资利润率为20%，设项目在2018年1月1日的价格为 $V$ ，估算如下。

（1）计算开发完成后的价值：

$$3000 \times 5000 \div (1+1.665\%) = 14754340 \text{ 元}$$

（2）计算建筑费：

$$1200 \times 5000 \times 30\% \div (1+1.665\%)^{0.5} = 2641102 \text{ 元}$$

（3）计算管理费：

$$2641102 \times 5\% \div (1+1.665\%)^{0.5} = 130906 \text{ 元}$$

（4）计算销售税金和销售费用：

$$14754340 \times (6\%+3\%) \div (1+1.665\%) = 1306143 \text{ 元}$$

（5）计算利润：

$$(V+2641102+130969+1306143) \times 20\% = (0.2V+815643) \text{ 元}$$

计算价格 $V$ ：

$$V=14754340-2641102-130969-1306143-0.2V-815643$$

$$V=8217069 \text{ 元}$$

# 第11章 各种类型的房地产估价

## 【本章要点及学习目标】

1. 掌握居住房地产的估价。
2. 熟悉商业房地产的估价。
3. 熟悉工业房地产的估价。
4. 了解农业房地产的估价。

按照估价对象的用途，在房地产估价时一般将房地产分为下列十种类型：居住房地产、商业房地产、办公房地产、旅馆房地产、餐饮房地产、娱乐房地产、工业房地产、农业房地产、特殊用途房地产和综合房地产。本章主要对居住、商业、工业、农业四种常见用途房地产的估价特点进行分析。

## 11.1 居住房地产的估价

### 11.1.1 居住房地产及其特点

居住房地产简称住宅，包括普通住宅、高档公寓、别墅等。居住房地产是房地产商品中占比最大的一类，与其他类型房地产相比，居住房地产主要有以下特点：

1. 单宗交易规模相对较小，但市场交易量十分巨大

居住房地产主要以满足自用为目的，也有部分被作为投资对象，出租给租客使用。由于居住房地产往往以居民个人的购买行为为主，因此，其单宗交易规模相对较小，但市场交易频繁、交易量巨大。

2. 具有较强的相似性、可比性

居住房地产之间的相似性、可比性与其他类型的房地产相比更强，比如在一个居住小区中居住房地产处于同一区位，具有相似的建筑设计、相似的户型及功能等；在同一幢居住房地产楼内，特别是高层住宅，楼层接近而方位相同的各套住宅基本上也没有什么区别。此外，由于居住房地产市场交易量巨大，所以比较容易获取足够数量的可比实例。

3. 产权多样性、价格内涵差异明显

由于我国住房政策阶段性、导向性差异的原因，在我国城市中存在商品房、房改房、廉租房、公租房、经济适用住房、限价房、集资房等，这些住房的产权形式存在较大的差异。商品房具有完全产权，即拥有一定期限的国有土地使用权和地上建筑物的所有权。房改房、经济适用住房、集资房只拥有地上建筑物的所有权，不拥有土地使用权，其土地使用权既有划拨的，也有出让的；公租房、廉租房只拥有建筑物的使用权。国务院办公厅印发的《关于加快发展保障性租赁住房的意见》（国办发〔2021〕22 号），明确了保障性租赁住房的基础制度和支持政策。该文件强调了以人民为中心的发展思想，坚持"房子是用来住的、不是用来炒的"定位，突出住房的民生属性，扩大保障性租赁住房供给，缓解住房租赁市场结构性供给不足，推动建立多主体供给、多渠道保障、租购并举的住房制度。在此基础上，全国各地出现了共有产权房、配售型保障性住房、保障性租赁住房等类型的保障性住房。由于现阶段住房产权形式的不同，必然导致其价格构成的差异，因此，对于居住房地产的估价应首先了解其不同的产权类型及其所对应的价格内涵。

### 11.1.2 影响居住房地产价格的因素

不同城市、城市中不同位置、不同类型、不同使用年限的居住房地产在价格上存在较大差异，因此要准确、客观地评估居住房地产的价格水平，估价人员必须把握好各种因素对住宅价格产生的影响。影响居住房地产价格的因素很多，既包括城市经济发展水平、城市规划、产业政策与导向、住宅市场供求状况等宏观因素，也包括住宅的区位状况、实物状况等微观因素。但就同一城市而言，影响住宅价格的宏观因素基本一致，因此，估价中主要关注住宅的区位状况和实物状况对住宅价格的影响。

1. 影响居住房地产价格的主要区位状况

（1）交通条件

对于居住房地产而言，交通条件主要指城市公共交通的通达程度，如估价对象附近是否有通行的公共汽车、电车、地铁、轻轨等。特别是城市规模较大、人口较多、交通比较拥堵的大城市，住宅附近是否拥有地铁对其价格的影响很大。

（2）生活服务设施

生活方便与否主要取决于居住房地产周边是否具有比较完善的生活服务设施，从而对住宅的价格产生较大影响。住宅周边的生活服务设施主要包括商店、超市、银行、邮局等。

（3）教育配套设施

教育配套设施是影响居住房地产价格的主要因素之一，教育配套设施对住宅价格的影响主要体现在住宅周边是否有中、小学和幼儿园、托儿所等。另外，住宅周边如果有名校，其价格会因名校效应而明显高于其他住宅，这种类型的居住房地产通常称为"学区房"。因此，在考察估价对象教育配套设施时，是否有名校应该是重要影响因素之一。

（4）环境质量

环境质量的好坏越来越成为影响住宅价格的重要因素，特别是高档住宅。环境质量主要包括绿化环境、自然景观、空气质量、噪声程度、卫生条件等。

2. 影响居住房地产价格的主要实物状况

（1）建筑结构、类型和等级

建筑结构的不同直接影响建筑工程造价，即开发成本，从而影响住宅的价格。住宅建筑结构主要分为砖混结构、砖木结构、钢筋混凝土结构、钢结构等。建筑的高度、每一层层高的不同也会影响建筑工程造价，高层住宅的建造成本通常要高于多层住宅。

（2）设施与设备

住宅的供水、排水、供电、供气、供暖设施的完善程度，小区智能化程度，通信、网络等线路的完备程度，公用电梯的设置及质量等都会对住宅价格产生较大影响。

（3）建筑质量

建筑质量、保温或隔热设施、防水防渗漏措施等也会影响居住房地产价格。

（4）装修

对于一手住宅而言，住宅是否有装修、装修程度如何、装修的选材对其价格会产生较大的影响。一般情况下，可根据住宅的装修状况将住宅分为毛坯房、粗装修房、普通装修房、精装修房、豪华装修房，它们之间的价格差异很大，如近年来在北京、上海、广州等大城市出现了仅装修费就高达每平方米几千元的住房，同时装修的材质不同价格差异也会很大，例如，同样都是木地板，复合木地板和实木地板的价格差异小则几倍，大则几十倍。然而，对二手住宅而言，住宅是否有装修、装修程度如何对其价格的影响远没有新房大，因为装修在房地产折旧中属于短寿命项目，折旧速度通常比较快。

（5）朝向与楼层

朝向主要考虑采光、通风以及景观。当住宅四周的景观基本一致，通常东南朝向的住宅会优于其他朝向，价格最高，而西北朝向最差，价格最低。但当住宅四周的景观差异非常大时，景观对住宅价格的影响较大，如当住宅北向面对的是美丽的海景、江景、湖景、山景、公园等，北向的住宅价格就会比同楼层的南向住宅高，甚至会高很多。

不同楼层住宅之间的价格差异取决于建筑的高度及是否有电梯。多层无电梯住宅的最优楼层是高低适中的楼层，例如7层住宅的最佳楼层是4层，其价格较高。而高层住宅由于普遍装有电梯，楼层越高，景观及空气质量等越好，因此价格越高。

## 11.1.3　居住房地产估价的常用方法

居住房地产的估价可以选择市场法、成本法、收益法等。

1. 市场法

由于居住房地产交易比较频繁、交易量比较大，很容易获取可比实例，因此，市场法是居住房地产估价最常用的方法，主要用于各种类型的商品房、房改房、经济适用住房转让价格的评估，也可用于为商品房预售价格定位而进行的估价。

2. 成本法

在进行居住房地产的抵押价值评估时，出于安全、保守的谨慎原则，通常会考虑用成本法。此外，居住房地产的拆迁估价以及在建工程的估价往往也应用成本法。

3. 收益法

采用收益法对居住房地产估价相对较少，主要用于出租型的居住房地产，如公寓等居住房地产。当然，对于与估价对象同类型的住宅如果在市场上有出租的情形，也可以对其运用收益法进行估价。

### 11.1.4 居住房地产估价的技术路线及难点处理

由于居住房地产的自用性、社会保障性、交易规模大、交易金额小等特征，因此对居住房地产进行估价非常普遍。委托人一般为了解住宅的市场价值、抵押价值、租赁价值、拆迁补偿价值等目的而委托估价机构进行估价。居住房地产估价既有对单套或几套的零散估价，也有对整幢、整个小区的整体估价。由于居住房地产具有产权多样性、产品多样性的特点，因此，估价人员在对居住房地产进行估价时应充分了解和分析估价对象的基本事项，遵循相应的估价技术路线，选择适当的估价方法进行估价。

1. 商品房估价的技术路线及难点处理

商品房由于市场交易可比实例比较容易获取，因此常采用市场法进行估价。在实际估价业务中，商品房个体即零散的单套住宅的估价情况比较多，如住宅抵押、转让估价，由于单套商品房的交易实例很多，可直接通过对交易实例的修正或调整测算估价对象的价格，因此单套商品房的估价技术路线比较简单。在涉及商品住宅拆迁、商品房预售定价业务时，常常会遇到商品房整幢或数幢的整体估价。由于整幢商品房的成交个案很少，实例的选择范围很小，甚至可能找不到合适的可比实例，其估价技术路线相对比较复杂，实际中通常采用从个体到整体的估价思路来解决，即选择某一基准层的某套住宅作为估价对象，选取与估价对象类似的成交实例，利用市场法修正测算出该套住宅的价格，然后采用类比法，经过楼层、朝向、景观、成交建筑面积、户型等的调整，得出各层、整幢商品住宅的价格。

2. 房改房、经济适用住房估价的技术路线及难点处理

房改房、经济适用住房估价的技术路线与商品房类似，不同的是要考虑土地出让金或土地收益的扣除问题。利用市场法估价时，先估算估价对象的市场价值，再扣除应向政府缴纳的土地使用权出让金或土地收益。利用成本法估价时，应评估估价对象不含土地出让金情况下的房屋重新购建价格。

## 11.2　商业房地产的估价

### 11.2.1　商业房地产及其特点

1. 商业房地产种类

商业房地产是指用于各种批发、零售、餐饮、娱乐、健身服务、休闲等经营性质的房地产。狭义的商业房地产主要指用于批发业、零售业的房地产，包括百货店、商场、购物中心、商业店铺、超级市场、批发市场、便利店、专卖店、仓储商店等。广义的商业房地产既包括零售业、批发业的房地产，还包括酒店、餐饮、娱乐休闲、商务办公等房地产。本节主要介绍狭义商业房地产，即批发业、零售业房地产。估价人员在进行商业房地产估价时，应了解商业房地产的种类及其零售业态的结构特点。

（1）百货店业态结构特点

百货店业态结构特点主要有：采取柜台销售与自选（开架）销售相结合方式；商品结构种类齐全、批量少、毛利高，以经营服装、服饰、衣料、家庭用品为主；采取定价销售，有导购、餐饮、娱乐场所等服务项目和设施，服务功能齐全；选址在城市繁华区、交通要道；商圈范围大，一般以流动人口为主要销售对象；商店规模比较大，至少在5000m² 以上；商店设施豪华，店堂典雅、明快；目标顾客为中高档消费者和追求时尚的年轻人。

（2）超级市场业态结构特点

超级市场业态结构特点主要有：采取自选销售方式，出入口分开设置，结算在出口处的收银机处统一进行；商品构成以购买频率高的商品为主，经营的商品主要以肉类、禽蛋、水果、水产品、冷冻食品、副食调料、粮油及其制品、奶及奶制品、熟食品以及日用必需品为主；营业时间每天在11 个小时左右，往往采取连锁经营方式，有一定的停车场地；选址在居民区、交通要道、商业区；商圈范围较窄，以居民为主要销售对象；商店营业面积一般在500m² 以上；目标顾客以居民为主。

（3）大型综合商场业态结构特点

大型综合商场业态结构特点主要有：采取自选销售方式和连锁经营模式；商品构成为衣、食、用品等，设有与商店营业面积相适应的停车场；选址在城乡接合处、住宅区、交通要道；商圈范围较大；商店营业面积一般在2500m² 以上；目标顾客为购物频率比较高的居民。

（4）便利店业态结构特点

便利店业态结构特点主要有：以开架自选为主，结算在进口（或出口）处的收银机处统一进行，往往采取连锁经营方式；商品结构特点明显，有即时消费性、小容量、应急性等；营业时间较长，一般在16h 以上，甚至24h，终年无休日；选址在居民住宅区、主干线公路边以及车站、医院、娱乐场所、机关、团体、企事业所在地；商圈范围窄小，一般设定在居民徒步购物 5 ~ 7min 到达的范围内；商店营业面积在 $100m^2$ 左右，营业面积利用率高；目标顾客主要为居民、年轻人，80% 的顾客为有目的的购买，商品价格略高于一般零售业态的商品价格。

（5）专业店业态结构特点

专业店业态结构特点主要有：采取定价销售和开架面售，也开展连锁经营；商品结构体现专业性、深度性，品种丰富，可供选择余地大，以某类商品为主，经营的商品具有自己的特色，一般利润很高；选址多样化，多数店址设在繁华商业区、商业街或百货店、购物中心内；商圈范围不定，营业面积根据主营商品特点而定；目标市场多为流动顾客，主要满足消费者对某类商品的选择性需求。

（6）专卖店业态结构特点

专卖店业态结构特点主要有：采取定价销售和开架面售，也开展连锁经营；商品结构以企业品牌为主，销售量少、质优、毛利高；注重品牌声誉，从业人员往往具备丰富的专业知识，并提供专业性知识服务；选址在繁华商业区、商店或百货店、购物中心内；商圈范围不定，营业面积根据经营商品的特点而定；目标顾客以中青年为主；商店的陈列、包装、广告讲究。

（7）购物中心业态结构特点

购物中心业态结构特点由发起者有计划地开设，实行商业性公司管理，中心内设商店管理委员会，开展广告宣传等活动，实行统一管理；内部结构由百货店或超级市场作为核心店，以及各类专业店、专卖店等零售业态和餐饮、娱乐设施构成，服务功能齐全，集零售、餐饮、娱乐为一体。根据销售面积，设有相应规模的停车场；选址在中心商业区或城乡接合部的交通要道；商圈的范围根据不同经营规模、经营商品而定；设施豪华、店堂典雅、宽敞明亮，卖场实行租赁制；目标顾客以流动顾客为主。根据选址和商圈不同，购物中心通常可分为近邻型、社区型、区域型、超区域型等种类。

（8）家居中心业态结构特点

家居中心业态结构特点主要有：具有廉价商店的低价格销售和超级市场的开架自选销售优势，提供一站式购物和一条龙服务；商品构成主要有室内装修装饰品、园艺品、宠物食品、室内外用品、洗涤剂及杂品等，有一定数量的停车场；选址在城乡接合部、交通要道或消费者自有房产比例较高的地区。

（9）仓储商店业态结构特点

仓储商店业态结构特点主要有：商品构成以新开发上市的商品为主力商品，自有品牌占相当部分；选址在交通要道或者利用闲置设施，有一定规模的停车场；主要的商圈人口为 5 万 ~ 7 万人，商店营业面积大，一般在 $4000m^2$ 以上。

2. 商业房地产特点

（1）收益性

商业房地产属于经营性房地产，获得收益是其主要特点，其收益和获利方式大致分为两类：一类是房地产开发商开发后直接销售、投资转卖，这类商业房地产多为小区级零星商铺、街铺，其特点表现为分散、量小及经营档次在中档以下，这种商业房地产的获利方式从严格意义上讲仍属于房地产开发范畴，主要获取开发利润；另一类则是长期投资经营，有开发商自营、业主自营、出租给他人经营等方式，这种类型通常包含各种体量的商业房地产。

（2）经营内容多，业态多样

在同一宗商业房地产特别是大体量商业房地产中，往往会有不同的经营业态和内容，例如可以经营商品零售、餐饮、娱乐等。不同的经营内容（或者说用途）一般会有不同的收益水平，因此对商业房地产估价时需要区分其不同的经营内容，根据不同经营内容分别进行估价测算。例如，采用收益法时应在市场调查分析的基础上测算不同经营内容商业房地产的收益水平，并对各种商业经营业态采取不同的收益率。

（3）出租、转租经营多，产权分散复杂

商业房地产的产权比较分散、复杂，开发商往往将商业房地产销售给个体业主或公司，业主又常常将其拥有的房地产出租给别人经营或自营，有的承租人从业主手上整体承租后又分割转租给第三者，因此，在进行商业房地产估价时要调查清楚产权状况，分清估价价值定义是出租人权益评估还是承租人权益评估，避免出现有的估价委托人仅仅是承租人，却以房地产产权人的身份委托的现象。

（4）装修高档

商业房地产通常会有相对高档的装修，而且形式各异，估价时需要准确单独估算其价值。另外，商业用房装修升级比较快，对有些经营者而言，购买或承租别人经营的商业用房后，为了保持或建立自己的经营风格或品牌效应，一般会重新装修。因此，估价时应充分分析现有装修状况能否有效利用，如果无法再利用，就应考虑追加装修投入对估价结果的影响。

（5）垂直空间价值衰减性明显

商业房地产的价值在垂直空间范围内表现出明显的衰减性。一般来说，商业物业的价值以底层最高（高层商业物业顶层有景观等因素，比较特殊，应单独考虑），向上的方向其价值呈现快速的衰减，但越到后面，价值衰减则越慢。这是因为对于消费者而言底层具有最便捷的通达度，而向上的楼层需要借助垂直交通工具，通达的便捷度随之减弱。

## 11.2.2　影响商业房地产价格的因素

1. 影响商业房地产价格的主要区位状况

（1）地段繁华程度

影响商业房地产价值的首要因素是所处地段的繁华程度，繁华程度越高，商业房地产的价格越高。

商业繁华程度可用该地段的商业辐射影响程度来考虑。每个城市一般都有一个或几个商业中心区，它们的辐射力遍及整个城市，吸引着全市的购买力（尤其是大宗商品如家用电器、家具等耐用消费品的购买力），这类市一级的商业中心区往往处于全市最繁华的地段。另外，在每个行政分区或住宅聚集区也会有一个或多个区级商业中心区，它们的辐射力低于市级商业区，一般限于本区域内，繁华程度也低于市级商业区。在每个居住小区通常还会有一个商业服务集中地带，可称为小区级商业中心，其繁华程度又要低一些。

此外，在许多大中城市中还有一些专业性商业街区，它是由经营相同类型商品或属性相似的商店汇集在一起而形成的商业街区，如建材一条街、布匹市场、电器总汇等。不同类型专业市场或专业一条街的租金水平相差很大，有的专业市场或专业一条街商铺的租金水平可接近中心商业区，而有的专业市场或专业一条街商铺的租金水平可能等同甚至低于小区级商业区商铺租金水平。

对于商业房地产，首先要确定的就是它处于哪一级商业中心区，从而可知其所处地段的商业繁华程度。其次，要确定商业房地产所处商业区的具体位置。因为在同一商业区中主道上和侧道上的商业房地产价值相差很多，在同一幢商业房地产中，首层入口处附近的商铺出租的租金要远高于其他位置的商铺。最后，分析所在区域商业集聚度、经营差异化、人流量、消费结构、消费档次等。

（2）交通条件

交通的通达度对商业房地产的价格具有很大影响。商业房地产估价时要从两方面考虑交通条件，一是顾客方面，主要是公共交通的通达度，可用附近公交线路的条数、公交车辆的时间间隔，以及公交线路连接的居民区人数等指标来衡量，另外还要考虑停车场地问题；二是经营者方面，要考虑进货和卸货的便利程度。

道路交通条件的改善可以给沿途商业带来巨大的人流量，对于商业房地产而言，集中的人流量固然重要，但也要考虑人流是否是有效的消费群体。例如，公共交通特别便利的地方却不一定适宜作为高档的商业物业。

（3）临街状况

商业房地产临街的具体分布状况会对其价值产生较大影响。一般来说临街面越宽越好，如果几面临街，一般认为有利于商业房地产价值的提高。例如，两面临街的沿街的街角地的商铺比一面临街的商铺的价值高，与道路齐平临街的商铺比略有凹入的商铺价值高。但也要注意，位于街角交通要道的商业房地产如果没有足够的缓冲余地，对于其经营也是不利的，因为这样将影响购物人流的出入。

2. 影响商业房地产价格的主要实物状况

（1）建筑品质及内部格局

商业房地产的建筑品质包括建筑结构、装饰、设施、建筑平面以及空间利用的难易、可改造程度、外观，乃至建筑物的临街门面宽窄，这些对于商业房地产的经营有重要的影响。此外，商业房地产的内部格局是否有利于柜台、货架等的布置以及购物人流的组织也对商业房地产的经营产生影响。例如，一些大型商业商场往往要分割出租，其内部空间能否灵活地间隔将对其收益产生较大影响。因此，对商业房地产进行估价时应充分重视其建筑品质、内部格局。

（2）楼层

通常情况下底层的商业用房优于楼上的商业用房，一般来说，若没有电梯，首层商业用房与二层商业用房价格相差较大。根据估价的实践，大型商业大厦二层的价格可能是底层价格的50%～80%，三层为底层的40%～60%，对于社区内的商铺，二层价格可能只有底层的35%～50%，二层与三层可能相差20%～30%，但如果有自动扶梯上下，首层商业用房与其他各层商业用房的价格差距将大大缩小。

（3）净高

商业房地产的室内净高应适宜。净高偏低会产生压抑感，不利于经营；若净高超过合适的高度，建筑成本虽然提高，但却无助于房地产价值的提高。

（4）面积

根据商业业态的差异、商业经营要求的不同，商业用房所需的经营面积会存在较大差异，如百货商店的经营面积一般需在5000m²以上，超级市场为500m²以上，而一般的临街店铺仅需几十平方米。因此，对商业房地产进行估价时应区分不同的经营业态结构对面积的不同要求。

（5）装修、设备

装修在商业房地产的价值中往往占有很大分量，尤其是一些大型的综合商场、品牌经营店等。因此，同样的商业用房，仅仅由于装修不同，其价值可能差别很大。此外，建筑结构因采用的材料不同，其价值也可能有很大的差异。对于规模比较大、人流量比较大的商业房地产应该具备较好的通风、保暖条件，一般都会安装中央空调，如果涉及多层经营，每层之间应该有扶梯等。

（6）无形价值

无形价值在商业房地产价值中的占比越来越大，例如一个优秀的酒店管理集团，能使同样的一个酒店体现出完全不同的租金水平与出租率，从而使酒店体现出更高的价值。又如有知名品牌、著名的商业企业进驻的商业用房，其价值会明显上升。在商业房地产投资交易等某些估价目的情况下，估价必须对无形价值进行考虑。

### 11.2.3 商业房地产估价方法

根据《房地产估价规范》GB/T 50291—2015，商业房地产估价可以选择收益法、市场法、成本法等。为准确对商业房地产市场价值作出评估，目前主流的方法适宜选择收益法和市场法，成本法一般不宜作为主要方法。

1. 收益法

商业房地产的价值主要体现在其获取收益的能力，所以收益法是商业房地产估价最重要的方法，它以预期收益原理为基础，其主要工作是测算商业房地产的净收益和收益率，在具体操作过程中要根据不同商业业态、类型区分。

2. 市场法

由于商业房地产的转售、转租比较频繁，较易获得可比实例，因此在商业房地产估价时，市场法也可以是一种常用方法。另外，在用收益法评估商业房地产确定客观租金时，也可用市场法进行租金的估算。

3. 成本法

在商业房地产的抵押估价，或是对将要转变用途的房地产进行估价时，也会用到成本法作为辅助估价方法。

### 11.2.4 商业房地产估价的技术路线及难点处理

商业房地产评估在总体技术方法、思路上大体一致，但在具体技术路线的选择和处理上又有各自的特点。

1. 不同经营方式商业房地产估价的技术路线及难点处理

商业房地产根据其经营方式的不同可分为出租型和运营型两种类型。

（1）出租型商业房地产

出租型商业房地产的投资者主要通过收取租金获取回报，这类商业房地产主要为临街中小型商铺、便利店、专卖店、专业市场、社区商铺等。出租型商业房地产主要采用收益法和市场法进行估价。

采用收益法估价关键是求取租金收益，租金的测算要区分租赁期内和租赁期结束两种情况。在租赁期内（毁约除外）应根据租赁合同计算净收益，租赁期结束后，应根据市场客观租金水平、经营费用、税金等因素利用市场法求取估价对象的净收益，并根据市场租金变化趋势判断未来的租金水平。因此，对出租型商业房地产测算租金收益时，应了解估价对象是否存在合约的限制。

采用市场法对商业房地产进行估价主要应用在两个方面：①直接求取商业房地产价格；②求取商业房地产租金，再利用收益法测算商业房地产价格。可比实例的选择和修正或调整系数的确定是市场法评估商业房地产的重要环节。由于影响商业房地产价格的因素很多，因此对估价对象及可比实例的实地查勘显得非常重要，必须详细了解估价对象的地段及具体坐落、临街状况、经营业态和内容、建筑及内部格局、楼层、面积、装修、交易方式等因素。

例如，某出租者将其所拥有的商场分割出售，面积相仿，但四面临街状况不同，其中一面临商业街，其销售价格是 7.5 ～ 9（万元 /$m^2$），两面临普通道路，销售价格是 6.5 万元 /$m^2$，另一面是临街小路，其销售价格是 3.5 ～ 4（万元 /$m^2$）。同样的底层，价格差距最大的幅度接近 2 倍。因此，如果不仔细了解具体坐落位置，简单地将临街小路的交易实例用于与沿商业街的估价对象进行比较，就会造成估价的失误。

此外，在可比实例选择时还应关注商业房地产的交易形式、价格（或租金）的内涵。如当前许多商业房地产的销售采取售后回租的形式，这种交易情况下的价格要高一些，具体高多少，取决于售后回租的条件，即回报率与回报年限。类似的这种实例可比性基础比较弱，一般不宜作为可比实例，如果一定要用，必须针对回报率与回报年限的综合情况进行价格调整。又如租赁价格中税费的负担、房屋修缮责任的归属、租赁期限的长短、租金的支付方式以及违约责任等都会对租赁价格产生相应的影响，所以应该详细了解这些内容。

（2）运营型商业房地产

运营型商业房地产主要依赖其正常经营获得回报，如百货店、超级市场、大型商场等，这种类型的商业房地产主要采用收益法估价。由于很难获取第一手租金资料，对于这类估价对象，评估时在理论上可基于营业收入测算净收益，即：

$$净收益 = 主营业务收入 - 主营业务成本和税金 - 管理费用 - 财务费用 -$$
$$销售费用 - 商业利润 \tag{11-1}$$

但在实际操作中，如何剥离正常的商业经营利润与房地产带来的利润是难以处理的问题，目前主要是基于估价师对商业及房地产市场的经验判断，一般做法是根据类似的可比实例修正估算出租赁收入来确定商业房地产的净收益。

2. 不同规模商业房地产估价的技术路线及难点处理

（1）整幢商业房地产

在实际中，进行整幢商业房地产估价的情况相对而言比较少。对整幢商业房地产估价时，首先，应详细了解不同楼层的商业业态、经营方式、收入水平等的差异；其次，了解同一层商业房地产铺面的分布格局及租赁价格等影响因素；最后，根据不同楼层的具体情况、可比实例选择的难易程度、潜在租金及其经营费用测算的难易程度从而选择不同估价方法，一般可采用收益法和市场法。

（2）整层商业房地产

对于整层商业房地产的评估，一般可采用市场法或收益法进行，但由于整层出售或出租个案很少，因此，当缺少类似整层商业房地产销售或出租的可比实例，而仅有单个商铺的成交实例时，如何利用单个实例修正而估算得出整层商业房地产的价格往往成为估价的难点。

虽然整层商业房地产与分割的商铺面临的客户群不同，二者在市场价格形成过程中的分割布局、策划费用、销售代理费用、市场接受能力不一致，但是对于某个具体的铺位价格而言，在数量上与整层商业房地产均价间存在一定的比例关系，因此可通过细致的市场调查确定这种数量关系，进而修正到整层商业房地产的价格。

（3）同层商业房地产

对于同一层商业房地产的多个铺面进行评估时，一般先评估出一个铺面的价格，在此基础上进行价格调整从而得出其余铺面的价格。但是这种技术处理方式要求对同层商业房地产铺面的分布格局及价格分布影响因素有充分的了解和认识。

## 11.3 工业房地产的估价

工业房地产主要包括厂房及工厂区内的其他房地产、仓库和其他仓储用房地产。

### 11.3.1 工业房地产及其估价特点

1. 涉及行业多

工业房地产估价涉及各类工业行业，由于行业特点、生产要求不同，即使生产同一产品的工业企业，由于工艺、流程的不同，对用地、厂房的要求也可能会截然不同。因此，进行工业房地产估价时应该了解相应企业生产的一些行业知识。

2. 非标准厂房多，建筑工程造价相差大

工业厂房有一些属于标准厂房，这类厂房多为一些轻工业产品的生产用房，如电子装配、成衣加工等的工业厂房。标准厂房一般有标准的柱距、层高、楼面荷载等，同类标准厂房的工程造价一般相差不会太大。但是，在实际中，工业厂房大部分为非标准厂房，应详细了解估价对象的建造标准，以便准确确定建筑工程造价。因为非标准工业房地产往往是根据各类生产的需要而进行设计建造的，这类厂房的跨度、柱距、梁底标高、（行车）轨顶标高、楼面荷载等都是根据生产的不同需要而设定的，其建筑工程造价相差较大。

3. 要区分设备和建筑物的造价

有些工业设备的建造安装是和建筑物建造同时进行的，例如，很多设备的基座就和厂房的基础连为一体，因此估价时要注意区分厂房的价值和设备的价值。如果估价结果中包含设备的价值，则应在估价报告中予以说明。

4. 受腐蚀的可能性大

厂房的工作环境往往造成建筑和设备的腐蚀，腐蚀性强的厂房的自然寿命会受到影响，房屋使用年限会缩短。因此，估价时要详细了解估价对象是否会受到腐蚀性影响，根据影响程度大小分析确定房屋使用年限缩短程度。

### 11.3.2 影响工业房地产价值的主要因素

1. 影响工业房地产价值的主要区位状况

（1）交通条件

工业企业通常需要大量运进原材料、燃料，同时需要运出产品，因此，工业房地产必须要有便捷的交通，例如，邻近公路交通干线或有符合运输条件的道路与公路干线相连，铁路和水运交通条件也同样重要。

（2）基础设施

工业生产对基础设施的依赖程度比较强，这是保证其正常生产的先决条件。通常，电力供应、生产用水供应、排污及污染治理、通信条件等都是影响工业房地产价值的主要区位状况。

（3）地理位置

有些工业生产要求特定的地理位置，例如造纸需要大量排放污水，所以通常需要邻近河道；化工企业则不能设在山沟里；水泥厂的附近若有煤矿和石灰矿则可减少原材料的运输距离等。工业房地产的地理位置在符合生产要求的情况下有助于提高这一工业房地产的价值。

2. 影响工业房地产价值的主要实物状况

（1）用地面积与形状

厂区用地面积大小应该合理，但有时也要考虑厂区扩建预留用地；用地形状、地势应符合生产要求，不同的生产常常要求不同的用地形状及地势。

（2）地质和水文条件

厂区用地的地质条件应满足厂房建设和材料堆放场地对土质、承载力的要求；当地水文条件应满足厂区建设和生产的要求，例如，地下水位过高会影响建设施工，地下水有腐蚀性则会腐蚀基础（特别是桩基础）；河流的常年水位、流速和含沙量则影响生产取水及污水排放。

（3）房地产用途

在进行工业房地产抵押、清算、兼并等目的估价，当房地产的用途发生改变时，要考虑该房地产改作其他用途以及用于其他产品生产的情况。

## 11.3.3 工业房地产估价常用方法

1. 成本法

成本法是工业房地产估价时最常用的方法。标准厂房比较容易确定统一的重置价格，从而可以制定当地统一的重置价格表，非标准厂房重置价格的确定主要有两个途径：一是参考预算价格计算；二是利用标准厂房的重置价格表，根据跨度、柱距、高度等进行修正。

2. 市场法

工业房地产尤其是非标准厂房通常缺少同类房地产的交易实例，更难在同一供需圈内找到符合条件的可比实例，所以一般不具备采用市场法估价的条件。但在一些新兴工业地带，往往有较多的标准厂房，这些标准厂房的租售实例通常较多，在此可以考虑采用市场法估价。

## 11.3.4 工业房地产估价的技术路线及难点处理

工业房地产一般采用成本法估价，估价时往往是将土地、地上建筑物进行分别估价，然后将两部分价格合并处理。土地的估价通常采用基准地价修正法和成本法，地上建筑物的估价采用重置成本法。在地价评估时，基准地价如果不是当地政府近期公布的，应考虑对地价进行年期修正。对于建筑物的估价，应根据建筑物的结构、用途、跨度、柱距、梁底标高、（行车）轨顶标高、楼面荷载等因素，利用当地建设定额管理站公布的最新工业建筑造价标准确定估价对象的工程造价。

当然，理论上工业房地产价格评估也可以采用收益法，但是其难点主要在于净收益的确定。理论上工业房地产的净收益通过下式确定：

$$净收益 = 产品销售收入 - 生产成本 - 产品销售费用 -$$
$$产品销售税金及附加 - 管理费用 - 财务费用 - 厂商利润 \qquad (11-2)$$

但是，对于标准厂房而言，不同行业的工业企业入驻，其各项费用往往差异很大，净收益也会有所区别，当然报酬率选取时也会有差异，最后若要使该厂房的估价结果趋于一致就变得很困难了；对于非标准厂房，由于工艺、规模、估价范围的差异，简单利用上述公式会忽略这些差异，从而导致估价结果的不可信，因此对工业房地产进行估价时应尽量避免采用收益法。

## 11.4 农业房地产的估价

### 11.4.1 农业房地产估价的一般特点

估价业务中，农业房地产估价比较少，这主要是因为农业房地产一般为集体土地，由于集体土地所有权性质，农业房地产不能直接进入市场进行交易，也不能设定抵押。农业房地产估价主要涉及农用地征收、征地拆迁补偿、土地租赁、厂房租赁等估价。

### 11.4.2 农业房地产估价方法和技术路线

农业房地产一般采用成本法进行估价，估价思路为：以开发土地所耗费的各项费用之和为主要依据，再加上一定的利息、利润、应缴纳的税金和农用地增值收益，并进行各种修正从而确定估价对象的价格。农业房地产也可以采用收益法估价，对于集体建设用地上建设的厂房、仓库，由于租赁或经营可以获取相关的收益，因此可以通过其年租赁收益或年经营收益的折算来估算其价格。对于农用地可以通过其地上种植的植物、农作物的年净收入估算其价格。

## 复习思考题

1. 影响居住房地产估价的主要因素有哪些？

2. 商业房地产有何特点？

3. 影响商业房地产价格的主要区位因素和个别因素有哪些？

章节自测题

4. 工业房地产估价的主要方法有哪些？

5. 影响工业房地产价格的主要区位因素和个别因素有哪些？

6. 影响农业房地产价格的区位因素和个别因素有哪些？

7. 不同用途的房地产位置因素有何区别？

8. 居住房地产、商业房地产和工业房地产评估时，分别可以采用哪些方法？有哪些难点问题？

# 第 12 章　各种目的的房地产估价

## 【本章要点及学习目标】

1. 理解房地产转让价格评估。

2. 理解房地产抵押价值评估。

3. 了解国有土地使用权出让价格评估。

4. 掌握城市房屋拆迁估价。

5. 理解房屋租赁价格评估。

6. 了解房地产保险估价。

7. 了解房地产课税估价。

8. 了解房地产分割、合并估价。

9. 了解房地产纠纷估价。

房地产估价目的，即房地产估价报告的期望用途。明确房地产的估价目的，有助于明确价值时点、明确估价对象、明确估价的价值类型。本章将依据《房地产估价规范》GB/T 50291—2015 中对估价目的的分类，分别介绍各种估价目的的房地产估价。

## 12.1　房地产转让价格评估

房地产转让价格是指转让房地产时形成的价格。房地产转让价格评估应根据《中华人民共和国城市房地产管理法》（以下简称《城市房地产管理法》）、《中华人民共和国土地管理法》（以下简称《土地管理法》）、《城市房地产转让管理规定》以及当地制定的实施细则和其他有关规定进行。

### 12.1.1　房地产转让价格评估的法律规定

《城市房地产管理法》第三十六条规定："房地产转让，是指房地产权利人通过买卖、赠与或者其他合法方式将其房地产转移给他人的行为。"《城市房地产转让管理规定》第三条规定，本法所称房地产转让，是指房地产权利人通过买卖、赠与或者其他合法方式将其房地产转移给他人的行为。前款所称其他合法方式，主要包括下列行为：

（1）以房地产作价入股、与他人成立企业法人，房地产权属发生变更的；

（2）一方提供土地使用权，另一方或者多方提供资金，合资、合作开发经营房地产，而使房地产权属发生变更的；

（3）因企业被收购、兼并或合并，房地产权属随之转移的；

（4）以房地产抵债的；

（5）法律、法规规定的其他情形。

《城市房地产管理法》第三十八条规定，下列房地产，不得转让：

（1）以出让方式取得土地使用权的，不符合本法第三十九条规定的条件的；

（2）司法机关和行政机关依法裁定、决定查封或者以其他方式限制房地产权利的；

（3）依法收回土地使用权的；

（4）共有房地产，未经其他共有人书面同意的；

（5）权属有争议的；

（6）未依法登记领取权属证书的；

（7）法律、行政法规规定禁止转让的其他情形。

《城市房地产管理法》第三十九条规定，以出让方式取得土地使用权的，转让房地产时，应当符合下列条件：

（1）按照出让合同约定已经支付全部土地使用权出让金，并取得土地使用权证书；

（2）按照出让合同约定进行投资开发，属于房屋建设工程的，完成开发投资总额的25%以上，属于成片开发土地的，形成工业用地或者其他建设用地条件。

## 12.1.2　房地产转让价格评估的特点

房地产市场转让非常普遍，主要涉及单纯土地的买卖、交换；土地及地上建筑物的整体买卖、交换；零星单套或多套商品房地产的买卖、交换、赠与等。房地产转让估价特点主要表现在以下几个方面：

（1）从价值时点上看，房地产转让估价多数是在转让前进行，价值时点则应在估价作业日期之后。

（2）从委托人和评估主体上讲，房地产转让估价可以委托社会上任何一家值得委托人信任的估价机构评估，委托人既可能是买方或卖方单独委托，也可能是买卖双方共同委托，这是一种自愿的行为。

（3）从估价目的和要求上讲，房地产转让评估只是为了了解、掌握房地产交易行情而进行的评估，其目的只是为了在进行房地产交易时有一个参考价格，它带有一种咨询性，如买方需要了解购买一宗房地产时可能实现的最低价格，而卖方则需要了解出售房地产时可能实现的最高价格。作为估价机构，对该宗房地产进行评估时，其评估结果可能是有一定摆动幅度的价格区间，估价人只对估价信息和结论合乎估价技术规范和职业规范负责，而对房地产转让定价决策不负直接责任，其估价结论只是交易双方的决策参考或者是咨询意见。

### 12.1.3 房地产转让价格评估常用方法

房地产转让价格评估应采用公开市场价值标准，宜采用市场法和收益法，可采用成本法，其中待开发房地产的转让价格评估应采用假设开发法。以划拨方式取得土地使用权的，转让房地产时应符合国家法律、法规的规定，其转让价格评估应另外给出转让价格中所含的土地收益值，并应注意国家对土地收益的处理规定，同时在估价报告中予以说明。

1. 市场法

由于房地产市场转让实例比较多，市场非常活跃，因此，市场法是房地产转让价格评估普遍采用的一种方法。对于单纯国有土地使用权转让价格评估，选取的可比实例必须符合可比实例的可比性要求，即表现在土地规划用途的同一性、土地供求范围的同一性或土地等级的同一性、土地生熟程度的同一性、土地规划条件的同一（或相似）性、土地交易日期的相近性，以及交易情况的正常性或可修正性等。

2. 假设开发法

对于具有再开发价值的单纯土地转让以及在建工程等转让价格进行评估时，假设开发法往往是首选方法之一。假设开发法运用的前提条件是估价对象土地规划设计条件已经规划主管部门审批。只有在此情况下，估价对象土地才有假定开发的具体规划设计方案，才能据此评估规划方案假设得到开发建设后的房地产价值，通过扣除建筑物部分或后续建设部分价值，得到土地或在建工程价格。

3. 收益法

对于有收益的房地产如商场、商铺、写字楼、酒店等的转让价格进行评估时，常常采用收益法进行估价。

4. 成本法

当市场可比实例难以获取，估价对象土地使用权及地上建筑物价格各组成部分费用项目相对明确、账目清楚时，比较适宜采用成本法。针对单纯土地转让估价或成本法估价时的土地估价主要采用基准地价修正法。基准地价修正法的关键是确定土地的基准地价。

## 12.2 房地产抵押价值评估

### 12.2.1 房地产抵押价值内涵及评估实质

房地产抵押是指抵押人以其合法的房地产，以不转移占有的方式向抵押权人提供债务履行担保的行为；抵押人不履行债务时，抵押权人可以与抵押人协议以抵押财产折价或者有权依法以抵押的房地产拍卖所得的价款优先受偿。也就是说，贷款的取得是以具有足够抵押价值的房地产设定抵押为前提。抵押房地产包括拟抵押房地产和已抵押房地产。

房地产抵押价值是假设债务履行期届满债务人不能履行债务，拍卖、变卖抵押房地产最可能得到的价款或者抵押房地产折价的价值扣除优先受偿的款额后的余额。

根据《房地产抵押估价指导意见》，房地产抵押价值为抵押房地产在价值时点的市场价值，等于假定未设立法定优先受偿权利下的市场价值减去房地产估价师知悉的法定优先受偿款。法定优先受偿款是指假定在价值时点实现抵押权时，法律规定优先于本次抵押贷款受偿的款额，包括发包人拖欠承包人的建筑工程价款，已抵押担保的债权数额，以及其他法定优先受偿款。

房地产抵押价值由抵押当事人协商议定，或者由房地产估价机构进行评估。商业银行按照公正、公开、透明的原则，择优选择房地产估价机构进行评估。商业银行在对已抵押房地产市场价格变化实施监测时，可以委托房地产估价机构定期或者在市场价格变化较快时，再次评估房地产抵押价值。处置抵押房地产前，应当委托房地产估价机构评估公开市场价值，同时给出快速变现的价值意见及其理由。

房地产抵押估价，是指为确定房地产抵押贷款额度提供价值参考依据，对房地产抵押价值进行分析、估算和判定的活动。

《房地产估价规范》GB/T 50291—2015 第 5.1.10 条规定："房地产抵押估价用于设立最高额抵押权，且最高额抵押权设立前已存在的债权经当事人同意转入最高额抵押担保的债权范围的，抵押价值或抵押净值可不减去相应的已抵押担保的债权数额，但应在估价报告中说明并对估价报告和估价结果的使用作出相应限制。"

## 12.2.2　房地产抵押估价的法律规定

房地产抵押估价，应依据《中华人民共和国城市房地产管理法》《中华人民共和国民法典》及最高人民法院的司法解释、《城市房地产抵押管理办法》《房地产估价规范》GB/T 50291—2015、《商业银行房地产贷款风险管理指引》《关于规范与银行信贷业务相关的房地产抵押估价管理有关问题的通知》《房地产抵押估价指导意见》等进行。现将有关法规中规定的可以设定抵押的房地产、不得设定抵押的房地产、其他限制条件及与估价有关的内容归纳如下：

1. 可以设定抵押的房地产及对其抵押时的要求

（1）抵押人所有的房屋和其他地上定着物；

（2）抵押人依法有权处分的国有土地使用权、房屋和其他地上定着物；

（3）抵押人依法承包并经发包方同意抵押的荒山、荒沟、荒丘、荒滩等荒地的土地使用权；

（4）学校、幼儿园、医院等以公益为目的的事业单位、社会团体，以及其教育设施、医疗卫生设施和其他社会公益设施以外的财产；

（5）依法取得的房屋所有权连同该房屋占用范围内的土地使用权；

（6）以出让方式取得的土地使用权；

（7）以出让方式取得的国有土地使用权抵押的，应当将抵押时该国有土地上的房屋同时抵押；

（8）以依法取得的国有土地上的房屋抵押的，该房屋占用范围内的国有土地使用权同时抵押；

（9）以乡（镇）、村企业的厂房等建筑物抵押的，其占有范围内的建设用地使用权同时抵押；

（10）以在建工程已完工部分抵押的，其土地使用权随之抵押。

2. 不得设定抵押的房地产

（1）土地所有权；

（2）权属有争议的房地产，所有权、使用权不明或者有争议的房地产；

（3）用于教育、医疗、市政等公共福利事业的房地产，学校、幼儿园、医院等以公益为目的的事业单位、社会团体的教育设施、医疗卫生设施和其他社会公益设施；

（4）列入文物保护的建筑物和有重要纪念意义的其他建筑物；

（5）已依法公告列入拆迁范围的房地产；

（6）被依法查封、扣押、监管或者以其他形式限制的房地产；

（7）耕地、宅基地、自留地、自留山等集体所有的土地使用权（法律规定可抵押的除外）；

（8）以法定程序确认为违法、违章的建筑物；

（9）依法不得抵押的其他房地产；

（10）划拨土地使用权不得单独抵押；

（11）乡（镇）、村企业的（集体）土地使用权不得单独抵押。

3. 其他限制条件

（1）在建项目抵押时，应同时取得《国有土地使用证》《建设用地规划许可证》《建设工程规划许可证》《建设工程施工许可证》；

（2）开发商已合法出售的房地产不得与未出售的房地产一起抵押；

（3）预购商品房贷款抵押的，商品房开发项目必须符合房地产转让条件并取得《商品房预售许可证》；

（4）以共有的房地产抵押的，抵押人应当事先征得其他共有人的书面同意；

（5）以已出租的房地产抵押的，抵押人应当将租赁情况告知抵押权人，并将抵押情况告知承租人，原租赁合同继续有效；

（6）发包人拖欠承包人的建筑工程价款，已抵押担保的债权数额以及其他法定优先受偿款，均为法律规定优先于该次抵押贷款受偿的款额；

（7）房地产抵押，应当凭土地使用权证书、房屋所有权证书办理；

（8）当事人未办理抵押物登记的，不得对抗第三人；

（9）以法律、法规禁止流通的财产或者不可转让的财产设定担保，担保合同无效。

4. 与房地产抵押估价有关的规定

（1）房地产抵押价值为抵押房地产在价值时点的市场价值，等于假定未设立法定优先受偿权利下的市场价值减去房地产估价师知悉的法定优先受偿款；

（2）依法不得抵押的房地产，没有抵押价值；

（3）首次抵押的房地产，该房地产的价值为抵押价值；

（4）再次抵押的房地产，该房地产的价值扣除已担保债权后的余额部分为抵押价值；

（5）以划拨方式取得的土地使用权连同地上建筑物抵押的，评估其抵押价值时应扣除预计应缴纳的土地使用权出让金的款额；

（6）以具有土地使用年限的房地产抵押的，评估其抵押价值时应考虑剩余年限对价值的影响；

（7）以享受国家优惠政策购买的房地产抵押的，其抵押价值为房地产权利人可处分和收益的份额部分的价值；

（8）以按份额共有的房地产抵押的，其抵押价值为抵押人所享有的份额部分的价值；

（9）以共同共有的房地产抵押的，其抵押价值为该房地产的价值。

## 12.2.3　房地产抵押价值评估技术路线及估价方法

可以作为抵押物的房地产有很多类型，不同类型的房地产具有不同的估价特点和估价技术路线，但总体而言，房地产抵押价值评估应遵循谨慎、保守原则，选用估价方法时，一般尽量将成本法作为一种估价方法。房地产抵押价值评估常见类型的估价思路及方法的选用简述如下：

1. 完全产权房地产

这类房地产是以出让方式获得土地使用权，即拥有一定期限的土地使用权和房屋产权，主要包括各类商品房、自建自营的饭店、招待所、培训中心、高尔夫球场、工厂等。对这类房地产作为抵押物进行估价时，可根据具体情况采用市场法、收益法和成本法估价。对单独以出让方式获得的土地使用权作为抵押物进行评估，可以采用基准地价修正法、市场法和假设开发法估价。

2. 不完全产权房地产

这类房地产一般只拥有房屋产权而不拥有出让土地使用权，土地是以行政划拨方式取得，主要包括原国有企事业单位、社会团体的各类房地产、廉租住房、经济适用住房、房改房、合作建房等。对这类房地产作为抵押物进行评估时，应当选择下列方式之一评估其抵押价值：

（1）直接评估在划拨土地使用权下的市场价值；

（2）评估假设在出让土地使用权下的市场价值，然后扣除划拨土地使用权应缴纳的土地使用权出让金或者相当于土地使用权出让金的价款。

估价报告中均应注明划拨土地使用权应缴纳的土地使用权出让金或者相当于土地使用权出让金价款的数额。该数额按照当地政府规定的标准测算；当地政府没有规定的，参照类似房地产已缴纳的标准估算。

市场条件比较成熟的、市场交易性较强的房地产一般可选择第二种方式，即先假设估价对象为完全产权的商品房，选用市场法（收益法）作为一种方法评估出房地产的客观市场价值，并减去需要补缴的土地出让金或出让毛地价的价值；再选用成本法为另一种方法，测算不含土地出让金或出让毛地价的价值。市场狭小的、特殊的房地产可选择第一种方式，采用房产与土地（不含土地使用权出让金的价款）分别进行估价后再综合的成本法估价。

3. 部分（局部）房地产

这类抵押房地产一般包括整体房地产中的某栋、某层、某单元或某套，综合房地产中某部分用途房地产等。对已建成或使用的部分（局部）房地产作为抵押物进行估价时，应注意到该部分（局部）房地产在整体房地产中的作用，它的相应权益能否独立使用、是否可以独立变现，并注意到土地的分摊和公共配套设施、共用部分的合理享用问题，估价方法可选用市场法、收益法或成本法。

4. 在建工程房地产

在建工程是指正在施工但未完工或已完工但未通过竣工验收的工程项目，在建工程的重要特征是其工程量还没有全部完成，因此，它所体现的是不完全的建筑物实体形态，或者是不具备有关主管部门组织进行竣工验收的条件，以及不能马上实现其设计用途等。在建工程抵押是以合法取得的土地使用权连同在建工程进行抵押。对在建工程作为抵押物进行评估时，要全面掌握估价对象状况、注意实际施工进度和相应可实现的权益，请抵押人出具在建工程发包人与承包人及监理方签署的在价值时点是否拖欠建筑工程价款的书面说明（承诺函），存在拖欠建筑工程价款的要提供拖欠的具体数额。此时评估只能反映房屋未建成时的某一时点的抵押价值，不含拖欠价款，估价方法可选用成本法和假设开发法。

5. 乡（镇）、村企业房地产

以乡（镇）、村企业的厂房等建筑物及其占用范围内的集体建设用地使用权作为抵押物，进行评估时应注意到未经法定程序不得改变土地集体所有权性质和土地用途。在估价过程中应扣减与国有土地价值的差异，估价方法可选用成本法、收益法或市场法。

### 12.2.4　房地产抵押估价的注意事项及评估风险

由于房地产抵押的特殊性，其在适用法规依据、估价原则、考虑因素、参数选择、报告说明、风险分析与风险提示等方面与其他目的的估价有所不同。

1. 房地产抵押估价的注意事项

房地产抵押估价服务于金融（银行）业的抵押贷款、担保业务，金融（银行）业本身需要的是安全、稳健、谨慎；房地产估价机构和估价师处在中介的位置，须注意抵贷双方的风险，规避估价机构及估价师的风险；在抵押估价中要更加严格地执行《房地产估价规范》GB/T 50291—2015 和《房地产抵押估价指导意见》，采取客观、谨慎，甚至偏保守的做法，使估价结果客观、公正、合理、合法，切忌不实估价，切忌高（虚）估算。在存在不确定因素的情况下，房地产估价师作出估价相关判断时应当保持必要的谨慎，充分估计抵押房地产在处置时可能受到的限制、未来可能发生的风险和损失，不高估市场价值，不低估知悉的法定优先受偿款，并在估价报告中作出必要的风险提示，这是房地产抵押估价最重要的特点及注意事项。此外，还有其他注意事项：

（1）估价目的

房地产抵押估价目的统一表述为：为确定房地产抵押贷款额度提供参考依据而评估房地产抵押价值。

（2）价值时点

因设定的抵押时点在评估时是不确定的，价值时点原则上为完成估价对象实地查勘之日。估价委托合同对价值时点另有约定的从其约定。价值时点不是完成实地查勘之日的，应当在"估价的假设和限制条件"中假定估价对象在价值时点的状况与在完成实地查勘之日的状况一致，并在估价报告中提醒估价报告使用者注意。

（3）确认估价对象可以作为设定抵押的房地产

估价师首先要确定估价对象可以作为抵押房地产。这里包括估价师从专业角度审视估价对象的合法性、他项权利状况、可转让（流通或拍卖）性、可抵押登记生效等。这样就从合法性上确保了抵押房地产的安全性，从基本条件上减少了风险。

但实际也会遇到一些问题，最常见的有：权证不齐；权证所有（使用）权人名称与委托人现有的名称不符；权证上的法定用途和规划面积与实际不符；出让合同的建筑面积与规划批准不符；已全部或部分设定抵押权，并未到期；有共有权人但没有共有权人书面同意抵押的声明；不可抵押的人防面积不清楚；房产证房产登记表上的违章临时建筑；房屋使用多年却无所有权证；分割出的抵押物不合理（缺少独立性）等。这时应及时将意见反馈给银行和委托人，提出并商议合法的解决办法。但是，如果缺少土地或房屋的权属证书，在建工程没有或缺少合法建设批准文件，在建工程未出具发包人与承包人及监理方签署的在价值时点是否拖欠建筑工程款的书面说明（承诺函），房屋已竣工使用多年未办理竣工验收或无产权证，属于不合法的或其他不得抵押的房地产范畴的，应督促其解决，解决不了的只能不评。

房地产权属出现瑕疵是个别现象，但产生的影响和带来的风险则是巨大的。银行作为抵押权人更应给予足够的重视，房地产估价人员只要熟悉房地产抵押相关政策，认真勘察房地产的实际状况，核实产权证件，与房地产管理部门保持密切沟通，房地产权属产生的问题是可以解决和避免的。

（4）合理确定假设前提和限制条件

房地产估价人员应当针对估价对象的具体情况合理且有依据地明确相关假设和限制条件，如合法性的延续、用途与面积等主要数据不一致时估价所采用的依据说明、已设定抵押权的部位及其担保的债权数额、已存在抵押权的解押前提、已知不存在的他项权利等的确定、估价人员知悉的特定的法定优先受偿款的确定、存在拖欠建筑工程价款的数额、对估价结果有重大影响的其他因素等。房地产估价师和估价机构在进行抵押评估时，应当实事求是、勤勉尽责，不得滥用和任意设定假设前提和限制条件。

（5）把握市场风险，防止高估

为了防止高估抵押房地产价值，在估价过程中重点应把握好市场状况，若在价值时点，当地同类房地产市场有过热（或泡沫）现象，估价师要头脑清醒、特别谨慎、保守估价，因一旦泡沫破裂，市场价值理性回归，抵押物价值会急速下降。

对一些续贷的价值评估，市场已经发生不利变化，估价师更要把握客观的天平，不能继续维持过高估值。

在建工程不是房地产成品，建成使用获得收益尚需时日，这期间不确定因素很多，是否能顺利完工、是否能获得房屋所有权证、未来市场及营销如何等均不确定。在建工程难以准确确定形象进度、土建安装设备的实际进度、工程款支付状况、能否实现相应的全部利润，所以，评估应预测风险，尽量谨慎，足额考虑后续的成本、费用、利息、利润，准确评估现状成本。

土地的估价（包括房地产中的划拨土地和集体土地）不确定性也较大，尤其是偏远地带的土地、空置闲置土地、乡镇村企业集体建设用地。评估时应准确把握地价的构成和地价水平，防止高估。

对预期会降低估价对象价值的因素要充分考虑，对预期不确定的收益或升值因素可较少或不予考虑，如收益法中预期升值收益或不确定的收益应较少考虑，一般采用净收益不变的公式计算。报酬率取值要根据风险程度合理选取。

（6）估价中的谨慎原则

选用估价方法时，尽量将成本法作为一种方法，尤其是收益性房地产的收益价格较高时，应使计算价格成为收益价格的补充；对有价无市或存在长期低（偏离市场）租金租约的房地产，则应更加重视收益价格。

确定估价结果时采用两种方法估价结果的简单平均值还是加权平均值时，应根据市场情况决定，一般选用简单平均值。

在估价中选取可比实例、确定修正系数；预测未来现金流、确定报酬率；预测未来开发完成后的价值、折现率、续建费用；确定地价水平、基准地价修正系数、开发建造成本费用、利润率、成新率等时，估价人员应保持客观、谨慎的态度，使估价结果客观、公正、合理。

在运用市场法估价时，不应选取成交价格明显高于市场价格的交易实例作为可比实例，并应当对可比实例进行必要的实地查勘。

在运用成本法估价时，不应高估土地取得成本、开发成本、有关费税和利润，不应低估折旧。

在运用收益法估价时，不应高估收入或者低估运营费用，选取的报酬率不应偏低。

在运用假设开发法估价时，不应高估未来开发完成后的价值，不应低估开发成本、有关费税和利润。

房地产估价行业组织已公布报酬率、利润率等估价参数值的，应当优先选用；不选用的，应当在估价报告中说明理由。

（7）市场变现能力分析

根据《房地产抵押估价指导意见》的规定，房地产抵押估价报告应当包括估价对象的变现能力分析。变现能力是指假定在价值时点实现抵押权时，在没有过多损失的条件下，将抵押房地产转换为现金的可能性。变现能力分析应当包括抵押房地产的通用性、独立使用性或者可分割转让性等方面的分析，假定在价值时点拍卖或者变卖时抵押物最可能实现的价格与评估的市场价值的差异程度，变现的时间长短以及费用、税金的种类、数额和清偿顺序。

拍卖变现时的费用、税金，主要有强制拍卖费用、拍卖佣金、诉讼律师费、交易手续费、评估费、登记费和合同公证费；增值税及附加、印花税、应补缴的土地出让价款等。报告中应对以上费用加以提示。

由于以上原因，房地产估价师进行房地产抵押估价活动时，应当掌握抵押房地产的特点，并关注和收集相关市场上各类房地产在快速变现情况下的数据资料，通过统计分析等手段，对抵押房地产的市场流动性及快速变现能力进行定性分析。经过分析，如果确认抵押房地产本身及市场因素造成变现能力较差，更要加以提示。

（8）其他

根据当地抵押登记的需要，有的时候需要分列土地与建筑物的抵押价值。

对再交易房屋，应对每个用作贷款抵押的房屋进行独立评估。对大产权证下的房地产抵押价值评估时，应按商品房的实际套为单位的抵押价值进行分列。

*2. 房地产抵押及其价值评估的风险*

估价师在估价报告中应从专业角度向估价报告使用者作出以下提示或者说明：①估价对象状况和房地产市场状况因时间变化对房地产抵押价值可能产生的影响；②在抵押期间可能产生的房地产信贷风险关注点；③合理使用评估价值；④定期或者在房地产市场价格变化较快时对房地产抵押价值进行再评估。

房地产抵押估价应当关注房地产抵押价值未来下跌的风险，对预期可能导致房地产抵押价值下跌的因素予以分析和说明。在评估续贷房地产的抵押价值时，应当对房地产市场已经发生的变化予以充分考虑和说明。

抵押期间，随着时间推移，若发生经营管理不利、房地产过度使用、使用价值贬损、市场泡沫等情况时，会使抵押房地产的价值下降。估价师应对主要可能引起价值变化的风险，特别是降低价值的风险，如预期风险、损耗风险、价值高估风险、法律风险、先解押、抵押登记生效、通知租户、划拨地补缴出让金等加以说明，提出专业性的提示及建议，提请抵押人和抵押权人双方注意以下重点说明前三项：

（1）预期风险

房地产抵押价值评估业务价值时点一般为当前的某一日期，而抵押期限一般会有1年以上的时间，有的甚至达到30年，一旦发生处分清偿，需实现抵押权时，是在未来的某一时点，因此，要注重预期风险。在估价时，对预期会降低估价对象价值的因素要充分考虑，而对预期不确定的收益或升值因素较少或不予考虑。

（2）耗损风险

由于房地产抵押的性质，抵押物仍由抵押人占有、使用。对抵押期较长或抵押物中经济寿命年限较短的部分，往往会造成抵押物的耗损，从而引起估价对象价值的变化，估价人员在估价时应予以分析、考虑。

（3）价值高估风险

房地产评估机构的估价结果对抵贷双方起到了重要的参考作用，由于房地产千差万别，目前银行更加倚重估价机构确定的估价结果作为贷款数额的衡量指标。在竞争激烈的市场中，房地产估价机构受到各方面的压力，银行要吸引客户、促成贷款或续贷，抵押人欲多借款、少出抵押物，一些相关的中介公司、担保公司、律师为促成贷款，都希望估价机构高估房地产的抵押价值，估价机构为了不失去客户，受利益驱使，迎合了客户不合理的要求，就形成房地产抵押价值高估的风险。这就要求估价人员应恪尽职守，严格遵守估价的职业道德。

## 12.3　国有土地使用权出让价格评估

土地使用权出让价格评估，应依据《城市房地产管理法》《土地管理法》《城镇国有土地使用权出让和转让暂行条例》以及当地制定的实施办法和其他有关规定进行。

### 12.3.1　国有土地使用权出让价格评估的法律规定

1. 出让方式及价格管理

《城市房地产管理法》第十三条第一款规定："土地使用权出让，可以采用拍卖、招标或者双方协议的方式。"这是对土地使用权出让方式的规定。

《招标拍卖挂牌出让国有土地使用权规定》第四条规定："商业、旅游、娱乐和商品住宅等各类经营性用地，必须以招标、拍卖或者挂牌方式出让。前款规定以外用途的土地的供地计划公布后，同一宗地有两个以上意向用地者的，也应当采用招标、拍卖或者挂牌方式出让。"

拍卖方式是国有土地所有者代表在指定的时间、地点，组织符合条件的土地使用权有意向的受让方，就其出让的土地使用权公开叫价竞投，按"价高者得"的原则确定土地使用权出让价格和受让者的方式。

招标方式是在指定的期限内，由符合条件的单位或个人以书面密封投标的形式竞买某宗土地使用权，由招标人根据一定的评标要求和方法择优确定土地使用者，最终确定土地使用权价格和受让者的方式。

挂牌方式是指出让人针对某宗土地的使用权发布挂牌公告，按公告规定的期限将拟出让宗地的交易条件在指定的土地交易场所挂牌公布，接受竞买人的报价申请并更新挂牌价格，根据挂牌期限截止时的出价结果确定土地使用者的行为。

协议方式是土地使用权有意受让方直接和国有土地所有者代表就有偿使用土地进行一对一的协商，确定土地使用权出让金等有关事宜的方式。

《城市房地产管理法》第十三条第三款规定："采取双方协议方式出让土地使用权的出让金不得低于按国家规定所确定的最低价。"

2. 取得国有土地使用权，必须缴纳土地有偿使用费等费用

《土地管理法》第五十五条规定："以出让等有偿使用方式取得国有土地使用权的建设单位，按照国务院规定的标准和办法，缴纳土地出让金等土地有偿使用费和其他费用后，方可使用土地。"

3. 转让以划拨方式取得的土地使用权的房地产时应缴纳的土地使用权出让金

《城市房地产管理法》第四十条第一款规定："以划拨方式取得土地使用权的，转让房地产时，应当按照国务院规定，报有批准权的人民政府审批。有批准权的人民政府准予转让的，应当由受让方办理土地使用权出让手续，并依照国家规定缴纳土地使用权出让金。"

## 12.3.2 国有土地使用权出让价格评估的特点

国有土地使用权出让价格评估与其他目的的估价相比，有以下特点：

1. 国有土地使用权出让价格评估应采用市场价值标准

国有土地使用权出让是政府作为土地所有者参与土地使用权买卖的一种市场行为。例如，国有土地使用权拍卖就属于自主性拍卖，拍卖的时机、底价都由土地出让方根据市场情况自主确定，如果未达到拍卖底价，出让方可以收回拍卖标的，另行拍卖。这与强制拍卖是不同的，强制拍卖的时机是由强制执行者（例如法院）规定的，拍卖底价也是由强制执行者委托估价机构确定的，拍卖标的的原业主对此完全没有发言权，即使拍卖不成功，强制执行者也可以采取其他的方式执行，例如将标的作价转让。因此，强制拍卖底价评估时要考虑其短期内强制处分标的物时造成的价格折减，而土地使用权出让拍卖底价评估则可以完全采用市场价值标准。

2. 价值时点一般为估价作业日期以后某一时点

国有土地使用权出让价格的评估和确定，是其土地出让行为成立的必要前提和预先需要完成的必要程序。城市政府及其土地主管部门在对所在城市国有土地使用权出让前，需要对其宗地出让价格或出让底价进行评估。以拍卖方式出让国有土地使用权时，其拍卖底价价值时点为宗地拍卖出让日。以招标方式出让国有土地使用权时，其招标底价值时点为宗地招标出让日。以协议方式出让国有土地使用权时，其协议底价时点为宗地协议出让日。以划拨方式取得的土地使用权准予转让时，补缴土地使用权出让金的价值时点，为受让方可办理土地使用权出让手续开始日。

3. 不同出让方式可侧重采用不同的估价方法

国有土地使用权出让价格评估为政策性估价范围。按照法律规定的三种土地出让方式，分别选用针对性、适应性强的估价方法，是保证估价结果合法、合理的关键一步。以拍卖方式出让土地使用权时，宜重点选取市场法、假设开发法等评估方法。因为市场法充分考虑了市场行情、市场承受力；而假设开发法则充分考虑了宗地自身使用情况、将来可能带来的土地收益。以协议方式出让土地使用权时，宜重点选取成本法、基准地价修正法等评估方法。由于协议方式出让土地使用权是双方协商的结果，没有引入市场竞争机制，出让透明度不高，主观随意性较大，因此，在对此方式出让土地使用权的出让价格进行评估时，如其出让金低于国家规定的最低价，则应依法调至国家规定的最低价或适度高于最低价。通常不低于按照土地的基础设施完备程度、平整程度等对应的正常成本价格。

4. 搜集市场资料时，尤其应注重所选实例的可替代性

由于土地数量的稀缺性和位置的固定性，即使在具有同质性的同一供求圈内，每一宗土地都有自己的特点，也就是说土地的可替代性较差。因此，在采用市场法进行国有土地使用权出让价格评估时，更要注意所选取的可比实例的用途和所处地段应相同，即有相同的土地利用方式和处于相同特征的同一区域或邻近地区，或处于同一供求圈内或同一等级土地内。否则，不能采用市场法评估出让土地使用权的价格。

## 12.3.3 国有土地使用权出让价格评估方法的选择

国有土地使用权出让价格评估可采用市场法、假设开发法、成本法、基准地价修正法等。

1. 市场法

市场法是土地使用权市场交易较为活跃、可比实例较多时普遍采用的一种方法。评估国有土地使用权出让价格时，先选取与估价对象土地具有可比性的市场交易实例。所谓可比性，表现在土地规划用途的同一性、土地供求范围的同一性或土地等级的同一性、土地生熟程度的同一性、土地规划条件的同一（或相似）性、土地交易日期的相近性，以及交易情况的正常性等。然后在交易日期、交易情况、房地产状况等方面予以修正或

调整，得出估价对象土地使用权价格。

**2. 假设开发法**

假设开发法是评估国有土地使用权出让价格的常用方法之一。其方法运用的前提条件是估价对象土地规划设计条件已经规划主管部门审批。只有在此情况下，估价对象土地才有假定开发的具体规划设计方案，才能据此评估规划方案假设得到开发建设后的房地产价格，再减去建筑物部分的价格后就是土地价格。

**3. 成本法**

成本法是在估价对象土地使用权价格各组成部分费用项目明确、账目清楚时适宜采用的一种方法。《房地产估价规范》GB/T 50291—2015 规定，土地取得费用包括三部分：一是征地和房屋拆迁安置补偿费；二是土地使用权出让金或者地价款；三是有关土地取得的手续费和税金。征用耕地和其他土地的补偿费和安置补助费标准，在《土地管理法》等法律、法规中已作规定。城市房屋拆迁安置补偿费用的金额，可根据被拆迁房屋的区位、用途、建筑面积等因素，以房地产市场评估价格确定。土地使用权出让金或地价款以及有关土地取得的手续费和税金依据相关法律、法规、政策的规定。

**4. 基准地价修正法**

基准地价修正法是以该区域或级别的基准地价为依据，再根据实际情况进行必要的修正后估算土地价值的方法。该方法的估价过程为：利用政府已经确定公布的基准地价，依据替代原理，通过对交易日期、房地产状况（包括区位状况、实物状况、土地使用权使用年限、剩余年限等）的比较修正，由基准地价调整得出估价对象出让土地价格。

## 12.4　城市房屋拆迁估价

### 12.4.1　城市房屋拆迁估价内涵及特点

城市房屋拆迁估价（以下简称拆迁估价），是指为确定被拆迁房屋货币补偿金额，根据被拆迁房屋的区位、用途、建筑面积等因素，对其房地产市场价格进行的评估。补偿安置是城市房屋拆迁中的核心内容，拆迁活动所涉及的民事法律关系主要表现为补偿安置，补偿安置的基础和依据是被拆迁房屋价格的评估，评估价是货币补偿标准的依据，是作出裁决的依据。所以，城市房屋拆迁估价在拆迁补偿中起到至关重要的作用，估价也是最容易出问题的环节。

城市房屋拆迁估价应依据《城市房地产管理法》《城市房屋拆迁管理条例》及当地制定的实施细则和《城市房屋拆迁估价指导意见》进行。

根据《城市房屋拆迁估价指导意见》第三条，房屋拆迁评估价格为被拆迁房屋的房地产市场价格，不包含搬迁补助费、临时安置补助费和拆迁非住宅房屋造成停产、停业的补偿费，以及被拆迁房屋室内自行装修装饰的补偿金额。搬迁补助费、临时安置补助费和拆迁非住宅房屋造成停产、停业的补偿费，按照省、自治区、直辖市人民政府规定的标准执行。被拆迁房屋室内自行装修装饰的补偿金额，由拆迁人和被拆迁人协商确定；协商不成的，可以通过委托评估确定。

城市房屋拆迁评估不同于一般房地产的市场价格评估，其估价特点主要表现在以下几方面：

1. 估价数量大

城市拆迁往往是由于旧城改造、新建和改建城市道路交通、新建大型基础设施等引起的，随着我国城市建设的不断加快，必不可少地会发生大规模城市房屋拆迁。由于拆迁数量大、待拆迁的户数多，由此带来的拆迁估价数量巨大，少则一、二栋，多则成片乃至一个或多个小区。

2. 涉及面广，社会影响大

拆迁房屋既有居民个人房屋，也有机关企事业单位房屋；既有住宅用房，也有商业用房、办公用房、生产用房；既有独立产权用房，也有共有产权用房。从企事业单位来说，拆迁不仅涉及企事业财产的补偿问题，而且涉及企事业单位的生存和职工家庭的生活问题。因此，城市房屋拆迁估价涉及千家万户的切身利益，所产生的社会影响很大。

3. 估价对象复杂，需要协调各种关系

相对于其他目的的估价，拆迁估价的对象比较复杂，一个拆迁项目往往包括住宅、商铺、办公楼、车库、构筑物等不同类型的物业，导致估价方法的选择存在较大难度。同时，一次估价中还会面对大量的房屋，面对拆迁人和众多的被拆迁人，由于各自对自身利益的维护，会出现不同的意见，因此，估价的重要工作之一就是协调各种利益关系。

4. 补偿价格关联性强

就同一城市而言，同一时期、同一地段、同种类型房屋的拆迁补偿价之间，同一时期、同一地段、不同类型房屋的拆迁补偿价之间，同一时期、不同地段、同种类型房屋的拆迁补偿价之间都具有价格相互关联性。如果忽视了这种关联性，就可能引发拆迁冲突。

### 12.4.2　城市房屋拆迁估价的标准与方法

《城市房屋拆迁管理条例》（以下简称《条例》）规定："货币补偿的金额，根据被拆迁房屋的区位、用途、建筑面积等因素，以房地产市场评估价格确定。具体办法由省、自治区、直辖市人民政府制定。"

根据《城市房屋拆迁估价指导意见》第十六条，拆迁估价一般应当采用市场法。不具备采用市场法条件的，可以采用其他估价方法，并在估价报告中充分说明原因。拆迁估价应根据拆迁房屋的区位、用途、建筑面积等因素，以房地产市场评估价格确定拆迁补偿价格，因此，拆迁估价应优先选用能够反映市场价格、模拟市场交易过程、体现客观价格的市场法。

在一些房地产市场发育尚不成熟的地区及区域，或在房地产市场比较发达的地区的特殊用途的被拆迁对象，如学校、幼儿园、军事等公益用房，不具备采用市场法估价条件的，可采用其他方法进行评估。由于拆迁估价目的的特殊性，应尽量避免使用收益法、假设开发法，可采用成本法对估价对象的拆迁补偿价值进行评估。

许多省、市结合本地实际情况，以估价原则、估价理论和方法为基础，制定了各自具体的拆迁估价办法。例如，××市政府根据被拆迁房屋的不同用途、不同结构、不同区位制定了住宅平房、简易楼房、单元成套楼房和非住宅房屋等不同拆迁估价标准。估价人员进行拆迁估价应执行当地政府及有关部门制定的估价标准。

市、县人民政府或者其授权的部门应当根据当地房地产市场交易价格，至少每年定期公布一次不同区域、不同用途、不同建筑结构的各类房屋的房地产市场价格（《城市房屋拆迁估价指导意见》第十三条）。

拆迁估价应当参照类似房地产的市场交易价格和市、县人民政府或者其授权部门定期公布的房地产市场价格，结合被拆迁房屋的房地产状况进行（《城市房屋拆迁估价指导意见》第十四条）。

针对一些建设项目的特殊性，地方政府往往会制定相应的规定，估价人员在估价时必须遵从。

### 12.4.3 城市房屋拆迁估价技术路线

1. "标本房屋"市场价格评估技术路线

城市旧城改造往往会涉及成片小区的拆迁，拆迁数量大，估价工作量也十分巨大。为提高估价效率，对这类拆迁评估，可先评估出在拆迁片区内有代表性的"标本房屋"的市场价格，以此为基准评估出其他拆迁房屋的市场价格，即在一个拆迁片区中按房屋使用类型（居住用房、商业用房、办公用房、工业用房等）各选取一处有代表性的房屋作为评估标本，运用市场法或其他方法评估出该"标本房屋"的市场价格，然后将各拆迁房屋与"标本房屋"进行比较，修正得出各拆迁房屋的市场价格。具体有以下思路：

（1）确定"标本房屋"的基本条件

"标本房屋"的基本条件可从以下四个方面作出限定：

1）建筑类型。当拆迁片区存在多种类型的房屋，应选择所占比例大的房屋作为"标本房屋"。例如某拆迁片区的居住用房有高层、多层、平房等，且以多层居多，则应选择多层住宅作为居住用房的"标本房屋"。

2）建造年代。根据不同房屋的建造年代，确定平均使用年限，选择平均使用年限的房屋作为"标本房屋"。例如某拆迁片区内多层住宅的平均使用年限为15年，则应以使用年限15年左右的房屋作为"标本房屋"。

3）建筑结构。根据不同建筑结构类型，选择所占比例大的结构类型房屋作为"标本房屋"。例如某拆迁片区内多层住宅大多为砖混结构，则以砖混结构的房屋作为"标本房屋"。

4）楼层、户型、朝向、面积、装修等。如果拆迁片区内多层住宅大多为两室一厅、一般都有朝南的房间、面积一般为 60m² 左右、装修情况差异较大，则可选择位于中间层次（非顶层和底层）、两室一厅至少有一间朝南、面积 60m² 左右、一般装修的房屋作为"标本房屋"。

（2）选择"标本房屋"

根据上述"标本房屋"的基本条件，在每一拆迁片区内一般选择一套"标本房屋"。如果拆迁片区跨越两个或多个拆迁区位等级（或土地级别）时，则所跨的每一拆迁区位等级（或土地级别）都应选择一套"标本房屋"，作为相应拆迁区位等级（或土地级别）内各拆迁房屋的比较基准。

（3）评估"标本房屋"的市场价格

可采用市场法或其他方法评估出"标本房屋"的市场价格。运用市场法评估时，对可比实例的选取应作出具体的规定，一般有以下要求：

1）可比实例与"标本房屋"所处的地区相同，应与"标本房屋"是同一拆迁区位等级（或土地级别）的房屋。

2）可比实例应与"标本房屋"的用途相同。不仅要求大类用途相同，而且尽可能做到小类用途也相同。如"标本房屋"是居住用房中的普通住宅，则可比实例也应选取普通住宅。

3）可比实例应与"标本房屋"的建筑结构和建筑类型相同。如"标本房屋"是砖混结构的多层住宅，则可比实例也应选取砖混结构的多层住宅。

4）可比实例应与"标本房屋"的规模相当。如"标本房屋"是 60m² 的普通住宅，则可比实例也应选取差不多面积的普通住宅。

5）可比实例应与"标本房屋"的权利性质相同。如"标本房屋"是房屋所有权和国有土地使用权性质，则可比实例也应选取相同权利性质的房屋。

6）可比实例的交易类型应选取一般买卖的二手房交易实例作为可比实例。

7）可比实例的成交日期与价值时点相隔时间在 1 年以内。

8）可比实例的成交价格应是正常市场成交价格，或可修正为正常成交价格。为防止修正系数对价格的影响过大，可限定修正系数的调整范围。比如规定每项修正或调整对可比实例成交价格的系数调整不得超过 20%，综合系数调整不得超过 30%。

（4）评估确定其他拆迁房屋的市场价格

以"标本房屋"的市场价格为基础，分别评估确定其他拆迁房屋的市场价格。将各被拆迁房屋分别与"标本房屋"进行比较修正，得出各被拆迁房屋的市场价格。

2. "典型房屋"市场价格评估技术路线

"典型房屋"与"标本房屋"市场价格评估法类似，但是它更具体、更细致。它首先将拆迁片区的全部拆迁房屋按房屋使用类型进行分类，然后按照每一类房屋的建筑类型、建造年代、建筑结构、设备、房屋户型以及功能的完整性等因素划分房屋类别，再在同一房屋类别内确定"典型"房屋，运用市场法或其他方法评估出该"典型房屋"的市场价格，然后以"典型房屋"的价格为基准，修正得出各拆迁房屋的补偿价格。具体有以下操作步骤：

（1）对拆迁房屋按房屋使用类型分为居住用房、商业用房、办公用房、工业用房等。

（2）对同用途类型房屋按建筑类型、建造年代、建筑结构等因素进一步划分不同房屋类别。如居住用房按建筑类型可分为高层、多层、平房等类别；按建造年代可分为10年以内、10~20年、20~30年、30年以上等类别；按建筑结构可分为钢混、砖混、砖木、简易等类别。

（3）在同一房屋类别内选取一个"典型房屋"。选取的"典型房屋"应具有概括性，要能概括和反映同一房屋类别内其他房屋的情况。比如在居住用房类型中的平房类别中确定"典型房屋"，其结构、成新率、户型、朝向、面积、装修等应以拆迁片内大多数平房的结构、成新率、户型、朝向、面积、装修等为准。

（4）评估"典型房屋"的市场价格。可采用市场法或其他方法评估出"典型房屋"的市场价格。

（5）评估确定其他拆迁房屋的市场价格。以"典型房屋"的市场价格为基础，分别评估确定其他拆迁房屋的市场价格。将各被拆迁房屋分别与"典型房屋"进行比较，通过房地产状况调整得出各被拆迁房屋的市场价格。

3. 区位指导价市场价格评估技术路线

这种评估思路是以区位指导价为基础，将补偿价格分为区位补偿价和房屋重置价。区位指导价一般是依据当地的土地级别由政府制定公布，区位指导价在拆迁补偿价格评估中起指导作用，估价机构根据区位指导价，结合市场因素进行修正后评估出区位补偿价。房屋重置价格，一般是由房屋建设综合费用和建筑安装工程费用组成。在此基础上，还要考虑房屋成新率、层次、朝向等因素对房屋价格的影响。房屋建设综合费和建筑安装工程费可由政府制定公布指导价，也可由估价机构根据市场价格评估得出。房屋成新率、单项调整价格、住宅层次调整系数和住宅朝向调整系数可由政府部门作出统一的规定。

在运用此种方法时，应注意以下几个问题：一是土地级别要尽可能反映市场及客观情况的变化。如果市场及客观情况的变化与原规定的土地级别差距较大，应对土地级别作必要的调整。二是区位补偿价和房屋重置价应反映和体现市场地价水平和建筑物重置价水平。政府或者其授权的部门制定和公布的区位指导价和房屋重置价应根据市场实际价格水平，对区位指导价和房屋重置价进行及时调整。三是建筑物的折旧，应综合考虑使用年限和成新率，以实际观测的成新率为主计算折旧。

## 12.4.4　城市房屋拆迁估价应注意的问题

### 1. 拆迁估价的估价对象

拆迁估价的估价对象为拆迁范围内土地、建筑物、构筑物和依托于其实体上的权益。

针对不同估价对象应注意以下几点：

（1）依法以有偿出让、转让方式取得的土地使用权，可视为提前收回处理，在估价中应包括土地使用权的补偿估价，并根据该土地使用权的剩余年限所对应的正常市场价格进行。

（2）依法以划拨方式取得的土地使用权，在估价中不应包括出让金部分，只包含该宗地相应的基础设施配套建设费和土地开发费及其他费用。

（3）已取得所有权的房屋及构筑物，估价应从占有、使用、收益、处分四个方面综合认定其合法性，不能仅依据价值时点的用途估价。

（4）"拆除违章建筑和超过批准期限的临时建筑，不予补偿"，故不在估价范围之内。"拆除未超过批准期限的临时建筑，应当给予适当补偿"，估价时应按照批准使用期限的残存价值参考剩余期限给予估价。

（5）被拆迁房屋的性质和面积一般以房屋权属证书及权属档案的记载为准。各地对被拆迁房屋的性质和面积认定有特别规定的，服从其规定。拆迁人与被拆迁人对被拆迁房屋的性质或者面积协商一致的，可以按照协商结果进行评估。对被拆迁房屋的性质不能协商一致的，应当向城市规划行政主管部门申请确认。对被拆迁房屋的面积不能协商一致的，可以向依照《房产测绘管理办法》设立的房屋面积鉴定机构申请鉴定；没有设立房屋面积鉴定机构的，可以委托具有房产测绘资格的房产测绘单位测算。

（6）对于一宗房地产拆迁补偿估价，凡属被拆迁人合法拥有的房屋内外不可移动的设备及其附属物等，都不可遗漏。设备含水、电、暖、卫、气、通信等设施；附属物含树木、绿地、道路、院墙、门楼等其他构筑物。

2. 拆迁估价的合法性

（1）拆迁估价委托人必须合法

《条例》第四条明确了拆迁人的合法性："本条例所称拆迁人，是指取得房屋拆迁许可证的单位"。《条例》第六条规定："拆迁房屋的单位取得房屋拆迁许可证后，方可实施拆迁。"只有取得拆迁许可证的拆迁人或有完全民事行为能力的被拆迁人（含其法定监护人）才可成为拆迁估价委托人。

目前，各地在拆迁估价的委托人问题上做法不一，主要有以下三种选择：

1）由拆迁人和被拆迁人共同委托。由于拆迁行为是一种民事行为，拆迁补偿当然也是一种民事行为，意思自治应当贯穿于整个活动之中，作为拆迁补偿的关键环节，对拆迁评估人的委托如果能够达成意思自治是最好不过的事情。但是在拆迁实际中，拆迁人和众多的被拆迁人很难达成一致意见。所以这种选择往往是一种理想化的方式，只适合于被拆迁人人数比较少，容易形成统一意见的情况。

2）由拆迁人委托，但反对的被拆迁人应当在50%以下。这种选择是将多数被拆迁人的意志和拆迁人的意志作为选择的依据，这种方式是目前比较常用的，可操作性强。采取这种方式的逻辑性在于只要50%以下的被拆迁人反对就推定50%以上的被拆迁人同意，其实不然，被拆迁人是分散的群体，很难形成共同的意志，通常对评估人的委托是一种默示的态度，应当说默示不等于承认。通常拆迁人非常愿意采取这种方式，这也是拆迁人最容易操纵评估的方式。

3）抽签决定。表面上看，这是非常公平的一种方式，而且也是国际惯例。但是，谁代表被拆迁人来抽签以及被选的评估人由谁邀请是实际中难以解决的问题，通常情况下，这些都容易被拆迁人操纵。

上述三种情况很难从制度上保证拆迁估价委托人的确定具有公正性。

（2）拆迁估价对象必须合法

《条例》第九条规定："拆迁人应当在房屋拆迁许可证确定的拆迁范围和拆迁期限内，实施房屋拆迁"，即估价对象应为拆迁许可证确定的拆迁范围内的土地和房屋。《条例》第十二条规定，拆迁范围确定后，拆迁范围内的单位和个人，不得进行下列活动：

1）新建、扩建、改建房屋；

2）改变房屋和土地用途；

3）租赁房屋。

违反上述规定者，则应视为估价对象不合法。

（3）拆迁估价的价值标准、估价目的和价值时点

价值标准：为市场价值，不考虑房屋租赁、抵押、查封等因素的影响。

估价目的：根据《城市房屋拆迁管理办法》第十一条规定，拆迁估价目的统一表述为"为确定被拆迁房屋货币补偿金额而评估其房地产市场价格"。

价值时点：一般为房屋拆迁许可证颁发之日。拆迁规模大、分期分段实施的，以当期（段）房屋拆迁实施之日为价值时点。核发房屋拆迁许可证之日，是整个拆迁过程中十分重要的日子，标志着拆迁工作的正式启动与实施。从此之后，拆迁范围内的单位和个人不得新建、扩建、改建房屋；改变房屋、土地用途和租赁房屋。也就是说，拆迁许可证核发之后，被拆迁房屋就不能再改变。以房屋拆迁许可证核发之日表现的房屋市场价格，无论是对拆迁人还是被拆迁人来说都是比较合理的。

（4）拆迁估价价格内涵

根据《城市房屋拆迁估价指导意见》第三条，房屋拆迁评估价格为被拆迁房屋的房地产市场价格，不包含搬迁补助费、临时安置补助费和拆迁非住宅房屋造成停产、停业的补偿费，以及被拆迁房屋室内自行装修装饰的补偿金额。搬迁补助费、临时安置补助费和拆迁非住宅房屋造成停产、停业的补偿费，按照省、自治区、直辖市人民政府规定的标准执行。被拆迁房屋室内自行装修装饰的补偿金额，由拆迁人和被拆迁人协商确定；协商不成的，可以通过委托评估确定。

（5）几种特殊产权房屋的估价

拆迁估价对象为代管产权的房地产，估价时应将现状拍照或摄像存档，并申请办理证据保全。拆迁估价中涉及军产、涉外产、宗教、寺庙、文物古迹等房地产应将估价对

象拍照或摄像存档，并依照有关法律法规的规定办理。

### 12.4.5　城市房屋拆迁估价的工作方式

1. 拆迁估价前的准备工作

拆迁估价是城市房屋拆迁工作的中心环节之一，估价是否公正、估价结果是否准确直接影响拆迁当事人的合法权益，进而影响拆迁工作进程，甚至影响社会安定团结。由于拆迁补偿估价政策性强、涉及面广、影响大，因而对估价人员的政策水平、综合评估及处理复杂评估事物的能力要求较高。估价人员在从事拆迁估价时，必须熟悉掌握国家相关法律、法规、政策以及当地政府的有关规定，准确界定拆迁房屋及其所占土地的权益性质，才能作出易于被委托人及其他相关利益主体所接受的估价结果。在估价工作过程中，作为最早与被拆迁人直接接触的估价机构，协调好地方及被拆迁人的关系是后续拆迁及开发建设工作的基础；营造安定、和平、顺利的局面是估价人员义不容辞的责任。

拆迁估价涉及居民的切身利益，也是他们生活模式出现重要变化的开始，因此，要充分理解被拆迁者的心理状态，严格把握政策和估价技术标准，以热情、诚恳、细致、周密的工作作风，保持原有安定、平稳的局面。估价过程中要有针对性地采取不同的措施、策略，热情服务、严禁与被拆迁人发生冲突、解释工作有理有据、维护拆迁人与被拆迁人的合法利益才能保证工作的顺利进行。

拆迁估价前要制订严密的计划，入户前要制作完善的调查表格，并对入户的估价人员进行政策、法规、知识及工作方式的培训。

2. 入户调查

估价人员对被拆迁房屋要进行入户调查，对事先收集的有关被拆迁房屋的坐落、四至、面积、用途、产权等资料进行实地核实，同时亲临现场感受估价对象的位置、周围环境、条件的优劣。估价人员应详细实地查看落实被拆迁房屋的房屋门牌号、方位、四邻、在院落中的具体位置，被拆迁房屋的产权人、房屋产别、产权证号、用途、面积等被拆迁房屋的权属状况，被拆迁房屋的建筑形式、建筑结构、建成年代、装修、设备、附属物状况、使用状况等的实物形态，认真填写调查表格，做好实地查勘记录，拍摄反映被拆迁房屋外观和内部状况的影像资料，需要时应绘制院落平面图。针对被拆迁房屋的性质和面积应以房屋权属证书及权属档案的记载为准。依据《城市房屋拆迁估价指导意见》的规定，拆迁人和被拆迁人对被拆迁房屋的性质或面积协商一致的，可以按照协商结果进行评估，对被拆迁房屋的性质不能协商一致的，应当向城市规划行政主管部门申请确定。

（1）被拆迁房屋为平房，需要分别记录房屋的结构、装修、设备等情况并拍摄照片，记录应包括以下内容：

1）房屋位置：坐落、方位、门牌号、房屋栋号、在院落中的位置等；

2）房屋权属：产权人、房屋产别、产权证号、用途、面积等；

3）房屋建筑：朝向、间数、建成年代、结构、檐高、屋面、屋架、墙身、门窗、顶棚、地面等；

4）房屋装修：门套、窗套、墙裙、灯槽、窗帘盒、挂镜线、隔断、石材、贴面等；

5）设备情况：卫生间设备、厨房设备、暖气、水池、渗井、上下水管、化粪池等；

6）附属设施：门楼、院墙、院地、简易棚、回水井、防盗门等；

7）树木：树木种类、直径等；

8）其他需要记录的项目。

（2）被拆迁房屋为楼房，需要分别记录房屋的结构、装修、设备等情况并拍摄照片，记录应包括以下内容：

1）房屋位置：坐落、方位、门牌号、栋号、在院落中的具体位置、所在层数等；

2）房屋权属：产权人、产别产权证号、用途、面积等；

3）房屋结构：砖木结构、砖混结构、钢混结构、钢结构、其他结构等；

4）建筑特点：房屋层高、朝向、间数、建成年代等；

5）墙体材料：黏土砖、空心砖、砌块、外挂板等墙体类型；

6）附属设备：暖气、中央空调、燃气、抗震加固等；

7）装修：毛坯、粗装修、精装修等；

8）其他需要记录的项目。

（3）被拆迁房屋为厂房或其他房屋时，参照平房、楼房的项目进行实地查勘并记录。

拍摄影像资料是指入户调查时，用摄像机或照相机对被拆迁房屋外观和内部状况的不同部位（如房屋外立面、房屋入户门、客厅、卧室、卫生间、楼梯间、厨房等）进行拍摄，作为分户评估报告的附件。

实地查勘后，一般要由被拆迁人或其委托人签字，确认其调查内容的真实性与完整性。

3. 出具估价报告

实地查勘和调查完成后，整理资料，然后按照有关规定，选取适宜的估价方法（或地方制定的拆迁估价办法），对拆迁补偿价进行估价，编制总体拆迁估价报告，并出具分户的拆迁估价报告。

估价机构应当将分户的初步估价结果向被拆迁人公示7日，并进行现场说明，听取有关意见，合理进行调整。

公示期满后，估价机构应当向委托人提供委托范围内被拆迁房屋的整体估价报告和分户估价报告。委托人应当向被拆迁人转交分户估价报告。

4. 现场答疑

拆迁期间，估价人员应当向被拆迁人及委托人解释拆迁估价的依据、原则、程序、方法、参数选取和估价结果产生的过程。

### 12.4.6　城市房屋拆迁估价纠纷的解决

根据《城市房屋拆迁估价指导意见》第二十条至第二十六条规定：

拆迁当事人对估价结果有异议的，自收到估价报告之日起 5 日内，可以向原估价机构书面申请复核估价，也可以另行委托估价机构评估。

拆迁当事人向原估价机构申请复核估价的，该估价机构应当自收到书面复核估价申请之日起 5 日内给予答复。估价结果改变的，应当重新出具估价报告；估价结果没有改变的，出具书面通知。

拆迁当事人另行委托估价机构评估的，受托估价机构应当在 10 日内出具估价报告。

拆迁当事人对原估价机构的复核结果有异议或者另行委托估价的结果与原估价结果有差异且协商达不成一致意见的，自收到复核结果或者另行委托估价机构出具的估价报告之日起 5 日内，可以向被拆迁房屋所在地的房地产价格评估专家委员会（以下简称估价专家委员会）申请技术鉴定。

估价专家委员会应当自收到申请之日起 10 日内，对申请鉴定的估价报告的估价依据、估价技术路线、估价方法选用、参数选取、估价结果确定方式等估价技术问题出具书面鉴定意见。

估价报告不存在技术问题的，应维持估价报告；估价报告存在技术问题的，估价机构应当改正错误，重新出具估价报告。

省、自治区建设行政主管部门和设区城市的市房地产管理部门或者其授权的房地产估价行业自律性组织，应当成立由资深专职注册房地产估价师及房地产、城市规划、法律等方面专家组成的估价专家委员会，对拆迁估价进行技术指导，受理拆迁估价技术鉴定。

受理拆迁估价技术鉴定后，估价专家委员会应当指派 3 人以上（含 3 人）单数成员组成鉴定组，处理拆迁估价技术鉴定事宜。

拆迁当事人不如实提供有关资料或者不协助估价机构实地查看而造成估价失实或者其他后果的，应当承担相应责任。

## 12.5　房屋租赁价格评估

房屋租赁，是指房屋所有权人作为出租人将其房屋出租给承租人使用，由承租人向出租人支付租金的行为。房地产租赁价格评估，应依据《城市房地产管理法》《土地管理法》《城市房屋租赁管理办法》以及当地制定的实施细则和其他有关规定进行。

### 12.5.1　房屋租赁价格管理的法律规定

**1.房屋租赁价格应以合同形式载明**

《城市房地产管理法》第五十四条规定："房屋租赁，出租人和承租人应当签订书面租赁合同，约定……租赁价格……。"

租赁合同是出租人与承租人签订的用于规范租赁行为的协议。在租赁合同中出租人与承租人之间所发生的民事关系主要是通过租赁合同确定的。租赁价格，即租金标准的确定，是租赁合同的核心。租赁合同应当明确规定租金标准及支付方式。同时，租金标准必须符合有关法律、法规的规定。出租人除收取租金外，不得收取其他费用。

2. 不同用途房屋租赁价格管理规定

《城市房地产管理法》第五十五条规定："住宅用房的租赁，应当执行国家和房屋所在地城市人民政府规定的租赁政策。租用房屋从事生产、经营活动的，由租赁双方协商议定租金和其他租赁条款。"本条规定了住宅用房和生产经营性用房不同的租赁价格政策。

对于租用房屋从事生产、经营活动的，由于其用途与住宅用房不同，因此，可以由租赁双方协商议定租金标准和其他租赁条款。此类非住宅用房用途、结构、装修标准等与住宅用房有明显区别和差异，其租金标准应依靠市场调节，由租赁双方协商议定。非住宅租赁价格评估时应以市场租金、协议租金确定。

3. 私房租赁价格管理规定

国务院颁布的《城市私有房屋管理条例》（1983年）第十六条规定，租赁城市私有房屋，房屋租金由租赁双方按照房屋所在地人民政府规定的私有房屋租金标准，协商议定；没有规定标准的，由租赁双方根据公平合理的原则，参照房屋所在地租金的实际水平协商议定，不得随意抬高。如私房为住宅用房，其租赁价格的确定应符合政府有关规定。如私房为非住宅用房，应按市场情况协商议定其租赁价格。

## 12.5.2  房屋租赁价格评估的特点

房屋租赁价格（即房屋租金）是房屋承租人为取得一定时期内房屋的占有、使用、收益权利而向出租人支付的代价。其价格评估具有如下特点：

1. 住宅类房屋租赁价格评估分为政策性评估和市场租赁评估两种类型

对于住宅类房屋租赁价格的政策性评估，估价人员应严格执行有关租赁政策，没有超越规定调整租金幅度的价格空间。这类住宅房屋的类型包括各级政府所属的直管公房和廉租房等。中央和地方人民政府对这类政策性、公益性住房租金标准等都有具体规定，明确了一般标准，限定了浮动幅度。租赁行为既逐步走向市场经济的轨道，又保证居民不致承受太重的负担，体现了住房所具有的一定的社会保障性质。此类政策性住房租赁价格评估时应严格遵守中央和地方政府的有关规定。

住宅类房屋的市场租赁价格评估主要涉及商品房住宅和已购公房，由于该类房屋的买卖、租赁行为属于市场行为，其租赁价格为市场价格，应参照市场价值标准评估。

2. 租约对租金估价有一定的影响

如为合理性契约式房屋租赁价格评估，宜采用租约所确定的租金。租约期外的租金则采用正常客观的租金标准。租约期在《民法典》第七百零五条明确规定：租赁期限不得超过二十年。超过二十年的，超过部分无效。租赁期间届满，当事人可以续订租赁合同，但约定的租赁期限自续订之日起不得超过二十年。租赁房屋已订立租约时，应对租约中所约定的租金标准的客观性、合理性进行判断。如租约所约定的租金客观合理，一般应根据该租金估价；如果租金与市场租金标准相差较大（或高、或低），租金明显存在不合理性，则应首先确定有租约限制下的房地产价值，然后再说明承租人权益价值。这主要是依据《民法典》第七百二十五条规定："租赁物在承租人按照租赁合同占有期限内发生所有权变动的，不影响租赁合同的效力。"

3. 划拨土地上的营利性房屋租赁价格评估应确定土地收益中的国家部分

根据《城市房地产管理法》等法律、法规和政策的规定，以营利为目的出租划拨土地使用权的房屋，其租赁价格评估应同时给出租金中所含的土地收益值。房屋租赁价格中应包含土地收益值，而房租中的土地收益为上缴国家部分，因此，需要将土地收益值单独列示。

### 12.5.3 房屋租赁价格评估常用的估价方法

#### 1. 市场法

市场法是房屋租赁市场公开、租赁信息充分时首选的一种方法。评估时应广开信息渠道，可查阅有关报刊中的租赁信息、收集房地产交易展示会资料、了解房地产中介租售行情等。在调查房地产租赁市场交易实例时，不仅应了解交易实例的租金及房地产状况，如坐落、面积、结构、交通条件等，还应记录其租赁期限、租赁用途、租赁支付方式等情况。这些因素都是房屋租赁双方进行市场比较时不可或缺的比较项目。只有全面而准确地选取可比实例及其修正、调整的项目，并在此基础上进行适当修正调整，才可能得出反映市场价值标准和估价对象特点的租赁价格。

#### 2. 收益法

收益法是在租赁房屋预期收益可预测或可确定的情况下常用的估价方法。收益法评估房屋租赁价格的关键仍然是年净收益的计算和报酬率的选定。租赁净收益为租赁收入（主要为有效毛租金收入及租赁保证金、押金等的利息收入）扣除维修费、管理费、保险费和税金四项税费。四项税费的取舍，应根据当地正常的租赁契约中规定的租金含义决定。如四项税费全部由出租方承担，应将其全部扣除。如部分为出租方承担，则只扣除出租方承担部分。例如，租赁协议中规定维修费用由承租方负责，则在租赁收入中就不能扣除修理费。在选定报酬率时，应考虑不同地区、不同用途、不同时期的租赁房地产风险程度。

#### 3. 成本法

在市场难以提供类似估价对象的可比实例，也不易准确预测净收益时，成本法可以作为主要的估价方法。成本法是采用成本累加的方法计算房屋租赁价格的一种方法。成本法评估房屋租赁价格由八项因素构成：折旧费、维修费、管理费、利息、税金、保险费、地租和利润。采用该方法估价时应先求取建筑物的重置价格，一般通过政府公布的房屋重置价格标准确定，也可采用按工程造价估算等方法求取。

## 12.6 房地产保险估价

### 12.6.1 房地产保险概述

1. 房地产保险的概念

为了消除各种风险可能带来的不利影响，房屋所有权人、承租人或有关当事人可以与保险公司达成一项协定，一方（被保险人）通过交付一定的费用（保险费）以获得另一方（保险公司）对房屋的意外损失或因对房屋具有利益而可能产生的意外损失给予一定的经济补偿的保证。这种以房屋及其有关利益或责任为保险标的的保险，称为房地产保险。

2. 房地产保险的种类

根据承保的保险标的和风险种类不同，房地产保险可以分为房屋财产保险、房屋利益保险、责任保险、信用保险、综合保险、建筑工程保险等。因土地不会损坏或灭失，无损害也就无需保险，所以土地不能成为房地产保险合同的保险标的。投机风险（如房地产市场价格变化）和必然或已知损失（如房屋自然损耗）不属于房地产保险范围。

### 12.6.2 房地产保险估价的特点

房地产保险估价应依据《保险法》《城市房地产管理法》和其他有关规定进行。房地产保险估价分为房地产投保时的保险价值评估和保险事故发生后的损失价值或损失程度评估。房地产保险估价时应注意以下几点：

1. 保险价值和保险金额的区别

保险价值又称为保险价额，是指保险标的在订立保险合同时估定的实际价值或者在发生保险事故时所具有的价值。保险价值是确定保险金额的基础。保险金额是保险双方当事人在保险合同上载明的，投保人对于特定的保险标的实际投保的金额，又简称"保额"，也是在保险事故发生后承担损失补偿义务的最高限额。

按照《保险法》规定，保险金额不得超过保险价值。

2. 直接损失和间接损失

当财产因自然风险和社会风险的作用导致财产本身直接损坏或消失，财产即受到直接损失。例如房屋被大火烧毁，室内墙壁被人破坏等就属于直接损失。

间接损失指的是由于财产的直接损失而引起的未毁损财产价值的降低或收益的下降。例如，当一座建筑物严重受损，虽然没有完全毁掉，但可能须完全重建，为了重建，该建筑未损坏的部分必须完全毁掉，这种损失就是间接损失。它等于毁掉未受损部分所需的费用和未受损部分的价值。间接损失中很重要的一种类型就是净收入下降的损失。所谓净收入下降的损失指的是在被损坏的财产被修复完好之前，人们由于全部或部分地丧失了对财产的使用而导致的收益下降。进行保险事故后的损失评估时，首先要明确估价范围是否包含间接损失。

3. 房地产投保时的估价

房地产投保时的保险价值评估，应评估有可能因自然灾害或意外事故而遭受损失的建筑物的价值，不应包含土地价值。估价方法宜采用成本法或市场法。

房地产投保时的保险价值，根据采用的保险形式，可按该房地产投保时的实际价值确定，也可按保险事故发生时该房地产的实际价值确定。

4. 保险事故发生后的评估

保险事故发生后的损失价值或损失程度评估，应把握保险标的房地产在保险事故发生前后的状态。对于其中可修复部分，宜估算其修复所需的费用作为损失价值或损失程度。

## 12.7 房地产课税估价

房地产课税估价的目的是为了保证国家税收公平合理，为了避免纳税人偷税漏税和税务机关课税不公平，双方都要求对房地产价值进行评估。为了做好房地产课税评估工作，作为房地产估价人员必须全面准确地了解现有的房地产税种名称、纳税人含义、课税对象和征收范围、课税依据、税率水平、减税及免税对象等。特别要求注意适用税额和应纳税额计算公式应扣除项目和其他有关规定。如违反以上规定进行估价，其估价报告将不具备法律效力，其结论更不能作为课税依据。因此，课税估价的技术路线和方法必须严格按现有税法的有关规定执行。我国在条件成熟时将开征统一规范的物业税。房地产估价人员应关注有关的最新法律法规。

### 12.7.1 房产税估价

房产税可按房产余值或按房产租金收入计征。对于出租的房产，以房产租金收入为计税依据。租金收入是房屋产权所有人出租房屋使用权所得的报酬，包括货币收入和实物收入。

### 12.7.2 土地增值税估价

土地增值税的课税对象是有偿转让房地产所取得的土地增值额。土地增值税以纳税人有偿转让房地产所得的土地增值额为计税依据，土地增值额为纳税人转让房地产所取得的收入减去规定扣除项目金额后的余额。土地增值税估价主要是针对土地增值额。

《土地增值税暂行条例》规定需要按照评估额计征土地增值税的情况包括以下三种：①隐瞒、虚报房地产成交价格的；②提供扣除项目金额不实的；③转让房地产的成交价格低于房地产评估价格，又无正当理由的。而实际操作过程中，由于会计制度与评估制度存在诸多差异，审计行为存在诸多弊端，通过公正、专业的房地产价值评估来维护国家税收无疑是最合理、最便捷的方式。

1. 区分评估目的，明确评估内容

对土地增值税进行评估时，应区分评估目的进而明确评估内容，具体如下：

（1）隐瞒、虚报房地产成交价格的或转让房地产的成交价格低于房地产评估价格又无正当理由的。此类评估应以确定估价对象的房地产转让价格即市场价值标准为目的。对此目的的评估宜采用市场法评估房地产或土地的市场价值，辅助采用收益法、假设开发法进行评估，不宜采用成本法进行评估，评估过程与其他类型评估项目基本一致。

（2）提供扣除项目金额不实的。此类评估应区分纳税人是否属于从事房地产开发的纳税人。

1）从事房地产开发的纳税人对于此类项目，应根据国家税务总局印发的《土地增值税纳税申报表（一）》，依据评估目的的要求明确评估对象。一般包括"取得土地使用权所支付的金额"和"开发土地和新建房及配套设施的成本"两项。而"开发土地和新建房及配套设施的成本""与转让房地产有关的税金"等扣除项目由于税法已经规定了扣除比例，故可不在评估内容之列。评估内容应在纳税申报表中明示并填列，以方便纳税人使用，见表12-1。

2）非从事房地产开发的纳税人对于此类项目，应根据国家税务总局印发的《土地增值税纳税申报表（二）》，依据评估目的的要求明确评估对象。一般包括"取得土地使用权所支付的金额"和"旧房及建筑物的评估价格"两项。同样，"与转让房地产有关的税金"等扣除项目由于税法已经规定了扣除比例，故可不在评估内容之列。评估内容应在纳税申报表中明示并填列，以方便纳税人使用，见表12-2。

**××房地产开发项目土地增值税纳税评估结果明细表**  表12-1

| 扣除项目 | | 编号 | 评估内容 | 评估结果（元） |
|---|---|---|---|---|
| 1. 取得土地使用权所支付的金额 | | 5 | √ | ××× |
| 2. 房地产开发成本 6=7+8+9+10+11+12 | | 6 | √ | ××× |
| 其中 | 土地征用及拆迁补偿费 | 7 | | ××× |
| | 前期工程费 | 8 | √ | ××× |
| | 建筑安装工程费 | 9 | √ | ××× |
| | 基础设施费 | 10 | | ××× |
| | 公共配套设施费 | 11 | √ | ××× |
| | 开发间接费用 | 12 | √ | ××× |
| 3. 房地产开发费用 13=14+15 | | 13 | | ××× |

×× 项目土地增值税纳税评估结果明细表 表 12-2

| 扣除项目 | | 编号 | 评估内容 | 评估结果（元） |
|---|---|---|---|---|
| 1. 取得土地使用权所支付的金额 | | 5 | √ | ××× |
| | 2. 旧房及建筑物的评估价格 6=7×8 | 6 | √ | ××× |
| 其中 | 旧房及建筑物的重置成本价 | 7 | √ | ××× |
| | 成新度折扣率 | 8 | √ | ××× |
| 3. 与转让房地产有关的税金等 | | 9 | √ | ××× |

2. 扣除项目评估方法的选择

（1）取得土地使用权所支付的金额

取得土地使用权所支付的金额指纳税人为取得土地使用权所支付的地价款和按国家统一规定缴纳的有关费用。目前主要包括以下几种形式：

1）以出让金形式取得土地使用权，以出让合同为依据按出让金进行扣除；

2）以毛地价形式取得土地使用权，以出让合同为依据按毛地价进行扣除；

3）以招拍挂形式取得土地使用权，以合同为依据按土地价格进行扣除；

4）以受让方式取得土地使用权，以土地和税务部门登记的受让价格和土地增值税计税价格进行扣除。

无法确认历史土地使用权取得价格的情况下，依《土地增值税暂行条例》之规定，按取得土地使用权时的基准地价进行评估；划拨土地转让时，按转让时点地价标准评估其应补缴的出让金或毛地价。

（2）房地产开发成本

对于房地产开发项目开发成本的评估，适宜采用市场比较和分部分项的评估方法。房地产开发成本评估关键是反映其现时的重置成本价值。

房地产开发成本评估的要点在于如何与取得土地使用权所支付的金额进行衔接。若取得土地使用权所支付的仅为出让金，房地产开发成本中还应包括政府收取市政基础设施建设费、开发商发生的"五通一平"（或者"七通一平"）费用；若取得土地使用权所支付的仅为毛地价，房地产开发成本中应包括开发商发生的"五通一平"（或者"七通一平"）费用；若取得土地使用权所支付的为熟地价，房地产开发成本中不应再包括土地征用及拆迁补偿费。

3. 旧房及建筑物的评估价格

旧房及建筑物的评估价格所包含的内容在包括房地产开发成本全部子项的基础上，还应包括开发土地和新建房及配套设施的费用（即与房地产开发项目有关的销售费用、管理费用、财务费用）和开发利润。

根据《土地增值税暂行条例》之规定，旧房及建筑物的评估价格应采用重置成本价乘以成新度折扣率的方法确定。

销售费用的计算，应注意区分不能等同于估价规范中的销售税费，避免销售过程中的税费（增值税及其附加）重复计算。

《土地增值税暂行条例》中并未对开发利润的计算作明确的说明，开发利润的计取应遵循《房地产估价规范》GB/T 50291—2015 的要求，即应以土地取得费和开发成本之和为基础，根据开发、建造类似房地产相应的平均利润率水平求取，因为只有这种结果才能充分体现开发主体投资行为所承担的全部风险报酬。

### 12.7.3 契税估价

契税的依据是房屋产权转移时双方当事人签订的契约价格。征收契税，一般以契约载明的买价、现值价格或典价作为计税依据。为了保护房屋产权交易双方的合法权益，体现公平交易，避免发生隐价、瞒价等逃税行为，征收机关认为在必要时也可以直接或委托有关单位对房屋价值进行评估，以评估价格作为计税依据。现行的估价方法以市场法为主。若是有收益的房地产，还应考虑用两种以上的方法进行评估，即收益法和市场法并用，根据不同情况选取不同的权重综合取值，以确定最终估价值。

## 12.8 房地产分割、合并估价

### 12.8.1 房地产分割、合并估价的特点

房地产分割、合并估价，除需遵循一般房地产估价的原则与方法外，还要从影响房地产合并或分割前后最高最佳使用或最有效使用、规模经济等角度，分析估价对象在分割或合并前后的可能变化。例如，位于城市商业区的两块面积分别为 $400m^2$ 和 $1600m^2$ 的相邻土地，合并后不仅能使基地形状规整，而且还可使开发商能够面向中型客户，开发建设每层建筑面积为 $1200 \sim 1500m^2$ 的写字楼，大大提高了两块土地的开发价值。此时，如果不考虑合并的影响而单独评估两块地的价值，则两块地的价值之和很可能大大低于合并后的土地价值。对于合并或分割后导致的房地产增值或价值损失，需要在分割后或合并前的两个个体之间合理分配，分配的比例不仅要看每一部分所占的面积比例，还要看每一部分对房地产增值或减值的影响程度。

房地产分割估价实际上就是房地产合并估价的逆向操作，本节重点以房地产合并估价来说明房地产分割、合并估价的操作方法及要点。

### 12.8.2 房地产合并的法律规定

房地产合并的必然结果就是相邻的两宗房地产中的一宗所有者转让给另一宗的所有者，也就是说房地产合并是一种房地产转让行为。在关于房地产转让的法律规定中，以下几点可能直接影响房地产合并，应该要特别注意：

1. 房地产是否符合法定的转让条件

国家和地方房地产管理法规对各类房地产转让条件进行了明确的规定，如果待合并的房地产不符合规定，可能会导致房地产合并预期价值无法实现，或由于要支付额外费用以使待合并房地产达到可转让条件而使得合并预期价值减损，这在估价过程中必须考虑和说明。

2. 待合并房地产的土地使用权取得方式

《城市房地产管理法》第四十条对土地使用权为划拨性质的房地产转让作出明确规定，要求补缴土地出让金或上缴土地使用权收益，这也会影响房地产合并价值。

3. 待合并房地产的土地用途

房地产合并预期价值的实现有赖于合并后的房地产实现最高最佳使用，但有可能待合并房地产的土地用途与房地产合并后的最高最佳使用用途并不一致，《城市房地产管理法》第四十四条规定这种情况下必须进行用途变更，这一因素对房地产合并价值的影响也要考虑。

4. 待合并房地产的土地使用权剩余年限

《城市房地产管理法》第四十三条规定，以出让方式取得土地使用权的房地产转让，其土地使用权剩余年限为合同约定总年限减去已使用年限，要注意其对房地产合并价值的影响。

## 12.8.3　房地产合并估价方法要点

1. 房地产合并前后价格的计算要客观、准确

房地产合并前后价格的计算，一定要注意合并前后各项因素的变化导致房地产价格水平的差异，并严格按照《房地产估价规范》GB/T 50291—2015 要求选取合适的估价方法计算合并前后的价格。

2. 增值额的分配要准确、合理

相邻土地合并后，往往会使效用增大、价值升高，从而产生额外的增值。因此，邻地合并经营能使双方获得额外的收益；而一方购买另一方的土地，卖方的要价一般会高于土地本身正常的市场价格。无论是邻地双方合并经营还是一方购买另一方的土地，都需要我们对土地价格进行评估，以便确定各自的出资额及卖方的合理要价。而解决这个问题的关键则是合理地将增值额进行分配。将增值额进行分配，大致有以下三种方法可供选择：

（1）以合并前地块各自的单价为基础进行分配：各自所占增值额的分配比例分别为 $a_1/(a_1+a_2) \times 100\%$ 和 $a_2/(a_1+a_2) \times 100\%$，$a_1$、$a_2$ 为合并前地块各自的单价。

（2）以合并前地块各自的面积为基础进行分配：各自所占增值额分配比例分别为 $S_1/(S_1+S_2) \times 100\%$ 和 $S_2/(S_1+S_2) \times 100\%$，$S_1$、$S_2$ 为合并前地块各自的面积。

（3）以合并前地块各自的总价为基础进行分配：各自所占增值额分配比例分别为 $A_1/$

（$A_1$+$A_2$）×100% 和 $A_2$/（$A_1$+$A_2$）×100%，$A_1$、$A_2$ 为合并前地块各自的总价。

对三种方法计算的结果根据影响程度大小不同，取加权平均值即可综合得出最终的增值分配率，计算出相邻土地合并产生的增值额。以上三种计算方法中，第一种方法的计算结果应占有较大权重。因为对增值额进行分配，应当遵循房地产估价中的贡献原则，即应当根据地块对增值额的贡献程度来决定各自应得的分配额。而土地合并后增值的原因，主要是影响房地产价格因素中的实物状况，如面积、形状或是临街状况等（因为是邻地，所以影响价格的其他因素都相同）得到了改善。就合并前的地块而言，实物状况较好的地块对增值额的贡献自然要较大，而其单价也一定会较高。也就是说，单价是反映出地块对增值额贡献程度的主要因素，按单价计算出的增值分配率理应占有较大权重。

## 12.9 房地产纠纷估价

房地产纠纷估价是指对纠纷案件中涉及的争议房地产的价值、交易价格、造价、成本、租金、补偿金额、赔偿金额、估价结果等进行科学的鉴定，提出客观、公正、合理的意见，为协议、调解、仲裁、诉讼等方式解决纠纷提供参考依据。

房地产纠纷估价可分为两大类，一类是针对房地产的价值、交易价格、造价、成本、租金、补偿金额、赔偿金额的纠纷，这类纠纷可称之为房地产价格（价值）类纠纷；另一类是针对估价结果本身的纠纷，这类纠纷可称为估价结果纠纷。前一类纠纷的估价通常由法院、仲裁机构聘请房地产估价机构完成，后一类纠纷的估价则由专门的估价仲裁部门或组织（如估价专家委员会）出面对估价结果作出鉴定和裁决。

### 12.9.1 房地产价格（价值）类纠纷及其特点

房地产纠纷是社会生活中普遍发生的纠纷之一，是指自然人之间、法人之间，或自然人与法人之间对标的物房地产权属、价格等方面的争议。当房地产纠纷涉及房地产价格（或价值）的确定而需要聘请专业房地产估价机构进行估价时，这样的纠纷为房地产价格（价值）类纠纷。

房地产纠纷情况复杂，解决的难度也较大。了解房地产纠纷的一般特点和各类房地产纠纷的具体特点，对更好地解决这类纠纷是有益处的。

房地产纠纷具有种类多、标的价值大、历史遗留问题多等特点，具体表现在以下几个方面：

1. 房地产纠纷中的民事法律关系较复杂

一宗房地产纠纷案件中往往同时存在两个以上的民事法律关系，并且还彼此牵连。例如，房屋产权、房屋继承与析产往往交织在一起；房屋买卖与房屋租赁往往交织在一起；房屋典当与房屋抵押有时难以区分；房屋纠纷可能与宅基地纠纷交叉；房地产的开发经营也常常会涉及土地使用权的出让和转让。使纠纷变得更为复杂的是，引起房地产纠纷的原因中有许多是历史上的行为和事件，但我们又不能用现行的民事法律政策去硬套过去法制不健全年代的行为。而且，由于年代久远，不少房屋的自然状况及其管理、使用情况、权属更迭多，变化很大。同时，房地产的权属证书资料也有不少已流失湮灭，查证工作有较大难度。房地产纠纷中的当事人关系也很复杂，他们大多是家庭内部成员或亲朋好友，有的当事人相隔几代，直系、旁系、血亲、姻亲、近亲、远亲等亲属关系混杂在一起，较难理清头绪。

2. 房地产纠纷争议标的价值一般较大

作为不动产的房屋、宅基地，对于一个家庭甚至一个单位来说，就是最有价值的财产或最大的固定资产。在市场经济条件下，房地产价值更是呈现出不断攀升的趋势。有的单位和个人为了打一场房地产官司，不惜耗资、费时、费力、旷日持久地讼争。

3. 房地产纠纷涉及面广

房地产纠纷往往会涉及诸多与房地产建设、管理有关的部门，如规划部门、城建部门、土地管理部门、房产管理部门等。这些部门有时以第三者的身份对房地产纠纷进行调处，有时它们直接是纠纷中的一方当事人；有的房地产纠纷中还涉及几个家庭、几代人、几个单位的切身利益，牵扯面极广。所以处理房地产纠纷时应注意在掌握原则的基础上，协调好各方面的关系。

4. 房地产纠纷政策性强，适用法律的难度较大

现阶段，尽管我国房地产管理方面的法律法规在不断完善，但仍有不少政策需要进行调整。政策与法律相比，其规范性、稳定性与强制性较弱，而且我国各个历史时期，关于房地产的法律、法规、政策、司法解释性文件等纷繁杂乱，既有相关联的，又有重复的，还有不少已过时，甚至有相互冲突的。总之，房地产纠纷是属于政策性、法律性都较强的民事纠纷，在审理时应严格贯彻执行国家的有关法律、法规、政策及其他规范性文件的规定。

## 12.9.2 房地产估价结果纠纷及其特点

房地产估价结果纠纷是指当事人因对估价结果有不同看法而引致的纠纷。近年来，随着房地产估价业务的发展，这类纠纷越来越多，比较典型的如珠海市电子大厦的估价结果纠纷及拆迁补偿价值评估结果纠纷等。

房地产估价结果纠纷有以下特点：

（1）房地产估价结果纠纷针对估价机构已经作出的估价结论，与一般的房地产纠纷引发的房地产价格（价值）纠纷不同，房地产估价结果纠纷不是针对未确定的房地产价格（或价值），而是针对已经作出的房地产估价结论，并且这种结论必然是由专业的房地产估价机构作出的。

（2）由于上面的特点，导致了房地产估价结果纠纷的另一个特点是：房地产估价结果纠纷的调处必须由专门的估价仲裁机构（或鉴定组织）进行，否则无法让原来提供估

价结果报告的估价机构信服，也无法让纠纷的其他当事人接受。

### 12.9.3　房地产纠纷估价及其特点

房地产纠纷估价类型较多。例如，房地产开发商与建筑承包商之间对在建工程已投入成本的纠纷；写字楼租赁双方就租金调整幅度的纠纷；房屋被拆迁人与开发商或政府之间就拆迁补偿金额的纠纷；金融机构与贷款人就作为抵押担保物的房地产处置价格的纠纷；政府税务部门为了征收房地产税费与房地产购买者之间在购买价格方面的纠纷，以及房地产产权争议的价格纠纷等。

房地产纠纷的解决有协议、调解、仲裁、诉讼等方式。其所要求的真实、客观、合理的价格评估、重新评估、结论确认，都是对既成事实房地产业务所要求的真实、客观、合理价格的科学估计、判断。与其他目的的房地产价格评估相比，房地产价格（价值）类纠纷估价存在如下三个特点：

（1）除为抵押贷款目的的评定房地产的抵押价值外，其他价格评估的时点一般不是当前或未来某一时间，而是过去某一时间。

为解决房地产转让与租赁缴纳税费纠纷、房地产交易价格纠纷、房屋拆迁补偿纠纷进行估价时，一般应以房地产交易协议、拆迁补偿协议的签字日期或协议所载的日期作为价值时点。为解决遗产、共有财产中房地产分配纠纷进行估价时，一般应以继承关系、共有财产关系确定日期作为价值时点。为解决土地共有人占有共有土地份额纠纷进行估价时，一般应以最近一次确定共有土地纳税金额的日期为价值时点。为解决房地产估价服务纠纷进行估价结论检验时，一般应以原估价报告所载估价日期作为检验、评估的价值时点。

（2）价格评估依据的资料，一般来说，只能是房地产纠纷发生前的近期客观资料。

为解决房地产价格纠纷而进行价格评估、价格重新评估、价格结论检验时，不管采用何种技术思路，不管采用何种估价方法，其所依据的房地产市场资料、成本资料、收益资料、政策法规和收益率及利率等资料，都只能是房地产纠纷发生前的近期客观资料。因为纠纷发生时的房地产价格是在纠纷发生前、特别是纠纷发生前较近时期的多种价格影响因素共同作用的结果，而不是纠纷发生后多种价格影响因素作用的结果。房地产纠纷发生时的真实、客观、合理价格，只能依靠纠纷发生前的近期客观资料等来推测、判断。

（3）不能以当前房地产市场实际价格作为判断原估价结论是否真实、客观、合理的标准。

当前房地产市场真实价格是以前房地产市场价格动态变化的延续，是包括以前房地产市场价格为等价格影响因素共同作用的结果。但当前房地产市场价格的形成，不是仅由以前的房地产市场价格为唯一因素影响的结果。若以当前房地产市场价格作为判断以前房地产估价结论是否真实、客观、合理，是因果关系的颠倒。原估价结论有效与否的确认，应该依据房地产估价的程序、思路、方法等是否符合估价原理、原则、时间及法规等的要求和规定而作出判断。

人民法院司法技术管理部门负责本院的委托评估工作，依法对委托评估进行监督。人民法院编制委托评估机构名册，应当先期公告，明确入册机构的条件和评审程序等事项。人民法院在编制委托评估机构名册时，由司法技术管理部门、审判部门、执行部门组成评审委员会，必要时可邀请评估行业的专家参加评审。评审委员会对申请加入人民法院委托评估名册的机构，应当从资质等级、职业信誉、经营业绩、执业人员情况等方面进行审查、打分，按分数高低经过初审、公示、复审后确定进入名册的机构，并对名册进行动态管理。人民法院选择评估机构，应当在人民法院委托评估机构名册内采取公开随机的方式选定。评估机构选定后，人民法院应当向选定的机构出具委托书，委托书中应当载明本次委托的要求和工作完成的期限等事项。

### 12.9.4  房地产纠纷估价应注意的几个问题

房地产纠纷估价，应注意纠纷的性质和协议、调解、仲裁、诉讼等解决纠纷的不同方式，并将其作为估价依据，协调当事人各方的利益。房地产纠纷估价应注意下列几个问题：

#### 1. 房地产的合法性

房地产的合法性是房地产评估的前提，只有符合规划、用途合法的房地产才能进行评估。由于房地产纠纷估价的委托方一般为人民法院、检察院、纪委、仲裁机构等有关部门，与房地产权利人无直接利害关系，无法提供评估所需的全部资料，而涉及的房地产权利人一般为纠纷方，均存在明显的敌对现象，很难得到他们的积极配合，作为估价机构原始资料不齐全，就无法断定房地产的合法性。因此，估价人员除了要耐心说服以取得房地产权利人的配合外，同时还要到房地产档案部门查阅，进行实地调查，委托具有测绘资格的部门进行丈量，切实调查、了解估价对象的合法性。在确实无法确认估价对象产权合法性的前提下，必须在估价报告中说明估价过程和结论是在假定估价对象具有合法产权的情况下才有效。

#### 2. 房地产的价值时点

房地产纠纷估价相对于其他目的的房地产估价具有更强的时间相关性，其他房地产估价委托方一般为房地产权利人，目的简单，价值时点较易确定，而房地产纠纷估价涉及执法机关、发生纠纷的双方当事人等，关系复杂，价值时点较难把握。因此在估价之前，估价人员必须明确估价目的，了解发生房地产纠纷的前因后果，征询纠纷双方以及执法部门的意见，以便确定具体价值时点的客观合理价格或价值，而不能机械地以现场查勘日期或估价作业日期作为价值时点。例如，为解决房地产转让与租赁缴纳税费纠纷、房地产交易价格纠纷、房屋拆迁补偿纠纷，在进行估价时，一般应以房地产交易协议、拆迁补偿协议的签字日期或协议所载的日期作为价值时点。为解决遗产、共有财产中房地产分配纠纷，在进行估价时，一般应以继承关系、共有财产关系确定日期作为价值时点。为解决土地共有人占有共有土地份额纠纷，在进行估价时，一般应以最近一次确定共有土地纳税金额的日期为价值时点。为解决房地产估价服务纠纷，在进行估价结论检验时，一般应以原估价报告所载估价日期作为检验、评估的价值时点。

**3. 房地产价格评估的依据资料**

价格评估依据的资料，一般来说，只能是房地产纠纷发生前的近期客观资料。为解决房地产价格纠纷而进行价格评估、价格重新评估、价格结论检验时，不管采用何种技术思路，不管采用何种估价方法，其所依据的房地产市场资料、成本资料、收益资料、政策法规、收益率及利率等资料，都只能是房地产纠纷发生前的近期客观资料。房地产纠纷发生时的真实、客观、合理价格，只能依靠纠纷发生前的近期客观资料等来推测、判断。

**4. 原房地产估价结论的判断**

不能以当前房地产市场实际价格作为判断原估价结论是否真实、客观、合理的标准。这是因为房地产市场的价格受到多种因素的影响，包括地段、房屋质量、市场需求、政策变化等，这些因素都会导致市场价格的波动。因此，仅依据当前市场价格来判断过去的估价结论是否真实、客观、合理是不准确的。

**5. 建筑物的折旧**

建筑物的折旧包括物质折旧、功能折旧和经济折旧，三者必须要全面考虑。房地产纠纷估价特别是涉及诉讼案件的估价，由于处理时间比较长，估价对象空置时间可能相应也比较长，在利用成本法评估时，估价人员除了亲临现场、直接观察实际损耗外，更要考虑建筑物在功能方面的落后和建筑物以外的各种不利因素造成的损失。当然在具体某一建筑物的评估过程中，并不一定三个因素都能涉及，有的可能只有物质上的折旧，有的可能是几方面因素的结合，具体情况必须具体分析。

**6. 遵守职业道德**

估价人员和估价机构在执行任何一宗房地产估价时都必须遵守职业道德，房地产纠纷估价突出体现在公正原则、回避原则和保密原则。

（1）房地产纠纷估价是为协议、调解、仲裁、诉讼等解决纠纷提供参考依据。它所涉及的大都是双方当事人由于意见不统一而引起的纠纷。房地产估价结果关系到房地产权利人及其关系人的切身利益，如果估价结果有失公平合理，不但解决不了纠纷，还有可能激化矛盾。因此，处理房地产纠纷估价时更应该站在公正的立场上，评估人员不能有丝毫的偏见和倾斜，更不能受金钱、权势的诱惑，确保评估的公正性。

（2）《房地产估价规范》GB/T 50291—2015明确规定："估价人员和估价机构应保持估价的独立性，必须回避与自己、亲属及其他利害关系人有关的估价业务。"限于房地产纠纷估价的特殊性，评估人员和评估机构必须坚持回避原则，摆脱亲戚朋友不正当的要求，避免估价工作遭受不正之风的干扰，确保估价工作顺利开展。坚持回避原则也是保证估价结果公正的前提之一。

（3）对估价报告要坚守保密原则，特别是检察院、纪委等有关单位委托的估价尤要注意，对委托方提交的资料要妥善保管，未经委托方同意不得向任何人（包括不相关的人）出示。

## 复习思考题

章节自测题

1. 房地产抵押价值评估的注意事项有哪些？

2. 简述房地产转让价格评估的特点。

3. 试述国有划拨土地使用权抵押价值的评估思路与方法。

4. 试述对幼儿园拆迁补偿价值评估的思路与方法。

5. 李某临终前留下一笔遗产——一幢临街的两层房屋和 50 万元。房屋底层为店面，上层为住宅，上下两层面积相等，经过评估人员评估其价格为 70 万元，其中底层为 60 万元，上层住宅为 10 万元。房屋继承时大儿子李华继承底层，小儿子李军继承上层住宅和 50 万元。后来在一次大火中房屋被烧毁，为此李家兄弟决定把房屋所占土地卖掉，并实际卖得价款 49 万元，李华认为他应得到 6/7 的地价款，李军认为因两人房屋的建筑面积相等，他理应得到 50% 的地价款，为此产生纠纷，诉讼至法院，请你作为一名估价师为法院提供咨询意见。

6. 王某欲将其以标准价购买的住宅拿去银行抵押，由于银行知道王某当时购买该套住宅的实际费用为 80 万元，因此，银行认为该套住宅实际价值为 80 万元。请问银行的观点对不对，请写出你的评估技术思路。

7. 某处房屋已列入拆迁改建范围，房屋所有权证载明使用性质为住宅，但该房屋的所有权人于 6 年前已办理了工商营业执照、纳税并实际从事营业。在确定如何进行拆迁补偿时，拆迁人认为应按住宅房屋进行补偿，房屋所有权人认为应按营业房进行补偿。你认为应当怎样补偿？

# 参考文献

[1] 郭斌. 房地产估价理论与实务 [M]. 2 版. 北京：化学工业出版社，2014.

[2] 中国房地产估价师与房地产经纪人学会. 房地产估价原理与方法 [M]. 北京：中国建筑工业出版社，2022.

[3] 中国房地产估价师与房地产经纪人学会. 房地产估价基础与实务 [M]. 北京：中国建筑工业出版社，2022.

[4] 王直民. 房地产估价理论与实务 [M]. 北京：清华大学出版社，2023.

[5] 柴强. 房地产估价 [M]. 北京：中国建筑工业出版社，2022.

[6] 左静. 房地产估价 [M]. 4 版. 北京：机械工业出版社，2022.

[7] 覃芳. 房地产估价 [M]. 北京：北京理工大学出版社，2021.

[8] 王旭育. 房地产估价 [M]. 上海：同济大学出版社，2021.

[9] 傅玳. 房地产估价方法与操作实务 [M]. 武汉：华中科技大学出版社，2023.

[10] 中国房地产估价师与房地产经纪人学会. 房地产估价相关知识 [M]. 北京：中国建筑工业出版社，2021.

[11] 王克强. 房地产估价 [M]. 上海：上海财经大学出版社，2020.